国家出版基金项目
NATIONAL PUBLICATION FOUNDATION

"十三五"国家重点图书

网络信息服务与安全保障研究丛书

丛书主编 胡昌平

数字智能背景下的
用户信息交互与服务研究

Research on User Information Interaction and Service under the Background
of Digital Intelligence

胡潜 曾建勋 周知 李静 著

WUHAN UNIVERSITY PRESS
武汉大学出版社

图书在版编目(CIP)数据

数字智能背景下的用户信息交互与服务研究/胡潜等著.—武汉：
武汉大学出版社,2022.1
"十三五"国家重点图书　国家出版基金项目
网络信息服务与安全保障研究丛书/胡昌平主编
ISBN 978-7-307-22898-6

Ⅰ.数…　Ⅱ.胡…　Ⅲ.情报服务—研究　Ⅳ.G252.8

中国版本图书馆 CIP 数据核字(2022)第 018019 号

责任编辑:朱凌云　　　责任校对:汪欣怡　　　版式设计:马　佳

出版发行：**武汉大学出版社**　(430072　武昌　珞珈山)
　　　　　(电子邮箱:cbs22@ whu. edu. cn　网址：www.wdp. com. cn)
印刷:武汉中远印务有限公司
开本:720×1000　　1/16　　印张:22.25　　字数:412 千字　　插页:5
版次:2022 年 1 月第 1 版　　2022 年 1 月第 1 次印刷
ISBN 978-7-307-22898-6　　定价:92.00 元

作者简介

胡潜，博士，毕业于武汉大学信息管理学院，赴美国北得克萨斯大学信息学院访问研究一年。现任华中师范大学信息管理学院教授，博士生导师，研究方向为大数据资源管理与数字信息服务。主持完成国家及部委项目多项，其中国家社会科学基金项目"行业信息资源的协同配置与集成服务研究"结项评审为优秀。在所从事的专业领域发表学术论文40余篇，出版专著、教材4部，获省部级奖2项。

网络信息服务与安全保障研究丛书

主　编：胡昌平

副主编：曾建勋　胡　潜　邓胜利

著　者：胡昌平　贾君枝　曾建勋

　　　　胡　潜　陈　果　曾子明

　　　　胡吉明　严炜炜　林　鑫

　　　　邓胜利　赵雪芹　邰杨芳

　　　　周　知　李　静　胡　媛

　　　　余世英　曹　鹏　万　莉

　　　　查梦娟　吕美娇　梁孟华

　　　　石　宇　李枫林　森维哈

　　　　赵　杨　杨艳妮　仇蓉蓉

总　　序

"互联网+"背景下的国家创新和社会发展需要充分而完善的信息服务与信息安全保障。云环境下基于大数据和智能技术的信息服务业已成为先导性行业。一方面，从知识创新的社会化推进，到全球化中的创新型国家建设，都需要进行数字网络技术的持续发展和信息服务业务的全面拓展；另一方面，在世界范围内网络安全威胁和风险日益突出。基于此，习近平总书记在重要讲话中指出，"网络安全和信息化是一体之两翼、驱动之双轮，必须统一谋划、统一部署、统一推进、统一实施"。① 鉴于网络信息服务及其带来的科技、经济和社会发展效应，"网络信息服务与安全保障研究丛书"按数字信息服务与网络安全的内在关系，进行大数据智能环境下信息服务组织与安全保障理论研究和实践探索，从信息服务与网络安全整体构架出发，面对理论前沿问题和我国的现实问题，通过数字信息资源平台建设、跨行业服务融合、知识聚合组织和智能化交互，以及云环境下的国家信息安全机制、协同安全保障、大数据安全管控和网络安全治理等专题研究，在基于安全链的数字化信息服务实施中，形成具有反映学科前沿的理论成果和应用成果。

云计算和大数据智能技术的发展是数字信息服务与网络安全保障所必须面对的，"互联网+"背景下的大数据应用改变了信息资源存储、组织与开发利用形态，从而提出了网络信息服务组织模式创新的要求。与此同时，云计算和智能交互中的安全问题日益突出，服务稳定性和安全性已成为其中的关键。基于这一现实，本丛书在网络信息服务与安全保障研究中，强调机制体制创新，着重于全球化环境下的网络信息服务与安全保障战略规划、政策制定、体制变革和信息安全与服务融合体系建设。从这一基点出发，网络信息服务与安全保障

----

① 习近平. 习近平谈治国理政［M］. 北京：外文出版社，2017：197-198.

1

作为一个整体，以国家战略和发展需求为导向，在大数据智能技术环境下进行。因此，本丛书的研究旨在服务于国家战略实施和网络信息服务行业发展。

大数据智能环境下的网络信息服务与安全保障研究，在理论上将网络信息服务与安全融为一体，围绕发展战略、组织机制、技术支持和整体化实施进行组织。面向这一重大问题，在国家社会科学基金重大项目"创新型国家的信息服务体制与信息保障体系""云环境下国家数字学术信息资源安全保障体系研究"，以及国家自然科学基金项目、教育部重大课题攻关项目和部委项目研究成果的基础上，以胡昌平教授为责任人的研究团队在进一步深化和拓展应用中，申请并获批国家出版基金资助项目所形成的丛书成果，同时作为国家"十三五"重点图书由武汉大学出版社出版。

"网络信息服务与安全保障丛书"包括 12 部专著：《数字信息服务与网络安全保障一体化组织研究》《国家创新发展中的信息资源服务平台建设》《面向产业链的跨行业信息服务融合》《数字智能背景下的用户信息交互与服务研究》《网络社区知识聚合与服务研究》《公共安全大数据智能化管理与服务》《云环境下国家数字学术信息资源安全保障》《协同构架下网络信息安全全面保障研究》《国家安全体制下的网络化信息服务标准体系建设》《云服务安全风险识别与管理》《信息服务的战略管理与社会监督》《网络信息环境治理与安全的法律保障》。该系列专著围绕网络信息服务与安全保障问题，在战略层面、组织层面、技术层面和实施层面上的研究具有系统性，在内容上形成了一个完整的体系。

本丛书的 12 部专著由项目团队撰写完成，由武汉大学、华中师范大学、中国科学技术信息研究所、中国人民大学、南京理工大学、上海师范大学、湖北大学等高校和研究机构的相关教师及研究人员承担，其著述皆以相应的研究成果为基础，从而保证了理论研究的深度和著作的社会价值。在丛书选题论证和项目申报中，原国家自然科学基金委员会管理科学部主任陈晓田研究员，国家社会科学基金图书馆、情报与文献学学科评审组组长黄长著研究员，武汉大学彭斐章教授、严怡民教授给予了学术研究上的指导，提出了项目申报的意见。丛书项目推进中，贺德方、沈壮海、马费成、倪晓建、赖茂生等教授给予了多方面支持。在丛书编审中，丛书学术委员会的学术指导是丛书按计划出版的重要保证，武汉大学出版社作为出版责任单位，组织了出版基金项目和国家重点图书的论证和申报，为丛书出版提供了全程保障。对于合作单位的人员、学术委员会专家和出版社领导及詹蜜团队的工作，表示深切的感谢。

　　丛书所涉及的问题不仅具有前沿性，而且具有应用拓展的现实性，虽然在专项研究中丛书已较完整地反映了作者团队所承担的包括国家社会科学基金重大项目以及政府和行业应用项目在内的成果，然而对于迅速发展的互联网服务而言，始终存在着研究上的深化和拓展问题。对此，本丛书团队将进行持续性探索和进一步研究。

胡昌平

于武汉大学

前　　言

　　在信息化发展中，信息资源的分布存储和交互利用已融入科学研究、产业运行和社会活动的各个方面，信息形态和用户信息交互机制决定了信息服务面向用户的发展。从信息交互关系上看，大数据与智能化技术不仅改变着网络信息环境，而且关系到用户的认知表达和交互需求的引动，面向用户的智能交互服务体系因此而形成。随着数字智能技术的应用拓展，面向用户的智能交互、多模态信息融合和数字空间活动的延伸，对数字智能背景下的数字信息资源组织、面向交互认知的描述和深层次服务的开展提出了新的要求。在这一情境下，文本、图像、音视频及多媒体视觉资源的数字化交互，使网络集中了数量庞大、传递快捷、内容更新愈来愈迅速的动态信息资源，其大数据分布与交互形态，使信息资源组织方式显得不相适应，从而提出了数字智能背景下信息交互与服务的深层次发展问题。

　　在信息服务不断拓展和信息化深层发展中，大数据管理、语义网络构建、数字空间描述、基于认知结构的信息关联展示、面向用户的智能交互和知识嵌入在应用上进一步促进了大数据技术、智能技术、云计算和虚拟网络技术的不断进步。基于这一认识，本书在分析数字智能环境形成及其对信息交互与服务影响的基础上，从用户认知、交互信息需求和网络数据资源的利用出发，研究面向用户的信息内容揭示、数据关联展示、多模态信息融合与集成管理，以及基于智能交互的面向用户的知识地图服务嵌入和保障。

　　本书是胡昌平教授团队所承担的国家出版基金资助的项目和国家重点图书《网络信息服务与安全保障研究丛书》中的一部，在国家安全与网络信息服务总体框架下，着重于数字智能环境作用，用户交互认知结构，面向用户的多模态数据融合管理、分布式网络信息资源的内容关联和智能交互与数据嵌入服务的实现。书稿的形成源于著者的理论探索和用户研究与服务实践成果，其中包括作者承担国家社会科学基金项目的研究成果和团队合作成果。在前期研究和

1

学术丛书的著述中，进行了面向前沿领域的拓展和研究主题内容的深化。这些研究包括数字智能中的用户认知与交互机制揭示，面向用户的大数据关联模型构建，多模态信息融合与数据集成，以及内容服务的分层组织。这些研究，一是形成了相对完善的理论构架，二是确定了在数字智能技术背景下的进一步发展路径。

　　本书由胡潜、曾建勋、周知、李静撰写，胡潜统一修改定稿，吴茜承担了资料搜集工作。杨艳妮在《网络信息服务与安全保障研究丛书》编写中的工作为本书的完成提供了支持。

　　在研究和本书撰写中，我们认识到信息交互与服务组织随着信息环境和应用场景的变化处于不断发展之中，数字智能技术的迅速发展和面向对象的应用拓展，对用户交互关系和内容的揭示提供了新的基础，要求不断深化相关研究，由此提出了进一步探讨的问题。因此，我们以此为起点，将研究引向深入。对于研究中的不足，请专家和读者指正。

胡　潜

目　　录

1 数字智能环境的形成及其对信息服务组织的影响

　　信息基础设施的建设和网络发展，使基于网络的数字信息资源开发与交互服务处于不断深化与拓展之中；与此同时，大数据背景下智能交互技术环境的形成和演化，改变着信息的存在形态和服务方式，从而导致了需求结构和服务机制的变化。因此，在面向用户的信息服务组织中，应立足于数字智能环境的形成及其影响，寻求与智能环境相适应的服务组织模式和数字智能驱动下的服务组织方式。

1.1　信息管理技术发展与数字智能环境的形成

　　数字智能技术作为现代信息管理技术的核心，随着计算机技术、信息转换和大数据技术的发展而进步，其应用已从初期的专家系统拓展到面向用户的智能交互。在信息管理技术发展中，信息化中的信息作用关系、技术与社会作用要素决定了数字智能环境的形成和基本的作用形态。

1.1.1　信息管理技术发展与技术支持

　　信息资源管理技术的发展具有客观性，信息组织与管理内容的拓展由社会需求和客观的信息环境所决定。因而我们探讨的问题主要限于理论认识和技术结构的归纳。

　　按 Forest W. Horton 的说法，信息管理是一种使有价值的信息资源通过有效的管理与控制程序实现某种目标的活动。在信息服务中为了有效地利用信息，必须进行信息搜集、存储和传递的有序化，这种专业性活动概括为信息管理业务。

英国学者 William J. Martin 认为，信息管理既包括信息资源的管理，又包含人员、设备、投资和技术等相关资源要素的管理。在信息管理的组织上，他将信息管理与管理信息系统(MIS)相区别，认为管理信息系统是一种为明确限定的某一管理层次提供特定信息的"管理工具"，与信息管理活动相比，其范围更窄。他强调"信息管理"概念的通用性和在资源管理范畴内的一致性。

德国学者施特勒特曼等人将信息管理归纳为对信息资源和相关信息过程的组织和控制，其内容包括过程管理、信息资源管理、信息服务管理等。施特勒特曼从信息资源管理和信息过程管理角度对信息管理的界定，不仅系统地归纳了信息管理的内容，而且从理论与实践结合上确立了信息管理的体系。

此外，国外一些著名学者也对信息管理活动的组织进行了多方面的研究和总结。例如，Marianne Broadbent 将信息管理视为数据资源的管理，以此出发构建信息管理的理论框架。Lytle 认为信息源以及通过设施所进行的信息控制构成了信息管理的主体内容。Marchand 从信息管理的过程和结果分析出发，明确了管理的基本环节，在强调发挥管理功能的基础上着重于信息的开发、组织、利用和集中于人与系统的管理和服务。

国内学者基于我国的实践和信息化环境中信息服务的发展，对信息管理的组织以及包括信息传播、交流和提供的多方面研究，从中归纳出信息管理的基本方面和基本内容。其中，从信息的技术管理、信息的人文管理和信息的内容管理出发进行规范。其基点是：在以信息需求为导向的信息服务组织上确定管理的基本内容；从信息搜集、整理、存储、提供出发，对信息管理进行界定。

事实上，只要有人类社会存在，就有信息的产生、传播、控制和利用需求。由此提出了与社会发展和技术环境相适应的信息管理要求。随着科学技术的发展和人类社会的进步，包括自然信息和社会信息在内的信息安全利用问题日趋突出。这意味着，现代社会发展与信息化和智能服务支撑息息相关。其中，在科学技术高度发展前提下的网络和数字智能技术的广泛应用处于关键性位置，其作用发挥集中体现在互联网发展和新一代数字智能技术下的应用拓展上。

互联网(Internet)起源于 1969 年美国国防部高级研究计划管理局(ARPA)资助建立的 ARPANET，当初主要限于为军事机构和一些学术研究单位的用户服务，而将各有关的计算机系统采用 NCP(网络控制程序)相连。20 世纪 70 年代末，美国国防部通信局和高级研究计划管理局组织研制成功了用于异构网络的 PCT/IP 协议并于 1980 年投入使用。20 世纪 80 年代初，美国国家科学基金会(NSF)立项重建 ARPANET，同时扩大用户群，将网络改名为 NSFNET。

1987 年美国着手于网络的升级工作，由国家科学基金会与 MERIT、IBM 和 MCI 公司合作，使之成为大网络的重要骨干网。随后的数年，以骨干网为基础的网络连接大量具有不同硬件和软件的计算机网，从而构成了人们通称的互联网。经过 50 多年的发展，互联网已将全球范围内的各种信息资源和用户联成一体，构成了全球化的动态性信息空间，互联网服务已延伸到生产、金融、商务以及各行业领域。电子商务、电子货币、虚拟企业、智慧医疗、数字城市等全新的社会活动组织，已成为人类社会活动不可缺少的组成部分。这说明必须有新的大数据资源组织、管理、搜索、服务的技术来支持整个网络。在全球网络环境下，其服务发展以及对社会带来的效益是无可限量的，由此形成了信息资源组织与服务的新概念、新模式和新方法。

包括数据在内的信息管理始终以信息技术的发展为基础，信息技术的进步不仅改变着信息载体的状况，而且决定着信息流的组织、信息资源的开发和服务机制。从技术推进的角度看，其技术实践体现了如图 1-1 所示的基本关系。

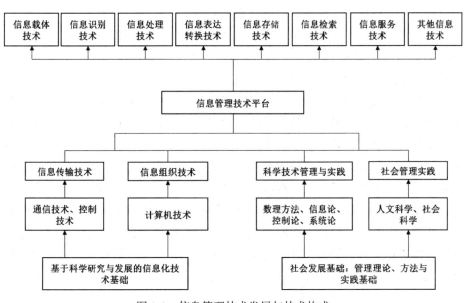

图 1-1 信息管理技术发展与技术构成

首先，基于科学研究与发展的技术进步为网络信息组织与开发技术的构建奠定了基本的技术基础。例如，正是有了数字通信技术和计算机硬件与软件技术的发展，才有远程数据传输和处理，从而为跨域管理信息与服务的开展奠定了必要的技术基础，以至于从技术角度上实现了数字信息流的远程管理，促进了基于新的信息机制的信息服务的拓展。在"互联网+"发展中，其信息技术的全面使用，使依赖于互联网络的业务得以迅速发展，从而导致了全球化发展中各类组织的新的信息机制的形成和完善。在这一背景下，各国无一例外地构建具有自己特色的、适应于信息化环境的信息管理技术平台，实施信息基础设施建设计划。

其次，信息技术的应用是十分广泛的，它在网络信息资源组织与开发中的应用只是一个方面。而且一项新技术（如智能技术）的产生往往并不是首先应用于信息管理领域，而是应用于科学技术研究和生产的其他方面。这一点在计算机的研究和发展上的体现是十分典型的。计算机应用，最初并不在专门的信息管理领域，而是在科学研究中的数值计算和工业自动控制等方面。应该说，其在网络信息和数据资源组织与开发中的应用是由社会信息需求以及对技术变革所引发的。又如，现代通信技术首先应用的领域是信号传输和各方面的通信联络，随后才广泛应用于互联网信息资源管理与增值服务的各个方面，由此所形成的信息网络技术才成为新的信息管理的技术实践基础。

信息管理技术实践包括两个方面的基础工作，一是基于科学研究与发展（R&D）的信息化技术基础，二是管理理论、方法与实践的发展，从而为信息化技术在信息管理中的应用奠定了管理基础。

从技术实践的内容上看，信息资源组织与开发技术平台由信息传输技术和信息处理技术构成。其中，信息传输技术来源于通信技术和控制技术，信息处理技术来源于计算机技术。从技术推进的组织上看，科学技术管理和社会其他方面的管理不仅对信息管理技术平台构建提出了基本的要求，而且为以信息传输和处理技术为核心的信息管理技术的推进奠定了基础。这说明，社会实践是实现信息管理技术研究与发展的又一条件。数字信息资源组织与开发技术的推进需要数理方法、信息论、控制论和系统论的理论支持，同时也需要对信息管理技术推进进行人文层面、社会科学层面的研究，以实现信息管理技术的社会化应用与发展。所有一切，是以社会发展以及管理理论、方法与实践为前提的。

信息管理技术平台既具有综合性，在技术应用上，又具有专门性。基于平台的技术发展构成了新的信息载体技术、信息识别技术、信息组织技术、信息表达技术、信息存储技术、信息转换技术和信息服务技术等。这些技术实践从技术层面上影响着基于信息管理技术进步的新的网络信息组织与开发模式的形成。

　　当前，在信息管理技术应用推进中，对信息管理有全局影响的是大数据组织与智能服务的发展，其实践推动了新一代网络组织技术、信息推送技术、信息过滤技术、数据控制技术、信息构建技术、智能交互技术和信息安全技术的发展。从总体上看，信息管理技术的推进流程如图1-2所示。

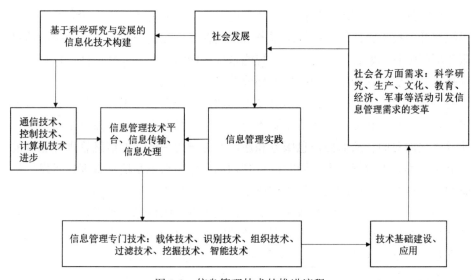

图 1-2　信息管理技术的推进流程

　　在新的社会条件下，信息已成为社会发展的一大基本促动要素，信息的网络化、智能化开发组织因此而成为社会化、高效化、综合化、全方位信息服务发展的基础。如果说用户信息需求的变革受社会信息化的牵动，那么大数据与智能环境则是用户与信息化深入发展相适应的信息需求最终形成和得以实现的基本条件。

1.1.2　数字智能信息环境的形成及其影响

　　信息服务的基础存在于社会之中，信息环境的变革对其影响不仅体现在信息的存在形式、资源结构、数字应用和服务组织上，而且决定了基本的信息形态和信息作用机制。在大数据和智能技术不断发展的情况下，随着"互联网+"背景下的数字智能技术环境的形成，信息服务已从资源组织提供和保障，向内容组织中的数据知识服务发展，由此决定了数据资源组织与服务的新范式。

　　信息环境的形成与信息技术的发展和应用直接相关，即信息技术进步决定了信息管理与服务的基本构架，同时影响着信息存在形式以及基于信息交互作用的社会信息资源结构与作用机制。在信息技术演化中，计算机与数字化网络技术进步处于核心位置，由于新技术的采用，许多传统上相互独立的行业已融入"互联网+"背景下的大数据与智能服务之中。同一信息源中的不同形态的信息，可以方便地交互转化和利用，对于数字信息资源而言，可以通过可读、可通信形式的交互，实现从任何一个地方向另一个地方传递。这一切离开了数据组织与开发技术，网络数据资源服务就不复存在。在这一环境下，传统的信息服务部门吸收和融合了数据处理、智能系统、网络服务、大众传播、信息集成等技术和方法，这种基于网络技术环境的发展表现在：

以数字形式组织信息，包括对文本、数值、图形、音视频等分布式大数据进行存储、利用和交互。在信息服务与通信技术结合中，许多数据是新型通信业务必须面对的，从而使信息服务和通信业务融为一体。如信息管理和服务的智能化离不开大数据技术，同时信息管理和服务需求也是信息管理技术发展的驱动力，这两个方面的交互作用构成了数字管理技术的应用基础。

网络信息资源的主体是数字化信息，基于网络的信息服务必须具备管理和处理由各种信息载体组成大数据资源的能力。这种能力集中表现在网络化技术和数字智能技术的应用上，涉及的技术领域包括：基于信息内容的数据采集、处理、存储、传递、共享和交流；包括通信型、交互型、监视型、嵌入型等各种类型的服务；文本、图像、音视频管理、机器学习、语言理解和处理等方面的具体应用。

概括来说，以数字智能为核心的信息管理技术应用主要包括以下几个方面：

人机信息技术。最初的人机交互是通过计算机输入、输出来实现的，随着硬、软件技术不断进步，已能便捷地提供多途径的信息输入、输出手段。与此同时，在人机交互中，机器识别和智能处理的出现，为用户与系统的无障碍交流提供了新的发展空间，展示了智能交互的应用前景。

数据存储技术。信息的存储主要包括磁存储和光存储。磁盘属于磁存贮技术，磁存储器的发展已有了一百多年历史。光盘是为激光束在光记录介质上写入和读出信息的高密度数据存储载体，它存储容量大，使用方便灵活。值得指出的是，随着微电子技术、存储材料、芯片技术等的迅速发展和突破，大数据快速存储与交互获取已成为现实，从而为大数据智能处理提供了支持。

数据智能处理技术。数据智能处理技术是指利用计算机对录入信息进行自动加工处理的技术，主要包括自动标引、自动分类、自动编制和机器智能等技术。事实上，搜集、加工、存储数据的目的是使其被用户便捷地获取和利用，目前用户获取信息的途径和方法很多，从技术上可归纳为：数据搜索方式、数据交互方式、智能代理方式和其他方式的获取。从数据管理上看，其获取和处理方式具有相互对应关系，因此应作为一个整体进行组织。

数据流通技术。数据流通依赖于现代通信技术，通信技术是现代信息技术中的重要组成部分，是人类为实现信息交互而发展起来的技术。当前，通信技术日新月异，特别是通信技术与计算机结合，使信息的通信技术达到了一个新的水平。大数据与智能服务的实施以高速、无障碍通信网络为支持，互联网技术因而经历了持续性变革，目前已能全面满足全球化通信的时空结构变化和大数据适时传输、交互和嵌入利用的要求。

信息组织与开发技术以数字技术为基础，其发展因而体现在数字智能应用之中。

20世纪90年代初通信技术的发展可以概括为宽带综合数字服务网络。(B-ISDN)。此后，以数字网络为支持的大数据组织、智能交互和"互联网+"服务的推进已成为发展主流，由此所产生的影响主要体现在以下方面：

①宽带化。在环境的影响下，带宽对不同的对象赋予不同的内涵。例如，带宽是在特定定义下的频带宽度或对应的波长范围，而在信息技术中，信息带宽则常习惯指信息传输或交换的速率，在数字通信中带宽指每秒钟传输和交换的比特数(bit/s)。带宽的宽窄是一个相对的概念，如单纯的语言和数据通信则属窄带，因传输视频图像数据所需用的带宽较宽，因此一旦有动态图像数据的多渠道实时传输和交互利用必然依赖于超高带宽的支持。

随着信息化程度提高和"互联网+"的全面推进，大数据来源结构、生命周期和动态交互需求反应在电子商务、政务活动以及数字制造、数字医疗、数字化科学研究和智慧城市运行服务的各个方面，由此提出了新一代互联网络建设的要求，以适应交互宽带视频传输、智能办公和远程交互等方面的需要。对于普通的网络用户而言，其应用拓展必将体现在大数据智能环境下的"互联网+"服务之中。在面向新一代技术的应用发展中，为缓解目前互联网上的业务拥挤，一些国家正在紧密实施新一代互联网计划，预计将于近几年得到广泛的应用。

②数字化。信息论开创了对信息的量化和以数字序列表征信息的新纪元。对量大面广的模拟信号可以通过对其量化和编码等过程将其变成数字信息。与模拟通信相比，数字通信有许多优点。诸如，抗干扰能力强，因而可以提高通信距离；保密性好，能适应各种业务要求；容易实现相关设备的标准化，因而

7

有很强的兼容性和互换性；便于实现用计算机对信息互联网和网络管理与控制；便于信息压缩而不产生失真，从而提高信息带宽和利用率等。随着计算机及其网络的发展，数字化已酿成了一场新的技术革命，即数字技术革命。这一变化将从根本上改变人们的工作和生活模式，对国家的政治、经济、文化与教育产生重大影响。早在 1995 年，未来学家、麻省理工学院教授 Nicholas Negroponte 在《数字化生存》(Being digital)一书指出，基于计算机信息处理的数字通信呈指数化上升的今天，我们正奔向突发巨变的临界点，计算机不再只与计算机有关，它决定我们的生存。这一预言和随后的发展说明，人类的每一代都会比上一代更依赖数字化，数据通信的快速发展已成为必然趋势。对此，"数字地球"形象地描述了数字化的巨大作用。人们设想把有关地球海量的、多维的、动态的数据按地理坐标集成起来，形成一个所谓数字地球。利用数字地球，人们不论走到何处，都可按地理坐标了解地球上任何一处、任何方面的信息。

③集成化。"集成"是现代技术中的一个核心领域，与此相应的技术发展，在信息网络上则是数据源的分布集成。集成意味着我们通常所讲的资源整合和功能互补。就技术对信息服务的作用而言，计算技术和通信技术结合而形成的综合技术，为数字资源基于网络的集成组织创造了新的条件。正是数字智能技术和计算机网络的发展，才构造了数据集成化管理的基础，其集成一是反映在网络的交互上，二是反映在分布式大数据的集成组织和利用上。互联网正在发展的数据通信面对计算机终端间的数据交互，进行无线数据网与地面公用数据网互联，使地面数据得以扩展和延伸，使固定用户、移动用户和便携终端用户间的数据传输得以无障碍实现。由此构成一个覆盖全网的数字信息空间，从而形成包括海底、陆地和太空在内的数据交互网络。在互联网发展条件下，基于互联网技术和一些相关协议的数据集成，已成为网络界关注的焦点。其目的在于以最小代价、成本和努力去获得更高的数据集成利用率。事实上，信息交流体系的重组和数字信息网络的发展为数据资源整合和集成利用提供了基本的支持环境，在"互联网+"背景下的智能化信息交互中，共享大数据、网络设施和服务已成为一种新的服务组织导向，由此决定了面向用户的数据集成和服务保障构架。

④全球化。科技创新和经济全球化必然会带来信息管理与服务的全球化；随着"互联网+"背景下数字城市、工业互联、智能制造和政务、商务与公共服务的拓展，信息全球化更为明显。信息全球化迫使各个国家在完善自己的经济运行体制的同时，致力强化大数据管理技术的研发，使之与国际社会发展同

步。为实现数据资源的全球服务目标，首要的是推行全球的标准化。近 30 年来，国际电工技术咨询委员会(CCITT)和其后的国际电讯联盟(ITU)为统一全球的通信标准、规程、协议，做了大量规则性工作，为技术发展奠定了新的基础。网络数字信息组织与开发技术的发展和数字智能技术的国际竞争与合作格局的形成，改变着传统的信息管理技术研究与发展模式，提出了基于国际信息化环境的信息管理技术推进战略组织和实施问题。在信息组织与开发技术推进中，发达国家与发展中国家都十分重视国家信息组织与开发技术推进。自 20 世纪 70 年代以来，一些国家和国际组织的信息计划纷纷推出并实施，如法国以 Nora and Minc 报告为起点的计划，英国发展网络信息技术的埃尔维(Alvey)计划、欧洲高级通讯研究计划(RACE)、欧洲信息技术战略研究计划(ESPRIT)、欧洲信息市场计划(1MPACT)，特别是美国政府 20 世纪末实施的国家信息基础结构(N11)行动计划，以及近 20 年各国推进的"互联网+"、智能制造、工业信息化等。这些计划的推出和实施既是信息社会的发展需要，又是社会信息化阶段性发展结果。它标志着信息管理技术发展时期的到来。

在新的技术发展时期，技术推进与信息基础建设有机结合，随着技术发展，信息基础设施不断改善和更新，从而为大数据与智能环境下的发展奠定了新的技术设施保障基础。在信息管理技术推进和大数据与智能技术应用发展中，各国虽然存在各方面的差异，但建设的基本原则和构架却具有一致性。我国在科技创新和社会发展中，在自主发展中全面推进国际合作，在不断更新的技术与服务组织上形成了自主发展优势，在整体上适应了大数据与智能环境下的数据组织与信息服务需求。

1.2 数字智能环境作用下的信息形态演化

信息形态作为一种基本的社会形态而存在，信息的组织交互和利用与相应的社会形态相一致，这意味着信息形态决定了信息的社会组织机制、形式和内容。当前，信息形态的变革对信息服务的影响是多方面的，它不仅作用于信息的存在形式、资源分布、组织方式，而且作用于用户的信息安全和利用过程。在环境的安全作用下，信息形态随着信息环境的变化处于不断演化之中，因而有必要明确数字智能环境对信息形态的影响，为面向用户的数字化信息服务组织提供依据。

1.2.1　社会信息形态变革中的环境作用

一定社会条件和信息技术环境必然对应着一定的信息形态，从而决定了与环境相适应的信息组织与服务机制。信息形态作为一种基本的社会形态，是社会特征在信息安全、控制与利用中的集中体现，是社会发展阶段在信息交互作用机制上的反映，随着社会的发展而变化，它表征了各方面因素影响下的信息交互作用形态。

社会信息形态的形成和演化，由一定信息环境下的科技、经济和社会信息关系所决定，整体上涉及信息生产力发展中的诸要素，反映在社会信息活动的各个方面，包括信息载体、信息组织、信息安全和信息利用的形式与状态，以及由此形成的社会信息意识。由此可见，信息形态存在于社会信息基础结构之中，具有环境要素作用下的客观性，与信息技术的社会化应用和信息基础设施相适应。从认知层面上看，信息的客观存在形式和安全作用形态决定了社会信息意识形态的形成，因此社会信息意识形态被认为存在于信息客体(包括信息及技术)与主体(社会成员)交互作用之中。

就人类活动的各个领域所使用的信息而言，存在着三种状态：①接受状态，即存在于人的头脑中，被人理解或吸收的状态；②记录状态，即信息存在于各类载体中的状态；③传递状态，即各种方式的信息传播。在所有 3 种状态中，第二种状态是主体，离开了这一状态，人们将无法从事信息活动；第三种状态将信息的产生与使用联系起来，是信息得以使用的条件；第一种状态则关系到信息使用者的主体活动，是信息产生效益的状态，也是信息活动所要实现的目标。

从信息所处的状态分析中可以看出，信息具有时间和空间结构。这种时空结构可以在"认知空间"中进行描述，以显示 3 种信息状态的转化。如果某一信息与某个用户在"认知空间"中是关联的，则在渠道畅通的情况下这一信息便会与该用户发生作用，从记录状态转变为用户接受状态(这里的渠道是指向用户提供信息或用户获得信息的途径)。

考察第一种状态，可以发现，某一信息作用于用户以后将产生一种新信息，新信息将会以第二种状态的形式出现，然后通过第三种状态对新的用户产生作用。如果将信息作用看作一种"运动"，则可以发现"运动"是信息的基本属性，社会信息活动则是以用户为中心的"信息运动"过程。任何信息都是为了满足特定用户的某一需求而产生的，任何用户又作为信息的生产者而存在。信息运动过程可以简单地用图 1-3 表示。

从图1-3可以看出，信息管理是围绕用户而组织的，信息只有通过用户使用才能表现其存在价值，新的信息优势经用户活动而形成，这说明我们完全可以以用户为中心进行信息的组织和交互利用。

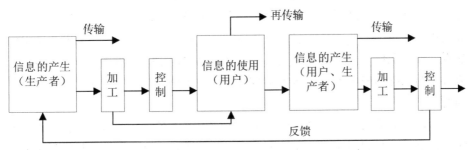

图1-3 信息运动与交互过程

以用户为中心的信息传递、加工、存储、控制与信息的存在运动和作用形态直接相关联。在网络信息组织与开发中，应寻求与形态相适应的组织管理方式。其中，对社会作用机制的客观认识，在于揭示社会信息现象的基本规律，为信息组织管理方式的确立提供依据。

大数据与智能化是信息化深层次发展的体现，从客观上看有必要明确其中的基本关系。在一些事实和结论已为人们所公认的前提下，我们完全可以从这些事实和结论出发，分析社会发展与信息化的关系以及信息化基础和结构，研究各方面因素对信息组织形态的影响。

①科学技术作为一种生产力，是当代经济发展中最活跃的决定因素之一。当代的新技术革命使科技与经济有机结合，逐步形成了科技—经济整体化发展模式；高科技产业的发展不但改变着技术经济的面貌，而且促使科学技术更加迅速的进步；反映科技成果的知识信息，成为现代社会的重要资源。

②智能数字和网络技术，已成为当代信息化推进中的核心技术。过去200年，经济发展中起主导作用的是能源、动力和材料技术等。这是建立工业体系的技术基础，一旦基础形成，其核心技术必然向其他方面转移，以此构成新的基础。现代社会经济发展的实践证明，信息技术已成为现代技术的关键，信息处理与通信技术的结合和应用关系到各领域的发展，数字智能技术的应用和大数据环境的形成，决定了信息的交互方式和流动形式。

③社会经济结构与产业结构的变化。就经济结构而论，科学活动和信息活动的比例愈来愈高；就社会产业结构而言，信息基础设施与产品的生产行业、

数字信息服务行业以及科学研究、文化教育和其他知识产业增长迅速；在某一个企业(或经济实体)中，从事研究开发管理和信息活动的投入和产出增加，数字经济的发展和全球化产业链活动已成为必然。

④用户交互关系日益加强，信息交流日益广泛。随着现代信息化的深层次发展，在社会分工高度专门化的同时，人们越来越依赖于数字信息的交互流动和利用。从总体上看，行业之间的联系以及行业内的各种合作、互助关系得以加强，反映在用户交互上，便是人们信息交流的日益广泛和复杂，由此引起交流方式与系统的根本变化，因而面向用户交互的服务组织是必须关注的重要问题。

⑤信息活动已成为从事各种职业工作的关键。在高度发达的社会，职业工作的信息需求与利用模式正在发生变化，其信息需求的满足作为开展职业工作的前提而具有普遍的社会意义；由于信息活动将贯穿于职业工作的始终，从宏观上看，表现为非信息职业与信息职业工作的界限日趋模糊，人们的信息活动与其他活动呈现出融合趋势，以此决定了基于大数据交互的服务构架。

⑥社会信息量的激增与流通的加速并存。现代社会的信息量激增已被人们所公认，值得指出的是，由此而导致了社会信息流通的加速和信息处理的大量化，逐步形成了网络化的信息加速流通模式，这是社会发展的任何阶段都不具备的，必然引起社会信息工作机制的深层变革，在数据流通和利用层面同时提出来多方面的技术要求。

⑦社会信息形态的变化及其对社会各方面的特殊作用。随着社会的进步，社会的信息形态(包括信息产生、传递、控制与利用等方面的形态)正在发生深刻的变化，由此而产生信息资源分配、信息费用支付等方式的变化，社会化的信息交流将引起法律、国家安全、公众权利等方面的综合变化和新的社会秩序的形成。

上述事实表明，信息化发展诸方面因素对数字信息组织的作用是全方位的，它决定了从科学生产、核心技术、经济运行、社会交往、职业活动、信息资源和形态变革出发，信息交互机制的发展取向。

信息用户是一个具有社会学含义的概念，社会发展的各个阶段都存在着信息的产生、传播、接收和使用问题，应该说，凡具有利用信息资源条件的一切社会成员，皆属于信息用户的范畴。用户既是信息的使用者，又是信息的创造者，因而研究面向用户的信息资源组织与服务构架具有普遍意义。

1.2.2 信息化深层发展中的信息形态特征

数字信息环境作为决定信息形态的基本因素，不仅作用于信息载体和信息加工、控制过程，而且作用于信息传递与交互利用环节。计算机技术、网络传输和信息存储技术的发展，使信息形态处于动态演化过程之中，在信息交互作用中集中体现在以下几个方面：

①信息载体形态。信息载体形态作为一种基本形态决定了信息的存在形式、分布结构、来源渠道和信息组织的物理基础，关系到信息服务的组织实现。文献信息的存在是以文字、图形、照片和各种资料的印刷、书写及多种形式的记录为载体的；音、视频信息的记载和保存以磁带、磁盘等方式进行。在数字化信息服务中，包括存在于数据库和以数字形态保存于多种载体中的文本、数据、音视频等信息。硬、软件技术的进步导致了信息载体形态的变革，使文本、图形、音视频和各种数据资源得以基于数字化形态的处理和使用。多种信息载体形态依据一体化的多媒体数字技术，使文献信息与非文献信息易于相互转化和电子化存储管理。数字信息载体形态与互联网的发展和应用相适应，以数字形态为基础的信息流动和交互决定了数字智能与"互联网+"服务的进一步发展。

②信息存储形态。信息存储是指经过加工、整理序化后的信息按照一定的格式和顺序进行保存，以便按需快速查询、索取和利用。从存储介质上看，信息存储可分为纸质存储和电子存储，前者作为一种传统的方式进行各种类型的文献存放和获取，后者利用数字存储技术和计算机技术等实现信息的存取。事实上，同一信息可以存储在不同的介质上，例如文本信息既可以进行纸质存储，也可以同时采用数字化电子介质存储。信息存储是在一定时空范围内的信息组织、传输和利用的基础，信息化时代的信息存储因而具有全局性意义，其存储的主流形态已从计算机数据和指令以代码形式的存储，演化为数字化信息的分布式存储，基于互联网的云存储和面向应用的大数据存储等多功能多模态存储形态。信息的数字化存储中，数据存储处于核心位置，其存储随着"互联网+"的推进，具有多元化结构特征。

③信息组织形态。信息组织是根据使用需求，以文本及各种类型的信息作为对象，通过内容描述、揭示、处理和序化，提供查询、获取和利用的过程。信息以组织记录信息的载体为基础，进行信息的序化处理，按一定的信息单元及其关联关系，在相应的认知空间中进行处理，通过规则性重组，反映其本质属性和深层次内容。信息组织具有针对性，可区分为以信息资源存在形式

为对象的信息组织，不同来源及类型的信息组织，以及文本信息、图形、音视频信息组织等。在信息组织中，虽然不同领域和不同信息对象具有差异，然而就其组织形态而言却具有共性，数字化环境下的信息组织以信息的数字化存在为基础，可概括为基于数据单元的内容组织形态，在大数据和智能技术不断发展的环境下，数据分析、知识关联、智能识别和可视化图谱展示等处于重要位置。由此可见，信息组织形态随着信息资源的深层次开发而变化，同时面向用户的信息描述和个性认知的展示已成为其发展主流。

④信息传输形态。信息的价值体现在用户信息交互和信息流动上，处于一定信息环境下的用户只有通过制定的渠道才可能获取外界信息和对外发布信息。在数字信息的利用中，不仅需要数字内容面向用户的传递，而且需要用户之间的沟通交流。随着计算机信息传输技术的完善和基于数字网络的信息传输的全面实现，信息传输向着高速率、高质量和全通式数据交互方向发展，因而基于大数据传输与交互的信息的网络传输形态得以形成。从传输机制上看，网络传输是指通过互联网基础设施所提供的物理通道，依据网络传输构成实现分布无障碍、实时数据通信的过程。网络数据通信介质具有大容量、全方位数据交换特征，不仅支持计算机之间、数据库之间和网络系统节点之间的信息传输，而且可以实现基于网络的用户通信，为信息的交互传输和利用提供保障。

⑤信息利用形态。社会运行中的信息关联关系和作用决定了用户信息需求状态和利用机制，在信息利用上与一定的社会环境相适应，表征为信息技术和社会关系作用下的信息利用形态。信息化的深层次发展、"互联网+"背景下的数据智能服务开展，最终体现在数字化科学研究、数字制造和全球化互联的各个方面，导致了用户职业活动和社会交往中的信息融入，致使分离形态的信息利用向集成化利用方向发展。在全球化网络环境作用下，用户已不局限于对信息源的搜索、基于内容描述的信息检索和单一渠道的信息发布与获取，而是深入到数据层面和知识单元层面的信息利用，以及通过智能方式的内容嵌入。用户信息利用形态的变化，从社会运行角度看，意味着信息服务组织必须与社会信息利用形态相适应，因而要求重构面向用户的信息服务体系，为用户的社会化需求提供全面保障。

大数据与智能技术发展中的信息形态特征决定了信息的基本存在形式和组织方式，在面向用户的数字化资源组织与服务中，体现为网络交互的大数据化和数字智能交互的整体化。

1.3 数字智能驱动下的信息服务组织

信息化深层次发展中的大数据与智能技术应用，与数字化全球网络构建相适应，二者的融合发展决定了面向用户的信息服务组织结构变化。从客观上看，在大数据技术、智能技术和虚拟网络技术支持下，信息资源数据层面的组织、知识层面的交互和利用已成为一种主流形式。对此，可以从基本的影响层面进行分析，从中展示数字智能驱动下的信息服务组织构架。

1.3.1 信息服务中的数字智能驱动

20 世纪八九十年代不仅是信息化全面推进和迅速发展时期，也是信息服务面向用户和社会需求的转型发展时期。这一时期的特征是，信息组织和服务手段需要实现传统方式向数字化系统方式转变，这就要求在组织与服务环节上进行基于现代技术的管理实现。20 世纪 90 年代末以来，互联网的高速发展，不仅改变着网络信息结构、分布和交互利用状况，而且激发了新一轮技术创新和"互联网+"背景下的信息服务体系的变革。在大数据与智能化技术环境下，信息的社会化组织与传播发生了深刻变化，一些最原始的信息可以不必通过中间转化而直接为用户所用。例如，宇宙飞行器从太空发回地面的观测数据、图像、视频等，可以直接汇入系统，经序化处理和"判读"提供应用，形成基于大数据和智能转换技术的时空大数据网络；又如，各种经济运行和电子商务市场大数据，可以方便地进行采集和过滤，在有序化和安全规则的约束下提供利用。显然，需要从数据层面进行基于智能技术的资源管理和服务实现。

网络时代，大数据与智能化技术的发展不仅改变着网络信息环境，促进信息服务面向需求环境的变革；更重要的是从信息技术基础和手段上影响着应用发展。大数据与智能化中的信息组织与服务发展如图 1-4 所示。

大数据技术和智能技术的产生和应用不仅依托于电子技术、通信、网络与计算机技术的发展，而且是信息科学相关领域的融合发展结果。大数据与智能化技术在情报服务与信息组织中的应用直接关系到互联网络服务的组织。其中关于知识结构的描述、用户认知空间的构建以及机器交互学习本体创建等，是大数据、智能识别中不可或缺的。

在信息管理发展中，以文献载体为主体形式的组织理论，存在着滞后于信息科学理论与技术发展的问题。在信息系统与网络建设、信息资源管理、信息

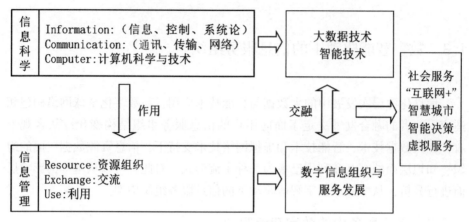

图 1-4 大数据与智能化中的信息组织与服务发展

检索和信息利用中，往往将业已广泛使用的技术进行面向各领域的应用移植，20 世纪 90 年代，这种研究和利用上的反差在国内外普遍存在。此后的 20 年，在信息服务不断拓展和信息化深层发展中这一障碍逐步得到克服。其中语义网络构建、领域本体规则、数字空间描述、面向用户的智能交互和知识嵌入等研究不仅实现了领域的融合，而且从应用上进一步促进了大数据技术、智能技术、云计算和虚拟网络技术的发展。这说明，在大数据、智能技术作用下，信息管理开放发展研究已成为面向前沿的研究发展主流。

从信息的知识属性和交互传递与利用上看，由于信息所具有的数字化处理和多模态转化特征，在组织与服务中是必须面对的。其中，信息的自然属性和形态特征决定了时空范围的存在和功能，在时空结构改变的情况下，有必要重构基于智能技术的信息交互体系。

大数据技术一般认为起源于 2004 年前后的分布式文件系统 GFS、大数据分布式计算框架 Mapreduce 和 NOSQL 数据库系统 BigTabie，Google。针对大量数据存储、计算和搜索进行的文件系统、计算框架和数据库系统构建，在大数据技术的形成和应用中发挥着关键性作用，其基本技术构架决定了其在数据管理、交互、提取和应用中的发展前景。网络信息的海量堆积和分散分布，带来了用户搜索和获取所需信息的障碍，加之网络传输通道和数字存储与计算技术的限制，造成了网络信息无序堆积和交互共享的困难。如何应对这一现实问题，在互联网基础设施不断升级和高速发展的前提下，计算能力的提升和数据管理技术便成为其中的关键。其中，大数据技术作为普遍采用的新一代核心信息技术，其应用关系到信息化发展全局。对于发展中的情报学和信息管理学科而言，必须进行全面应对。大数据环境下的信息管理和利用，必然面对数据存储和调用的海量化增长。在数据类型繁多的异构数据中，动态性地处理来源广泛的数据和提升其价值密度，便成为大数据技术背景下的核心问题，具有"互联网+"背景下信息化发展支持的全局性意义。

智能技术在智能化信息管理中的应用始于早期的专家系统和随后的人工智能发展。从数字化时代的应用看，包括自然语言处理、语义网络构建、基于本体的内容分析、知识管理、智能学习等。自 20 世纪 50 年代机器定理证明、求解程序、表处理语言开始，20 世纪六七十年代专家系统的出现将其应用于语义处理、医疗诊断、决策咨询等领域，在此基础上于 1969 年成立了国际人工智能联合会。20 世纪 80 年代，随着第五代计算机的出现，人工智能得到进一步发展，其中知识信息处理计算机系统(KIPS)的应用，实现了知识逻辑推理与数值运算的同步，从而开始了人工智能与知识管理的密切结合；20 世纪 80 年代末，神经网络的出现，进一步确立了智能技术的框架模型；20 世纪 90 年代互联网技术的迅速发展，使单一智能主体的研究向网络环境下分布式人工智能研究转变，从而推进了智能技术在网络信息服务中的全面应用。21 世纪初，人工智能(AI)已融入人们生活的各个方面，以此为基础，对信息管理产生了全面影响①。"智能化"以物理系统运行代替人的智慧活动，极大地提高了大数据网络环境下面向应用的信息处理与控制能力，其主要特征表现为：数字信息网络的智慧化；信息交互的知识化；过程决策的自动化；系统学习的自适应；人性化运行与面向应用主体的智能交互和融合。从智慧系统和信息智能识别与数据挖掘上看，智能化已覆盖数据组织、存储、调用、交互的各个环节，因此引发了面向智慧交互的信息管理系统变革。

在大数据技术和智能化技术发展中，2013 年，来自美国卡内基梅隆大学的研究团队发布了一种可以比较和分析图像关系的语义机器学习系统(Never Ending Image Learner，NEIL)，其虚拟环境中的应用展示了虚拟网络服务的发展前景。与此同时结合云计算服务在并行计算、分布式和网络计算中实现了虚拟化的网络应用，从而形成了信息服务的新的发展基础。

1.3.2 面向用户的信息组织发展

网络时代，微电子技术、数据存储与网络传输已不再是全球互联互通的障

---

① Bandaragoda T, De Silva D, Alahakoon D, et al. Text Mining for Personalized Knowledge Extraction From Online Support Groups[J]. Journal of the Association for Information Science and Technology，2018，69(12)：1446-1459.

碍，基础设施建设的快速发展为其应用创造了巨大的空间。正是由于数字网络设施的充分保障，大数据、智能技术的应用发展才成为现实。需要指出的是，与计算机信息系统早期发展不同，大数据、智能化条件下的应用需要计算机科学技术与信息管理的深层次融合，从信息单元的空间描述、知识构建和数据关联出发，进行多元数据和知识的序化组织和内容关联，从而实现面向用户的多元应用目标。从信息形态作用上看，大数据与智能环境下的信息组织必然在多模态信息处理、知识形态转换、用户认知交互，大数据嵌入、信息时空结构构建和安全与生态维护中进一步发展。

①多模态信息处理。多模态(Multimodality)是指在特定物理媒介上信息的多种存在、表示及交互方式，其概念源于人机交互中的信息表示方式研究。在内容描述上，信息表示方式往往比较宽泛，难以精细化地揭示其细粒度内涵。因而，基于完整性、交互性、关联性和直观描述的要求，融合多种单模态信息的处理对于网络信息的深层开发和知识组织而言具有现实性。在实现中，其内容涉及多模态信息的获取、组织、分析、检索、表达和创建。对于多模态信息处理问题，Niels Ole Bernsen 于 2008 年在"多模态理论"(Multimodality Theory)中进行了归纳，提出了输入/输出模态的分类框架。同时，国内外学者展开了相关研究，在理论与实践中取得进一步进展。从总体上看，多模态信息处理是在文本、图像、音视频等形态信息处理基础上发展起来的，其信息存在和交互方式的多样性决定了采集信息和数据获取和处理的复杂性。当前，理论研究和技术实现围绕多模态信息建模、多模态信息获取、数据采集与解析、多模式训练数据集构建，以及不同领域的语义分析、描述等方面的环节展开。在面向应用的发展中，存在着大数据来源处理、人机交互识别和智能化处理问题。其关键技术的进一步突破和发展，对于信息内容的细粒度表达和不同媒介信息的融合应用具有重要的现实性。

②知识形态转化。长期以来，知识服务大多局限于显性知识信息的组织、存储和面向用户的提供与交流，而对隐性存在的知识和动态传播的知识缺乏关注，其原因主要是知识组织技术发展和应用上的限制。从这一方面看，大数据环境下智能交互技术的应用为问题的实质性解决提供了可能。当前的研究，拟从知识的存在形态及其转化机制出发，进行面向机器学习的描述，确立隐性知识向显性知识的映射规则，从而以人工智能的组织方式实现显性与隐性知识的融合管理和集成推送。在知识组织研究中，理论上已有完整的解释，但由于知识组织技术上的限制，往往限于显性知识的获取、挖掘、描述和内容开发应用；对于隐性知识则局限于用户认知需求的挖掘和基于潜在知识需求的交互学

习，未能进行更深层次的隐性知识描述和管理。① 因此，拟在知识形态理论和知识内化、外化与社会化规律揭示的基础上，进行知识形态的交互关联研究，确立人工智能识别接口，以实现智能化知识管理的发展目标。知识形态转化研究在知识服务中具有重要位置，其转化不仅包括隐性知识的外化和显性知识的内化，而且包括不同形态知识之间的转化和描述，因此需要进行细粒度的知识单元作用表达，寻求适应于智能技术的组织规则。

③基于用户认知的智能交互。交互式人工智能（Conversational AI）在问答系统、阅读理解、任务目标对话、开放交流等方面已得到广泛应用；其中任务或目标型对话系统在于通过交互实现特定的任务或目标，已成为当前社会生活中人们普遍接受的方式。在社交机器人走进社会生活的过程中，交互系统不仅以自然语言为载体，而且应用图形、视频、文本等信息进行情景交互，其实用化发展迅速。信息服务和知识推送中，机器学习从计算机模拟用户学习思维出发，在大数据环境下有效获取用户知识，以深度学习方式通过与用户的交互，实现自适应、自学习目标。机器学习在于用户需求的全面理解和行为目标的精准实现，近10年着重于符号学习、神经网络学习和统计学习的研究不断取得新的进展，从而为该领域的应用发展奠定了新的基础。由于智能交互和机器学习的双向性，进一步深化交互与学习机制具有必要性和现实性，其目标在于按用户认知结构和认知作用关系，进行基于认知识别的结构化交互与学习架构，解决认知非结构化的结构化转换问题，在深度学习基础上进行语义处理、图像分析、共享识别和内容分析，最终实现基于认知交互的面向用户主动服务的个性化目标。

④大数据嵌入服务。大数据处理并不是一个独立的工作，它需要和具体的应用平台或工作流程结合才能体现其作用价值。这样，往往要求采用相应的技术将其嵌入集成到应用程序之中，以方便调用。其中，在J2EE架构上的部署比较完整地体现了这一思路。从信息服务实施上看，信息面向用户业务流程的嵌入逐渐成为人们关注的问题。数字化科学研究、智能制造和智能服务的推进，需要更深层次的数据保障，从而促进了大数据嵌入式服务的产生与发展。② 嵌入

---

① Alemu E N, Huang J. HealthAid: Extracting domain targeted high precision procedural knowledge from on-line communities[J]. Information Processing & Management, 2020, 57(6): 102299.

② Shukla N, Tiwari M K, Beydoun G. Next generation smart manufacturing and service systems using big data analytics[J]. Computers & Industrial Engineering, 2019, 128(02): 905-910.

式服务最初出现在嵌入式系统实现上，其嵌入式计算机系统和执行机制是整个系统的核心，执行装置通过接受嵌入式计算机系统指令完成所规定的操作任务。"互联网+"背景下，数字化流程的形成要求以应用为中心，进行数字信息面向设计、供应、生产和经营的融入，从而依托于智能技术实现数字化生产的目标；与此同时，科学研究中的数据嵌入和系统支持以及各领域活动，都存在着数据嵌入和服务融合问题。围绕这一问题的研究，需要从服务理论上进行完善，通过嵌入机制、技术和数据调用关系研究，寻求基于大数据和智能识别技术的构架。

⑤信息时空结构描述与构建。信息时空结构的研究可以追溯到情报学形成的早期发展中，其中米哈依洛夫关于情报交流的理论描述和布鲁克斯对知识结构的研究，都是在确定的时空范围内进行的。在数据服务与信息组织中，用户认知空间与情报空间的一致性决定了信息组织和服务内容的时空范围，由此提出了时空转换问题。从传统的文献信息内容揭示上看，基于分类和主题的描述大都按统一的规则进行，而规则的确定和标准的形成必然在当时的社会知识活动范围内进行，且符合社会共识原则。随着个性化服务的开展，用户认知结构与内容描述空间结构的非一致性，必然成为用户利用深层知识的障碍。在知识创新中，这一矛盾日趋突出，因而提出了用户认知空间与结构描述空间映射问题。① 当前，知识的深层挖掘和动态组织进一步加剧了这一冲突，因而需要进行信息时空结构及其演化的深化研究，从理论上探索内在的关联性和模型构建。在理论应用中，进行多维知识地图创建，实现动态时空结构下的知识关联和图谱结构展示，为大数据挖掘和动态知识提取提供技术上的支持。

⑥信息安全与生态维护。信息安全是网络化时代各国集中关注的重要现实问题，在信息组织与服务中必须面对。其安全保障不仅关系到信息资源、网络和相关服务主体与用户的安全，而且直接影响国家安全和信息化的全面推进。在中央网络安全和信息化委员会的统一部署下，我国信息安全机制、体系的确立从根本上适应了国家创新和社会发展需要。在全球环境和国家战略框架下，国外网络服务安全正从整体构架、体系结构、机制保障和技术支持上全面推进，在理论研究中，形成了相对完整的安全保障构架。对此，我们在承担国家社会科学重大项目研究中，与相关部门进行了服务链安全关系的探索、信息安全认证、协议、监管和环节上的实现机制研究，以此出发提出了需要进一步解

---

① Bernsen N O. Multimodality theory [C]. Multimodal User Interfaces, Signals and Communication Technologies. Heidelberg：Springer，2008：5-29.

决的问题。与此同时，数字环境下信息治理与生态环境的优化，不仅关系到信息安全，而且直接影响到信息资源无序积累所导致的数据冗余和质量。在这一问题的研究中，靖继鹏教授和诸多学者从多角度、多层面进行了理论与实践结合的全面探索，在生态理论研究基础上提出了基于网络信息生态链的信息组织理论。① 在互联网不断高速发展的情况下，服务与环境交互影响问题，信息建设的全局性问题，需要进行持久深入的研究。

1.4　面向信息管理环节的技术应用拓展

在数字信息资源组织与开发技术推进中，面向信息管理环节的应用技术包括信息传输技术、信息资源数字化管理技术、信息组织与检索技术、信息网络组织技术和信息安全技术等主要应用技术，其技术推进与具体的业务环节结合，从而形成了基于环节的应用技术推进模式，决定了技术研发的基本组织模式和内容。

1.4.1　信息传输技术推进

信息传输技术在信息组织、传递与服务中具有关键性作用，其技术推进背景是现代通信技术和控制技术的发展，在技术推进中应坚持以下原则：

实现信息传输技术与通信技术的同步发展；

将信息传输技术推进纳入战略规划管理和国际合作的轨道；

实现音、视频信息识别、传输的结合，以适应包括数据、文字、图形、语言和其他信号在内的多种信息传输的整合，达到多网合一的目的，以此出发进行传输技术推进；

强化信息传输处理与交换技术，推动多路复合技术和互联技术的发展；

将最新信息技术应用于信息传输工程，解决信息基础设施中的关键技术问题，提高多路传输速度。

当前，在信息传输技术推进中，以下几个方面值得特别重视：

通信技术应用的优化，包括以光纤作为信息传输的物理载体，通过高密度波多路复用技术(CWDM)进一步提高承载容量，将初始带宽转换成可用带宽。

---

① 靖继鹏. 网络信息生态链的形成机理与演进规律研究[J]. 图书情报工作，2013，57(15)：39.

网络核心通信设施技术中基础设施网络的关键在于网络的高速度、可伸缩、高密度以及端接(DWDM)装置，应支持高速网。

高性能、多功能的信息网络必须为服务器准备充足的资源，这需要在网络服务器与存储子系统之间的数据通信上保证信息存储与信息查找的速度。现有信息网络的带宽与存储设备速率上的差距，应注重传输与存储技术的结合。其技术组合包括如下要素：计算机系统应用程序(存储管理软件)，驱动软件，与主机接口卡相连接的连接/转换器，连接服务器与集线器的光缆，集线器接入的连接/转换器，共享式(或交换式)集线器，集线器输出的连接/转换器，连接存储子系统与集线器的电缆或光缆等，存储子系统的内部接口卡，存储子系统的内部到驱动器的连接。

存储管理软件通过将特定的信息加载到指定的驱动器上，进行驱动器与服务器之间的数据交换。其中保证网上任一连接发生故障时，可以摘除这一连接而不影响网络的正常操作，交换式集线器可以为每个接口提供独立的高速带宽，其组合方案的优点在于多个服务器能够共享存储数据。资源共享是信息网络服务的主要目标，有效的磁带库共享是光纤解决方案的重要组成部分，它使基础设施适应高传输速率的要求，为数据的一致性、可靠性与安全性提供保障。

信息传输基础设施的信息传输能力、规模、速度和服务质量中十分重要的硬件技术保障之一是传输介质的硬件组合技术，其关键在于充分发挥各种介质通道的有效连接和布局，实现卫星传输网、光纤网和其他传输网的有效结合，在技术上实现组合的优化。

1.4.2　信息资源数字化管理技术推进

信息资源的数字化是指将非数字信息资源转化为数字信息资源，以进行信息资源的全数字化管理。在非数字信息资源的数字化管理中，致力于利用数字化技术实现信息资源的有效转化。

信息组织的核心技术是信息存储与数据库技术，推进在信息存储硬件技术开发基础上进行信息存取组织和数据库技术的智能化发展。信息存储技术推进的机制是面向数据分布管理、组织、保存和索取，其组织具有极强的针对性。

大数据环境下的数据集合量一般都非常大，需要分布存储在多个存储介质上，而用户进行信息检索时，需要存取的数据往往是一个大数据集合中的一个小子集合。如何使用户所需的小子集合分布在尽量少的介质上，以减少用户存取数据所需的时间，提高存取的效率，取决于数据集合在存储器上的分布。

　　聚簇方法是用来解决大数据集合在三级存储器中合理分布问题的常用方法。聚簇方法的基本思想是把大数据集合按用户存取模式分解成多个簇。一般来说，一个大的数据库集合由很多用户使用，也就具有多种用户存取模式。这使得数据集合的合理划分成为一个很复杂的问题，需要在多种划分策略中做出合理的选择，选择出最为接近每种存取模式的理想划分方法。聚簇方法的目标是当用户需要一个子集合时，在多级存储器上存取该子集合以外的数据量最小。

　　图 1-5 说明了如何用聚簇方法来管理存储器上的数据集合。首先由数据分布分析器根据数据的结构、用户存储信息的模式来决定簇的划分策略，同时做出数据分布说明；其次由数据分布与存储管理构件中的数据划分模块，根据数据分布说明，将数据采集系统采集来的文档重新组织成多个簇，由存储管理器按所需的顺序写入机器库；当用户通过应用系统向存储器提出读取数据子集合的请求时，存储管理器的读进程根据数据分布说明确定需要被读取的簇集合，

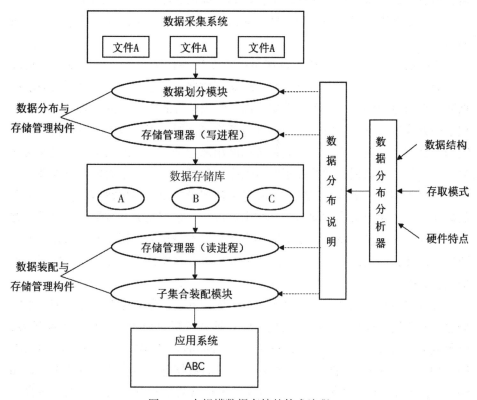

图 1-5　大规模数据存储的技术流程

23

提取所需数据并装配成子集合，这样，应用系统避免存取操作整个数据集合，而只需直接处理子集合。

图 1-5 提供的数据存储的技术流程框架具有针对性，在技术推进中，其研究应用由具体的业务要求、环境、条件和对象决定。

一个规模庞大的信息系统可以说是一个有效管理的、分布式的数字对象集和服务集，包括大量的文本、图像、音频、视频等数字信息内容，要求具备信息的发现、存储、检索、保存等相关的服务功能。这些服务功能的实现与分布式数据库管理系统的功能密切相关。所谓分布式数据库管理系统，就是一个分布式的、异构的多数据库系统，存储和管理超大规模的海量多媒体数据。构成系统的节点服务器提供局部的、基本的多媒体对象管理，以及分层的、全局和局部混合的元信息资源管理和多媒体对象的可靠有效的服务。

分布式多模态数据库管理系统为数字图书馆提供信息的存储、发现、检索和保存服务，为完成这些功能，它应具备 3 个子系统：多媒体对象数据库服务器、索引数据库服务器和句柄系统，以此形成数据库技术开发思路。

针对数据库开发、使用和管理中的技术问题，其技术研发应注重以下方面的问题：

①扩展现有的关系数据库管理系统，支持各种多媒体对象。在技术实现上，通过关系模型及关系演算，在处理文本数据、管理事务等方面开发关系数据库。在信息存储方面，关系数据库以二维表的方式管理数据，数据以一条条记录的方式进行管理，每一记录内部包括许多字段，表中每个字段的长度是固定的、类型是事先定义好的。关系数据库用来管理结构化的数据具有很大的优势，如各种统计数据、数值和事实数据库等都可以应用关系数据库技术进行管理。但对于图形、图像、视频、音频等大数据量、非结构化数据的管理，关系数据库难免表现出很大的缺陷。其技术推进：一是扩充关系数据库中字段的类型定义和长度限制，将大数据量的多媒体数据本身作为数据库的一部分放置在数据库内部；二是以外文件的方式将大数据量的多媒体数据存放在数据库的外部，在数据库中只存放文件的链接。

②构建对象关系数据库。把关系数据库中的二进制对象扩展为类和继承的概念，对于这些面向对象特性的数据库管理系统提供对象程序设计前端扩展，以此成为对象关系数据库。如 Oracle8i、Informix 和 IBM 公司新推出的 IBM DB2 Universal Server，都属于对象关系类型的数据库系统。IBM DB2 Universal Server 能支持所有的数据类型，技术推进包括常规数据和多媒体数据，包含内置的功能，支持基于内容的文本检索，支持图像、视频、语音、指纹数据类

型，通过 SQL 语句就可以满足传统业务数据和复杂数据的需求。

③使用面向对象的数据库。现在，面向对象技术正与数据库技术、人工智能技术相结合形成新的发展领域。各对象技术以客观世界中客观存在实体对象为基本元素，并以类和继承来表达事物间具有的共性和它们之间存在的关系，以对象的封装来有效实现信息隐蔽。在面向对象的数据库中，任何一种类型的一份数据，不论是文本，还是声频、视频、图像，都可以定义成一个对象，这样可以实现各种数据类型的统一管理。多媒体对象除了多媒体数据本身和多媒体元信息外，还应该包含多媒体数据本身和多媒体元信息之上的各种操作，并且对于不同的媒体应该定义不同类型的操作。

④利用索引数据库服务器。数字信息资源管理需要为入库的每份信息建立各种索引，以提供各种查询途径。索引数据库服务器就是用来从多媒体信息中抽取各种元信息，如标题、作者、主题、标识符、位置等，建立合理分层的元信息库。在技术实现中，分布式的体系结构，由很多分布于各地的分馆通过网络相互连接，每一个分馆都有它的特色资源收藏和检索方式。从用户的角度来说，用户总是希望通过一个用户检索界面完成检索，为实现这个目的，索引数据库的组织应探索基于新的技术层面的方法。网络环境下，计算机技术和数字信息处理技术为信息资源的网络组织和多维提示提供了可能。首先，每一个文档，甚至一个文档中的一部分(一个段落、一句话、一个词、一个字)都可以成为一个节点，节点和节点之间通过超链进行互联，人们可以通过超链轻易地从一个文档到另一个文档，或从一个文档的这一部分到另一部分。其间，整个信息体系呈一种网状结构。其次，信息资源以网状结构进行组织，因而可以对信息进行多维揭示，提供多种检索途径，因此人们就可以从每个特征所代表的角度检索到相应的信息。

在数字信息资源组织揭示中，为充分地开发和利用信息资源，要利用具有智能化水准的信息组织和开发技术，对信息资源进行多维的揭示，以向用户提供多种检索途径。在当前的技术水平下，其技术推进应着手于关键问题的解决。

1.4.3 信息网络组织技术推进

信息网络组织技术经历了一个不断更新的发展历程，目前正处于新的变化之中。当前互联网使用的普及和发展，使得互联网上的服务器，日益增多，同时分布在互联网世界的一个个数据节点上。由于大量的信息被"锁"在各节点数据库里，因而要寻找它们需要采用大数据技术进行高速处理。通过搜索程序或固定的渠道，如何使用户不必关心信息的实际存储位置而方便地享用大数据信息网络，在于利用现有的网络基础设施、协议规范和数据库技术，为用户提供一体化的智能化的信息平台。新一代信息平台软件基础设施，使用户可以通过单一入口访问所有信息。

当前，大数据在世界各国引起了前所未有的关注和重视，世界级大公司竞相推出新的基础平台和相关的协议标准。强调所有的计算机、相关设备和服务的协同工作，使人们能够方便地控制信息并让它在指定的时间以指定的方式传送给应用节点。10余年来，支持信息网格的关键协议如 XML、SOAP、UDDI、WSDL 等，已成为各种平台支持的基本协议，其发展集中体现在以下方面：

在体系结构上，从 C/S 向 B/S/S 发展，目前的研究是信息存储、表示、发布、提供机制的变革和基于新机制的技术实现；在信息表示上，使界面表示与数据存储统一；将具有一定关系的数据从逻辑上加以连接，使信息源之间可以连通；实现信息输入、存储、组织、索取的智能化；在实现信息服务站点连接和分散信息处理与集中信息利用结合的条件下，推进技术发展。

信息安全作为现代数字化信息资源管理中的一个重要技术，其技术推进在信息资源管理技术中占有十分重要的地位。信息安全技术是综合性技术，涉及信息传输、处理、揭示与控制的各个方面，从总体上看主要包括信息设施(包括通信设施、计算机主机、信息资源网络设施以及其他设施)安全技术，信息资源(包括数据信息本身及其相应数据库)安全技术，信息软件及其他信息技术产品安全技术等。

在信息安全中，网络安全问题是一个突出的问题，因而现代信息安全技术的推进主要围绕网络信息安全进行，只要网络安全得以解决，其他方面因"信息"引发的安全问题也就迎刃而解。网络信息安全技术的主体技术包括加密技术、安全隔离技术、安全路由器技术以及网络入侵检测与控制技术等。因此，其技术可以在多个层面上开发、推进。这些技术在现代环境下逐步成熟和发展，形成了成功的推进模式。

加密技术是一项综合性技术，主要发展集中在水印技术、数字签名技术等方面。在数字技术、网络技术如此发展的今天，如何保护数字产品的创作者、制作者等各方的利益，防止数字产品的侵权行为发生，是关系到数字信息服务发展的一个重要问题。成熟的数字技术已被广泛用于防止非法侵权上。例如密码技术，即通过密钥加密系统(如 RSA 系统)将数据文件加密成密文后发布，使网络传递过程中出现的非法攻击者无法从密文中获得机密信息，从而达到权益保护和信息安全的目的。但是，仅采用密码技术还不能完全解决这一问题，一方面加密后的文件因其不可理解性妨碍多媒体信息的传播；另一方面，密码仅能在数据从发送者到接收者传输过程中进行数据保密，当被接收并进行解密后，所有加密的文档就与普通文档一样，将不再受到保护。对此，应予以全面应对。

数字水印，是往多媒体数据（如图像、声音、视频信号等）中添加特制的不可见的数字标记（如作者的序列号、公司标志、有意义的文本等），用以证明原创作者的所有权，从而保护其合法权益。比如，利用数字水印嵌入技术，将作者标识作为一种不可见数据（数字水印）隐藏于原始图像中，达到既注明了所有权又不伤害图像的主观质量和完整性的目的。含水印的图像能保持原图的图像格式等信息，并不影响正常信息的复制和处理，从主观质量而言，两幅图像差别微乎其微，无法察觉。只有通过特定的解码器才能从中提取隐藏加密信息。在数字水印技术推进中，可以利用不同的研究方法和设计策略，围绕着实现数字水印的各种基本特性进行设计。其中，关键/数字水印技术是一种综合信号处理、数字通信、密码学、计算机网络等新兴技术的技术，围绕真伪鉴别、网络快速自动验证、视频水印等方面的需要不断完善。

应用普遍的数字签名技术是从数据加密技术发展而来的。从应用角度看，数据加密技术主要分为数据传输、数据存储、数据完整性的鉴别以及密钥管理技术等。在网络应用中一般采取两种加密形式：保密密钥和公开/私有密钥。保密密钥中加密和解密使用相同的密钥，也称为对称密钥，标准为 DES（Data Encryption Standard）。DES 作为传统企业网络广泛应用的加密技术，它采用 KIX 来集中管理和分发密钥，并以此为基础验证身份，但是这种方式不太适合互联网环境。在互联网信息交互中使用更多的是公开/私有密钥系统，它使用相互关联的一对密钥，一个是公开密钥，任何人都可以知道，另一个是私有密钥，只有拥有该对密钥的人知道。公开密钥和私有密钥是不同的，用前者加密的信息只有后者才能解开，用后者加密的信息只有前者才能解开，并且不能从公开密钥推导出私有密钥。

一个典型的使用数字签名技术发送信息的过程是：对发送的数据明文 DATA，采用一种单向散列算法自动生成某个长度的特征数据 MD 与 DATA 相对应，DATA 任何改变，MD 都会发生改变；将发送者 S 的私有密钥 KS0 加密特征数据 MD，生成 SIGN；将接收者的公开密钥 KRI 加密待发送的数据 DATA 和 SIGN，生成待传输数据；传输到接收方；接收者将收到的数据用自己的私有密钥 KR0 解密，得到明文 DATA 和 SIGN1；将发送者的公开密钥 KSI 解密 SIGN1，生成 MD1；从 DATA 中生成特定长度的特征数据 MD2；判断 MD1 与

MD2 是否相同，相同则表明 DATA 是相应发送者发送的。

数字时间戳(Digital Time Stamp，DTS)是数字签名技术的一个十分重要的应用。文件传输的日期和时间同签名一样，是十分重要且不能被伪造和篡改的关键性内容，因此需要对文件传输的日期和时间信息采取安全措施。由专门的机构提供的数字时间戳服务能提供电子文件传输/发表时间的一种安全保护。数字时间戳是一个经加密后形成的凭证文档，它由 3 个部分组成：需加时间戳的数据文件的特征数据 MD，提供数字时间戳服务机构 DTS 收到 MD 的日期和时间，DTS 对 MD 和相应的日期和时间用自己的私有密钥加密后的数字签名。文件中的日期和时间由签署人自己签署或由计算机加上，二者都可以按自己的意愿更改，而数字时间戳是由第三方认证单位 DTS 来加入的，并且是以 DTS 收到文件(特征数据)的时间为依据，因而具有客观性，能够为文件提供佐证。

在防火墙技术推进中，传统的防火墙是指设置在不同网络(如可信任的内部网和不可信的公共网)或网络安全域之间的一系列部件的组合。它是不同网络或网络安全域之间信息的唯一出入口，能根据安全要求控制(允许、拒绝、监测)出入网络的信息流，且本身具有较强的抗攻击能力。它是提供信息安全服务，实现网络和信息安全的基础。在逻辑上，防火墙是一个分离器，一个限制器，也是一个分析器，可以有效地监控内部网和互联网之间的任何活动，保证了内部网络的安全。防火墙(作为阻塞点、控制点)能极大地提高一个内部网络的安全性，并通过过滤不安全的服务而降低风险。由于只有经过精心选择的应用协议才能通过防火墙，所以网络环境变得安全。防火墙可以禁止一些不安全的脆弱的网络协议进出受保护网络，防止外部的攻击者利用这些协议来攻击内部网络；防火墙同时可以保护网络免受基于路由的攻击，如可以防止一些攻击者通过修改 IP 地址(非盗用，一种欺骗方式)的方法进行非授权访问。对于防火墙，可以强化网络安全策略。通过以防火墙为中心的安全方案配置，能将所有安全软件(如口令、加密、身份认证、审计等)配置在防火墙上。与将网络安全问题分散到各个主机上相比，防火墙的集中安全管理更经济。例如在网络访问时，一次性口令系统和其他的身份认证系统完全可以不必分散在各个主机上，而集中在防火墙上。在安全保障中，应对网络存取和访问进行监控审计。如果所有的访问都经过防火墙，那么防火墙就能记录下这些访问并做出日志记录，同时也能提供网络使用情况的统计数据。当发生可疑动作时，防火墙能进行适当的报警，并提供网络是否受到监测和攻击的详细信息。另外，收集一个网络的使用和误用情况也是非常重要的。这是因为可以据此分析防火墙是否能够抵挡攻击者的探测和攻击，并且清楚防火墙的控制是否可靠。

对于防止内部信息的外泄，可利用防火墙对内部网络的划分，实现内部网重点网段的隔离，从而限制了局部重点或敏感网络安全问题对全局网络造成的影响。再者，隐私是内部网络非常关心的问题，一个内部网络中不引人注意的细节可能包含了有关安全的线索而引起外部攻击者的兴趣，甚至因此而暴露内部网络的某些安全漏洞。使用防火墙就可以隐蔽那些透露内部细节的服务。除了安全作用，防火墙还支持具有互联网服务特性的内部网络技术体系，即虚拟专用网(Virtual Private Network，VPN)的功能。通过 VPN，将企事业单位在地域上分布在全世界各地的 LAN，有机地联成一个整体。VPN 设备负责给发送到对方的数据包进行加密并重新打包，当到达对方 VPN 设备的时候再拆包、脱密，而在公共网络上看到的只是两个 VPN 设备。VPN 不仅省去了专用通信线路，而且为信息共享、信息加密提供了技术保障。防火墙的发展经历了包过滤技术、代理技术和状态监视技术推进阶段。

包过滤技术是一种基于网络层的安全技术，它执行的是 IP 地址的检验。接收方网络出入口处的包过滤式防火墙会检查所有信息包中发送方的 IP 地址、接收方的 IP 地址、封装的协议以及双方的端口令等，按照网络管理人员预先设定的过滤原则过滤信息包。那些不符合规定的数据包会被防火墙过滤掉，由此保证网络系统的安全和正常网络信息服务的开展。

代理技术是比单一的包过滤更为有效的安全保护手段。它通常运行在两个网络之间，对于用户来说像一台真的服务器，但对于外部网络接收呼叫的服务器来说它又是一台客户机。当代理服务器接收到用户请求后会检查用户请求合法性。如果合法，代理服务器会像一台客户机一样取回所需要的信息再转发给客户。代理服务器将内部用户和外界隔离开来，从外面只能看到代理服务器而看不到任何内部资源。但代理服务器没有从根本上解决包过滤技术的缺陷，在应用支持方面也有不足之处，而且速度较慢，有待进一步改进。

状态监视技术是第三代网络安全技术。状态监视器的监测模块在不影响网络安全正常工作的前提下，采用抽取相关数据的方法对网络通信的各层实行监测，并作为安全决策的参考。监测模块支持多种协议和应用程序，可以方便地实现应用和服务的扩充。另外，状态监视器还监测端口信息，而包过滤和代理网关都不支持此类端口。这样，通过对各层进行监测，状态监测器从而实现保证网络安全的目的。针对网络的防火墙是保护一个局域网或虚拟专用网免遭网络外的入侵的，在入侵发生时和发生后，可以根据防火墙的报警和访问的日志记录来追踪或追查肇事者，所以防火墙技术是一种重要的网络监督技术。

网络安全是动态的，其安全程度随着时间和环境的变化而发生改变。因此，网络安全需要随着网络环境的变化和技术的不断发展进行调整和改进。如：网络的拓扑结构改变，所使用的操作系统发现新漏洞未及时处理，服务器软件补丁程序未及时升级等都会影响网络安全。针对这些问题，理应从安全角度进行监测和有效控制。所以，网络安全实际上是一个动态变化的过程，一般的规律是：随着时间的演化，在原有的网络安全策略下，网络的安全程度逐渐下降，网络的安全策略必须不断地调整。由此，发展入侵监测技术是实施安全控制的一个重要途径。对于网络入侵监测，可以根据不同情况进行监测，以此构建监测技术体系。从总体看，监测网络攻击的方法有：

①基于审计行为特征的攻击监测。在对用户历史行为的建模基础上实时检测用户对系统的使用情况，根据系统内部保持的用户行为的概率统计模型进行监测、跟踪、记录并报警。

②基于神经网络技术的攻击监测。利用神经网络技术对前一监测方法进行改进并回避其部分缺点，根据实时检测到的信息有效地加以处理做出攻击可能性的判断。

③基于专家系统的攻击监测。根据安全专家对可疑行为的分析经验来形成一套推理规则，建立相应的专家系统。基于规则的专家系统具有自学习能力并可以进行规则的扩充和修正。

④基于模型推理的攻击监测。攻击者在攻击一个系统时往往采用一定的行为程序，如猜测口令的程序，这种行为程序构成了某种具有一定行为特征的模型，根据这种模型所代表的攻击意图的行为特征，可以实时地检测出恶意的攻击企图。

当然，上述几种方法都不能彻底地解决攻击监测问题，所以应综合地利用各种手段强化网络信息系统的安全度，以增加攻击成功的难度，同时根据系统本身特点选择适用的主要攻击监测方法并且有机地融合其他可选用的攻击监测方法。

2 数字智能环境下的用户信息需求与行为

用户信息需求与用户的社会交往和所从事的职业活动相关联，其基本的社会交互关系和活动目标决定了需求内容，用户所处的社会信息环境则影响着用户的需求认知和表达。用户信息需求的认知表达与行为在信息服务组织中具有主导性，不仅体现为用户对信息环境和信息需求的认知，而且是面向用户的服务实施依据。用户信息需求具有客观性，即由用户所处的环境和社会活动目标需求所决定，然而主观认知的作用决定了需求的表达以及所引发的行为。由于信息存在认知上的交互性，因而有必要从需求认知与交互作用关系出发分析其内在机制。

2.1 数字环境下的用户信息需求机制与需求影响因素

用户信息需求源于用户所从事的社会工作和社会交互活动，在于通过信息的交互和利用，有效保障用户社会活动目标的实现。在信息资源的社会化组织中，面向需求的服务保障始终处于核心位置。数字智能环境下信息交互机制的变化，直接关系到用户信息需求的存在形式和客观状态，影响基于认知的信息交互行为以及面向用户的信息服务组织结构。

2.1.1 数字环境下的信息需求机制

用户的信息需求的存在具有客观性，由相应的社会需求所决定。对此，社会心理学家 C. Alder 在研究社会需求结构的基础上提出了主体需求理论，认为其基本需求包括生存需求、交往需求和成长需求，涉及社会生活、职业工作和适应社会的交往之中。用户作为社会活动主体，信息需求由社会活动目标、任务和用户的社会交往关系所决定，包括科学研究、生产经营、社会服务和社会交互等在内的社会活动，决定了与此相应的信息需求状态。由此可见，用户信息需求伴随主体活动而产生，信息作为社会运行发展中的关键要素，具有不可缺失性。现代社会运行中，用户信息需求的充分发掘和面向需求的全面信息保障直接关系到科技、经济与社会的发展。

从信息的存在与作用机制上看，凡具有客观信息需求与信息交互条件的一切社会成员皆属于信息用户的范畴。就信息的存在形式和来源而论，用户信息需求包括两个方面：其一是自然信息需求，其二是社会信息需求。自然信息是自然物质存在、交互作用和运动的客观反映，社会信息则是指科学研究、生产经营和各种社会活动中所形成的信息。数字智能环境下，通过数字化手段获取的自然信息（包括空间地理信息、智能交互数据、数字医疗中的电子记录图像等）可以通过智能处理转化为嵌入用户活动环节的信息（包括结果数据、知识等）。在用户信息利用范围不断延伸的背景下，用户信息需求除由其目标活动所决定外，还受社会环境因素的影响，在总体上和信息的存在与转化形式密切关联。

用户信息需求在客观上由社会交互机制所决定，组织运行中的信息需求源于组织任务目标的实现和组织的社会关联活动。处于一定组织结构中的人员，其职责、任务和环境影响着基本的信息关系和信息需求的引动。

从总体上看，组织运行中的信息机制具有共同特征。无论是科研机构，还是企业和社会服务部门，其存在和发展都离不开社会环境。这说明，科技、经济、文化和社会发展决定了组织运行的外部条件。在环境作用下，组织不仅需要从外界输入物质、能源和其他资源，而且需要有信息的输入；组织通过运行，实现输入资源的增值，从而向外输出物质产品、知识产品和服务；与此同时，输出组织活动信息。组织在增值循环中通过与环境的作用，实现价值提升，其中信息交互则是提高核心能力、促进资源增值性增长的重要保障。图2-1反映了这种基本关系。

科学研究机构、高等学校、生产企业、服务行业和政府部门等不同组织，由于输入、输出的不同，存在物质产品、知识产品和服务产品等方面的差异。然而从组织运行的创新机制上看，却是共同的。我们按输入、输出特性将其区别为不同行业的和不同性质的组织。

如图2-1所示，社会运行中物质、能源和信息的利用是以其流通为前提的。在物质、能源和信息的社会流动中，一方面，信息流起着联系、导向和调控作用，通过信息流，物质、能源得以充分开发利用，科技成果和其他知识成果得以转化和应用；另一方面，伴随物质、能源和信息交换而形成的资金货币流反映了社会各部分及成员的分配关系和经济关系，物流和信息流正是在社会经济与分配体制的综合作用下形成的，即通过资金货币流，在社会、市场和环境的综合作用下实现物质、能源和信息的交流与利用。基于此，图 2-1 省略了对资金货币流的表达。

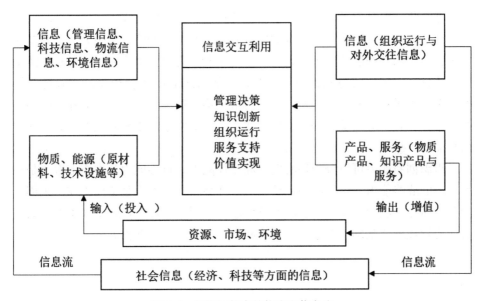

图 2-1　组织运行中的物流和信息流

网络化环境中的信息流是指各种社会活动和交往中的信息定向传递与流动，就流向而言，它是一种从信息发送者到使用者的信息流通。由于信息不断产生，在社会上不断流动和利用，因而我们将其视为一种有源头的"流"。研究社会运动不难发现，社会的物质、能源分配和消费无一不体现在信息流之中；社会信息流还是人类知识传播和利用的客观反映。如对于企业，信息流伴随着企业生产、研发和其他活动而产生，可以认为，一切组织活动都是通过信息流而组织的，我们可以由此出发讨论其中的基本关系。需要指出的是，大数据环境下的数字信息分布组织和物联网的应用发展，使数字信息流与物流进一步密切结合，从而为基于数字智能的组织运行提供了保障。

由此可见，组织活动中的信息需求体现在管理、生产、研究、经营和服务等各方面人员的需求上，是组织流程中各环节信息需求的集合。它既具有组织运行上的整体化特征，又具有面向部门和业务环节的结构性特征。就需求结构而论，组织整体信息需求由部门和业务环节需求决定。就需求主体而论，信息需求包括组织管理人员、研究人员、生产人员和服务人员的需求。就需求客体而论，组织需要包括政策法规信息、市场信息、科技信息、经济和管理信息在内的各方面信息。稳态环境下，它可以归纳为组织中各类人员的不同职业活动所引发的管理、科技和经济等方面的信息内容需求，以及对分工明确的政府信息服务、科技信息服务、商务信息服务等机构的信息服务需求。

动态环境下，随着科学技术的发展和经济结构的变化，组织处于不断变化之中，组织内部的职能分工和人员分工随之发生变化。如企业生产与技术活动的一体化，管理决策与业务经营的融合，部门式的职能管理向流程管理的转变，都不可避免地改变着企业的信息需求结构。这说明，包括企业在内的各类组织都存在着适应环境的创新发展问题，由此引发了基于核心创新能力的知识信息需求。

组织创新能力可以分为核心能力和支撑能力。核心能力从本质上看，是一种基本的战略能力，带给组织以核心竞争优势；支撑能力是全面支撑组织创新的各方面综合能力，是实现创新的条件能力。图 2-2 为在 Purcell K J 等人的核心能力管理框架基础上构建的企业核心创新能力战略发展模型。

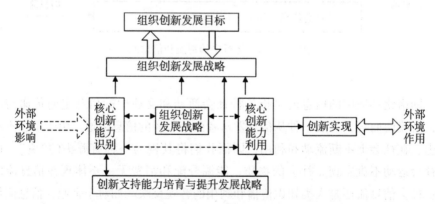

图 2-2　基于核心竞争力的组织管理模型

从知识创新需求因素上看，基于核心能力的创新过程要素决定了知识创新信息需求。这些要素包括：社会环境要素、政策法律要素、信息技术与网络要素、竞争与合作要素。从整体上看，外部要素的变化不仅改变着组织的发展状态，而且改变着组织间的交往和竞争与合作关系。例如信息环境的改变使处于动态环境下的组织不得不考虑利用信息平台，以在创新重组中拓展发展空间，在具体的战略制定中必然寻求基于网络的外部联合。

影响组织创新信息需求的内部要素主要是组织运行与发展要素，包括资本要素、知识要素、文化要素、影响力与竞争力要素等。这些要素不仅决定了组织的发展实力，而且关系到创新发展基础和组织模式。具体说来，内部要素是组织创新发展的依据，组织只有在内部要素合理调配的情况下，内部要素的关联作用才能最优化。

基于内、外要素作用的组织发展，既有人文层面、技术层面的，又有经济层面和资源层面的。因此需要从要素分析出发，弄清发展形态和各种基本关系，以便从中明确信息需求的引动机制，最终客观地构建组织创新发展的信息需求模型。

信息需求的演化由创新价值链变化和信息环境变化引发，信息资源的存在形式和依托于互联网数字服务的组织运行决定了用户信息需求的数字化与智能化。另外，国家创新中的价值链关系以及创新与环境的关联，决定了组织和成员的信息需求形态、结构与内容。信息化中的创新国际化发展决定了信息需求的数字化和智能化转变。从总体上看，组织和个人信息需求呈现以下趋势：

①从系统内需求向跨系统需求转变。用户信息交互的社会协作性决定了信息需求的跨系统特性。相对封闭的环境下，信息需求表现为部门化、系统化和专业化需求特征，这说明只要利用系统内的信息资源就可以保证组织的进行。然而在信息化环境下的建设与发展中，所有活动都必须融入价值链之中。组织活动必然从以系统、部门为主体向开放化、社会化和协同化方向发展，其信息需求因而具有跨系统性。

②从单一内容形式需求向综合需求变革。一方面用户的活动涉及多个方面，表现为系统化和综合化；另一方面，服务往往涉及多个行业和专业领域，其单一化的信息资源整合难以满足用户的信息需求。因此，价值链上起主导作用的主体出于知识创新的增值需要，必然要求信息服务系统提供内容全面、类型完整、形式多样、来源广泛的信息。从信息服务组织上看，单一信息需求向综合需求的变革提出了信息资源整合和服务融合要求。

③从信息来源需求向信息服务组织需求拓展。在价值链中，为了保证创新增值的有效实现，用户的信息需求已从对信息本身的需求拓展到对信息服务优化组织的需求，要求信息服务机构有针对性地提供专门化的信息服务，即为自主发展能力的提高提供全面信息资源保障和专门化信息服务支撑。值得指出的是，大数据与智能环境的形成，为面向用户的服务组织提供了新的发展空间，

从而适应了服务拓展要求。

④从固定式信息需求向动态化信息需求发展。大数据与智能环境下，用户信息活动往往是多方面的，且具有动态性和开放性。从社会运行上看，职业活动的开展要求主体之间进行动态的信息交互和协作。因此，随着职业结构、任务和运行机制的变化，加上信息化技术的作用，使得用户的信息需求呈现出明显的动态化趋势。在这一背景下，需要进行适时信息交互和数据服务面向用户嵌入，同时推进"互联网+"服务的发展。

⑤从浅层信息需求向数据需求深化。在分布式异构网络环境下，价值链活动随着科学进步及其对经济发展推动作用的增强，其信息的利用不断深化，这就要求将分散在本领域及相关领域的专门信息加以集中组织，进行数据、智慧层面上的挖掘。从服务组织上看，面向用户的智能交互、深度学习和智能决策服务的组织处于重要位置。

需要强调的是，用户信息需求转变是在数字智能环境下进行的，环境的变化必然进一步影响到以需求为导向的信息服务发展。社会需求变化、组织机构变革和信息技术进步等诸多因素共同构成了信息需求演化环境，表现为信息组织的数字化、网络化和虚拟化，信息获取的多元化，以及信息载体的多样化和信息传播的扁平化。

2.1.2　数字信息需求的影响因素

数字智能环境下的用户信息需求不仅是用户对信息的需求，而且包括用户对信息交互工具和服务的需求。用户需求信息的内容，包括表征事件状态的消息、文本内容、内涵知识、数据和音视频资料；按用户信息获取、交流和利用环节，用户信息需求包括信息查询需求、信息存储需求、信息处理需求、信息发布与交互需求等。信息需求的客观性和关联关系影响着用户需求的产生、认知和表达，数字智能环境下的用户信息需求受以下三个方面因素的影响：

①用户因素。用户自身的主、客观因素是影响信息需求的主导因素，包括用户承担的职业工作任务、职责和所从事的社会活动，以及用户所具有的知识结构、智力水平、信息意识和个性特征等。对于用户而言，从事同一职业工作、承担相同任务或进行同类活动的主体，其信息需求具有共同的特征和内容，即用户的目标工作任务和职责是决定信息需求的根源因素，以此出发可以将用户划分为不同的群体。另一方面，对于同一用户群体，由于自身的思维方式、兴趣特征、意识反应和行为取向存在差异而具有不同的认知需求结构，在信息交互中体现为不同的个性化需求特征。因此，对用户信息需求的分析，一

是立足于用户客观因素作用下的共性需求表达，二是同时注重用户需求的个性描述。其中，面向共性需求的服务作为基本的共享构架进行组织，面向个性需求的服务，则强调服务对于用户的针对性和对用户需求认知的适应性。

②社会因素。社会因素是指一定社会制度下的社会体制、体系、行业结构、人口分布、经济运行、文化发展和科技进步等方面的作用因素。全球化背景下的产业经济和社会发展提出了不同制度下的各国交往和共同发展问题，这意味着信息化发展中的国际竞争与合作已成为各国社会、经济和科技发展中必须面对的现实，在信息需求上体现为各方面因素的交互影响。从总体上看，社会体制和产业经济结构是决定社会信息需求分布与结构的基本原因，如全球化中的产业链延伸和交互发展决定了企业信息需求的全球化、多元化和融合化，而产业经济结构则决定了基本的行业信息分布和需求结构。社会的科技、经济、文化发展需要充分而完备的信息保障，与此相应的需求体现为服务的完整性和全面性。社会法律及道德决定了基本的权益关系和公正原则，从整体上规范和约束着用户信息需求与行为。社会因素的影响既具有客观上的效应，也决定了信息需求的社会化机制。

③自然因素。自然环境是人类生存的场所，自然物质是社会存在和运行的基础。自然为社会提供的物质资源是生产力形成和发展的基本要素，在认识自然规律和以科技进步为依托的社会发展中，信息资源和物质资源的利用形态直接影响着社会运行。从社会运行机制上看，不同的自然资源通过对社会生产力的不同作用产生全局性影响，形成对产业经济结构和社会运行的约束条件，从而导致科技、经济与社会发展不同阶段的不同需求结构。数字智能技术的发展进一步地改变着社会运行关系和自然资源的利用，反映在用户信息需求上体现为自然信息通过数字智能向社会信息的转化之中，即在社会化信息交互中，用户信息需求从社会信息资源向基于智能技术的信息需求拓展，由此提出了大数据智能网络中的信息服务发展要求。可见，自然因素无论是在信息范围，还是在需求层次上都影响着用户信息需求形式、内容、途径和方式。

从各方面因素作用上看，用户因素、社会因素和自然因素具有关联性，在信息需求形成上相互作用、不可分割。因此，用户信息需求可视为用户主体因素作用下的社会和自然环境综合作用结果。

在环境变革的驱动下，用户信息服务的要求具有以下特征：

①广泛多样性。在以知识创新为特征的知识经济时代，竞争范围由国内转向国际，竞争层次由单纯的知识生产转向资本、技术和管理共同作用下的组织发展。例如对于企业而言，信息需求不再是单一的生产信息需求，而是科技、

经济、政策法规、产品、投资、经贸、金融、管理和人才多方面的信息需求，这就要求进行广泛、多样的信息提供与保障。对于用户而言，其多样性体现在任务活动中需要的信息来源范围广泛、载体形式多样、层次结构复杂，由此引发了基于数字形态的多源信息集成和转换要求。

②主动及时性。知识创新时代是科学技术和信息技术飞速发展时代，组织处于一个高速变化的环境中，因而创新的自主性决定了优先发展的创新战略。从用户信息需求上看，便是需求的主动和及时。例如，对于企业，要求提供的信息及时，以保证迅速做出决策。随着网络技术的发展，信息呈指数级的增长，如果不能及时获取信息，就可能丧失发展机会。及时获取信息不仅可以为组织发展争取时间和机会，还能确保信息的前瞻性和新颖性。

③前沿预测性。互联网大数据环境的形成和知识成果生命周期的缩短，加之知识更新迅速，创新型组织为实现创新发展目标必然需要及时地获取新理论、新方法、新技术，以解决创新过程中遇到的难题，因此需要前沿性的信息。前沿性的信息不仅满足了组织对新理论、方法、技术的需要，还反映了各学科领域和行业的发展，有利于组织从中引发新的创新思想，以寻找新的发展空间。

④新颖时效性。社会进步与发展需要进行新的发现、探索新规律、积累新知识，以实现其发展目标。企业创新发展中，必须获取最新的信息，如最新出台的政策、最新颁布的标准、最新发明的技术、最新批准的专利、最新面市的产品以及最新的市场信息等，以便适时进行创新决策、实施创新项目、取得创新成果，由此形成动态化的可持续发展能力。创新型组织信息需求具有新颖性特点的另外一个原因是，知识信息本身具有时效性。过时的信息对知识创新而言，不只是意味着陈旧，还意味着重复他人的创新活动，从而导致发展机会的丧失。

⑤精准针对性。精准性是对信息内容服务的基本要求，知识信息准确是决策正确的前提和基础，虚假、错误和失真的信息会导致组织的重大损失。信息精确是创新决策正确的保证，信息社会中信息过载现象严重，面对海量信息，组织创新需要获取经过加工处理的信息。精确的信息不仅可以减少组织处理信息的时间，而且可以针对创新的不同阶段，有针对性地及时解决创新中的问题。

综上所述，用户信息需求的引动和演化，决定了面向需求的信息服务组织。掌握其中的演变规律、形态和特征，是组织高效化的信息服务的基本出发点。

2.2 信息需求状态与用户认知

　　用户信息需求具有客观上的现实性，一方面其客观需求状态由用户所处的环境、社会活动任务和所具有的交互关系决定；另一方面，客观信息需求的体验却具有用户主观上的认知性和基于用户认识的表达特征。在信息服务组织中，依据客观需求进行系统构架，在面向需求的信息保障中进行基于用户认知的信息交互和行为协同，是不可回避的现实问题。用户信息需求状态分析，旨在明确其中的状态转换关系，为服务中的用户体验和认知需求的完善提供组织依据。

2.2.1　用户的信息需求状态及其转化

　　信息需求既有社会因素、自然因素和用户因素作用下的客观性，又存在用户对客观需求的认知和基于体验表达的主观性。然而，从用户信息需求客观状态、认知状态和表达状态的关系看，其状态结构却具有一致性。对此，Kochen将其描述为三层状态结构关系，认为客观信息需求是一定社会环境和技术条件下用户目标活动所决定的需求，与主观认识和需求表达无关。在信息服务组织中，最理想的状态是使服务与客观信息需求完全耦合，且保持时空上的一致性。在现实服务中，这种理想状态难以达到，只可能通过相应的方法去展示处于客观状态的用户需求。一方面，用户的认知信息需求是指用户认识到的客观信息需求，是客观信息需求的自我认知状态，其认识可能与客观需求完全吻合，也可能偏离客观现实产生错误的认知或未能认识到客观需求的存在；另一方面，用户在信息需求的表达中，其理想状态是认知需求的完整表达，然而也存在表达有误和表达不清的问题。因此，从用户的认知需求和表达需求出发组织信息服务同样存在其固有的局限性。

　　鉴于用户信息需求的基本结构状态和状态之间的关联，有必要进一步明确其中的内在机理，寻求科学的面向用户服务组织的依据。图2-3从整体上归纳了信息需求状态之间的联系和状态转化关系。

　　一定社会环境和信息技术作用下，具有一定知识结构和素质的用户，在从事目标活动中必然需要相应的信息支持，从而产生了具有客观性和主观认知与表达性的信息需求，这是一种由客观条件和主观认知共同作用的信息需求状态。客观信息需求在社会启示和引动下，存在着用户的认识问题；用户只有在

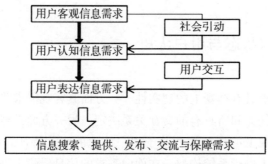

图 2-3　用户信息需求状态与层次结构

认知客观需求的情况下才能寻求信息需求的满足，从而引发相应的信息行为。在此基础上，用户信息需求的表达在于通过与外界交互，展示所需信息和服务，进行有效的信息交互和利用。用户的客观信息需求、认知信息需求和表达信息需求最终体现为信息搜索、提供、发布、交流与保障等方面的需求。

　　由于信息需求存在客观性、认知性和表达性，其中认知和表达可视为主观信息需求。用户的客观信息需求状态和主观信息需求状态之间存在着必然的关联关系，其内在机理表现为：

　　客观信息需求与主观信息需求完全吻合，即用户的客观信息需求被主体充分意识，可准确无遗漏地认识其信息需求状态；

　　主观信息需求包括客观信息需求的一部分，即用户虽然准确地意识到部分信息需求，但未能对客观信息需求产生全面认识；

　　主观信息需求与客观信息需求存在差异，即用户意识到的信息需求不尽是客观上真正需求的信息，其中有一部分是由错觉导致的主观需求；

　　客观信息需求的主体部分未被用户认识，即用户未对客观信息需求产生实质性反应，其信息需求以潜在的形式出现。

　　以上第一、二种情况是正常的，其中第一种是理想化的；第三种情况是用户力求从主观上克服的；第四种必须由外界刺激，使信息需求由潜在形式转变为正式形式。用户信息需求机理研究表明，用户的心理状态、认识状态和素质是影响用户信息需求的主观因素。除主观因素外，信息需求的认识和表达状态还受各种客观因素的影响，这些客观因素可以概括为社会因素作用于用户信息认知的各个方面，主要包括：用户的社会职业与地位、所处的社会环境、各种社会关系、接受信息的条件、社会化状况等。概括各种因素，我们不难发现用户的信息需求具有如下特点：

　　信息需求归根结底是一种客观需求，由用户(主体)、社会和自然因素所决定，但需求的主体(即用户)存在对客观信息需求的主观认识、体验和表达问题；

　　信息需求是在用户主体的生活、职业工作和社会化活动基础上产生的，具有与这些方面相联系的特征；

　　信息需求是一种与用户的思维方式和行为存在着内在联系的需求，其需求的满足必然使用户开展思维活动并由此产生各种行为；

　　信息需求虽然具有一定的复杂性和随机性，然而却具有有序的层次结构，因而可以从用户客观需求的形成机制出发进行认知和表达层面的研究，以明确面向用户的服务目标。

　　用户信息需求的客观、认识和表达状态，就其内容与范围而言可以用图2-4的集合表示。集合 $S1$、$S2$、$S3$ 之间的基本运算显示了其中的基本关系。

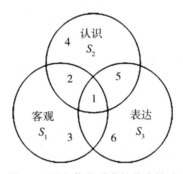

图 2-4　用户信息需求的状态描述

　　图中区域 1 表示用户客观的信息需求得以准确认识并表达出的部分；区域2 为被认识的但未能表达的需求部分；区域 3 为未被认识和表达的客观信息需求；区域 4 为认识有误但未表达的需求；区域 5 为认识有误且已表达的需求；区域 6 为认识有误、表达亦有误的部分。通过集合的运算可以把握用户信息需求的基本状态。

2.2.2　用户信息感知作用下的需求认知

　　用户认知需求的形成不仅由客观信息需求所决定，而且受主观认知影响，即在用户感知作用下形成客观环境、信息存在与需求信息的认知结果。

　　在信息与用户的交互作用中，信息一旦作用于用户，用户便会产生相应的关联反应，作出是否需要的判断，继而进行客观环境作用下的认知需求表达。信息感知实质上是用户与信息的交互作用过程。在信息与用户的交互作用中，用户接受信息并感知其存在，同时与所处的信息环境和主体需求相联系，形成需求认知上的逻辑。由此可见，用户的信息感知不仅包括用户对客观信息和信息作用感知，而且决定用户认知上的需求感知和体验。在用户信息交互与利用中，这两个方面的认知具有同一性，存在于用户的信息交互与需求认知表达过程之中。

（1）用户认知中的信息感知与感知作用

从认知过程的分析中可知，感知是感觉与知觉的统称，即用户对信息的接触和需求判断。信息作用于用户始于用户对信息个别属性的反应，其反应结果可视为基于信息刺激的感觉，而多方面属性反应的融合则视为信息知觉。基于感知的信息及其需求认知，存在于用户信息交互与利用之中。用户作为信息交互与利用的主体对信息与信息需求的感知受两个方面因素的制约：一是信息应具有足够的作用强度才能引发用户感知，二是用户应具备相应的感知能力。这两方面的作用具有相关性，引发用户感知的信息判断阈值（threshold）和用户对信息的感受性（sensitivity）被视为基本参数。

值得注意的是，用户之间对于信息的感受性差别很大。同一信息对于某些用户来说，可能会引起感受，而对于另一些用户，则不能引起感受。一般说来，用户对信息的感受受两个方面因素影响：用户生理因素及心理因素，用户的职业因素及环境因素。其中，后者是通过前者起作用的。主体感知信息时，信息所包含的多种内容并非同等发生影响，而是在上述因素的制约下，主体只对某些对象感受格外敏锐，即主体的差异导致了感受信息的差异。一般情况下，用户总是自发地通过感性体验去感受信息。由于用户的感受过程是随机的，并且带有不可避免的局限性，因而大大地影响了用户对信息的实用价值的感受，降低了对信息的利用效率。例如，信息用户接触某一文本内容时产生的"初感"就是一种自然感觉。初感是十分重要的，然而有的用户往往容易从狭隘的观点出发对文本内容产生偏见或感受不到其核心问题，从而降低了感受的程度，影响了对信息的吸收。可见，提高用户对信息感受能力的关键是对用户进行专门的训练，改变用户的环境，开展有针对性的用户服务工作。

感受性和阈限存在着一定的联系。如果阈限小，说明感受性大；反之，阈限大则感受性小。在心理学中，感受性和阈限的关系可用下列公式表示：

$$E = \frac{1}{k}$$

式中，E 表示感受性，k 表示刺激阈限，两者成反比。

感受性和阈限是可以测定的，其方法可以归纳为心理物理学方法。该法的要点是测量主体对物理刺激的心理感受。由于信息刺激属于复杂的多方面刺激，因而需要通过多种途径研究主体信息感觉阈限的测量。目前，有关这方面的研究正进一步加强。

在用户的信息感觉中，感觉的相互作用值得重视。对某种信息刺激及其需求的感受性不仅取决于该刺激的机制，而且取决于感受器接受其他刺激以及其他感受器接受刺激的机能状态。同一感受器接受的其他刺激以及其他感受器的机能对感受性产生的影响，称为感觉的相互作用。感觉的相互作用有两种形式：同一感觉中的相互作用和不同感觉之间的相互作用。

同一感受器中的其他刺激影响着对某种刺激的感受性，这种现象叫同一感觉中的相互作用。例如，我们在感受某一信息在某方面的价值时，如果还存在另一次要信息作用于我们，则比较容易感受前者的确实价值，同一感觉的互相作用在于通过感觉对比接受不同刺激而使感受趋于完整。不同感受器对信息感受具有相互补充的作用，同时形成交互感受关系，如同一信息内容的文字浏览和语音接受对用户而言存在着文字与语音两个方面的感受问题。多载体形态信息环境下，不同感受器的交互作用已成为必须面对的现实。用户信息感知中，不同感受器之间的交互影响客观存在，其作用机制具有主体认知上的关联性和内容结构上的复杂性。不同感受器之间的作用在于，通过相互之间的补偿和关联使感知得以统一。

信息对用户的作用是复杂的，基于信息交互的用户需求认知因感知而引发，往往从感知信息及其需求的个别属性或部分内容开始，最终形成具有主观认知性的完整信息形象。感知过程伴随用户的行为而产生，当用户主体意识到与需求相关的信息存在时，便形成对信息是否需要交互的应对。

在感知过程中，知觉是关键性环节，且受用户主体的主、客观条件制约。首先，用户的知识经验直接影响着感知过程，如用户接触某一专业领域的信息时，便会同自己的专业知识和以往习惯信息感知方式联系起来，将其认知为某一类似信息而加以理解，最终在需求上予以表达；其次，用户的个性特征（包括兴趣、意志、气质等方面的个性差异）以及一定环境下的情绪和情感，同时决定着用户信息及其需求认知状态。在这些综合因素的作用下，用户信息需求认知中的感知具有不同的类型与特征。然而从感知的作用上看，以下几方面具有共性特征：

①感知的选择性。表现在信息知觉上，用户很难对客观存在的信息和所需

信息完全感知，也不可能对其进行完整的认知表达，而总是选择性地进行信息来源环境、内容体验和需求感知，从而在主观上进行认知性判断和表达。从目标上看，用户往往会选择最切合的信息作为感知对象，继而从需求认知出发进行交互表达。

②感知的理解性。用户感知信息时，基于其知识结构和固有的思维方式的反应与处置具有客观上的现实性，表现为对信息来源、内容、存在形式和作用功能的多层面解析。用户的这种理解模式在用户之间的交互和机器交互中具有普遍意义。从总体上影响着信息认知空间的构建和认知空间中的信息内容揭示。对于用户而言，影响知觉的因素包括用户知识经验、语言习惯、实践活动、意识状态和认知结构等。

③感知的整体性。用户信息及需求感知中的知觉具有整体性，因而是感觉基础上各方面要素关联作用的结果，而不是感觉要素对象的非逻辑性综合。在用户的信息接受和交互中，知觉对象的多方面属性、多种组成以及与客观世界的联系决定了主体感知的整体性，特别是在多形态信息环境下，其整体性尤为突出。

④感知的恒常性。当感知的条件在一定范围内改变时，知觉仍然保持相对不变，这便是信息知觉的恒常性。在用户的信息知觉中，恒常性的意义在于它可以使用户适应信息环境的变化，充分认知所需信息，以便从实际情况出发，在改造客观世界中合理利用信息。

明确用户的信息感知，还必须注意分析用户对信息的错觉。错觉的产生具有客观原因和主观原因。通过对信息错觉的认知分析，可以更全面地了解人的认知条件、过程和特点，在信息实践中采取措施来识别错觉、纠正错觉，从而为需求导向下的信息服务组织创造条件。

（2）用户认知中的信息记忆、想象与思维

用户对信息及其需求的认知与感知记忆、想象和思维相关联，即感知记忆、认识想象和思维构成了信息及其需求认知的有序环节。事实上，用户感知信息并明确需求后必然需要在大脑中记忆相应的内容，以进行固有认知信息的积累和实时调用。记忆是人的一种自然心理和生理认知现象，人在对象感知过程中形成的事物映像，当事物不再作用于感官时，它并不随之消失，而是在大脑中保持一定时间，并在一定条件下重现出来。记忆在认知基础上的时间持续，包括识记、保持、回忆等密切相关的环节。

对信息认知及需求的记忆，包括以下内容：

运动记忆，记忆内容包括对以往信息活动中的事件以及相关主体采取信息行动的记忆，反映在用户信息交互过程细节之中。

情感记忆，即用户对以往信息活动中的内在体验记忆，在体验用户信息活动中形成，如获取某一信息的心理状态和感受等。

形象记忆，指用户对已感知信息的外在和内在形象的映像记忆，是基于用户认知的客观信息反映和维持。

逻辑记忆，其记忆以信息及其需求的关联关系为对象，是一种以推理逻辑为基础的对信息内因的理解与需求演绎记忆，由于具有固定的思维特征，被视为一种高级化记忆。

记忆中所保持的客观事物称为表象，其表象特征表现为直观性与概括性。用户信息及其需求记忆既有活动领域上的差异，又存在个体上的特征，在本质上体现为不同的运动记忆、情感记忆、形象记忆和逻辑记忆结构。

记忆品质系指日常人们所说的记忆力，如记忆的快慢、准确性，记忆时间长短等。显然，人们的记忆品质差别很大，例如，有人记得快、忘得快，有人虽然记得慢但忘得也慢。

纽沃尔—西蒙模型中的记忆存储器(属于人脑的)具有三种类型：

长期记忆器(LTM)。长期记忆器实际上具有无限的能力，有的信息一经存储，人可以持续保有，可供反复回忆和使用。它存储符号和组块(即一幅图像，一个方案，一个数字符号等)，其结构相当紧凑，以至于一项完整的信息仅用一个符号就可以转换存储，因而节省了人脑的存储空间。从长期记忆器中读取(回忆)一项所需信息内容一般仅需数百毫秒，但是对于要转换、深层理解的信息，存储时间较长，如记一个公式、识一个字等，往往要反复操作才能完成。然而，对于人类生活中的事件，操作时间却很短，不具备反复性，这类存储是由人类生活中的生存功能决定的。

短时记忆器(STM)。短时记忆器在处理器中占相当小的一部分，它仅供执行具体的信息理解任务时用。短时记忆器的一部分用于进行输入输出处理，其"读""写"速度相当快，但记忆时间短。如阅读一份资料，为了将前后提供的论点、论据、结论联系起来加以理解，用户往往需要边读边记，最后进行系统分析，得出自己所理解的结果加以长期存储，同时将短时记忆的信息删除。这相当于计算机输入时的暂时存放信息过程，由寄存器来完成。对于大多数人，短时存储的空间很有限，一般只能存放用于理解的信息，多余的信息则要靠长期存储来完成。

外部记忆器(EM)。外部记忆器相当于计算机的外存设备，在人工处理信息中，如用电脑笔记本或其他设备将信息记录下来，供利用有关信息时调用。

由此可见，这种记忆为一种辅助记忆，它一般供人在较长的一般时间内使用。外部记忆器在人工智能环境下的发展，为用户学习和交互中的数字记忆提供了人—机结合的记忆存储和交互平台，从而改变了用户与系统之间的隔离状态。作为一种新的外部记忆形态，智能交互记忆的实现从根本上改变了用户的认知记忆结构，为交互式智能服务的需求表达创造了新的条件。

用户认知想象和思维在信息及其需求感知和记忆基础上进行，是用户信息需求表达的前提。从认知机制上看，想象和思维既相互联系，又相互区别。想象是人脑利用原有知识作用于接受信息的过程，旨在形成新的逻辑形象。用户对信息的想象是理解信息的重要方面，是现实信息刺激下对原有形象加工改造而形成新形象的过程，而不是记忆形象的简单再现。可见，信息想象是知识进化的重要条件。

从生理机制上看，信息想象是主体以实践经验和知识为基础的心理活动，是信息内容作用于主体头脑中旧的暂时联系的结果，是经过重新组织而形成的反映新知识的暂时的联系过程。

主体的信息想象和其他想象一样，也可分为无意想象和有意想象（包括再造想象、创造想象等）。想象的个别差异表现为：想象中起主导作用的表象差异，想象发展速度上的差异，表象改造深度的差异，想象实践的差异。

用户的信息思维是吸收信息心理活动过程的主要方面。思维是人脑借助于语言，以已有知识为中介，对客观存在的对象和现象的概括性间接反映。通过思维，人可以认识那些没有或者不能直接作用于人的各种事物和事物的各种属性，也可以预见到事物的发展、进程和结果。

信息思维是指主体对信息内容的思维过程，它在信息感知、想象的基础上产生。在信息思维过程中，用户主体的知识层次同信息所反映的知识层次大体上是相当的，这时对信息及其需求的理解才能经过思维中介从表层进入深层，从而领会信息所含的知识，体现其使用价值。如果用户不理解信息的实质内容（如数据、公式、定义等），即使感知了信息，也不会引起正常的思维。可见，思维活动的产生是有条件的。

思维的过程，是与综合相互联系着的分析和与抽象相互联系着的概括，以及两者的相互作用过程。其中，有以下几个关键活动：

分析是在思维中把整体分解为各个部分或各个方面，将整体的个别特征或个别属性区分出来。思维过程从对问题的分析开始，具有两种形式：过滤式分析通过尝试对问题作初级分析，淘汰那些无效的尝试。综合式分析通过对问题的条件和要素的关联分析，综合现实结论。可见，综合是在思想上把整体的各个部分或各个方面联系起来，把整体的个别特征或个别属性结合起来的一种思维操作。

分析和综合是相辅相成的过程，它们任何时候都不是孤立的，而是相互联系的；分析和综合的紧密结合，组成了统一的思维过程。其表现为：对整体的分析同时也是对它的综合，例如，理解信息内容时，用户可以将其分为若干层次，按语义对其进行新的组合。分析与综合的统一性在于，分析从整体开始，对整体的认识是在分析之中的综合，任何思维过程包含着最初的综合—分析—再次综合这样三个环节。

抽象是主体将对象和现象的本质方面与非本质方面加以区别，在信息所反映的事物中抽取具有本质特征的对象，从而形成概念的过程。用户在掌握信息的实质性内容时离不开信息内容的抽象和基于内容层面的语义提取与表达。由此可见，用户认知基础上的概念模型建立是抽象和概括的目标所在。从环节上看，概括是主体对象和现象的综合归纳，在信息内容和需求表达中，对应着相应的概念节点和节点之间的逻辑关联。抽象和概括作为综合思维的重要环节，具有相互关联的关系，如果用户不能从所体会的信息差异中进行抽象，也就不能进行实质上的信息概括。

在概括的基础上，用户可以把信息对象或现象加以系统化，进行系统性区分，以分类、主题或内容揭示的形式进行信息对象和信息需求的体系化描述。同系统化相对应的是过程的具体化，其目的在于使用户更好地理解信息，以利于按普适性认知原则进行所需信息和信息需求的表达。

在用户的信息需求认知中，概括、判断和推理思维具有重要性。用户交互的即时性决定了信息理解的瞬间实现，其实现路径可区分为不求助于任何中介的思维和借助于外界的交互思维。其中，直接思维由用户独立完成，交互思维通过人—机智能交互来实现。无论何种方式，信息认知中的理解体现为用户将接受的信息内容归入某一范畴，将具体的信息内涵归入相应的概念，通过信息存在空间与认知空间的对应关系，揭示信息表征事物的存在与作用状态。

综上所述，用户信息感知作用下的需求认知，与信息认知密切关联，或者说信息需求认知是信息认知基础上的客观需求认知，是基于感知体现的用户信息需求的主观展示。与此同时，用户信息需求认知是一个感知、记忆、想象、思维和理解过程，用户所处的环境和信息交互关系决定了其基本的形式和内容。

2.3 用户的信息认知反应与意识作用

用户的信息认知是与其目标活动体验相关联的过程，用户基于目标实现的意志支配、信息环境作用下的情感反应以及用户的信息意识，决定了用户的认知状态和认知需求驱动下的信息行为指向。显然，在面向用户的信息服务与用户交互中，基于用户认知反应的意识培养是改进服务的一个重要方面。

2.3.1 用户的信息认知反应

用户对信息的认知反应不仅与客观需求体验直接相关，而且受主观意志的支配，在认知效率上还取决于用户的情绪与情感。用户信息认知体验的形成中，情绪与情感是用户对客观信息的一种特殊的反应形式。在与外界的交互中，如果说情绪是用户在相应信息环境下的即时反应，情感则是用户对关联信息的持续态度，是需求认知在所处信息环境中的外在体现。

在用户所从事的职业活动中，用户接受某一信息刺激可能存在的反应情况包括：无反应、消极反应、积极反应、快速反应、立即反应。其中：第一、二类反应多为工作任务与此信息无关，而又对此无个人兴趣的那些用户作出的；第三、四类多为在与此相关的领域工作的用户；第五类为信息"创造"者的同行，甚至进行同一问题研究的那些人。鉴于用户对信息的关心程度、作出的反应和信息吸收深度的差别，日本学者井口君夫在研究信息给用户带来的效益时，提出了效益的级别概念。我们认为，效益是用户吸收信息的结果，用"级"的概念更能直接地表示用户对信息的认知。用户对信息的认知反应可分为以下几级：

①"零"级。用户对信息的零级反应表示用户没有需求信息的愿望。这时用户对信息可能是：不理解，不关心，没有直接的关系，吸收水平低，根本无法利用信息。其特征是用户对信息漠不关心，这类信息往往通过被动的方式或偶然的机会传给用户。

②"低"级。用户对信息的低级反应表明用户想让信息与自己的知识体系结合起来，但出于种种原因，仅仅是想法或作出某些轻微的反应而已。这时，用户对信息持下列态度：虽然理解信息，但对其影响无认识；认为其影响全然不存在，不关心，只是认为它是某一客观存在的事实；没有直接的利害关系。其总的特点是，用户消极对待信息。

③"中"级。用户对信息的中级反应表明用户在考虑信息产生影响的同时，还寻求必要的关联信息，并力求消化它。这时用户对待信息持如下态度：理解或了解信息，并使自己的知识积极地与之结合，消化信息；认为信息可能带来某些效益，表示关心；认为与信息至少有间接的利害关系。其总的特征是用户积极对待信息，外观上呈极其关心的状态。

④"高"级。用户对信息的高级反应表明用户对信息关心，并迅速作出反应。其态度是：用户处于受信息影响的立场，表现出高度关心，有直接的利害关系。总的说来，用户在行动中依赖于信息，并力求较快地利用此项信息。

⑤"特"级。用户对信息的特级反应表明用户与信息高度相关。这时，用户可能处于下列状态：用户处于受信息直接影响的环境，用户所处的环境与信息产生的环境十分相近，用户处在创造同类信息的过程中。其特征是，用户对信息的反应异常迅速，十分理解信息的内容及其影响，因而对信息反应快捷。

在现实中，用户以上几种反应都是存在的，其反应实质是用户对信息所产生的情绪和情感。通常，与用户的需求具有一定关系的信息，才能引起用户对信息的情绪和情感。

情绪和情感是既相互区别又相互关联的两种心理活动。其区别在于：情绪是用户(主体)需求是否直接满足的体验，具有即时性和情景性；情感则是用户(主体)客观需求和主体认知结构与能力上的持续稳定性体验，以及行为方式上的外在体现。从总体上看，情绪与情感既相互区别，又相互关联，在用户信息及需求认知中，情感具有长期稳定的作用，情绪则具有场景作用下的即时反应特征。

情绪与情感的联系在于，情绪和情感的产生基础都是用户主体的需求体验与态度体现，与用户信息活动目标、内容和所具备的知识与能力直接关联，同时由其个性特征所决定。用户的意志约束具有对情绪的调节和控制作用，而情绪、情感又影响着用户的信息认知反应。

用户的信息需求认知是复杂的，因而认知中的情绪和情感作用也具有关联性和复杂性，通常不能用肯定或否定的方式来描述某种情绪的影响和情感的理智作用。然而，在认知分析中可以将情绪和情感视为相互关联的整体，从总体上进行两极作用的特征描述。

情绪和情感的两极性同时表现为肯定和否定的对立特征，在每一对立的情绪和情感中存在着程度上的差别，如用户接受某一事件发生的多方预测信息时，在难以判别而持否定态度时，那么相对而言否定程度低的信息则有可能使用户反应趋于肯定。事实上，多样化的反应形式使构成肯定或否定两极并不绝对排斥，体现为在用户的信息认知思维中，可能既有不解的烦闷感，又有解其意的兴奋感。

情绪和情感的两极性可以表现为积极的或增力的，消极的或减力的。积极的情绪和情感能增强用户的信息认知和吸收能力，积极的方面往往是克服消极作用的结果；消极的情绪和情感在作用于用户认知中，也可能因认知行为结果的呈现，使用户态度得到改变而转向积极反应。

情绪和情感的两极性还表现为紧张和松弛。在用户信息心理认知中，紧张与松弛往往交替发生、相互转换，如在面向用户客观需求的信息的持续推送中，用户不可能保持高度紧张的认知状态，而显示出情绪和情感上的波动。其中，适时调整需求认知状态，进行情绪和情感的自然转化具有现实性。

情绪和情感两极性的心理体现反应在激动和平静两个方面。激动的情绪是强烈的、短暂的和爆发式的体验，平静的情绪则是与短暂而强烈的情绪对立的稳定体验。情绪的产生与用户体验、性格和整体上的认知有关。持续性的激动或平静情绪作用，往往导致用户两极化的情感出现，从而影响着用户个性化的信息认知。在用户需求与行为认知中，拟注重两个方面的交互作用，进行适应于信息环境化的心理调节，以促进信息认知的理性化。

从信息对用户认知的作用上看，情绪和情感是用户体验的过程反映，其状态关系到认知结果。用户在认知信息过程中，必然会对客观的信息表达自己的态度，而用户认知态度的形成，必然与情绪和情感有关。这说明，用户信息活动中的情绪与情感具有认知上的关联性和行为上的驱动性，直接关系到用户信息意识行为的产生和意识作用下的认知需求表达。

用户信息交互中的情绪和情感受以下几方面因素的制约：

情绪和情感受用户主体心理的约束，是以用户信息感知需求相联系的认知行为特征体现。

不同的信息环境、外部条件和社会认知结构作用于用户，其情绪和情感因而具有外部环境反应特征，表现为情绪和情感对客观信息环境的适应性。

用户信息活动中的情绪和情感与用户意愿、信息需求体验、目标期望相联系，在用户信息认知、需求转化与信息交互吸收中发挥着调节作用。

用户的信息情绪和情感是自然存在的，在信息意识形成中同时受意志的支配。情绪和情感在用户接受信息刺激的情况下展现，与用户对某一方面的关注相关联，这种心理指向即为用户的信息注意。按认知心理学理论，注意是心理活动对一定对象的指向和集中。指向是指每一瞬间，心理活动有选择地朝向一定事物，而离开其他事物；集中是指控制心理活动，力求使认知的信息映象清晰。用户作为主体，认知信息需要保持"注意"。例如用户查询专业数据时，总是有选择地将自己的感知和其他活动集中在该专业方向上，而不顾其他方向，以获得急需的专门数据。可见，"注意"是用户获取并理解所需信息的关键性心理活动。

注意是心理现象有选择的指向和集中，它本身不是一种独立的心理活动，而是和其他心理活动(感知、记忆、想象、思维)同时产生的，表现为与其他心理活动的有机联系。

注意在人们的实践中可以由某种客观事物引发，也可以由内部刺激物引起，当客观事物和内部刺激物对于主体有一定意义的时候就会引起主体的注意。它保证主体能够及时对客观事物及其变化产生反应，使主体更好地适应周围环境。在用户信息活动中，用户注意包含在自己的信息需求之中，其目的在于更好地接近与感知所需信息，同时，根据自己的实际情况消化并吸收这些信息。显然，注意中的情绪和情感体现与用户意志支配下的体验相关联。

2.3.2 用户的信息意识作用及意识培养

人类在认识客观世界和主观世界的活动中，自觉地确定活动的目的，并为实现预定目标支配、调节其行动的意志存在已成必然。这种意志调节下的意识作用在于提升用户的主动认知度，以便在信息交互、吸收和利用中，实现所预定的目标。

概括起来，用户的信息认知过程可以用心理学中的意识作用下的过程来展示。在用户的信息意识活动中，意识系指自觉的认知行为过程，即用户对客观信息的主动感知和应对过程。这一过程体现了用户对信息作用的自觉反应，即有意识的反应和认知。它使用户能够从客观信息现实中引出概念、思想、计划，用以驱动和约束自己的信息行为，使信息活动具有目的性、方向性和预见性。可见，意识虽然是客观作用下的用户主观产物，却能对用户信息认知和行为产生推动作用。因而，在面向用户的信息服务组织中，用户信息意识的培养具有十分关键的作用。从意志与意识作用关系看，意志的本质是意识的积极性调节，即用户为了实现预定目的，克服障碍，不断调节、支配自己行动的心理过程。它是人类改造客观世界和主观世界、发展能力的不可缺少的心理因素。

用户的意志积极地调节着他们的信息意识。用户的信息活动可以视作是以意识为中介的自觉活动。例如工程技术人员总是自觉地搜集并消化本专业的各类信息，以将其应用于实际工作，表现为较强的信息利用意识。意志对心理、意识的调节作用表现在引动和制止两个方面。前者表现为推动用户达到预定目的的必需行动，后者表现为制止与预定目的不相符合的愿望和行动。应该指出，人的意志行动，并不是经过一次发动和制止就可以轻而易举地完成的，这往往需要多次反复，克服内在、外在的障碍和干扰才能实现。这说明，用户信息行动受意识的支配；而信息行动的结果又不断反馈给用户的意识，进行判断、调节，以校正其信息活动，最后才能达到较为理想的状态。可见，良好的信息意识是在长期信息实践中培养和形成的。

用户在使用信息的过程中，经常对自己提出这样或那样的要求，并力图达到某种目的。他们也经常作出这样或那样的决定，选择这样或那样的途径和方法，以期实现意志行为的目标。因而，用户的信息意志具有高度的自主性，似乎是"自由"的。这种自主性，像世界上所发生的一切事物一样，也是由因果关系所制约的，而不是绝对的"自由"，表现为对客观规律的依存性。

意志与认识、情感存在着本质联系。我们知道，认知是感知、记忆、想象和思维等心理过程的统称，是意志活动的前提。它们的关系表现为：只有当人认识到自己的力量和客观规律时，才有可能产生行为效果；在意志行动进行过程中，离不开注意、观察、思维等过程；意志反过来又促使认知更加具有目的性和方向性，使认知更广泛、更深入。

在意志活动中，既包括人和自然的关系，也包括人和社会的关系。基于人与各方面的关系，必然发生态度的体验，从而在意志行动中自然产生一定的情绪反应。概括起来说，情绪和情感的两极性影响着意志。

可见，意志与认知、情绪和情感是密切联系、互相渗透、互相影响的。意志行动的特征表现在以下方面。

行动目标的自觉性。所谓行动目标的自觉性，就是对行动目标方向具有充分自觉的认识，既不是勉强的行动，也不是无方向的盲目冲动，而是经过深思熟虑的有明确目的的自觉行动。例如，科研人员在进行某一课题研究时就具有意志制约下的信息意识；表现在行动上，具有明确的目的和较强的自觉性。其根本原因是，他们在确定信息活动目标时，能够自觉地遵循课题研究的客观规律和社会公认的信息准则。

克服达到目标途径中的各种障碍。意志行动和克服障碍是紧密相连的。人在完成意志行动中所遇到的障碍包括外部障碍和内部障碍两个方面。前者系指客观阻力，后者是指人本身的思想矛盾、情绪干扰等。能否发挥意识的积极作用，克服各种障碍，是意志行动与非意志行动的根本区别。在信息活动中，用户的意志是克服各种障碍，充分而有效地利用所需信息的关键。用户意志强弱取决于用户工作目标的性质、信息效果意识、用户个体特征等。

意志的品质决定着意志行动，表现为：

意志的自觉性，对行动目的、意义有充分自觉的认识，并且使自己的行动符合客观实践的要求；

意志的坚毅性，系指在行动中坚持决定，百折不挠地克服一切困难和障碍，实现既定目标的意志品质；

意志的果断性，指能适时进行决策的能力，具有果断性品质的主体，善于根据具体情况，进行分析、判断，并迅速作出行动决定；

意志的自制力，表现为善于掌握和支配行动的能力，如迫使自己克服一切困难，善于克制自己情绪以执行已作出的决定等。

用户信息活动中的意志行动是由信息动机引发的，而动机又是在信息需求基础上产生的。用户的信息需要以不明显的模糊形式反映在用户的意识之中，从而形成意向。有时，意向因需要不迫切，不足以被人清晰地意识到，但它可以随着信息需要的增强而强化，当需要的内容被主体所意识时，意向便转化为愿望，愿望最终导致行为动机的产生。加强用户信息意识的培养，从某种意义上说就是促进上述转化工作。信息意识培养的关键在于改善主体知识结构、开发智力、加强信息实践、克服内部障碍。

2.4 基于用户认知的信息行为与行为影响因素

科学地分析用户信息行为，揭示其中的基本规律，是实现用户科学管理和开展面向用户服务的基础性工作。用户信息行为泛指用户在一定信息环境下认知内在需求基础上实现信息交互、吸收和利用目标的主体行动。信息行为主体的认知、环境作用和目标活动是影响和决定行为方向、作用对象和行为结果的基本因素。研究用户信息行为机制在于，寻求符合行为规律的交互服务路径和方法。

2.4.1 用户的信息行为特征与行为引动

用户的信息行为受用户主体工作和外在的信息环境所激励，是一种与需求体验相联系的目标信息活动。处在一定环境下的用户，在社会、自然和个体因素作用下必然产生某种信息需求，信息需求的内容和形式作用于用户主体的认知活动，继而产生为实现某一目标的认知行为，即一定环境下的用户信息行为。用户信息行为产生的速度、强度和其他质量指标不仅受外部条件的约束，而且直接由用户心理活动和信息素质决定。

就本质而言，用户信息行为具有以下一些主要特征：

信息行为是人类智力活动的产物，因而可以从认识论的角度加以研究。

信息行为由信息心理活动决定，因而可以利用心理学理论方法研究信息心理—行为规律。

信息行为始终伴随用户主体工作而发生，研究信息行为应与研究主体工作行为相结合。

信息行为是一种目的性很强的主动行为，因而对信息行为可以从总体上控制和优化。

用户的信息心理和信息行为的联系可以用图 2-5 直观地作出表达。

图 2-5　用户的信息心理—行为

图 2-5 表明，任何用户毫无例外都有着一定的信息意识。所不同的是，用户信息意识彼此之间具有差别，即使是同一用户在不同时期也具有不同的意识状态。当外界(用户任务、环境等)刺激用户时，用户便会产生信息需求。由于刺激强度、用户信息意识和知识结构等方面的差别，信息需求必然处于不同的认识状态，其中部分需求可能是潜在的。对于认识到的需求，用户将作出反应，产生满足需求的行为；对于潜在需求，用户也将在外界作用下加以转化，表现出行为倾向。

事实上，用户的一切信息行为都处于适应信息环境的自我控制之中，他们力图使信息行为最优化。这种心理—行为方式属于自适应控制的范畴。

用户信息行为由主体需求、认知、意向、素质和信息环境作用下的目标实现所决定。其行为既有信息用户所共有的特征，也具有个性特征。在行为研究中，用户动机和客观环境作用下的信息行为引动和过程分析，是首先要面对的问题。

用户信息行为由用户主体活动目标和目标引发下的信息需求决定，由主体内在因素驱动，在外部环境作用下产生。这里，我们以用户信息共享行为引动为例，分析其中的内在机制。

按用户信息行为的内、外作用机制，可以从用户的客观因素和主观因素两方面出发分析其主、客观因素体现了内、外在因素的综合作用。其中，客观因素包括用户的任务目标、需求结构、资源环境、交互关系等，主观因素包括用户动机、用户体验和用户素养等。表2-1归纳了这两方面因素对信息行为的引动作用。

表 2-1 用户信息行为引动及其因素作用

信息行为引动因素		信息行为引动因素的作用
客观因素	任务目标	用户的任务目标决定信息行为整体方向和行为所达到的结果
	需求结构	用户的需求结构决定信息行为的客观对象、行为内容和方式
	资源环境	用户所面临的资源环境是信息行为引发的外部条件，决定行为过程
	交互关系	用户与信息的关联和各种交互关系决定信息交互行为和行为对象
主观因素	用户动机	用户的主观动机是信息行为的内在驱动因素，决定行为目标和指向
	用户体验	用户体验在于对行为必要性和行为效果进行感受，由此引发行为产生
	用户素养	用户信息素养决定行为引发的及时性、行为方式合理性和行为有效性

以任务目标、需求环境和交互关系为背景，以用户主观动机、体验、素养为主导的信息行为引动，存在着内在的逻辑关系。例如，用户知识共享行为过程就存在着两个相互关联的行为过程。首先，知识拥有者通过知识交流行为，实现知识传递和提供共享的目标；其次，知识接受者通过知识获取行为，按需进行知识接受和利用。由此可见，知识共享行为过程是具有交互共享关系的知识交流诸方，在共享平台中实现知识提供和获取的目标活动过程。

在交互环境下，用户虽然具有不同的行为动机，但行为引发机制却具有共性。在行为驱动中，揭示共享的内在机制则是实现信息共享的关键。在信息行为引动的理论描述中，理性行为理论从原理上阐述了其中的内在机制和关联关系。理性行为理论(Theory of Reasoned Action，TRA)认为主体的行为由主体的理性化意向和思维决定，动机被看做是行为的前因。在 TRA 模型中，用户表现出的特定行为受个人的意愿支配，其主体意向体现了从事某一行为的程度，而态度则是主体对行为可能产生的结果以及结果对自己的重要性而产生的对某一行为正面或负面的情绪反应，间接决定了主体的行为意向。在用户对他人行为态度表达以及交互行为引发中，主观规范具有约束行为的自觉性，反映了用户对自己行为后果的把握以及对他人行为的应对，从而使信息交互维持在相互信任的规范原则之上。理性行为引发的认知心理模型如图2-6所示。

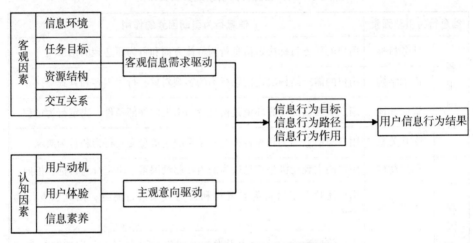

图 2-6　用户理性信息行为引发模型

理性信息行为理论在描述用户信息行为引发和行为路径、特征与结果中，展示了其中的基本逻辑关系和客观因素与认知因素作用下的行为倾向。然而，在用户信息行为的深层次分析中，却未能体现用户主体对其信息行为的态度和自我控制机制。对此，拟从环境作用下的用户认知出发进行行为理念、规范理念和控制理念对行为态度、主观规范和行为方式的关联研究，以进一步展示行为目标和行为作用，从中优化信息行为调节过程。对此，Fishbein M 等人构建了计划行为理论模型①，如图2-7所示。

在计划信息行为理论模型中，其定义的核心要素关联构成了行为目标意向作用下的行为结果关系，其中控制理念的形成和控制作用体现为信息行为的调节。

---

① Fishbien M，Ajzen I. Predicting and Changing Behavior[M]. Taylor & Francis，2009：397-408.

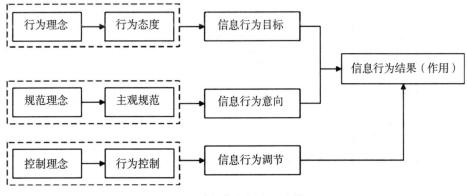

图 2-7　计划信息行为理论模型

　　模型中的行为意图表现为主体采取某种行为的倾向，这是在行为发生前期的意向；行为态度被认为是影响行为意图的主观因素，表现为对待行为的积极和消极态度；主观规范是行为主体受到他人的行为影响以及因所处环境影响而产生的行为动机约束，可以理解为客观因子对主体行为的作用。行为控制体现用户主体对行为的调节和掌握的程度，在交互信息共享中，如果具有信息共享关系的用户对自己的共享贡献行为具有合理的引动与控制能力，就可以有效地安排信息共享活动，实现信息行为预期目标。

2.4.2　信息行为的主、客观影响因素分析

　　事实上，用户信息行为的引发也是用户的动机、体验、素养以及条件限制影响因素共同作用的结果①。其中，主观因素可归为用户动机、用户体验、用户素养等，决定了行为意向和行为能力；客观因素包括信息目标、需求结构、资源环境和交互关系等，决定了行为的实际发生和条件支持。根据行为理论，可以得出知识共享行为影响因素的概念模型(见图 2-8)。
　　用户的主观行为引动可以理解为用户贡献知识或交流知识的动机，客观驱动因素是促使共享行为发生的情景因素，决定了客观的现实态度。行为动机结构被视为用户引发知识贡献和交互获取行为的基本条件，在行为过程中用户对

---

　　① Andriessen J H E. To Share or not Share, That is the Question Conditions for the Willingness to Share Knowledge[J]. Delft Innovation System Papers，2006：22-28.

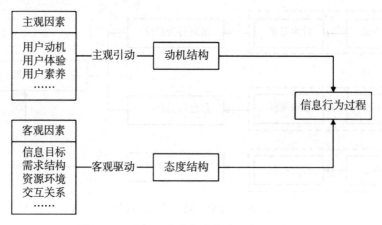

图 2-8　用户知识共享行为影响因素概念模型

客观条件的认识最终体现为行为态度结构。这几个方面因素缺一不可，没有共享动机就不可能促成共享行为，而没有客观态度则无法实现行为目标，同时对于知识共享行为的引发也不会产生作用。由此可知，知识共享动机是促成知识共享行为的首要因素，而行为过程则是用户内部和外部环境共同作用的结果。另外，知识共享行为的发生，不仅受到动机的驱动，也受行为主体能力的限制，如知识贡献者的表达能力必然影响到共享行为环节。

在信息行为能力引动分析框架中，对于动机激发用户的行为意愿，其中的主观因素还由主体特有的性格、气质决定，客观因素则反映了主体所面对的环境和刺激因素，包括用户主体在一定时期内的一些不可控因素以及抑制或驱动行为的外在因素。在各方面因素作用下，用户的行为能力调节是重要的。例如，知识共享行为能力是指用户在交互共享知识时所需要的基本能力组合，表现为知识贡献者的共享能力和知识获取者的行为能力。为了提升知识共享水平，必须从改善能力结构出发，进行知识共享行为的优化。在分析中，我们可以进行基本环节的解析，将知识贡献能力视为贡献者对知识的提取、描述、交流等行为能力，将知识分享行为能力视为对分享工具的使用能力、挖掘工具的使用能力以及对知识的理解、学习和吸收能力。由此可见，用户的行为能力发挥决定了行为过程的优化和行为结果。

针对以上的分析框架，在研究中可以提出相关的研究假设，通过实际数据获取进行行为的影响因素分析和行为过程描述。

2.5　数字服务中用户交互信息接受与利用

用户信息行为目标在于，在任务驱动下进行基于认知需求的交互信息接受和利用，在全面信息保障中有效满足任务目标的实现要求。信息接受是以信息对于用户的价值存在为前提的，在任务目标实现中，用户通过与环境(包括他人)的交互获取信息，在交互接受和价值作用基础上进行有效利用。

2.5.1　信息价值作用下的用户信息接受

讨论信息的价值，一定要有明确的对象及条件：一方面，信息对于任何观察者都具有同一数值的绝对性；另一方面，对于不同的接收者，又具有不同数值的相对性。并且，同一信息对同一用户的价值也会随时间的变化而变化。例如，爱因斯坦的相对论，对于物理学家来说，其价值比对一个普通人大得多；但是，相对论从提出之时到现在其价值已经发生了变化。可见，讨论信息的价值须在一定的范围内进行。

布鲁克斯曾经指出：向他人提供的信息，必须适合其知识结构，因为这是信息使用者有可能了解该信息的正确性和成熟性的一个条件。这就是说，要从用户对信息的认识角度来讨论信息的价值。事实上，用户对信息的认知是吸收信息的先决条件，而信息对用户的作用将改变用户的认知结构(cognitive structure)，由此体现信息的价值。Tolman 指出，在认知过程中，主体(用户)获得的外部环境的表象信息，如同地图可以代表地形一样，将作用于主体(用户)的头脑，如果主体(用户)对此是未知的，将扩充其认知结构，如果是部分未知，将部分改变认知结构。

这里所说的认知，包含了"认识"与"知识"。科学信息作用于用户，其主要方面是改善用户的知识结构；一般消息型信息，由于并不一定扩充用户的知识，其主要作用是向用户提供未知的消息，改变的是用户对信息所反映的事件的认识。因此，我们说认知结构具有两方面含义。

用户信息接受行为的研究归纳起来，可以分为两个方面：其一是基于行为意图的模型，在于确定决定行为意向的因素，其研究根植于社会心理学，如理性行为理论和计划行为理论；其二是从创新扩散(Diffusion of Innovations，DOI)角度出发研究新一代信息技术的使用接受，由此形成了技术接受模型构架，从而揭示了基于新技术应用的信息接受影响因素及其因素作用机制①。鉴于信息内容接受和信息技术接受的关联关系，以下着重讨论的是用户的信息内容接受行为和用户的信息技术接受行为。

对服务组织而言，用户的信息内容接受行为构成了用户行为研究的核心。对于其中的理论及应用问题，诸多学者从不同角度进行了研究，建立了理论模型，通过实际调研推进了理论模型的应用。

Davis 于 1989 年从技术接受的角度提出了接受模型（Technology Acceptance Model，TAM），强调用户内在信念的影响，即态度影响行为意愿，进而影响用户的信息接受。② 对于信息用户接受行为而言，即认为感知到的有用性（perceived usefulness）和感知到的易用性（perceived ease of use）是衡量用户内在理念的关键因素，而包括系统特征等因素的外部变量是影响用户理念的客观因素。这里，我们将用户感知对象视为技术信息内容，将感知到的信息有用性定义为用户对信息使用有助于工作绩效的提高和目标实现的感受特征，将感知到的易用性定义为用户对信息是易于理解和使用的体验特征。在此基础上，可以进行用户信息接受行为引动过程描述（见图 2-9）。

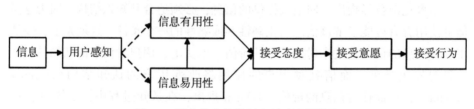

图 2-9　用户信息接受行为引动过程描述

在实证研究中，Davis 对有用性感知与用户的信息使用态度进行了关联，强调有用性感知也可以跨越态度直接影响行为意愿。同时指出，有用性感知受易用性感知影响，这是因为不易用的信息也难以为用户所接受，致使影响到有用性。这说明，感知到的信息易用性是用户对信息使用难易程度的预期，感知到的易用性越强，用户对信息的功能效果感知也越强烈，其接受态度和意愿就

① 　Rogers E M. Diffusion of Innovations（4th Ed.）［M］. New York：The Free Press，1995：207.

② 　Davis F D，Bagozzi R P，Warshaw P R. User Acceptance of Computer Technology—A Comparison of Two Theoretical Models［J］. Management Science，1989：982-1003.

越强。

TAM 接受模型理论框架有较强的解释和概括性，然而也存在一定的局限性，主要包括：忽略了用户主观规范的影响，没有考虑用户的个性特征差异，未能充分考虑任务目标特征。在过去的 20 多年中，TAM 接受模型在不同的系统和技术环境下得到验证，模型本身也处于不断完善之中。虽然 TAM 模型仍存在一些问题，但在学术界的认同和批判性扩展中得到了应用拓展。

技术接受模型在随后的研究中不断完善，特别是有用性感知和易用性感知对于用户接受信息的行为影响理论的提出，对于揭示用户信息接受行为的引发机制具有重要作用。对信息接受外部变量描述的细化，在模型应用研究中得到了充实，对于信息接受行为的深层因素的影响研究随之展开。为增强模型的适用性，有必要对技术接受模型进行适应性扩展，特别是强调针对具体问题的细化研究。对此，可以将影响感知有用性的外部变量进行深层分析，突出模型中"用户使用态度"，同时将"主观认知规范"这一因素纳入分析模型。在基于网络的用户信息接受中，我们归纳了如图 2-10 所示的分析结构。

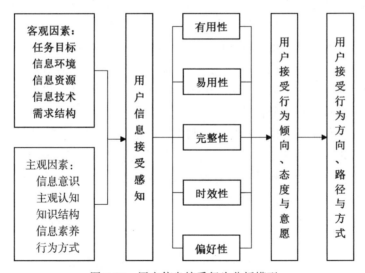

图 2-10　用户信息接受行为分析模型

针对 TAM 模型的拓展应用，图 2-10 提供了一个基本框架和研究思路。其行为分析模型的要点是：从外在客观因素和用户主观因素影响出发，分析两个方面因素对用户信息接受感知的影响，在主、客观条件作用下将用户信息接受感知内容进行细化，除信息有用性和信息易用性两个基本层面的感知外，将其扩展到信息完整性感知、时效性感知和偏好性感知，以此形成感知有用性、易用性、完整性、时效性和偏好性分析指标，以便明确用户接受信息的态度与意愿，从而探寻用户信息接受行为方向、路径和方式。以此出发，在用户信息内容接受行为研究中，设置二、三级指标，通过调查和分析进行结果检验，明确研究结果的应用。

2.5.2 社会网络环境下用户的交互信息接受

社会网络的发展和广泛利用，为用户之间的交互和用户与服务之间的互动创造了条件，从而构成了具有社会化意义的社会网络，因此有必要探讨 SNS 用户的交互信息接受行为问题。以下对这一问题的研究，着重于影响因素分析和行为过程机制的描述。

用户的交互信息接受是指用户接受来自交互方的信息过程，交互信息接受具有信息来源的定向性和互动性，因而在接受信息过程中除对信息客体内容感知外，必然伴随对交互方的交往感知。在信息接受模型中，除有用性感知和易用性感知外，还包括人际关系感知、网络组织感知和基于用户交互偏好等方面的感知，由此亦可以采用理性行为分析理论、计划行为分析理论对交互信息接受行为进行分析，同时也可以在信息接受模型基础上对有关变量进行修正。根据对 SNS 用户的交互信息接受行为的影响因素的探讨，结合 SNS 网络服务的具体情况，这里将用户人际关系和网络环境因素进行细化，以此构建 SNS 用户的交互信息接受行为分析模型。

用户交互信息接受模型在理论上与上述的信息接受模型具有同构性，所不同的主要表现在参数和变量的设置上，对此可以设置如表 2-2 所示的行为影响因素分析指标，以便反映其中的客观关系。在模型中，我们将用户交互信息接受行为，视为受用户使用、有用感知、用户偏好、人际关系、网络组织、信息资源、功能服务、激励机制、交互学习 9 个变量影响的自主行为，在此基础上进行行为趋向分析。

表 2-2 中，"用户使用"通过用户的使用时间和频率两个参数来衡量；"有用感知"定义为用户对 SNS 的使用价值感知，通过认同、启发、利用和创造感知来衡量；"用户偏好"即用户的个人习性，包括与人交互的偏好程度、阅读、创作等行为偏好习惯；"人际关系"即 SNS 用户在 SNS 网站的好友数量、交往分布、行为特征等；"网络组织"将其分为交互网站稳定性、响应速度、安全性等指标；"信息资源"包括交互信息质量、涉及内容、资源形式和可获取性；"功能服务"包括各项功能的易用性、可用性和完整性；

"激励机制"即 SNS 网站对信息交互的激励方式、内容和强度;"交互学习"即 SNS 用户的交互学习中的原创行为、转发行为、评论行为、推荐行为和参与行为指标。

表 2-2　SNS 用户交互信息接受影响因素分析中的指标与参数设置

变量	指标	参数设置	变量	指标	参数设置
用户使用 （EXP）	EXP1	使用时间	信息资源 （INF）	INF1	信息质量
	EXP2	使用频率		INF2	涉及内容
有用感知 （USE）	USE1	认同感知		INF3	资源形式
	USE2	启发感知		INF4	可获取性
	USE3	利用感知	功能服务 （FUN）	FUN1	功能易用性
	USE4	创造感知		FUN2	功能可用性
用户偏好 （PRE）	PRE1	交互偏好		FUN3	功能完整性
	PRE2	阅读偏好	激励机制 （INC）	INC1	激励方式
	PRE3	创作偏好		INC2	激励内容
人际关系 （REL）	REL1	好友数量		INC3	激励强度
	REL2	交往分布	交互学习 （INT）	INT1	原创行为
	REL3	好友行为		INT2	转发行为
网络组织 （QUA）	QUA1	网站稳定		INT3	评论行为
	QUA2	响应速度		INT4	推荐行为
	QUA3	安全隐私		INT5	参与行为

根据分析的基本架构和上述指标参数,可建立 SNS 用户交互信息接受行为影响因素的研究模型和假设(见图 2-11)。

在研究中,可以根据模型提出假设,通过实际调研和检验得出研究结论。在数据分析过程中,可作如下假设:

假设 1(H1):SNS 用户的经验和用户的交互信息接受行为正相关。

假设 2(H2):SNS 用户的有用感知和用户的交互信息接受行为正相关。

假设 3(H3):SNS 用户偏好和用户的交互信息接受行为正相关。

假设 4(H4):SNS 用户的人际关系和用户的交互信息接受行为正相关。

假设 5(H5):SNS 网站质量和用户的交互信息接受行为正相关。

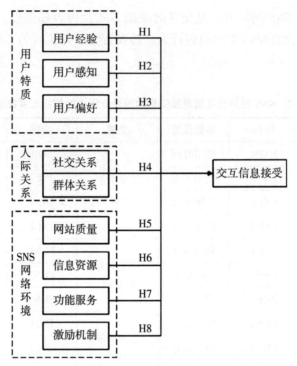

图 2-11 SNS 用户交互信息接受行为影响因素分析模型

假设 6(H6)：SNS 网络信息资源优良和用户的交互信息接受行为正相关。

假设 7(H7)：SNS 网络功能服务完善和用户的交互信息接受行为正相关。

假设 8(H8)：SNS 网络的激励机制和用户的交互信息接受行为正相关。

如图 2-11 所示，对问题分析利用问卷调查方式进行，依据用户认知、用户偏好、人际情况、网络组织、信息资源、网站激励等 21 个指标设计相应调查问卷，通过调查分析得出结论。我们近几年的一次调查围绕大学生群体的网络交互信息接受进行，在 18 个地区发放问卷 200 份，收回有效问卷 169 份，分析结果见表 2-3。

表 2-3 变量的信度和因子载荷

研究概念	测量指标		Alpha	因子载荷
用户使用 （EXP）	EXP1：您使用社交网站的时间		0.759	0.76
	EXP2：您平均使用社交网站的频率			0.52

研究概念	测 量 指 标	Alpha	因子载荷
有用感知 （USE）	USE1：SNS 对于我获取好友近况有帮助	0.894	0.64
	USE2：SNS 好友的状态、日志等信息对我能产生启发和鼓励		0.94
	USE3：浏览 SNS 新鲜事，我能增长某个主题的知识		0.67
	USE4：参与 SNS 小组、应用、论坛等能激发我的灵感、开阔视野		0.95
用户偏好 （PRE）	PRE1：在日常学习生活中，我喜欢与好友讨论	0.826	0.97
	PRE2：我喜欢阅读		0.68
	PRE3：我习惯文学创作，如有写日记/小说/报告等习惯		0.75
人际关系 （REL）	PRE1：我的 SNS 好友比现实中的好友多	0.778	0.56
	PRE2：我的 SNS 好友分布于各行各业/各种专业		0.60
	PRE3：我的大多数 SNS 好友行为很活跃，如经常发表日志/上传照片/转发分享等		0.97
网站质量 （QUA）	QUA1：SNS 网页稳定，没有差错	0.776	0.64
	QUA2：SNS 响应速度很快		0.74
	QUA3：SNS 安全性、隐私性良好		0.79
信息资源 （INF）	INF1：SNS 上的信息质量较高，垃圾信息较少	0.786	0.63
	INF2：SNS 上的信息内容丰富，涉及面广泛		0.73
	INF3：SNS 上的信息形式多样化(文字、图片、视频等)		0.75
	INF4：我想要的信息在 SNS 上很容易就能找到		0.70
功能服务 （FUN）	FUN1：SNS 操作简单，容易使用	0.726	0.68
	FUN2：SNS 功能导航、检索等功能齐全		0.77
	FUN3：SNS 能够满足我的个性化学习需求，比如信息推送、定制服务能够达到我的要求		0.61
激励机制 （INC）	INC1：SNS 的激励措施(比如星级指数、虚拟货币、排行榜等)能够激励我的相关行为	0.751	0.58
	INC2：我习惯使用 SNS 首页上推荐的应用		0.54
	INC3：我会尝试好友使用的 SNS 应用		0.91

续表

研究概念	测 量 指 标	Alpha	因子载荷
交互学习 （INT）	INT1：较其他 SNS 好友，我更频繁地更新日志/状态	0.850	0.75
	INT2：较其他 SNS 好友，我更频繁转发分享		0.62
	INT3：我时常对 SNS 好友的"新鲜事"进行回复评论		0.92
	INT4：我经常阅读 SNS"新鲜事"		0.52
	INT5：较其他 SNS 好友，我加入的小组比较多		0.92

　　从表中列出的分析结果可知，用户的有用感知、用户偏好和交互学习意愿是影响交互信息接受的主要因素，信息资源、网络组织和激励机制因素则处于次要影响地位。

　　在研究中，我们对结果进行了整理。信度分析和验证中，利用 SPSS 16.0进行信度分析，从该表中可以看出，所有因子的 Cronbach's Alpha 都大于0.7，因此该测量指标具有较好的信度。利用因子载荷（Factor Loading）可反映收敛效度，表明各指标和其对应的因子间的相关度。利用 lisrel 进行验证性因子分析，每个指标的因子载荷都大于0.5，表示该测量指标具有较好的收敛效度。

3　网络化数字信息交流与用户交互机制

　　信息交流是具备客观信息需求和信息交互条件的用户，在主观认知作用下进行的交互信息传递和反馈的过程。随着信息化的深层发展和数字网络环境的不断变化，网络化数字信息交流已成为社会信息交流的主导形式。通过多种形式、全方位和全程化网络交流，各种形式的数字信息资源得以交互共享，知识创新成果得以广泛传播，社会各方面活动得以协调。在这一背景下，基于数字网络的用户信息交互正处于新的变革和发展之中。

3.1　数字信息交流的基本形式与网络化交互结构

　　信息交流的社会组织形式不仅由用户的社会关联关系和交互形态决定，而且由所依托的交流技术环境决定。这两个方面的综合作用决定了用户信息交互的途径、方式和系统结构。从信息源与用户作用机制上看，社会化信息交流关系由基本的社会关系和社会发展机制所决定，没有信息的社会化交流也不可能存在相应的社会活动。信息化发展中，大数据形态的存在、知识传播的全球化和科学技术与产业经济的网络支持，使得信息交流与用户交互形态不断发生变化，呈现为与社会发展需求的适应性。

3.1.1　网络化背景下的数字化信息交流

　　网络化背景下，数字信息资源已成为主流的信息载体形式，使长期以来的文献、图形、实物以及音、视频形式的分离式信息流通，得以交互转化和以数字形态进行无障碍传输。与此同时，全球互联网的发展不断改变着信息流通的时空结构，使面向应用的实时信息传输、同步交互和资源的无障碍融合成为现实。在大数据流通和智能交互中，各种交流方式得以进一步融合，从而形成了基于数字形态的社会化信息交流体系。

就用户的数字化信息交流形式而论，存在着不同的交互作用关系和信息交流形式，从社会学角度可区分为3类：人际信息交流；组织信息交流；大众信息交流。从信息交流的实现上看，包括文本交流、数据交流、知识交流以及智能交互和内容交流。虽然交流对象不同，但所采用的方式具有共性。

（1）基于人际交互的信息交流

人际信息交流是社会中个体与个体之间的信息交流，其信息交流行为由用户之间的交互关系和交互活动目标所决定。同时，人际信息交流随着用户的社会交往而产生，具有对主体活动的依赖性。从任务目标实现上看，人际信息交流具有以下特点：

①信息交流范围由人际关系所决定。人际关系和人际交往活动决定了信息交流的目标结构，在很多情况下，其交流在人与人之间交互中进行，如同事、朋友、同行之间的信息交流。数字化网络环境下，网络化交互方式改变的是人际信息交流的时空结构和通道，在于为人际的无障碍信息交互提供保障。

②交流中人际信息传播和反馈及时。人际信息交流中，用户之间的交互关系决定了互为信息发布者和接受者的关系，不仅体现在用户的交互信息共享上，而且体现在相互吸收对方信息的反馈作用上，这种即时性的交流保障了用户交往的目标实现和任务完成。

③人际信息交流促进了人际关系的维护和发展。人际信息交流中，各方在于通过直接的人际沟通进行交互，以实现协同发展目标。其中，人际沟通是自我认识和认识他人所必需的，反过来对自我和他人的认识又可以有效控制和调节社会的信息传播与流通。

从人际信息传播和流通机制上看，可以形成相应的信息交流行为通道，如由 N 个人组成的通道：

$$A_1 \rightarrow A_2 \rightarrow A_2 \rightarrow \cdots \cdots A_i \rightarrow \cdots \cdots \rightarrow A_n$$

人际信息传播交流的第一步在 A_1 和 A_2 之间进行；第二步在 A_2 和 A_3 之间进行，依次类推；最终由 A_{n-1} 传给 A_n。在每一传递过程中，人们总是凭着自己的理解来交流信息，这就必然引起传递失真，这一点不难通过下例加以说明。

设传递中的信息是：企业的4种不同经营方式会带来不同的经济效果 E_1、E_2、E_3、E_4，如果，传递信息的企业成员关心的仅仅是收入水平 D_1、D_2。由于经济效果 E_1、E_2、E_3、E_4 只对应两种不同的收入水平 D_1、D_2，那么企业人员在信息传递中，有可能按自己所关心的问题对信息进行处理，由此产生信息交流的失真。这时信息传给接收者变为：企业的4种不同经营方式会带来两种不同的收入水平。

产生信息失真的原因是：人际信息交流中的传递者对信息做了多样变换，由于通道中的信息传递往往只对信息的部分特征感兴趣，便自然地对信息作了一些处理。在上例中，传递者将经济效益转化为收入信息，即将 E_1、E_2 转化为 D_1，将 E_3、E_4 转化为 D_2，从而损失了一半的信息量，导致信息失真。当然，在另一些情况下，增加信息量也会导致信息失真。

基于信息人际传播的信息交流失真在网络活动中是常见的，这是由于人们对日常生活中的信息交互往往按自身的理解进行，其传递中的差错是难以避免的。为此，要引入相应指标，进行人际控制与评价，从而确保信息的可信度。控制信息差异度是解决人际信息传播的关键，其措施是加速反馈，减少通道数，实施传递的质量控制，进行多通道多元化网络传递，提高人们的信息素质等。

（2）基于组织系统的信息交流

组织信息传输与流通指组织内各成员之间、组织与组织之间、成员与成员之间的信息交流与传递过程。组织传输和流通是否有效，与组织的活力和功能关系甚大。国外有些学者甚至认为"组织传输是组织活力的源泉""组织传输是组织关系的基础""组织传输是组织功能的润滑剂"。

组织信息传输与交流，就反馈与流通方向而言，传输通道有 3 种：

①自上而下的传输。组织自上而下的信息传输通常采用文件、会议、命令、指示等形式进行，它对保持组织的协调、完成组织的任务具有决定性作用。但是，由上而下的传输存在信息量小、信息精度低、动态信息少等问题，这就需要组织充分保障其成员掌握足够的信息，并不断强化组织内的联系。

②自下而上的传输。这是组织中下级向上级反映其要求、愿望，提出批评、建议的正常渠道。许多组织习惯于采取逐级向上汇报的形式反映情况，这常常会使信息的准确度受到影响，因此组织可采取网络化组织信息交互方式进行。

③同级横向传输。组织成员之间的同级横向沟通是协调行动、解决问题的必要途径。纵向传输（自上而下和自下而上）的信息很大一部分要靠横向互动来消化，如基于分工关系的横向信息沟通。值得注意的是，组织纵向和横向信息传输是交互进行的，从而联成一个信息传输与交流网络。

基于组织信息传输的信息交流在组织内进行；通过组织信息沟通达到信息交互利用的目的；其传播不仅具有直接反馈的途径，而且具有信息交互的针对性。组织作为整体而存在，其组织与组织之间也存在信息传输的问题，这是组织信息传输与流通的又一重要方面。组织间信息传输通过两种方式进行：组织与组织通过正式关系进行信息交流；组织间的人际信息交流，即某一组织某个人代表组织与另一组织的代表人物进行信息交流。其中，第二种形式属于人际交流范畴，所不同的是带有组织活动特征。

（3）基于大众传播的信息交流

所谓大众传播，就是通过专门机构发布信息，使之按一定模式传递给公众，从而达到众多社会成员（用户）共享信息的目的。可见，信息的大众传播是信息流通的公开形式，是社会化信息交流的基础。大众传播的主要特征是：信息传播者通常是一个机构（如报社、广播电台、广告公司等），信息接收者则是社会大众；信息借助于一定的手段经过复制加工进行传播。大众信息传播过程，可以用韦斯特利—麦克林模型图表示。

如果 X 为信息源，A 为传播者，C 为把关者，B 为信息受众，F 为反馈过程，当传播者 A 从信息源接收信息后，并按一定的规范对信息复制或者加工，准备发出的信息经把关者 C 的筛选，确定可以发出的信息通过传播媒介直接传向广大信息接受者 B。这是一个信息的单向传播过程。实际上，信息社会传播过程中总会出现反馈，大众传播也无例外。在反馈中，受信者 B 可向传播者 A 和把关者 C 反馈信息。A 不仅可以接受 B，而且可以接收 C 的反馈信息，但由于传播范围相当广，其反馈信息往往是零散的、间接的、延缓的。

用户基于大众传播方式的信息交流通过社会化信息交互形式，实现面向大众的信息传递目标。如在社群活动中，用户可以利用数字网络开放化的一对多形式在一定范围内发布信息，同时接收来自多方面受众的反馈信息。另外，在开放环境下可以展开围绕某一主题的信息交互和讨论。从总体上看，大众传播方式的信息交流主体，不仅包括个体用户，而且包括团体用户，因而交互又可以区分为个体行为和团体行为。无论何种情况，大众传播信息交流的作用和特征具有以下共性：

①沟通社会联系。社会交往是各类用户融入社会和实现其社会活动目标的前提，人们只有在社会的交往中才可能拓展发展空间。在基于大众传播的用户信息交流中，网络交互空间的构建和数字信息的社会化流通处于重要位置，多元网络数字关系的建立在于促进新的数字化网络交互关系的形成，从而适应大数据交互利用的需求环境。

②引导社会舆论。对网络舆情的引导和大众传播生态环境的建设，不仅关系到信息安全，而且是国家、公众和各相关主体权益保障的重要方面。因此，国家安全基础上的大众信息传播和交流必须坚持正确的原则，实现有利于社会

进步、推动科技创新和产业经济发展的开放化信息大众交流目标。

③支持社会运行。通过大众信息传播和交流，社会得以运行，与社会生活和职业活动相关的信息得以及时传递和利用，从而为人们提供基本的社会信息保障。大众信息传播与交流的开放性和受众对象的社会性具有不可取代性。在大数据网络和数字智能技术背景下，新的数字媒体形式已成为主流形式。

数字信息交互和流通的 3 种方式，在功能上相互补充，在运行上相互协调，业已形成了一个相互依存的整体。当前，大数据网络和智能环境下的用户交互与信息交流，必然体现在信息组织与服务的各个方面。

3.1.2 基于用户交互的网络化数字信息交流结构

在一定社会范围内，用户交互是网络化数字信息交流关系形成的前提条件，以此为基础的信息交流具有开放性和面向用户的普适性。从系统论角度看，数字信息交流具有支持其目标—功能实现的系统特征。因此，可以利用功能—结构分析方法研究基于用户交互的网络化数字信息交流系统构成和系统利用问题。

信息交流过程出现在信息使用者和信息创造者之间。在信息交流中，一方处于主导地位，是交流的"发起者"，另一方处于被动地位，是交流的"承受者"。"发起者"以向他方提供信息为主，一般属于信息创造者或拥有者；"承受者"一般为信息的使用者或需求者。这种模式的信息交流称为单向交流，即信息从一方流入另一方。但是，在许多情况下交流双方可能互为"使用者"和"拥有者"，他们所进行的活动是一种双向信息交流活动。无论何种情况，我们都统称为信息交流，这是因为双向交流与单相交流相比，除交流双方的角色随机互易外，并无实质性差异。因此，在讨论信息交流中我们可以将一方视为信息使用者，另一方视为信息拥有者。

在人类社会中，用户为了获取从事职业活动的信息，必然依赖于一定社会环境下的信息交流，而这种信息交流系统的形成必然以信息交流的社会化行为方式为基础。在系统构成中，这种信息交流的基本方式即前述的人际传播和交流、组织传播和交流以及大众传播和交流方式。这一方式在信息交流中的综合利用便形成了事实上的信息交流系统(见图3-1)。

在图3-1所示的系统中，为了说明系统的目标、功能和结构，我们以科技活动中的交流为例进行讨论。

为了实现科学技术知识的积累、继承和借鉴，在人类发展进程中业已历史地形成了一个科技信息交流系统。利用这个系统，人们传递和获取各种科学信息。其中直接交流是指信息用户之间通过线上直接对话交换成果以及交换物质产品等所进行的交流，其信息流通的主要方式是人际传播、组织传播和大众传播。与直接交流相比，由于间接交流是通过第三方交流平台的服务来实现的。

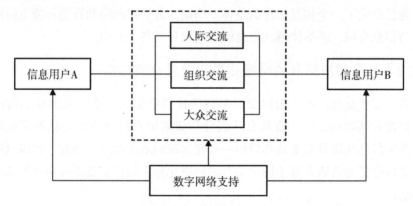

图 3-1　基于用户交互的网络化数字信息交流结构

　　基于用户交互的网络化数字信息交流，一是用户之间通过人际方式、组织方式和大众方式进行的信息交流，二是通过数字网络交互服务进行的信息交流。其中，人际交流、组织交流和大众交流作为直接交流方式而存在，其间接交流基于数字网络的交流实现。无论是何种形式的信息交流，其目标在于满足用户交互利用信息的需求。从系统功能—结构看，信息交流系统既是用户获取对方信息的保障，又是向对方反馈信息和提供信息的需要，体现为交互各方的信息关联关系和信息的交互利用。值得指出的是，随着"互联网+"的发展，特别是大数据、云服务与智能交互技术的应用拓展，用户的信息交流手段已发生深刻变化，然而其基本结构却具有完整性、开放性和稳定性。

　　①网络化数字信息交流系统具有完整的体系结构。数字网络支持下的基于用户交互的信息交流系统，以用户之间的直接交流为主体形式，具有体系上的完整性。在直接交流中，人际方式、组织方式和大众方式相互补充融和应用，旨在实现全方位信息交流与交互利用的目标。用户在信息交流方式的选择上，可以方便确定交互对象和路径，在数字网络平台的支持下实现交流目标。由此

可见，用户信息交流从整体上适应于用户需求的变化和动态网络环境，使数字信息交流系统结构与网络发展同步。

②信息交流系统是一个广泛的系统。从系统组成和运行看，信息交流系统无疑具有广泛性，例如在科学交流中它既可供科技人员使用，也可供其他人员使用。在科技信息交流中，可以用于任何科技领域和所有人员的知识交互利用上。事实上，尽管各主体具有多方面差异，各领域信息千差万别，用户交流的动机也不尽一致，但交流系统本身可以通过多种方式进行调节，以适应各方面交流的需要。交流的社会化存在决定了系统的开放性，作为一个具有开放性的系统，可广泛应用于社会活动的各个方面，从而形成具有普适性的社会信息交流系统。

③信息交流系统是具有稳定结构的系统。信息交流系统的稳定性是指系统结构的稳固，结构不会受外部环境和内在需求的变化而改变。事实上，人际、组织和大众方式作为交流系统的基础结构，不会因为其他因素的作用而变化，支持用户信息交流的服务构架也不会因此而改变。这是因为信息技术与环境作用下的信息交流变革的是手段和系统服务，而不是信息交流系统框架。基于此，在系统基础构架中应强调人际、组织和大众信息交流的数字化、智能化建设，实现基于智能交互平台的数字网络支持目标。

值得指出的是，在社会交流系统环境下，一方面存在着小众群体的交流行为问题。在用户的信息交流中，鉴于用户的多种管理关系和交往关系，需要确立开放构架中的小众交流的基本范式。对于小众交流群体的研究，国内外学者在"小世界"理论的基础上，针对网络交流环境的形成，提出了小世界网络理论，由此构建了小世界网络模型。事实上，开放网络条件下，基于用户网络交流而形成的相对稳定的交互群体都具有小世界聚类特征。从用户的信息交流作用机制上看，处于小世界网络中的用户信息交流具有灵活性和行为方式的专门性，其中人际信息传播与交互方式为其主要方式。用户的小众化交流和小世界网络行为，同时提出了面向小众群体的交流与信息交互利用问题。

另一方面，随着信息化的深层次推进和"互联网+"服务的发展，用户需要交流的信息量随之快速增长，信息交互的大数据化、智能化和实时化已成必然。这一变化已渗透于社会活动的各个方面，改变着信息资源分布和共享的时空结构，从而提出了数字化、虚拟化和智能交互的问题。这一情景下，用户的交互内容更多的体现在内容单元、数据关系和互动单元上，因此基于用户交互的信息交流内容深化在服务中应予以全面应对。

3.2 信息的交互流通与增值利用

信息资源的交互流通，是指信息资源主体之间所进行的双向信息传递与反馈活动，即社会信息资源交流。信息资源交流的目的，除沟通社会成员的联系外，还在于实现信息资源的共享和增值利用。因此，实现信息交流社会化和社会成员的信息共享，是开发信息资源的基本出发点。

3.2.1 信息流通的交互模型

信息资源的流动不是一种简单的直线单向流动，威尔伯·施拉姆认为传播者与接受者在信息交流过程中一直是互相影响的，因此在香农直线单向交流模式的基础上加以修正，构建了信息交流互动模型(见图3-2)。

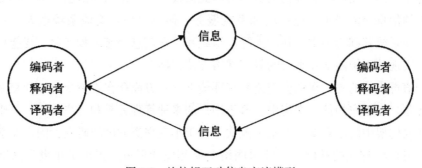

图 3-2 施拉姆互动信息交流模型

在如图 3-2 所示的模型中，传播者和接受者在编码、解释、译码、传递、接收信息时始终相互影响。值得注意的是，模式中的反馈，在交流系统中具有双向性，因而互动信息交流实为一个交互的循环过程。施拉姆的这一认识是对香农模式直线单向交流模式的变革，符合数字交互网络中的信息交流状态，因而可作为我们开展信息资源交互流通的基础。

数字智能技术的发展和应用改变着社会信息资源流通方式，数字化、网络化环境使公众主动参与程度不断提高。这一背景下，信息资源的流通已从以前静态、线性形式发展到动态、互动式的信息资源流通，信息流程秩序由传统一维型模式向现代交互型模式转化。

从实质上看，信息的交互流通是指信息传递的整个过程中各环节的交互，即信息用户与信息资源和信息系统之间的多边互动，如图 3-3 所示。

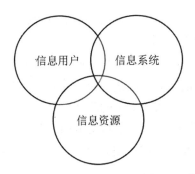

图 3-3　信息用户、资源和系统的互动

网络环境下，用户作为交互主体通过交互媒体与信息资源相互作用，借助于交互媒体进行信息交流，通过信息的交互获取，找出有价值的内容并加以利用。在信息交互利用过程中，用户会对这些信息进行相应的评价；交互系统会根据用户反馈，有针对性的提供个性化资源。

用户和系统的交互内容包括用户需求认知表达以及与系统的关联，涉及用户使用系统中的交互学习和认知匹配；用户和用户之间的交互，包括用户之间的信息交流，如围绕某一问题的讨论，通过资源评论的交互等，其目的在于通过交互拓展用户间的信息共享空间；信息资源的交互利用是信息交流的最终目的，在于使信息资源内容与用户的认知需求相吻合，从而达到提高信息利用效益的目的。

值得指出的是，在多方面的互动中，存在着交互内容交互形式的个性化问题，反映在面向用户的信息交互服务中，主要解决的问题是自动分析交互内容特征以及用户个性特征，从而在服务中将个性化显示出来。

数字网络环境下，用户交互具有复杂性，其交互并不是单纯的一种或几种交流手段的应用，而是网络设施、交互手段、交互软件、交互形式等多种因素的组合。在基于网络的交互中，用户之间不仅可以进行文本交互，还可以通过图像、声音、视频等进行交互，从而实现交互内容的多样性；其次，互联网上各种交互工具可以保障同步交互、异步交互、一对一交互、一对多交互、多对多交互等多种交互方式的应用，从而实现交互方式的多样化。在交互式信息流通中，用户与信息资源的交互构成了交互的重要内容。开放的互联网为用户提供了方便、快捷和广泛的信息获取渠道。

3.2.2　信息交互流通中的增值形式

信息资源在交互流通过程中出现的价值提升可视为信息资源的增值,其增值首先体现在"量"和"质"提升上。

信息在量上的增值。信息量是指具有确定概率的事件发生状态的信息的度量,即不同状态间的信息差别,包括用户主体对信息客体的不确定性的解除程度。用户信息交互中,由于认知结构的改变,其不确定性状态变为确定,因而表现为信息交互中作用量的增值。信息交流中,某一信息如果经用户的交互和利用,使其对某事物或事件的认识更加明确,其表征事物的"确定性"必然增加,从而使用户获得更大的信息量。

信息在质上的增值。信息的质的概念是由贝里斯(Belis)和高艾斯(Gaiasu)提出的。信息的质是指信息资源的价值大小的测度,它表示信息满足受信者需要且对受信者产生认知作用的量值。从信息与用户需求关系上看,认知价值具有一定的主观性。可见,信息交互中质的增值,在于使主体认知得以改变,从而提升信息交互作用价值,表现为信息满足用户需要程度的增大。

事实上,信息运动过程中,由于凝结了用户认知信息,从而价值增大。信息资源的使用价值则是指信息资源能满足某种需要的价值,它的增值体现在信息资源的量和质的变化及其所导致信息资源效用增值上。

从信息价值和效用上看,信息资源增值包括两个方面:一是指信息资源本身增加可利用价值;二是信息服务所提供的信息被用户吸收和利用后,得到效益上的增量。信息资源在交互流通中增值,是因为信息有叠加、选择功能,事物之间的内在关系是相互联系与制约的,因而信息资源的交互结合,就可以产生增值效应。这说明,信息资源流通前后的质与量是变化的,是不守恒的。信息资源交流过程中,交流双方因相互作用而产生增值。这是由于,信息在交互流通中融入了交互主体的认知价值,从而使信息的使用效益得以进一步改善。

具体而言,信息资源交互流通中的增值包括以下几个方面:

在信息交流中,信息交流主体所拥有的信息资源量增加而导致信息增值。

信息交互主体间的交流带来了新的信息,此时各自的信息占有量将不断扩大。

交流因其独特的信息环境,将形成信息表达、组织和交互利用关系,从而提升信息处理和利用水平。

用户交互关系所决定的交流网络，为信息的多元化传递和增值利用提供了新的基础条件。在交流中的信息资源增值是最为普遍的增值，交流的本质与其说是交互传递信息，不如说是信息的增值共享，目的在于达到信息资源的最大增值利用效益。

从增值角度考虑，网络交互传递信息资源能带来"机会选择增量效应"。信息资源交流区别于物质交流的一个重要特点是，它会产生"倍增效果"，即1比特的信息与另外1比特的信息交流，其结果就不是原来的1比特信息，而是至少2比特的信息。其中超出2比特的部分则是交流主体认知信息的增量作用。数字网络互联环境下，信息资源的交流更具广域性、大容量和互动性特点，其所产生的交流效果就不仅仅是传统人际网络条件下的"树形倍增效果"，而是"网状信息倍增效果"。

信息增值方式有多种，主要包括：

①基于知识结构改变的增值。伴随着信息的交互流通，交互主体的信息占有量以总投入交换量为极限而增加。信息交互过程中，在用户认知作用下必然会产生新的信息，此时提交用户的认知信息量必然增加，同时，用户知识结构随之改变。Brooks B C 由此提出了信息作用下的知识结构方程：$K(S)+\Delta I=K(S+\Delta S)$①。式中：$K(S)$是吸收信息 ΔI 之前的知识结构，当吸收了信息 ΔI 之后，原有知识结构变成了$K(S+\Delta S)$。这说明，信息 ΔI 产生了增值。

②交叉渗透式增值。在信息交流中存在着不同载体形式、不同内容信息资源交互转化问题，在多形式的信息交流中，不同空间、不同时间的资源交融在不同系统、不同层面下相互交合，融为一体。所有这一切，存在于跨时空领域的信息交互过程之中，所形成的资源在本质上可视为交互式资源的融合增值。

③信息转换式增值。信息是可以转换的，经转换后就会产生增值。其转换方式有：各种文字、符号、图形、音视频等信息通过转换器转换成机器能识别的数字信息，同时通过转换设备转换成人能识别的多媒体信息；在信息级别的转换上，一次信息通过提炼转换成二次信息、三次信息；信息数据的转换，在于通过数据加工，将一种表达方式转换延伸为另一种表达信息；信息载体的转换，不仅包括软载体的转换(如语言信息转换成符号信息和文本信息转换成图形、图像信息等)，而且包括硬载体信息的存储转换。其实质是，通过信息的

① B. C. Brookes. Foundation of Information Science(partI)：Philosophical Aspects[J].Journal of Information Science，1980(2).

相互转换，进一步产生信息增值效应。

④辐射归纳式增值。一个孤立信息的价值往往有限，若把一组相关信息通过推理和分析组合成新的信息，则该组信息价值之和就很高，这就是信息的归纳增值。信息的组合经过评价、比较、相互关联、过滤筛选、内容提取，从某一点向多面辐射从而产生信息增值。

3.2.3 基于资源共享的信息流通增值

信息资源流通基础上的共享由信息的可共用性决定。某一信息在被某一用户利用的同时可以为其他用户所利用，即信息可以同时被多个用户占有和使用。这一特征与物质和能源的利用不同，一定物质、能源被某一主体使用，其他用户便无法同时占用。

信息交流共享的基础是可以进行多向传递，同一信息可以同时为众多的社会成员所接受和利用，而这种接受与利用并不影响信息的再传递和再利用。同时，信息可以以多种形式进行大量复制，所"复制"的信息与原信息具有同一性。另外，信息在交互使用中也将发生增值。所以，一定范围内的信息交互与共享是充分发挥信息作用与效能，且最大限度的产生效益的保证。

信息资源共享有着一定的范围，其交互共享应在维护国家利益、保护信息主体权益和优化信息利用的基础上组织。基本原则是：有利于信息资源的交互开发组织和利用；有利于用户信息交互内容的深化；有利于促进用户互助，提高信息利用效率和效益。在信息交互原则前提下，应该力求信息最大程度上的交互共享；同时在组织信息资源共享中，应明确信息拥有者和共享者之间的权益关系，有效地控制各方行为。对于信息资源的拥有者来说，主动提供、发布共享信息具有重要性；对于信息资源的利用者来说，其共享信息资源应符合发布方的合理要求。信息交互中，可着重于 3 个方面的共享：

①信息客体的共享。这种共享是将信息创造者提供的信息或信息服务机构收集的原始信息，直接纳入信息资源共享体系供用户广泛使用，如进行一次信息提供，在网络中组织用户搜寻同行发布的研究信息等。信息客体共享以共享资源建设为基础，其共享内容决定了资源建设方案和形式。

②信息传递与交流工具共享。信息传递与交流工具共享是指向用户提供公共通信工具，供用户发布和定向获取信息的一种应用共享。对于一些分布很广的可共享信息，如果不使用特定的通信工具便无法获取，因此这种通信共享也是信息资源共享的一个基本方面。

③信息获取工具的共享。信息获取工具包括信息交互工具和各种查询网

络。通过工具使用，用户直接获取存储于工具、系统、网络中的共享信息资源。鉴于交互和查询工具的重要性，应在竞相开发工具的基础上，实行信息交互查询的网络化与社会化。

信息资源增值利用的目的是实现信息资源的增值共享，除合理布局外，信息资源的增值利用主要包括二、三次信息的产生和信息载体形式的转化。

一次信息是指生产、科研、经营、文化和其他社会活动与日常生活中，伴随着主体(人)行为产生的原发性信息。原发信息是一种最基本的社会信息财富，其分布和结构通常是零散的，往往难以查找，利用率也受到限制。因此需要进行围绕一次信息流通和利用的交互，以使用户对一次信息进行完整的收集、整理和加工。以此出发，用户一次信息交流基础上的二次处理，在于进行面向需求认知的一次信息来源与内容展示，以满足多形态信息需求。三次信息作为对一次信息内涵深层加工的结果，是在利用二次信息或通过其他方式充分获取有关的一次信息的基础上，对信息进行分析和内容的深层揭示。鉴于不同层次信息的关联性，应在交互中实现整体上的共享目标。

基于资源共享的信息增值利用在分布式大数据资源环境下进行，而不是基于固有资源或系统共享服务。作为一种虚拟化的信息交互，在于充分集成分布于虚拟网络中的资源系统来支持网络信息服务的共享利用，而不局限于某个系统。同时，信息增值利用是通过基于集成的服务来实现的，它通过开放式系统集成和服务协同形式进行。在交互式服务中，实现增值目标。

当前，基于信息交互流通和利用的数字资源库建设强调多级资源保障体系建设和面向用户的交互式信息共享。信息共享价值实现和交互中的增值是在一定的时空结构中进行的。所谓信息资源交换的时空结构，是指信息内容单元时序分布和结构，以及关联变化。从信息流角度看，信息交流的时空结构，决定信息交流和交互利用的基本关系。

任何交流总是要花费一定的时间、占据一定的空间位置，离开时间和空间，信息交互活动也是难以想象的。信息的基本特征体现在时间与时间相关的空间结构上，因而信息流交换时间与空间具有不可分割性。从信息流通过程看，信息空间合理布局和信息交换的时间节点，在某种程度上决定了信息增值利用的进程。

信息资源交换的时间和空间随着信息资源运动的发展而变化，在不同阶段时空的结构不尽相同。当今社会，信息资源急剧增加，信息流通呈全球化趋势，信息资源交互空间已扩展到全球，因此信息交流必须适应动态时空变化。

信息资源结构的复杂性、信息过程的随机性和信息作用的多重性，决定了信息交互时空的多维性。事实上，要准确的描述信息及其"运动"，必须建立多维空间模型，以便从相对时空观出发对其进行组织。追溯某一信息交互过程，不难发现它并不是孤立的、不变的，而是连续的，与外界广泛联系和动态的。

信息交流的时间结构是指信息从产生到交流的过程中各相关主体交互行为发生的时序节点关联结构。由于信息交流过程的差异，信息流的时间结构可区分为时序结构和时机结构。

①时序结构。时序结构是指信息交流过程中各环节之间的先后关系，体现为各环节之间在时间上的先后次序。信息交流活动的全过程可分为相互衔接的各阶段，这些阶段组成了信息交流过程的时序关系，其中每一个阶段又可以分为更细的时序结构。信息交流的时序结构表现了流程的方向性，各部分时间的衔接性，以及各阶段时间组成的连续性。信息交流的时序结构要求保持信息交互流动在时间上的连续性，由此决定了信息流的纵向过程，我们在建立信息交流时序结构时，既要考虑到时序结构的内在联系，又要注意时序结构中的各主体相互关系的形成。

②时机结构。耗散结构理论认为一个远离平衡态的开放系统，靠外界不断供应能量和物质，当系统的某个参量变化达到一定的临界值时，通过涨落发生突变，从而从原来的混沌无序状态转变为一个时间或功能上的有序状态。这种突变就是时机，或者说，是必然性与偶然性的统一。信息交流的时机结构反映信息流动在时间上的及时性，其表现形式是，在信息的交互传递与接收中，各种原因所引发的时间差异。针对这种差异，应进行交互时间的控制，力求保持时间上的同步。

信息交流空间包括信息交互、流通的范围和内容等要素空间，信息交流空间结构则是指信息流通过程交互空间相互联结的系统结构。由于各种空间关系和活动内容不同因而存在结构上的差异。

(1)组织结构

在信息交流中，各种要素在其空间结构中都有固定的位置，且与环境要素有着特定的、有规则的联系。这些要素的相互作用决定了信息交流空间组织结构的形式。其中的基本方式包括信息交流主体与客体之间的关联方式，系统技术与设施组合方式以及信息交流组织机制。空间组织结构是整体与部分、集中与分散的矛盾统一体，组织结构空间也处于不断变化之中。在信息交流过程中，应从组织结构的整体性、相关性和层次出发，以最优化为原则，统一规划协调各层次信息交流系统的关系，使各信息交流的内在联系更加合理化和科学化。

（2）布局结构

信息交流系统空间的布局结构是指系统中各要素之间以及其他不同的系统由于处在不同的位置而产生的相互关联安排。信息交流系统的各个要素及其有关系统所处的空间位置不同，相互作用的方式和功能也各不相同。因此，要使信息交流系统的功能得以最大程度上的发挥，必须对其空间结构进行合理的组织。信息交流的布局结构，一方面表现为交流在空间上的辐射性，从宏观看，这是信息交流的横向扩展过程，在于使其相互融合；另一方面是对信息的空间流向结构的优化，由于信息流向是由信息提供者与需求者的意向决定的，主题意向的不同导致信息流向的差别，因此拟进行统筹安排。

在信息交流空间的布局中，信息资源的配置是最重要的一个方面。应按照合理安排的原则对信息交流过程中出现的各种矛盾进行协调，使之形成一个相互补充、方便用户的优化空间布局结构，以最大限度地发挥信息交互的作用。

智能技术从根本上改变了信息交互的方式和途径。在信息交流时空结构的数字虚拟转化中，信息流动速度的加快使空间距离缩小，交流的时间结构也随之发生改变。目前，信息的分布使信息交流日益全球化。互联网本身就是由分布在全球的各类计算机网络组成的一个"网际网"，网络信息节点上的各类信息通过网络互连，从而形成了开放式的信息交互共享结构体系。

3.3 信息交互与资源共享的网络机制

互联网的发展实现了信息资源的快速高效传递，在信息流动上，使不同载体形式信息得以及时交互和转换。对于以数字形态进行文本、图形、音视频信息的无障碍交流而言，具有普遍性。由此可见，网络信息资源交流已突破时空限制和传递信息的地域限制，能够快速传递信息，实现跨越时空的信息交互与资源共享目标。

3.3.1 基于资源共享的信息交互网络架构

数字智能环境下，网络信息资源共享是以信息的交互流通为前提的，其核心是建立信息的交互机制。事实上，网络信息资源交互机制不是简单的构建网络、传输数据，而是要进行离散分布的数据资源和应用关联，以便在数据交换中提供网络支持。基于复杂网状关系的信息交互在于整合资源，这就需要建立合理的交换制度。

信息资源交换机制的建立是一项跨部门、跨领域的系统工程，它的建立是一个逐步扩展、延伸和完善的过程。具体说来，信息资源交流机制的确立拟解决运行管理、技术支撑和安全保障问题。

（1）运行管理

运行管理机制是保证信息交互体系能够持续、有效运行的管理、操作和评估机制。建立科学合理的制度是实现信息资源交互利用的根本保障，在制度建设和运行管理上应着重于以下问题的解决：

信息资源的交互利用要求各方之间建立良好的交流关系和信誉。交互各方必须能够全面、及时、准确地了解彼此信息资源结构的变化。换言之，必须建立和维持一个基于互联网的公开、透明、通畅的交流网络；通过制度化的方式为交换各方实时提供信息资源分布调整和信息资源交互配置数据，为信息资源交互共享的信息组织提供基础。

信息资源交互中需要建立平等的合作制度。具体而言，要求交换各方打破地域、行业和组织的界限，消除"数字鸿沟"和"信息孤岛"的影响。在制度规定中，信息资源交互要求坚持平等原则，这是因为信息资源交互利用的各方都是平等的，如果忽略了这一点就会产生信息资源交互共享的障碍。成功的信息资源交互要确保交互主体的各方面权益，维护每一个主体的自主权，同时确保共享各方参与交互的管理权限，保证决策中的平等权利和自主原则。

信息资源交互共享依赖于有效的协调机制。只有在协调运行的基础上，才能使信息资源交互共享有序地发展，这就需要突破现有的系统组织框架对信息资源交互的限制，实现全社会范围内信息资源的交互共享。信息资源交互体系建设是一个跨部门、跨区域的系统工程，它不仅涉及信息交流固定模式的改变，更重要的是需要利益协调。因此，在组织上必须建立一个有效的协调机制。建设技术方案的选择需经过论证，组织机构需协调各方利益，使技术方案的选择具有普适性，同时使各方利益得到保障。

信息资源交互共享管理包括的环节，如图3-4所示。用户作为信息资源交互的服务对象其基本要求包括信息内容要求和交互功能要求。在信息内容上，用户根据自己的需求，定制交互内容清单和分类分级清单；在功能上用户会提出明确的信息转换格式、信息展现形式以及信息交互方式等要求。在信息资源交互过程中需要做到交互内容明晰而易于理解，在进行信息交互中用户往往都会对自身拥有的信息作出处理。

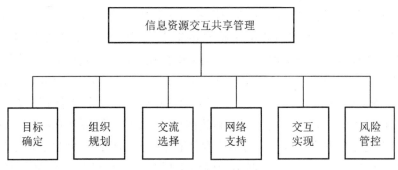

图 3-4　信息资源交互管理框架

(2)技术支持

任何信息交互的展开都是为了用户之间的信息交流和共享，因此其基本架构应包括数据连接与访问、应用服务支撑以及数据转换与交换等。在面向用户的信息交互服务中，信息网络和基础软硬件必须保证交互网络的互联互通，这是交流的前提。传统的信息资源交互技术主要有数据交换接口、总线和适配器技术、数据仓库技术和基于元计算的信息资源交换等。由于基于传统技术构建的信息交互系统没有统一的信息表示标准，且可扩展性和可复用性较差，已越来越不能满足信息交互的需求。因此在技术上，信息交互需要解决多方面的问题。

信息的语义描述识别。数据格式、语法所描述的信息是基本的，各种系统在传递、读取、解析和使用这些信息时应不产生二义性，且表达的内容和格式能够满足交互的要求。

信息的数据格式易于传输。交互信息需要按系统之间约定的规则进行，要能建立数据格式、数据内容、网络传输和权限控制等不同层面的安全防护机制。

信息交互组织的技术方案选择依赖于成本因素、技术因素和风险因素；技术方案的选择应符合用户需求，同时考虑系统功能的设计与选择。技术方案应是综合因素作用下的一种优化方案，在设计信息交互方案的过程中，要确保信息资源交换的长效性，其确定应得到各方主体的认可。

信息资源交互组织的技术选择存在一定风险性，其技术安全问题的存在是不可避免的，因此应选择成熟、稳定、可接受的技术。从整体层面上看，信息资源交换模式大致分为集中交换模式、分布交换模式和集中与分布混合式的交换模式。从网络配置连接和技术实现的机制看，比较典型的技术模式表现为基于客户机/服务器的集中式交互组织模式和基于 P2P 的分布式交互组织模式。

基于客户机/服务器（Client-Server）的集中交互组织。客户机/服务器结构的网络是一种基于服务架构的网络，网络中存在一台到多台服务器，用于控制和管理网络资源或提供各种网络服务（如图 3-5 所示）。在这种 Client-Server 客户机/服务器结构中，客户端只需安装简单的操作系统，将文件存储在服务器高速的存储器中，客户端经过身份确认按权限来访问服务器中的数据。这样，整个网络交互数据都可以在服务器中存储起来，而用户的访问也会根据各自的极限有所限制。客户机/服务器结构网络可根据用户规模建立单服务器网络、多服务器网络或多服务器的高速干线网络。

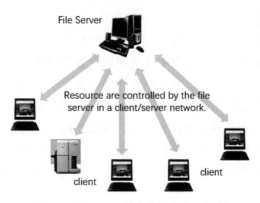

图 3-5　基于 C/S 模式的信息交互机制

基于 C/S 集中控制模式是一种传统的控制模式，所有资源都集中存放在性能较高的服务器中，客户要通过网络访问服务器来得到所需的文件；服务器将所需的文件传输到客户端的本地存储之中，而客户机之间并不具有交互能力。C/S 模式使信息资源向服务器集中，这样的模式符合一对多的关系。信息交换上，C/S 结构主要体现了"请求—响应"模式，即客户端提出数据处理请求，服务器接受并作出响应，将处理结果输出至客户端，客户端只能从服务器上读取信息，被动地接受信息。

在基于 C/S 模式的信息交互组织中，信息存储与管理比较集中，信息资源由于保存在服务器上，信息的存储管理功能透明。用户提出访问请求后，无须再过问其他，服务器则根据一定的规则应答访问请求。从安全的角度看各种系统虽然存在一定的安全漏洞，但由于 C/S 模式采用集中管理，客户端被动的从服务器接收指令，因此，一台客户机出现安全问题，不会影响整个系统，其数据的安全性、完整性等可以得到保证。然而，这种模式下主机之间通过服务器来交换数据，这种数据交换属于不完全的资源交换，同时依赖于服务器端的数据更新，需要大容量的存储来满足用户不断更新大数据的要求。

基于 P2P 的分布式交换组织。P2P 模式是非集中方式完成分布式信息资源交换和利用的典型。Peer to Peer 系指通过系统之间的直接互联来共享计算机资源与服务。P2P 模式下，网络中的用户组成资源交互节点，作为对等体进行信息交流，各用户之间是完全平等的。对于每一台计算机，既可获取资源，又可提供资源。这一情景下，通过某一相同的协议便可进行信息交互共享，用户可以自由地加入和退出交互，任意节点的退出也不会影响系统的正常运行。对等点之间通过直接互联实现信息、处理器、存储甚至高速缓存等资源的全面交互共享，而无需依赖集中式服务器支持(见图 3-6)。

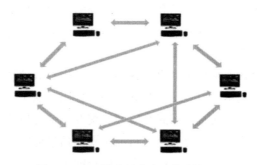

图 3-6　P2P 模式的分布式信息交互

P2P 模式使信息资源在互联网中各终端均匀分布，是一种一对一的关系。信息交互可以在任意对等点之间进行，即信息交流以分散的点对点方式进行。P2P 模式下，信息交互利用广度将扩展，利用深度将进一步深化；每一个对等点都可以直接访问并下载其他对等点上共享的信息，而不必通过服务器。同时，每一个对等点贡献自己的信息资源，从而提高了信息交互共享效率，消除了信息孤岛的影响。但是，对于信息资源的分散交互造成的不易管理和网络数据安全性问题，应作出响应。

具体说来，P2P 模式具有如下优势和劣势：P2P 模式下信息资源存储、处理能力和带宽以一种完全分散、异步的方式运行，各种负载可以得到合理的均移和平衡，使网络具有极强的可扩展性。但是，缺乏管理的 P2P 网络在为用户带来方便的同时，也可能会带来大量的无用信息。同时，相对而言，P2P 模式的分散交互安全性较差，如一个拥有众多用户的 P2P 网络可能会成为黑客的攻击对象，而且分散式结构的 P2P 网络有利于攻击破坏性程序的传播，这将极大的威胁 P2P 网络的安全。

（3）安全保障

安全保障不仅是信息资源交互共享的基础，而且是信息资源系统连通共享和协同交互的需要。安全可靠作为信息交互的前提，在标准规范体系建设中应完整地体现，其基本内容包括信息编码安全、技术平台互联互通安全和应用接入平台安全。当前，与信息资源相关的标准包括各种信息的编码标准、数据标准等，以及各种通信协议、数据格式标准。在这些标准制定和应用中应明确信息交互安全保证的技术规范准则。在交互体系标准的制定过程之中，应遵循以下两个原则：

采用基于互联网的开放标准。以互联网为基础的各类技术标准已被业界广泛认同和采用，不仅提供了产品和工具上的保障，而且提供了实践上的安全保障。在标准化推进中应在开放性标准的总体技术框架下，对在应用中需要规范的细节部分给出安全定义和要求。

共性服务平台化安全标准建设。在各种需求中提取信息交互与共享的共性安全需求，提炼出基本的信息交互与共享的共性服务安全要求，以满足系统调用的安全保障需求。为实现分布式系统间的交互，交互协议的规定和遵守至关重要。在标准的采用中，应充分考虑目前主要的信息通信方式安全，如消息通信方式和 Web 服务方式安全，采用基于互联网的开放标准，如 XML、HTTP SOAP、BPEL，对其中的安全属性进行相应的规定。

对于目前存在各种不同的信息交互系统，需要严格划分信息安全域，进行不同安全级别信息安全保护和风险防范；与此同时，根据不同密级信息资源交互要求，构建信息交互的内网和外网。

信息交互不仅涉及系统内的资源，同时也需要进行不同系统之间的安全连接，在进行跨安全域的信息交流中，可建立基于安全域的保护体系。通过专门的安全管理器（CA）进行控制。另外，也可采用信任协调（TN）的安全机制，实现信息资源交换的安全保护。

规范网络安全保护和信任体系建设是信息交互和共享安全的基础。建立基于公钥基础设施（PKI）身份认证、授权管理和责任认定机制极其重要。其中包括利用密码和隔离交换技术建设跨安全和保密等级的信息安全保护体系、跨部门的信息交互共享安全保障制度、健全信息安全监测系统等。

数字信息网络的发展为信息交互提供了基本的支持条件，促使基于网络的信息交互利用向开放化、社会化方向发展。

3.3.2 用户交互中的网络化知识利用与转化

用户信息交互是一个主观认知与外界客观知识作用过程，从信息内容上看，用户未能清楚表达而存在于认知层面上的隐性知识，需要通过外部因素的作用转化为显性知识，同时对外界产生知识贡献作用。在网络化的知识交互层面上，因而需要进行深层次的交互知识转化和利用。

在知识层面的交互中，显性知识和隐性知识转换网络实际上是一个社会化的知识网络。在知识创新中，相互转化是隐性知识所有者获取显性知识、实现外化交流的重要途径。显性知识和隐性知识转化网络使用者可以通过网络化交互，按显性知识线索找到相关的隐性知识所有者，也可将自己所有的显性及隐性知识进行外化，以实现网络化知识交互共享目标。

日本学者野中郁次郎将显性知识与隐性知识的相互作用过程称为知识的转化过程。通过这一转换过程，显性知识和隐性知识的数量和质量得到提升。知识转化存在四种模式即：社会化(即由隐性知识到隐性知识)、外化(即由隐性知识到显性知识)、结合(即由显性知识到显性知识)和内化(即由显性知识到隐性知识)，其动态过程称为 SECI(Socialization, Externalization, Combination, Internalization)过程。

①社会化。社会化通过共享经验实现隐性知识的转移，由于隐性知识难以表达且有时间和空间上的限制，因而只能通过共享经验获得。例如生活在共同环境或者一起工作的人员，可以通过交流共享经验，启发各自的思维，从而达到隐性知识的共享目的。社会化可以发生在用户正式或非正式的社会交往之中。基于网络的隐性知识社会化，依托于网络环境和网络服务，可以实现超越组织的知识转化，如企业人员在与供应商和客户的网络交往中，可以从对方获得隐性知识并从中受益。

②外化。外化过程是一个将隐性知识明确表达为显性知识的过程，当隐性知识变为显性知识时，知识就被明确化，并且能够为他人所共享，如新产品开发过程中的概念形成就是这种转化的典型例证。在隐性知识转化为显性知识的过程中，首先进行相互矛盾的事件和关联事件的联系，然后通过分析工具来解决其中的矛盾与关联，从而使创造的知识概念明确下来并加以表达，以供其他组织或人员使用。

③结合。结合是一个将显性知识转化为更加复杂和更加系统化的显性知识

的过程，从组织内部和组织外部收集到的显性知识通过组合和处理以形成新的知识，新知识又在组织成员中散布和传播，从而达到知识增值利用的目的。在这一过程中，智能交互系统通过网络和大容量数据库的创造性应用，使得这种知识转化更加迅速。

④内化。知识转换的内化是一个将显性知识通过主体吸收归入隐性知识的过程，通过内化，创造出来的知识在组织中可以被共享，最终经由成员个体作用转换为内在知识。隐性知识与主体学习密切相关，通过主体的活动和实践获得。

当外部显性知识内化并成为个人的隐性知识的组成部分的时候，它就成为一种有价值的财富。当通过社会化过程与他人实现知识共享时，这种蓄积在个人头脑中的隐性知识又会引发新一轮的知识创新，这种循环是一个螺旋上升的过程。

知识创新是一个动态和连续的过程，也是隐性知识和显性知识相互转化的过程。这种过程是上述四种模式彼此交互使用的体现，而不仅仅是一种模式的应用。知识创新源自四种模式的相互作用，由此形成了知识创新的螺旋结构。这里要强调的是，上述四种模式相互转换的过程是一个螺旋上升过程。在知识创新螺旋中，显性知识与隐性知识的相互作用可以在知识转换网络中实现，由此形成了知识网络的基础。

数字信息技术，特别是大数据技术、人工智能技术和虚拟现实技术的发展为显性知识和隐性知识的转化提供了新的途径，从而使得基于互联网的显性知识与隐性知识的转化成为可能。因此，可以在此基础上实现显性知识网络与隐性知识网络的整合，进而构建一个面向用户的知识创新的显性知识与隐性知识转换的网络。

面向用户知识创新的显性知识与隐性知识转换网络是一个多维网络，这一网络结构能够实现显性知识与隐性知识的相互转换，进而实现知识的创造。

从图3-7可以看出，显性知识与隐性知识转换网络作为一个全方位的人—机网络，显性知识的节点除了可以与其他显性知识节点互联外，还可以与网络内的任何一个显性知识节点互连。这种相互连接的过程，包括了上述的显性和隐性知识转化的四个环节，即社会化、外化、内化以及结合。在知识转换网络中，转换的范围已由原来的局部扩展到社会，由最初的单个组织上的知识创新螺旋发展到联盟组织的知识创新螺旋，网络化的多知识创新螺旋主体既相互联系又相对独立。而诸多领域的知识创新螺旋共同构成了社会化的知识创新转化体系。

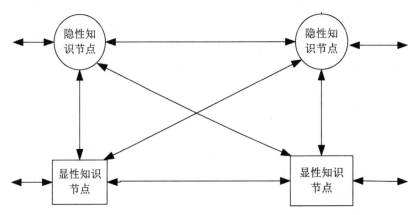

图 3-7 显性知识与隐性知识的转化网络逻辑图

显性知识与隐性知识转换网络的层次结构，实质上是一种知识管理结构，其模型如图 3-8 所示。

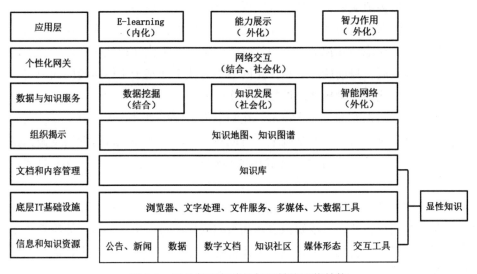

图 3-8 显性知识与隐性知识转换网络结构

体系结构中的底层处理显性知识资源，显性知识主要存在于文档或类型库中(如信息发布、交互记录、知识库等)。通过文档和内容管理系统进行知识库管理，需要底层的数据库管理系统和处理工具的支持。为了更方便地存取知识，可建立知识地图。知识地图建立在组织内部对知识进行分类的基础上，以此构建相互的知识关系。知识地图和知识可视化工具的应用，可以提供多种知识管理的服务，包括数据挖掘和知识发现服务、协作服务、专家网络服务等。为满足个性化需求，在服务的上一层是个性化网关，通过知识门户提供不同的入口。最上层是业务应用层，不同的入口提供不同的应用，如知识社区、管理智能、智力服务等。

从图 3-8 中还可以看出，显性知识的开发利用是知识创新的基础，只有提高显性知识的转化效率才能提高知识创新效益，这说明知识网络活动离不开显性知识网络的深层开发利用。就知识创新本质而论，知识创新过程是以新主体与显性知识共享为基础，以隐性知识交流为内容的创造活动过程，显然仅有显性知识网络是不够的，因此必须注重隐性知识的管理及其网络建设，同时还要注重显性知识与隐性知识转化网络的建设，进而实现整个创新知识水平的提升。

随着数字智能技术和知识处理技术的发展，面向显性知识与隐性知识转换的网络建设更多地应依赖新技术来实现，其技术应用包括：

用户隐性知识到隐性知识交互转化技术。网络技术的发展为知识交互提供了新的条件，在隐性知识的交互中依赖于网络的数字化知识社区和虚拟知识创新联盟得以发展，目前的问题是深化网络集群技术和基于主体体验的知识交互技术应用，以此为基础拓展隐性知识交换服务。

用户隐性知识发掘与显化技术。在知识创新中需要进行人、机交互，在数字化辅助科学研究与学习的基础上，将创新主体的隐性知识进行深层发掘，在本体环境中使之转化为可供社会利用的显性知识，以此出发进行技术的融合利用。

语义网环境下显性知识的映射和转化技术。知识创新的社会发展决定了知识的跨系统利用，然而系统知识表达和组织的异构却产生了创新主体跨系统支持利用的障碍，这就要求进行领域本体构建，在语义网环境下实现显性知识转化和共享。

知识组织中显性知识到隐性知识转化技术。信息化环境下的科学研究智能化是当前的发展主流，其智能化过程实际上是将已有的知识嵌入科学研究和学习环境的过程，这就要求在知识网络构建中发展知识识别、过滤、挖掘和嵌入技术，保证知识的内化利用。

3.4 用户体验与信息交互空间构建

信息交互是信息提供者与接受者之间相互传递和反馈信息的过程，包括用户与服务的交互、用户与用户的交互和用户与其他相关主体的交互。在交互过程中，用户体验在信息交流与利用中不仅具有主体认知上的行为驱动作用，而且是面向用户的交互服务组织依据，直接关系到信息交互中的价值转化和信息交互利用目标实现。

3.4.1 信息交互中的用户体验

智能化和大数据网络环境下的信息交互问题已成为人们关注的重点，良好的交互体验则是优化交互结构的重要关联因素。从信息交流与利用机制上看，用户交互目标的实现与信息体验具有必然的内在联系，体验的完整性、准确性和可信性决定了基本的目标实现。从面向用户交互需求的服务组织出发，Peter Morville 提出了用户体验蜂窝模型（见图 3-9）。

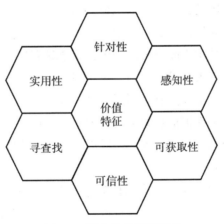

图 3-9 用户体验蜂窝模型

如图 3-9 所示，用户体验围绕价值展开，其价值体现表征为信息交互过程中的信息可信性、可获取性、感知性，在信息的交互利用中所具有的针对性、实用性和易查找等特征。围绕价值实现的用户体验从总体上决定了交互构架和信息交互的目标实现。

91

　　信息效用从总体上体现了信息用户交互的需求的价值实现，在于用户交互信息需求的满足，使之符合需求期望；可用性系指用户能否交互和利用可用信息，其中价值目标的实现，来源于效用和可用性保障，按效用+利用性=价值的关联关系，Peter Morville 和 James Melzer 从网络信息交互空间构建的角度提出用户体验的目标实现。如果从交互信息服务的角度来理解，该目标模型反映了用户对信息的交互途径、交互质量和信息价值等方面的基本要求。

　　任何用户在与网络或应用程序进行交互之前，都有确定的期望和目标，而这些期望又包含了那些能够满足用户信息交互需求的目标。换句话说，用户交互表示他期望达到的结果。目标的实现通过执行相应的交互任务来完成，为了完成这些任务，用户需要与网络、环境或应用程序进行围绕目标实现的交互，同时形成积极的体验。在实际过程中，用户期望于先前的体验以及信息交互的信誉度。当期望和用户感知相符时，会产生积极的体验；当其间发生冲突时，用户会产生消极的体验。用户的体验（积极的或消极的）必然会影响到用户是否愿意持续进行网络交互，网络的关键是否能够"黏住"用户，因此也称为"黏度"。积极的用户体验能够给网络交互带来良好的信誉，从而增强用户的回访意愿、满意度和口碑；消极的用户体验则带来不利的影响，降低用户的回访意愿、满意度和口碑。因此，为了获取积极的用户体验，信息交互中需要根据用户的期望设计出与其相适应的交互构架。

　　在数字网络智能技术不断发展的今天，构建具有良好的体验的网络交互空间无论对于组织或是个人都是必要的。对于用户来说，一方面互联网上的信息只有在充分交互的情况下才能有效利用；另一方面，在交互中错误信息的传播无法避免，从而导致了虚拟信息的扩展，因而在进行整体化信息构建设计中必须面对网络信息空间混乱问题。因此，应进行基于用户体验的信息交互空间有序构建，保障网络空间与用户体验安全。

　　网络用户体验设计存在两个方面问题，一是将其作为应用设计问题来对待，利用计算机技术来解决问题；二是将网络交互作为信息交互的社会化实现方式来对待，强调对其按需组建。在这两个方面问题的解决中应充分注重人的因素，全面考虑用户体验的作用。因此，基于用户体验的信息交互空间构建必须首先考虑用户体验的层次性。

　　信息交互空间构建必须充分考虑用户在交流信息、使用信息和发掘信息价值等方面的体验。首先，用户希望信息易于交流和找寻，同时有利于使用。如果体验与期望符合，用户便会考虑信息是否易于交流；在使用中，关注信息的价值如何，进而产生对网络交互的信任。在信息交互中，用户交互往往从低层次向高层次发展，因此需要保障与用户的交流互动，以通过多种方式来提高用户体验效果，以利于最终实现信息交互的价值。通过构建用户体验模型，可以说明用户体验的层次关系，如图 3-10 所示。

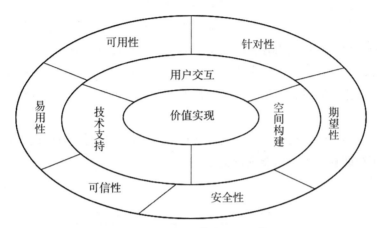

图 3-10　用户交互体验的层次模型

用户交互体验模型强调网络环境、内容和用户的协调。因为用户总是带有一定期望进入网络的，因此如何合理满足用户的期望，是信息交互构建首要考虑的问题。通过交互设计，可使用户易于发现信息、使用信息，并且不断通过技术整合各种资源，通过信息内容的挖掘获取所信任的信息资源和服务，从而实现网络交互的价值最大化。

3.4.2　基于用户体验的信息空间构建

与用户体验的层次性相对应，网络交互信息空间构建要求从用户和资源的角度进行考虑。在面向用户的服务中，因为用户往往把网络作为一种工具对待，利用它实现某种特定的信息交流和利用目标，因此，交互信息空间构建主要关心完成用户任务以及用户完成任务过程。在面向用户的交流服务中，信息空间构建关注网络信息交互方式以及信息交互对用户的实用价值。基于这一构想，我们提出面向用户体验的网络信息交互空间构建模型，如图 3-11 所示。

基于用户体验的信息构建模型从宏观要素出发，组合各种微观构成要素，以此建立综合的用户交互体验空间。

目标层关注用户交互需求和目标定位，是交互平台信息构建的基础。目标层既要考虑网络空间目标，又要界定用户群及信息流目标。同时，用户对象对交互平台设计应面对环境的影响和不同用户的需求，其技术实现方式应具有个性化差异。同时，对"使用方便"的理解，不同用户也具有不一样的使用特征。

范围层按目标层的目标进行了范围细分，确定交互平台所具有的特征和功能范畴，对各种信息的特征进行详细的描述，对交互平台的功能进行说明，从而有效地组织交互信息内容，以利于不同用户进行针对性信息交流。

结构层通过互动设计，定义系统如何响应用户，实现信息资源在交互平台中的布局安排。同时，根据交互平台目的确定所突出的内容，选择恰当技术手段更新服务内容。

框架层通过界面设计和组织设计合理安排界面，以易于理解的方式表达信息，使用户能够与系统功能进行交互。

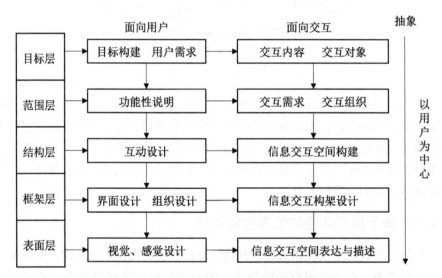

图 3-11 用户体验的信息交互空间构建

表面层要充分考虑用户所有的不同偏好、不同的工作环境和交互能力，必须充分理解用户的感觉系统，考虑信息交换和传递手段，通过合适的版块进行具体的信息内容和意境展现，应用合适的技术表现交互平台效果。对此，互联网技术为多方位、多层次，从平面到立体、从虚拟静态到动态地表现交互发展提供了保障。

信息交互模型中包含的三个基本对象是用户、系统和内容。用户借助自身的信息处理能力将意图转换成行动，并理解系统的输出和信息的展示。动态计算处理系统，利用智能信息处理能力解析命令，进行操作和反应。其中，内容或知识表达的是一系列经过逻辑处理的结果数据。在信息交互过程中，用户在信息框架中与系统进行交互，这种交互方式受到网络系统的内容管理和系统与用户交流能力的影响。只有系统、用户、内容三者相互协调时，才能最终达到用户的交互目标。

此外，用户、系统、内容也被视为一系列的双向交互：用户—系统交互，用户与系统双向的信息交流旨在实现用户与系统的沟通与互动；系统—内容交互，在于通过计算机处理系统提供相应的交互内容和交互设计界面；用户—内容交互，加工文本交互利用进行。这 3 种互动的抽象描述，如表 3-1 所示。

表 3-1　3 种互动的抽象描述

交互对象	交互设计
用户—系统	人机交互(Human-computer interaction)设计
系统—内容	交互菜单(Menu design)设计 超文本(Hypertext)交互设计 电子文本(Electronic Text)交互设计
用户—内容	文本理解(Text comprehension)设计 信息搜索(Information search)设计 信息浏览(Skimming)设计

信息交互在交互对象的共同作用下产生，如图 3-12 所示。其中，交互过程受到用户认知能力、内容语义结构以及系统特征的影响。就信息交互内容而言，包括信息构建和信息交互设计。图 3-12 中，用户、系统与内容的共同作用抽象地描绘了信息交互的实现过程。图中最底层部分为模型中的一个子集，信息目标的确定是一种认知过程，存在着交互中的目标结构优化问题。同样，信息交互的过程也受用户认知体验的影响。

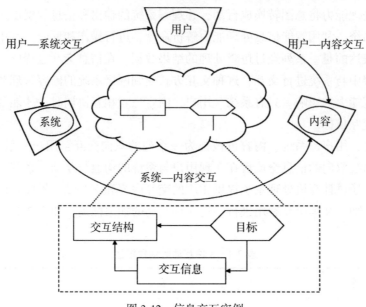

图 3-12　信息交互实例

用户、系统与内容的互动取决于信息交互空间的有效性。如果信息构建是有效的，用户就能很容易地认识到提炼的内容与用户自身认知结构的关联，否则就会出现可用性问题。下面我们从这 3 个双向交互中去考虑基于信息交互的构建框架。

用户—内容构建。这一层面强调交互信息的可用性、可识别性和可理解性，在于帮助用户理解信息内容，满足用户的信息交互需求。其中，交互信息的可理解性是指对内容的可认知性，而不是表面形式化的可观性和可读性。在这一层面上信息构建的任务就是如何说清楚信息交流中所包含的内容。需要指出的是，在信息交互中，用户需要按自己习惯的认知和表达方式进行交互描述和信息表达，Wurman 认为问题出在信息发源者的信息表达和阐释环节上。对此，信息接受者必须依据自身认知赋予其所接受的内容以实际意义。因此，信息交互空间构建也必须考虑用户体验实现问题。这是一个动态过程，包括用户体验的创建、用户体验的提升、用户体验的锁定，在于使用户—内容的交互始终处于一种改善的进程当中。最终是用户在特定环境下，能够以较少的时间进行信息交互的目标实现。

系统—内容构建。这一层面上的信息交互空间构建所要考虑的是组织系统和标识系统，包括概念标识，其理论基础是知识组织原理以及菜单设计。最基本的就是交互类目表，在明确大类和子类中，按等级排序，使其拥有相同的属性特征。菜单设计宜按照不同的方法进行，例如以比较正规的组织结构，按个人兴趣、功能方式、空间方位编制。另外，交互框架可以是按等级排列或按树形结构组织的，或按循环/非循环网络来提供多种平行的途径去访问同一内容。在设计标识系统时，要注意关注交互网络构成，在信息构建设计中确定主流模式。

用户—系统构建。这一层面强调人机交互和界面设计。信息交互构建不仅是一门科学，更是一门艺术，在为用户提供理性认知交互空间外，更要强调用户的感性认知，多模态和人工智能的发展使得这一问题得到进一步改进（特别是信息是非线性的，链接系统可以使用户从一个节点跳到另一个节点）。在多模态信息交互中可以方便地进行多种交互转化；另外，智能技术的应用同时为多模态信息交互提供了基本的实现工具。

网络信息交互中，每个用户作为平等的主体而存在，他们的行为是一种准双向的行为。可以说，交互网络就是以用户为核心的互联网，它把人的作用提高到前所未有的高度，从简单的网络信息的传播，演变为一对一、一对多和可协同的交互传播。网络信息交互的推进是多方面的，包括基于群间交互的服务、基于个人交互的服务、实时交互的 P2P 技术应用和基于延时交互的 RSS 等。

基于群间交互的维基服务。维基（Wiki）按其创始人 Ward Cunningham 的表述，是一种超文本系统，这种超文本系统支持面向社群的协作式写作，同时也包括辅助工具。在 Wiki 的页面上每个人都可以浏览、创建、更改文本，系统可以对不同版本内容进行有效控制和管理，所有的修改记录都可以保存下来，不但事后可以查验，也能追踪恢复到本来面目。这就意味着每一个人都可以方便的对共同的主题进行写作、修改、扩展甚至探讨。维基创建的最初意图是建立一个知识库工具，其目的是方便社群的交流。随后，网上也相继出现了许多网站和软件系统，如维基百科（Wikipedia）等。维基百科是一个基于 Wiki 和 GNU 自由文档许可证（GNUFDL，GNU Free Documentation License）的百科全书网站系统，致力于创建内容开放的百科全书。维基通过文本数据库或者关系数据库实现版本控制，因此可以随时找回以前的数据并进行对比。版本控制使多人协作成为可能，既可以保护内容不会丢失，又可以让用户修改和删除信息。这一情景下，任何人都可以编辑网页，在每个正常显示的页面下方都有一个"编辑"按钮，点击这个按钮即可编辑页面。为了维护网站的正确性，维基在技术上和运行规则上做了相应的规范，既做到了向大众公开的原则，又尽量降低众多参与者带来的风险。随后，这一交互服务发展迅速并不断演化，从而形成了包括百度等在内的多样化交互服务内容。

在用户信息发布与网络交互中，基于用户个人交互的博客服务产生、发展和演化具有实践上的意义。博客是一种内容按时间顺序排列并且不断更新的发布方式。用户可以把自己的生活体验、照片视频等按照时间顺序输入博客中，与他人分享。博客现象始于 1998 年，早在 2000 年便开始流行起来。博客的应用在虚拟社会中展示出极强的生命力。博客技术已应用于各种场合，个人用户利用博客技术进行网络交流、内容管理和信息发布。在交互式信息服务中，博客促进了互联网上系统间的协作，如基于 RSS 标准上的内容同步、内容优化与重组、基于 Ping、TrackBack 的跨系统通信和基于 Blog API 的跨系统协作等。这些系统间协作方式使网络拓扑结构从基于页面超级链接形成的关系网，转变为广泛的协作关系网络。创作技术允许逆时序进行内容组织，同时嵌入各种多媒体符号。博客日志通过自动化工具提交后，在页面上按照日志撰写的时间顺序依次排列，最新的日志置于页面顶端。博客主页的首页面上都有日历显示，每个日志上都有明确的时间标记。在后台管理平台上，博客对主页内容拥有全面的控制，包括对流量统计数据的监控、页面风格的选择控制、内容的编辑和调整、评论的删除和回复、引用通告的查看、主页的内容分类等。通常，博客工具能够支持文字、图片、视频、音频等多种传播符号，多媒体符号系统为充分展示博客的兴趣和个性提供了广阔的施展空间。互动技术的应用，旨在建立独特的参考和回应机制，使博客主页具有独特的参考和回馈功能，其中评论链接和引用通告功能不仅是文本的延伸，而且可以带动用户的互动，发挥社会中介作用。借助 Tag 技术，博客实现了基于用户分类的内容整合，RSS 工具则通过聚合大量博客主页，为速览博客的更新信息提供了有效的手段。尽管 Tag 和 RSS 服务为博客内容的归类、浏览的便利创造了条件，但对整体博客圈和互联网上庞大的信息生产群落而言，其内容的筛选和提炼是个浩繁的工程，正式这种需要催生了博客搜索等各种服务的开展。

实时交互的 P2P 技术实现。P2P 称为对等网或点对点技术。网站与浏览器之间的沟通，采用的是 HTTP 的标准协议，而"Peer to Peer"技术架构将形成一个全球标准的协议，对于搜索网络信息的用户而言，其查询到的是存在于互联网上的信息。对于面向用户的网络服务而言，主要有如下应用：即时通信使两个或多个用户可以进行快速、直接的交流，能够让用户体验更具个性特色的交互性；实现文件共享，下载和上传文件不必通过中央服务器，或者中央服务器只起辅助作用，如 Napster、BT、eDonkey、OpenExt、百度下吧、Reallink 等。在协同工作中，使用 P2P 技术，可以建立一个安全的企业级协同工作平台，提供互动的供求信息，帮助用户进行渠道维护。在对等计算中，可连接分布设施进行协同计算，完成超计算量的工作。P2P 网络上可将存储对象分散化而不必存放于专用服务器上，从而减轻了服务器负担，增加了数据的可靠性和传输速率。P2P 技术改变了互联网中"内容"所在位置，内容正在从"中心"走向"边缘"；同时，内容不再是只存在于几个主要的服务器上，而是存在于所有用户的个人设备上。首先，客户不再需要将文件上传到服务器，而且需要将共享信息发布出去；其次，运行 P2P 的个人电脑不需要固定 IP 地址和永久的互联网连接，由此改变了控制互联网的客户机/服务器模式。RSS 是一种用于共享标题和其他 Web 内容的 XML 格式，作为一种重要的"推送"技术，虽然不同规范定义的结构不尽一致，但是所包含的核心信息和技术实质却基本相同。通过 RSS，可以看到用户需要打开多个浏览器窗口，进入不同的门户网站，再从这些网站寻找感兴趣的标题，点击相应链接阅览标题中涵盖的内容。与此同时，用户可以在聚合站点或 RSS 阅读器中有针对性的获取自己感兴趣的信息源。这种方式简单易用，可获取即时信息。

4　面向用户交互的信息控制与内容揭示

大数据与智能环境下，多形态信息的实时交互和基于全球互联的跨域流通，不仅存在着不同类数据的交换和基于内容发掘的有序化组织问题，而且提出了面向用户认知的描述和揭示要求。从更高层面看，使其符合共识性公共认知要求，在于方便面向用户的认知转化。与此同时，充分利用数字化信息组织技术对信息资源进行多维揭示。

4.1　信息控制与内容揭示的实践与理论发展

虽然用户信息需求具有确定性，然而又存在环境影响的随机性。信息的自然产生造成了社会信息量的堆积。对于信息的自然老化及在信息系统中表现的量的增长和紊乱程度的加剧，人们引进了热力学中的"熵"的概念来描述这一现象。大数据环境下，面对信息熵的加大，用户利用信息将经受来自多方面的挑战。如果不对信息资源流通过程及其相关活动进行有效控制，势必导致人类信息利用效率的下降，这就提出了信息内容揭示的适应性变革问题。

4.1.1　信息资源控制中的内容描述与揭示

为了维持或提高用户信息资源的利用率，保证用户对信息的正常使用，必须对信息资源进行全面控制，使信息资源流通与利用有序化。控制的基本含义不仅仅局限于信息资源客体本身，它包括了以信息资源为中心的过程控制，其主要内容有：信息资源客体控制（简称信息资源控制）、信息资源过程控制、信息系统与工作控制、信息用户及其活动控制。其中，对信息资源客体控制是基本的。

信息资源控制通过信息内容的有序化组织来实现，它包括用户使用信息时对信息资源的自然有序化和对信息资源加工有序化两个方面。自然有序化伴随信息交流与利用者的思维过程,表现为用户对信息资源的自然选择、排序、评价、吸收等过程。在这一信息控制中,其有序化标准是复杂的,用户的个体差异决定了按认知结构、信息需求、信息价值等方面特性对信息资源进行有序化的构架。然而,社会发展的不同时期,信息资源加工有序化有着不同的内容,存在着多种有序化方式。

信息资源过程控制包括信息资源产生过程的控制、交流与流通过程控制、加工过程控制和利用过程控制。从宏观上看,过程控制的结果关系到信息服务的优化;从微观上看,过程控制的效果又直接影响着实际效益的产生。

信息组织对象和方式的多样化,是信息服务组织面临的现实问题。数字环境下,信息组织的对象为多种格式和形式的数字信息,而信息组织的结果又需要呈现给具有个性需求的利用者,因此需要进行面向用户的可实时交互组织构架支持。

信息组织方法的多样化,是信息内容揭示中的重要问题。传统的信息组织大都采用统一的方式,将分散的杂乱的信息经过整序、存储,使之成为一个便于有效利用的资源系统。这种信息组织的目标是按统一的规范在系统内来揭示信息内容,以便于用户获取和利用。大数据网络环境下,用户交互信息无处不在、数量庞大、类型繁杂,虽集中于网络上,即使通过多途径全面搜索也只能找到其中的一部分。这是因为信息的产生,不需要中间环节就可以在网上进行,因此需要改变以资源为中心的信息组织模式,而采用面向用户的信息组织与内容揭示方式。此外,大数据网络世界的信息组织除了考虑信息管理的科学有序外,还要承载更多的内涵,比如用户的参与和交互、大众的可接受性和个人倾向等。

事实上,由于网络数据来源以及信息组织的对象已发生了根本性变化,大数据网络环境下的信息组织理应对分散在网络上的信息进行多种形式的处理,以实现分布式资源的深层次描述与揭示目标。

尽管网络信息资源具有不同于传统信息资源的特点,但信息资源组织方法和原理却具有一致性,其共同之处是借助一定符号系统实现信息的有序化。信息有序化方法大致包括:语言信息序化法(如号码法、时序法等)、语义信息序化法(如实物、图表、概念等)和语用信息序化法(如权值法、逻辑排序法等)。同时,结合网络信息资源开发的内容,可以将网络信息资源组织方式归纳为超文本方式、搜索引擎的方式、索引库方式、元数据方式和编目方式等。从结构上看,网络信息资源组织可划分为 3 个层次,即网上一次信息、二次信息和三次信息的组织。其中，网上一次信息的组织方式主要有文件方式、超媒体方式、数据库方式，二次信息的组织方式主要有搜索引擎、主题树、编目方式等，三次信息组织主要是以超文本方式，辅助用户掌握并利用网络工具。

根据互联网的技术、数字信息资源特征以及用户对网络信息资源交互与利用需求，网络信息资源组织与内容揭示应立足于数据资源有序化和多模态信息的文本数据提取。

以文本方式组织的数字信息主要有文档文件、图像文件、音频文件、视频文件等；其关键问题是对文本内容的描述和提炼，以形成有序化的数据库管理结构。

网络信息资源以固定的记录格式存储，同时提供相应的入口和信息线索，以便利用超级链接功能进行面向用户的信息集成。这种组织方式利用数据模型对信息进行规范化处理，利用关系代数进行数据查询的优化，从而提高数据的可操作性，因而已成为一种被广泛使用的网络信息资源组织方式。

利用关系数据库组织网络信息资源具有如下优势：数据库技术利用数据对信息进行规范化处理，利用关系代数进行信息查询的优化，从而大大提高信息内容管理效率。在组织中，数据的最小存取单元是信息项（字段），因而可根据用户需求灵活改变结果集合的大小，从而降低网络数据传输的负载；形成了完整的系统分析、设计与实施框架，为建立网络信息系统提供了基本的框架模型。因此，数据库方式是普遍使用的网络信息资源组织方式。

在大数据网络智能化发展背景下，非结构化信息的组织和关联模型的拓展应用是值得关注的重要问题。主要包括：对非结构化的不同形态和来源的信息，其日益增多的多媒体内容、表格程序及大文本处理有待完善；随着网络数据单元的结构日益复杂，应深化复杂数据对象语义揭示内容；关系数据库系统集合形式的出现，应利用应用程序进行适当处理；信息应以直观的方式提供给用户，应在信息组织单元的细化和信息单元关联揭示上进一步深化和拓展。

从总体上看，数字信息资源内容描述、揭示和控制在文本信息内容揭示基础上发展。计算机技术和通信技术的进步为文本控制提供了通用工具，引起了文本控制系统的变革。大数据与智能环境下，有必要进行信息组织与内容揭示体系重构，确立面向用户的信息单元及其关联揭示与控制构架。

从整体上看，信息控制方式可归纳为外部描述控制和内容特征控制两类。外部描述控制通过文本外表特征的揭示将信息内容有序化，以达到内容控制的目的。文本内容控制远比外部描述控制复杂，这是一种通过文本数据单元揭示所进行的内容控制，是信息控制的主体和核心。

4.1.2 基于信息内容揭示的资源控制深化

大数据与智能时代，数据的指数增长、知识的微分化和积分化导致信息无序状态的加剧，造成了用户利用知识信息的困难。与此同时，"互联网+"服务发展又迫使人们面对范围更广、起点更高的深层次数据资源组织问题。与社会的信息利用模式相对应，数字信息服务开始进入以提供知识和智能为主的发展阶段。此外，计算机技术和远程数据处理技术的发展，使面向过程的信息提取、组织、加工和利用得以实现。基于信息内容揭示的资源控制体现在以下方面的深化和发展上。

（1）控制内容的单元化

信息内涵知识的丰富，从应用角度和知识产生角度看，并非如布鲁克斯所描述的静态结构，而具有动态结构作用特征。从知识的性质上看，文本单元相对静止，而知识单元是动态衍变的，信息内容不仅包含了诸多知识单元，体现了知识单元之间的各种联系，而且反映了知识处理、加工和演化。对于使用者来说，提出了基于动态知识结构的信息揭示要求。事实上，用户利用信息并不限于某一时间段的知识或数据获取，而是实现基于认知的信息交互，从中得到启示。对于这种知识过程的揭示，任何静态控制方式都显得无能为力，其问题的解决必然求助于新的模式。

迅速普及的智能化数字技术使任意层次的信息元素、知识单元和数据内容以机器可识别和可理解的方式被定义、描述、指向、链接、传递和实时组织。因此，信息资源内容揭示的对象已不再停留在信息特征的描述上，而是深入知识单元，信息资源内容揭示的深度和广度由此而发生改变。通过多层次、多方位的描述与控制信息资源，可以实时地进行知识的交互流通和利用。当前，信息资源控制的内容已从整体控制向知识单元及其数据组织控制延拓，因信息产生、老化和利用周期缩短，最新信息控制已成为信息资源控制的重点。同时，语义智能技术的发展及其在信息资源组织与控制中的应用，带来了信息揭示与组织工具的变革，从而重构了知识组织控制体系。这一情景下，信息组织因此从物理层次上的单元上升到认知层次上的单元，从单纯的语法处理（主题法、分类法）转变为语义处理（如专家系统、语义网络表示），从语义处理向"模拟个体认知记忆结构"的语用处理方向发展。其中，知识组织消除含混性和歧义性外，其传递语义可以更好地为用户提供易于理解和准确无误的语用服务。

（2）控制方法的集成化

在信息资源内容控制中，分类法和主题法（包括由此派生的关键词法、叙词法和元词法等)是信息资源控制通用的方法,其要点是按一定的知识处理规则将信息内容有序化。分类法在揭示信息内容上,虽然具有较强的系统性,但缺乏应有的灵活性和揭示深度;主题法从某种程度上弥补了分类法的缺陷,却显得系统性不够。当前,知识领域愈来愈细、愈来愈专,同时任何一个专门领域又必然涉及多方面的知识门类。这一现实便是信息内容的高度专门化与高度综合化并存。面对知识产生和交互作用的变化,无论是分类法还是主题法,分别用于控制信息资源的效果必然会受到限制。

传统控制的局限性表明,在信息资源内容控制中必须求助于普遍适用的数字化控制理论。信息资源的充分开发和利用,为信息资源控制理论和方法的发展和完善奠定了实践基础,数字信息技术和网络技术的发展,为信息资源的集成控制提供了必要的技术条件。

在以认知为核心的语义处理基础上,信息资源内容控制方法不再局限于分类法和主题规则,而是出现了能够更好适应数字环境的知识组织工具,其中包括概念地图(concept map)、语义网络(semantic network)、实用聚类等。语义技术在信息资源内容控制中的应用,为信息资源控制提供了新的组织方式和方法,基于信息内容揭示的资源控制方法必将随着信息资源揭示与组织的发展而不断深化和拓展,大数据网络环境下信息资源的控制必然是多种方法的结合使用。

(3)控制主体的多样化

在信息资源的内容控制中,无论是分类法、主题法(包括关键词法、单元词法、叙词法等),还是用于数字资源描述与揭示的元数据,大多有专门人员制定和标引。大数据交互网络环境下,信息资源的数字存储和网络获取已成为人们利用信息资源的主流方式,信息资源的控制对象也随之扩展到不同层次的用户交互信息组织之中,基于信息内容揭示的资源控制因此而呈现出开放性、共享性、交互性的特点,体现在专业化与社会化并存的发展上。对此,我们通过元数据和大众分类的对比分析,说明信息资源控制的专业化和社会化发展机制。

2005年,大众分类法(Folksonomy)作为一种由用户参与和主导的信息资源组织控制方式,在Yahoo!等门户网站流行,与长尾(The Long Tail)、简单信息同步(RSS),博客(Blog)、异步JavaScript、XML(Ajax)和播客(Podcast)共同构成互联网的核心要素。大众分类法是用户通过标签(Tag)对所需信息资源内容的标识和分类,以此出发与他人共享标签结果。这种方式改变了信息资源控制预先确定规则的形式,由用户自由选择关键词来分类描述信息内容。

作为网络环境下数字化信息资源的控制的一种基本方式,如果说元数据是"关于数据的数据"(Data about Data),那么大众分类法就是"关于数据的标签"(Tag about Data)。二者的出发点都是组织信息以便于用户的使用,前者是通过标准化推行的,后者则更多依赖大众参与和交互。随着互联网信息内容的变化,信息类型的日益复杂化,任何标准不但有滞后的问题,而且存在应用中的风险。对于大众分类法而言,虽然也存在滥用风险,但在使用和控制方面比元数据要便捷,加上它面向互联网大众,因而具有简单易用的特点。因此,大众分类法具有智能环境下的人机交互发展前景。

如图 4-1 所示,在元数据标准化控制和用户标签自由化控制中,"元数据"通常采用结构化、规范化或标准化的方式对"数字资源"进行标识,并不由使用者自己进行标识。应用中,已有标识"数字资源"的元数据规范标准有 Dublin Core、LOM 等,皆由专业机构制定。然而,由于元数据种类繁多,相互之间如果缺乏有效的互操作机制,一定程度上必然阻碍了元数据的应用。与此同时,Tag 标签则是由用户根据用户个人需要在汇聚数字资源过程中提交,同时对数字资源加以个性化的标识说明;因而,"Tag 标签"是在应用过程中不

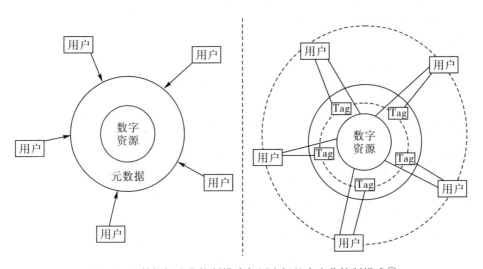

图 4-1 元数据标准化控制模式与用户标签自由化控制模式①

---

① 庄秀丽. "Tag 标签"互联应用 [2021-05-10]. http://www.kmcenter.org/ArticleShow. asp? ArticleID = 4265.

断生成、优化的结果，而非采用预设的结构模式。基于标签的大众分类法降低了信息资源控制的使用门槛，而对其存在不够精确、冗余标签的处理及应用，应予以全面完善。

事实上，在元数据标准化控制模式和用户标签控制模式中，"用户"应用的社会互联效应不尽相同。在"用户 Tag 标签模式"中，用户不仅是信息资源的使用者，同时也是信息内容的汇聚者，在应用标签的过程中，用户之间可以方便地进行交互并确立共享关系。

无论是元数据，还是基于 Tag 的大众分类法都未能从全局上解决信息资源的组织控制问题，从某种程度上看，大众分类法提供了新的视角，用户的参与对信息资源控制的影响，则应寻求更深层次的知识描述的映射关系。

（4）控制技术的智能化

信息资源内容揭示以知识单元和数据（各种事实、概念、数值的总和等）单元为基础，对其内容描述限于静态的列举式表征。对此，需要在信息资源内容控制中以智能系统为基础，使之具有动态联系的判断、分析、比较和推理，从而实现面向用户的知识处理与组织目标。

要解决信息资源智能化揭示与控制的困难，首先是将信息按认知程序要求进行排列和多方面处理；其次是对信息单元的显示，以及提高知识识别中人工智能处置的水平。尽管智能化信息揭示与控制系统的实现存在一定的障碍，然而在现实应用中发展迅速。

当代人工智能技术的发展为信息资源的动态结构揭示和智能化控制提供了支持。当前不断发展的智能系统被称为体外大脑，其中的知识库相当于人脑的知识存储结构库，是知识组织的必要条件，其推理机构类似于人脑的思维活动机制，智能系统对输入知识的处理和判断可以类比人对知识的处理过程。基于这一事实，如果向系统输入信息单元，且提出显示单元组织和推理的要求，则系统可以显示推理和思维信息，而这正是所需的动态信息描述。智能系统可以方便地使信息揭示与内容控制融为一体，除提供动态交互信息外，还可以在更广的范围内进行信息组织与处理，将反映相关知识的信息进行有机结合，从而取得高层次信息。应该说，这是信息资源控制工作的一场变革。当前，这一应用处于进一步发展之中，在某些方面有待进一步完善。

人工智能和信息推送等技术促进了信息内容的挖掘与深层次揭示，以更好地满足不同用户的信息需求，提供个性化的信息服务。从信息中采掘知识，再将知识转变为深层次数据和智慧的实现过程，体现了信息资源控制深化的发展方向。这一发展的目的是向用户提供便于利用、可以帮助解决问题的序化处理智能工具，实现从信息层次向知识层次的转变。

4.2 信息资源控制中的知识描述与揭示

随着社会发展，人们对信息资源控制质量提出了越来越高的要求，信息资源控制的传统方式正受到来自各方面的挑战。传统分类法和主题法中的知识揭示方式的局限性显得十分突出，表现为难以适应信息内涵的全面揭示和以知识单元为基础的智能组织需要。这一情况表明，研究新的信息资源控制方式已成为关系信息资源交互利用的关键问题。事实上，信息智能化处理技术的发展，使基于信息资源内涵的单元描述与揭示成为可能。

4.2.1 知识描述的基本方式

知识的描述与揭示是知识获取和利用的基础，只有采用恰当的形式进行知识描述才能将客观世界的知识进行有效展示。在知识描述中，同一知识可以有不同的描述表达方式，不同的表示形式会产生不同的效果。

一般地，知识的描述表示模式为：$K = F + R + C$

其中：K 为表示知识项(Knowledge Items)，可分解为若干部分；F 表示事实(Facts)，指人们对客观世界和世界的状态属性和特征的描述；R 表示规则(Rules)，指能表达知识结构与关联关系的一种形式；C 表示概念(Concepts)，指事实含义、规则语义说明等。

为了把知识项(事实、规则和概念)明白无误地用机器所能接受的方式表示出来，必须建立一组利于知识编码的数据结构，将其在计算机中存储起来。一旦计算机以适当的方式使用这些知识，就会产生智能行为。

知识描述的方法多样，主要有谓词逻辑表示法、产生式知识表示法、框架表示法、语义网络表示法、面向对象表示法等。这些表示方法各有特点，各具优势。只有根据求解问题的性质灵活地选用合适的知识表示方法，才能使信息内容控制有效，因此知识的描述方法往往是多种表示方法的组合。

(1)谓词逻辑表示法

谓词逻辑表示法是一种基于形式逻辑(Formal Logic)的知识表示方式，即利用逻辑公式描述对象、性质、状况和关系，例如：

"宇宙飞船在轨道上"可以描述成：$In(spaceship, orbit)$。

"所有学生都必须通过考试才能毕业"可以描述为：$\forall x (student(x) \wedge$

$passed(x) \rightarrow graduate(x))$。

基于形式逻辑的知识表示是较早采用的知识表示方法。该方法简单、自然、灵活、模块化程度高，结构比较完整，表达明确；同关系数据库一样，能够采用数学演绎的方式进行推理和证明。因此，在知识库系统及其他智能系统中该方式得到了广泛应用。在这一方法中，知识库可以看成一组逻辑公式的集合，知识库的修改是增加或删除逻辑公式。与此同时，使用逻辑法表示知识，需将以自然语言描述的知识通过引入谓词、函数来进行形式上的描述，以获得有关的逻辑表达式，进而以机器内部代码表示。

谓词逻辑表示法的缺点是表达的知识主要是浅层知识，不宜表达知识推理过程和启发式知识，且难以管理，其证明往往限于其中的逻辑关系。

（2）产生式知识表示法

产生式知识表示法是依据用户认知记忆模式中的各种知识模块之间存在的因果关系，利用"IF‐THEN"产生式规则来表示知识的方法。由于这种知识表示方法接近人类思维及交互方式，因而可捕获用户求解问题的思维特征。在知识表示中，通过认知循环的问题求解，可应用于不同的知识领域。

产生式知识表示的基本形式为：$P \rightarrow Q$ 或者 IF P THEN Q

其中：P 部分成为前件，Q 部分成为后件。前件部分通常是事实抽取与解析，而后件通常是某一事实的表达。如果考虑不确定性，则需要附加可信度量值。

产生式的语义可以解释为，如果前件满足，则可以得到后件的结论或执行后件的相应结果，即后件由前件触发，触发产生结果。另外，一个产生式生成的结论可以作为另一个产生式的前提或语言变量使用，因此可进一步构成产生式系统结果。例如：地上有雪——→汽车带防滑链；发烧∧呕吐∧出现黄疸——→肝炎，可信度 0.7 等。

对于自然界存在的信息而言，各种知识单元中存在着必然的因果关系，由于这些因果关系可转化为前件和后件，因而采用产生式知识表示法比较方便。产生式知识表示方法的突出优点是与规则性知识判断相吻合且直观，同时便于推理。另外，规则之间相互独立，且具有模块化组合优势。因此，产生式知识表示方法是目前智能系统普选的知识表示方式之一。例如，用于测定分子结构的 DENDRAL 系统、用于诊断脑膜炎和血液病毒感染的 MYCIN 系统以及用于矿藏探测的 PROSPECTOR 系统等，都是用这种方法进行知识表示和推理的。然而，产生式知识表示法在不确定性推理方面存在需要进一步解决的问题。

在应用中，如果将一组产生式规则放在一起，让其相互匹配，协同工作，一个产生式的结论便可以供给另一个产生规则作为前件使用，以这种方式求解的系统就称为产生式系统。一个一般的产生式系统如图 4-2 所示，整个系统由知识库和推理机组成，而知识库又由数据库和规则库组成。

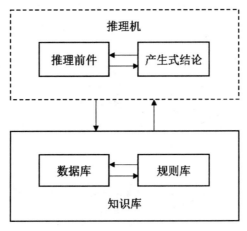

图 4-2　产生式系统结构

(3)语义网络表示法

语义网络表示法是一种用带标记的有向图来描述知识的形式。语义网络出于联想记忆中的认知而构建，由具有有向图表示的三元组(节点 1，弧，节点 2)连接而成。节点表示各种事物、概念、对象、实体、事件等，带标记的有向弧线表示所连接节点之间的特定关系。图 4-3 给出了一个语义网络的简单例子，其内容是"职员 John 拳击经理 Tom"。

图 4-3 中，客体节点间存在的成员(个体)和事件包含(类、子类、子子类……)关系，分别用 EL(Element)和"ISA"标志边来表达：

John 是一个职员表示为：John $\xrightarrow{\text{EL}}$ 职员；

职员是人的一部分表示为：职员 $\xrightarrow{\text{ISA}}$ 人。

语义网络中各概念之间的关系，除 ISA(表示"具体—抽象"关系)外，还包括 PART-Of(表示"整体-构件"关系)、IS(表示一个接点是另一个节点的属性)、HAVE(表示"占有、具有"关系)、BEFORE/AFTER/AT(表示事物间的次序关系)、LOCATED ON(表示事物间的位置关系)等谓词表示。

在语义网络中，程序可以从任何节点出发，沿着弧到达相关联的节点，还可继续沿弧到达更远的节点。采用这种方法表示事件自然，类似于人的联想记忆。但是，鉴于每个节点连接多条弧，当我们从开始节点出发后，如果没有相

109

应的搜索规则指引，就会容易陷入无序连接而无解。

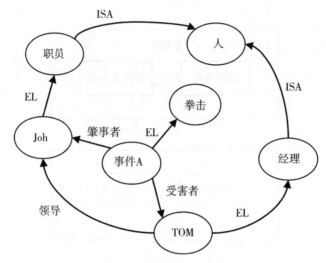

图4-3 语义网络中的事件描述示意图

（4）框架表示法

框架表示法是一种知识结构化展示方法，在于按知识单元结构进行知识的关联展示。最早由 Minsky 提出，旨在将知识表示成高度模块化的结构，此后，在语义表示中不断深化和拓展。框架表示法从关系显示出发，首先把与某个实体或实体集的相关特征集中在一起，利用框架把事件的内部结构关系以及事件之间的关联关系表示出来。

框架由框架名和一些槽组成，每个槽可以拥有若干个侧面，而每个侧面可以拥有若干个值。这些内容可以根据具体问题的具体需要来取舍。一个框架的结构如下：

<框架名>

<槽 1>　　<侧面 11>　< 值 111>……

　　　　　<侧面 12>　<值 121>……

<槽 2>　　<侧面 21>　<值 211>……

　　　　　……　……

<槽 n>　　<侧面 n1>　<值 n11 >……

为了从不同的角度来描述事物对象，可以对不同角度的视图分别建立框架，然后再把它们联系起来组成一个框架系统。框架系统中由一个框架到另一

110

个框架的转换可以表示状态的变化、推理或其他关系。不同的框架可以共享同一个槽值，这种方法可以把不同角度搜集起来的事件信息有效地协调起来。

框架系统和语义网路知识表示的不同之处在于，语义网络注重表示知识对象之间的语义关系，而框架表示法更强调对象的内部结构。由于节点(框架)集中了概念或个体的所有属性描述和关系描述，同时可以用槽作为索引，所以这两种方法在知识库检索时具有较高的效率。但是由于这两种结构化的知识表示方式在刻画真值理论方面过于自由化，容易引起二义性，而且由于结构化表示的复杂性，知识库维护因而需要付出更高代价。

(5)面向对象表示法

一般说来，采用面向对象的类或对象表示知识，都可以称为面向对象表示法。鉴于面向对象的专指性、封装性、继承性和多态性，以抽象数据类型为基础，可以方便地描述复杂知识对象的静态特征和动态行为。

面向对象表示法的一个重要特性是继承性。超类的知识可以被子类所共享，超类的确定以各个子类的公共属性为依托。因此在建立子类对象时，只需表达子类的特殊属性和处理方法。知识对象则可以按超类、子类、实例的关系形成 ISA 层次结构，复杂的知识类因而可以由此而简化。

实质上，面向对象表示法是将多种单一的知识表达方法(规则、框架和过程等)按照面向对象的程序规则组成一种混合知识的表达形式，即以对象为中心，将对象的属性、动态行为、领域知识和处理方法等"封装"在表达对象的结构中。这种方法将对象概念和对象性质结合在一起，符合用户对领域对象的认知模式。面向对象的知识表示方法封装性好、层次性强、模块化程度高，有很强的表达能力，适用于解决不确定性问题。

4.2.2 知识描述与揭示的发展

随着互联网与智能技术的发展，语义互联网(semantic Web)正逐渐成为一个巨大的交互知识库。这个知识库为满足人们浏览信息的需要，必须通过标准的语义规范使计算机自动读取和处理信息，因此需要寻找新的、适合于知识描述和揭示的方法，以便为服务的智能共享提供基础，并使数字网络能够提供动态的主动性服务。

语义互联网环境下，知识描述与揭示的主要技术有：可扩展标记语言(XML)、资源描述模型(RDF/RDF Schema)、主题图和概念本体(Ontology)等。

(1)基于 XML 的知识描述与揭示

可扩展标记语言(eXtensible Markup Language，XML)是 SGML 的一个简化

子集，它将 SGML 的功能和 HTML 的易用结合到应用之中，以一种开放的自我描述方式定义数据结构，在描述数据内容的同时突出对结构的描述，从而体现数据之间的关系。XML 既是一种语义、结构化标记语言，又是一种元标记语言。XML 主要包括 3 个元素：DTD(Document Type Definition，文档定义)/Schema(模式)、XSL(eXtensible Stylesheet Language，可扩展样式语言)和 XLink(eXtensible eLink Language，可扩展链接语言)。DTD 规定了 XML 文件的逻辑结构，定义了 XML 文件中的元素、元素的属性以及元素与元素属性的关系；XML 通过其标准的 DTD/Schema 定义方式，允许所有能够解读 XML 语句的系统辨识用 XML-DTD/Schema 定义的文档格式，从而解决对不同格式的释读问题。XSL 定义了 XML 的表现方式，使得数据内容与数据的表现方式独立；XLink 是 XML 关于超链接的规范，XLink 可以把一个节点和多个节点相联系，即实现一对多和多对多的对应，进一步扩展了 Web 上已有的简单链接。XLink 使得 XML 能够直接描述各种图结构。这样由 XML 所表示的属性和语义再加上 XLink，就可以完整地描述任何语义网络。由此可见，XML 提供了一种统一的形式来描述逻辑、产生式、框架、对象等多种类型的知识表示方法，这样就能够把不同类型的知识融合在一个完整的知识库中。

　　XML 为计算机提供可分辨的标记，定义了每一部分数据的内在含义。脚本(或者说程序)可以利用这些标签来获取信息，XML 以一种开放的自我描述方式对信息模式进行定义、标记、解析、解释和交换。XML 允许使用者在他们的文档中插入任意的结构，而不必说明这些结构的含义，还允许用户自定义基于信息描述、体现逻辑关系的"有效的"标记。XML 使用非专有的格式，独立于平台，具有较强的易读性、易检索和清晰的语义性，通过它不仅能创建文字和图形，而且还能创建文档类型的多层次结构、文档相关关系、数据树、元数据超链接和样式表等，可实现多个应用程序的共享。

　　XML 最重要的特点是能够用结构化方式表示数据的语义，所以利用 XML 能改善信息资源的控制效率。例如，一位用户输入检索词：莎士比亚，他有可能是查询莎士比亚的作品，也有可能是查询关于莎士比亚的研究论文。如果他能确定如下的表达：< Creator >莎士比亚</Creator>；< Subject >莎士比亚</Subject>，文档就能够用模式来分类，即采用 XML 文档模式确认其结构和意图。这样，便可以将搜索范围限定在与特定模式或感兴趣的模式匹配的文档上，从而使检索结果更加准确。

　　(2)基于 RDF 的知识描述与揭示

　　资源描述模型(Resource Description Framework，RDF)，是为描述元数据而

开发的一种 XML 应用，适用于对元数据结构和语义的描述。RDF 提供一个支持 XML 数据交换的主、动、宾三元结构，解决如何采用 XML 标准语法无二义性地描述资源对象的问题，使所描述的资源的元数据信息成为机器可理解的信息。RDF 通过资源—属性—值的三元组来描述特定资源，包括有序对表示、图形表示和 XML 文件表示三种方式。RDF 的基本数据模型如图 4-4 所示。

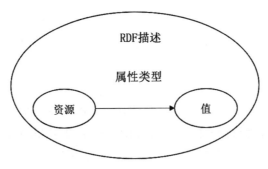

图 4-4　RDF 的基本数据模型

RDF 以一种标准化的方式来规范 XML，利用必要的结构限制，为表达语义提供明确的支持方式。RDF 使用 XML 作为句法，故其在任何基于 XML 的系统平台上都可被方便地解析，这就构造了一个统一的人/机可读的数据标记和交换机制，从而从句法和结构角度提供了数据的交换与共享。

下面通过一个实例来说明基于 XML/RDF 的知识描述与揭示。所标记的资源是："莎士比亚是话剧《哈姆雷特》的作者"，如果它是通过 http://hamlet. Org/引用，那么这句话用 XML 标记的完整记录便可以得以表达。

RDF 语句以标准的 XML 格式进行表示，遵循 XML 的语法规则。按规则，从分析信息对象开始，分解出信息对象的属性值，然后选用合适的元数据进行描述。实现中，采用 Dublin Core 作为元数据的语义规范，RDF 为语法规范，最后以 XML 为表现或存储形式。这样，在任何基于 XML 的系统平台上信息都可以被方便地解析。

在 RDF 技术的基础上，W3C 提出了资源描述框架定义集（Resource Description Framework Schema，RDFS）。RDFS 将信息中概念与概念之间的关系抽取出来，表示为知识库中的本体。它允许用户自定义除了 RDF 基本描述集合以外的特定领域的概念元数据集合，即本体（ontology）。一些通过 RDFS 来定义的通用知识库概念集合有 DublinCore、Ontology Inference Layer 等。

113

(3)基于 XML 主题图的知识描述与揭示

XML 主题图(XML Topic Maps，XTM)是一种用于描述信息资源的知识结构的数据格式，它可以定位某一知识概念所在的资源位置，也可以表示知识概念间的相互联系。一个主题图就是一个由主题(Topics)、关联性(Associations)以及资源实体(Occurrences)组成的集合体。主题图将所有可能的对象，例如人、事、时、地、物等，按对象概念进行主题归类。从描述主题的属性开始，组织与此主题相关的所有资源，并对这些资源进行定位，最终将所有的相关主题依据彼此间的关系建构出一个多维的主题空间，在该空间中直观展示一个主题到另外一个主题的路径。

XTM 最大的优点是通过知识概念关联的显性表示来解决知识的可发现问题(findability)。主题图表现方式除了直观地以图的方式展现外，还可以提供以机器理解和处理为目标的标记语言支持。XML 基于 ISO13250 标准，定义了 XML 描述和标记主题图的方式。由 XML 标记的主题图作为 XML 文件，可有效地标记叙词表和语义网络。

在主题图逻辑结构中，主题图将信息资源结构分为两层：资源域和主题域。其中，资源域包括所有的信息资源，如数字文档、数据库文件、网页等；主题域在资源域之上定义所有主题，如资源的名称、特性、类型。可以对已经存在的数据库文件或 XTM 文档建立主题关系，进行主题之间的关联。按知识构架也可以发现主题类别和主题类之间的关系。

XTM 中，主题间的链接可完全独立于资源域，即无论主题有无具体的资源，都可以存在。在客观上，主题图中并不存储各种实际的信息资源，但通过对主题关系实例的访问，却可以检索到用户所需的资源，即指引用户获取所需的信息。这样就可以把网络上与某一或某些主题相关的节点进行集中，按照方便用户检索的原则，使用用户熟悉的语言，向用户提供这些资源的分布情况，指引用户查找。

XTM 独立于技术平台进行主题、主题关系以及主题与具体资源的关联描述，可标引信息资源并建立相应索引，可链接复杂主题范围的分布资源来建立虚拟体系，可通过主题概念与资源的不同链接在同一资源集合上定制面向不同用户的服务界面。

(4)基于本体的知识描述与揭示

知识本体是共享概念模型的形式化规范说明。如果把每一个知识领域抽象成一套概念体系，再具体化为词表来表示，便能进行包括每一个词的明确定义、词与词之间的关系以及该领域的共识性知识陈述。其描述体系能够在知识领域专家之间形成某种共识，即能够共享概念词表，所有这些便构成了该知识领域的一个"知识本体"。一个本体描述了一个特定领域形式化的共享概念模型。为了便于计算机理解和处理，需要用一定的编码语言(例如 OIL/OWL)明确表达描述体系(词表、词表关系、关系约束、公理、推理规则等)结构。

本体的目标是捕获相关领域的知识，提供对该领域知识的共同理解规则，确定该领域内共同认可的词汇和术语，在不同层次的形式化模式中给出词汇(术语)和词汇间相互关系的明确定义，最后通过概念之间的关系来描述概念的语义。

本体作为一种知识描述与揭示方法，和分类法、主题法等传统知识描述与揭示方法相比，本体知识揭示与描述在于将系统中的概念、特性、限制条件等内容提炼为计算机可读的概念单元，因而本体(ontology)中的知识定义可以被再利用。同时，本体中概念之间关系的表达要比主题法、分类法更广更深，这是由于基于本体的实用分类系统主要是为机器增加"智能"，进而实现自动处理信息内容的目标。本体在知识分享和利用中建立，所以在数据模型和表述语言方面，它的结构与数据库很接近。通过简单的处理即可以将整个系统直接应用到知识采集、知识的建立和知识概念服务之中，这是传统主题法、分类法所不能及的。

本体与谓词逻辑、框架(frame)等其他方法的区别在于它们属于不同层次的知识表示方法，本体表达了概念的结构、概念之间的关系等领域实体的固有特征，即"共享概念化"，而其他的知识表示方法，可表达某个个体对领域中实体的认识，不一定是实体的固有特征。这正是本体层表示方法与其他层次的知识表示方法的本质区别。

4.3　信息资源内容聚类控制

信息流通与用户需求内容单元结构具有关联关系，在面向用户的信息资源组织中应得到完整的体现，其内容描述中的属性特征以及内容的相似或相关性决定了聚类关系的形成和内容分类属性的描述。从整体上看，信息的各种耦合关系是聚类控制的基础。这里将在更广的范围内讨论其关联性问题，继而进行聚类控制的实现。

4.3.1 信息关联及其测定

信息的聚类控制方法是建立在事物之间二元关系基础上的。在这种关系上利用属类划分方法可以建立起一个聚类系统。信息所反映的事物之间的关系可以用事物的"相似性""关联性"或"不相似性"来描述。这里的"相似性"与"关联性"是指那些由离散状态属性所表征的对象之间的类似特征。对于这些特征，我们用"关联性"作规范性描述。信息关联性与信息之间共有的状态属性数成比例，依赖于关联性值排列次序的聚类编制方法，正是建立在属类控制基础上的。在信息内容聚类控制中常用的关联性指标有 5 个。如果用 X、Y 表示两对象二元关系的属性集合，其关联性指标为：

①简单匹配系数：

$$|X \cap Y|$$

②狄斯(Dice)系数：

$$\frac{2|X \cap Y|}{|X|+|Y|}$$

③伽凯德(Jaccard)系数：

$$\frac{|X \cap Y|}{|X| \cap |Y|}$$

④余弦系数：

$$\frac{|X \Delta Y|}{|X|+|Y|}$$

⑤迭加系数：

$$\frac{|X \cap Y|}{\min(|X|, |Y|)}$$

需要说明的是，上述指标是经过规范化的，其值在 0~1(包括 0、1)，用区间表示为[0，1]。

"不相似性"与"关联性"是相对的概念，引入此概念主要出自技术上的原因。如果用 d 表示不相似性函数，S 表示相似性(关联性)函数，则存在变换关系：

$$S = (1+d)^{-1}$$

该变换将不相似性函数 d 变换成一个相似性函数 S。需要指出的是，其变换的逆变换不一定成立。

设 R 为被聚类对象的集合，如果不相似性 D 为 $R \times R$ 映射到非负实数的函数上，一般说来，D 应满足的条件是：

$D1$：$D(X, Y) \geq 0$ 对所有 X、Y；

$D2$：$D(X, X) = 0$ 对所有 $X \in R$；

$D3$：$D(X, Y) = D(Y, X)$ 对所有 $X, Y \in R$；

$D4$：$D(X, Y) \leq D(X, Z) + D(Y, Z)$ 对所有 $X, Y, Z \in R$。

与关联性指标相对应，不相似性系数可表示为：

$$X \triangle Y$$

$X \triangle Y$ 为 X 与 Y 的对称差：

$$(X \triangle Y) = (X \cup Y) - (X \cap Y)$$

即在属类 X 和 Y 中除去相似性部分；

$$\frac{|X \Delta Y|}{|X| + |Y|}$$

这一指标显示了不相似性系数与关联性狄斯系数之间的联系，注意到：

$$\frac{|X \Delta Y|}{|X| + |Y|} = 1 - \frac{2|X \cap Y|}{|X| + |Y|}$$

与上式相符。

进一步对二元关系进行分析，可以用距离函数中的弦距离公式计算相似性。进行这一计算，旨在形成相应的信息分类基础。

设有信息 A 和信息 B：A 信息含有元素 1 的单元数为 2，含有元素 2 的单元数为 0，含有元素 3 的单元素为 3；B 信息含有元素 1 的单元数为 5，含有元素 2 的单元数为 1，含有元素 3 的单元数为 4。将此列入表 4-1。

表 4-1 A 信息与 B 信息的关联

元素 i	A 信息 X_{iA}	B 信息 X_{iB}	$X_{iA} X_{iB}$	X_{iA}^2	X_{iB}^2
1	2	5	10	4	25
2	0	1	0	0	1
3	3	4	12	9	16
Σ	5	10	$Q_{AB} = 22$	$Q_{AA} = 13$	$Q_{BB} = 42$

表中：X_{iA} 表示 A 信息含有元素 i 的单元数；X_{iB} 表示 B 信息含有元素 i 的单元数；$X_{iA} X_{iB}$ 为二者单元数之积；X_{iA}^2 为 A 信息含元素 i 的单元数平方；X_{iB}^2 为信息含元素 i 的单元数平方。由此得：

$$Q_{AB} = \sum_{i=1}^{3} X_{iA} X_{iB} = 10+0+12 = 22$$

$$Q_{AA} = \sum_{i=1}^{3} X_{iA}^2 = 4+0+9 = 13$$

$$Q_{BB} = \sum_{i=1}^{3} X_{iB}^2 = 25+1+16 = 42$$

两信息类差定义为：

$$D_{AB} = \left[2(-Q_{AB}/\sqrt{Q_{AA}Q_{BB}}) \right]^{\frac{1}{2}}$$

A、B 两信息类差为：

$$D_{AB} = \left[2(-22/\sqrt{13 \times 42}) \right]^{\frac{1}{2}} = 0.342$$

上式中，D_{AB} 实为不相似性指标。类差愈小，其相似性程度愈高，显然 $0 \leqslant D_{AB} \leqslant 1$。如在控制中找出标准类差度，即可定出信息属类。

由于信息内涵具有某种模糊性，因此在信息类差测定中往往要求助于模糊控制理论。

设在论域 U 中研究 A、B 信息的关联，A、B 元素可以用论域中的两模糊子集 $\underset{\sim}{AA}$ 和 $\underset{\sim}{BB}$ 表示。利用欧氏距离法，可以求出 A、B 信息的模糊类差：

$$D(\underset{\sim}{A}, \underset{\sim}{B}) = \sqrt{\sum_{i=1}^{n} \left[\mu \underset{\sim}{A}(x_i) - \mu \underset{\sim}{B}(x_i) \right]^2}$$

其中，$i = 1, 2, \cdots, n$，表示信息元素。A、B 信息的相对模糊类差为：

$$D_R(\underset{\sim}{A}, \underset{\sim}{B}) = \frac{1}{\sqrt{n}} D(\underset{\sim}{A}, \underset{\sim}{B})$$

4.3.2　基于内容聚类的信息资源描述控制

Jones K S 根据分类系统的一般特征编制了一个关于分类方法的明细表，其基本依据为：性质和类之间的关系(单一的，多种的)；对象和类之间的关系(唯一的，重复的)；类和类之间的关系(有序的，无序的)。对此，可进行数值分类。

一个类通常是依据一组性质来定义的，这是聚类形成的充分必要条件。设 G 表示一组性质 $(f_1, f_2, \cdots f_n)$，用于给类 K 下定义，使：

①类中的个体都具有 G 中的性质；

②G 中的 $f_i (i = 1, 2, \cdots, n)$ 是这些个体大多数所具有的；

③G 中的 $f_i (i = 1, 2, \cdots, n)$ 并不一定为集合中所有个体所具有的。

其中：①为类的古典定义（单一的）；②③是给"综合"类下的定义。例如，设有 8 个个体和 8 种性质，类和性质的包含关系如表 4-2 所示。

表 4-2 类和性质的关系

个体＼性质	A	B	C	D	E	F	G	H
1	√	√	√					
2	√	√		√				
3	√		√					
4		√						
5					√	√	√	
6					√	√	√	
7					√	√		√
8					√			√

表中的符号"√"表示某个个体所具有的性质。从表中可以看出，个体 1～4 构成了一个多种性质的类，每一个体都具有 A、B、C、D 属性中的三种。余下的个体可分为两个单一性质的类：5、6 具有性质 E、F、G；7、8 具有性质 E、F、H。在信息聚类控制中，问题的复杂性决定了性质与类的关系，鉴于性质与类的多方面关系，其关联往往是综合的。

对象和类之间的唯一性和重复性判别的目的在于，对聚类数据作某些简化。在聚类控制中往往需要舍去一些信息，使同类个体之间没有区别，其基本要求是将舍去的信息量减少到最小，使其在某种意义上最接近于原始数据的分类。此分类允许有重复的类存在，最后按规范而成为唯一聚类。可见，重复性和唯一性是聚类中的两个矛盾而统一的方面。另外，类和类之间的关系还表现为有序和无序。有序的聚类为一分层结构体系，在分层体系中，类按规定的方式排序。无序的类常在信息的自动聚集中出现，按信息聚类控制的基本要求是将类进行序化。

在信息聚类表编制中应使用某些假设，其要求是信息聚类应与检索相对应。这意味着与某一检索要求相关的信息应从与此检索要求不相关的信息中分离出来，对检出信息所形成的集合应检验其关联性。信息聚类表编制中将导出

119

比线性检索更为有效的结果。线性检索往往忽略了信息之间存在着的关系，而聚类信息集合不仅强调了信息与检索的关系，还强调了信息之间的必然聚类联系。

聚类编制方法满足：方法产生的聚类编制应具有稳定性；方法与对象的初始编序无关。大体上有两种方法用于聚类编制，其出发点分别为：①聚类编制建立在被聚类对象的相似性测度基础上；②聚类方法直接从对象描述中进行处理。

在第一类方法中，图论方法是常用的一种。它用相似性测度所导出的图形来定义聚类。对于研究的一组被聚类对象，计算出相应的相似性数值，便得到对应于这组相似性值的一个图。

大类的分层聚类方法建立在相似性的初始测度基础之上，其中单链聚类方法是一种广泛应用的方法。此外，还有完全链方法、平均链方法等。同时，还可能采用信息耦合链式控制法(可将此归于信息用户关联控制之中)进行聚类管理。

单链方法适于信息分层体系聚类的控制。运用这一方法时，不相似性系数作为聚类算法的基本输入数据，输出的是一个称为树形图的数值层次相关联的分层体系。该体系的每一节点代表一个聚类，体系的每一层次上可标识一组类；当分层体系往上移动时，较低层次上的类便自然嵌套在较高层次的类中了。单链聚类可以从不相似性系数的计算中导出。

建立在相似性测度基础上的另一类聚类方法是所谓"丛"方法聚类，其要点是按查寻方向进行处理，该方向满足相似性测度定义的某些聚类条件和分离条件。因定义严格，加上计算上的限制，这一方法较少采用。

第二类方法的本质是直接从描述对象入手进行最后聚类，而不进行中间相似性测度计算。该方法特征是对数据基本结构并不进行解析，而是试图在其上附加一个适当的结构，这往往是通过限制聚类数和各聚类大小来实现的。

信息聚类控制的中心问题是聚类表示和运算。对此，应确定参数：①理想聚类数；②各聚类的最小和最大长度；③匹配函数上的一个阈值；④聚类之间重复的控制；⑤聚类控制的最优目标函数。

聚类算法应具有迭加性。常用的 Racchio 聚类算法分三步进行：①选择若干对象作为聚类中心，将余下对象指派给这些中心(其规则用匹配系数阈值来确定)；②迭代处理，调整输入参数，使分类结果满足基本参数条件；③整理，控制聚类之间的重复。

在面向用户的聚类描述中，聚类基本运算为：

顺序处理对象描述；

将第一个对象作为第一个聚类的聚类表示；

在每一后继的对象与现存的所有聚类之间进行匹配运算；

根据匹配函数某个条件，将对象指派给一个聚类；

当对象被指派给某一聚类时，重新计算该聚类表示；

如果对象未能通过已有类的匹配，它便成为另一新聚类表示。

当运算中的信息量足够大时（理论上，$n \rightarrow \infty$），则运算结果为一个具有普遍意义的聚类表。

4.4　信息资源内容的词汇控制

与传统载体形态的信息一样，数字文本、图形和音视频信息内容也可以通过词汇来揭示。对于用非文字形成记录的信息，可以进行相应的词汇替代。因而，可以从信息的词汇特征出发寻求信息控制的一般方法。这里，我们以文献信息为例剖析信息的词汇特征，由此研究主题和主题分类中信息的词汇控制问题。

4.4.1　信息内涵的词汇特征

Zipf 曾研究了文献中词汇的分布情况，得出了著名的齐夫定律。如果将文献中叙词按其出现的频率的递减顺序排列，且文献叙词总数为 D，累计出现数为 N，则第 r 级词出现的概率 P_r 为：

$$P_r = \frac{r \text{ 级叙词出现频数}}{N}$$

r 级叙词出现频数为 NP_r，显见：

$$\sum_{r=1}^{D} P_r = 1$$

式中，D 为排序最高的级。齐夫定律表述为：

$$P_r = \frac{A}{r} \quad \text{或} \quad rP_r = A$$

式中 A 为常数，即级×频数＝常数。

对文献的词汇频率，美国学者库塞拉和弗朗西斯利用齐夫定律作了专门研究，编制了文献词频表。他们的统计是累积性的，其词频表涉及面很广，在表

中 $r \cdot P_r$ 的值约为 0.1。对此，Mandlbrot B 提出了关于 A 的近似公式：

$$A = \cfrac{1}{1 + \cfrac{1}{2} + \cfrac{1}{3} + \cdots + \cfrac{1}{D}}$$

此式可近似写为：

$$A = \frac{1}{\ln D + r}$$

式中 r 为欧拉常数，值为 0.5772。当 D 值为 500、10000、50000、100000 时，A 值分别为 0.11、0.10、0.09、0.08。

以下利用齐夫定律讨论文献出现 n 次的不同叙词数与出现 1 次的不同叙词数之比 I_n/I_1。设出现 n 次的一个叙词的级为 r_n，因为

$$r_n = \frac{A}{P r_n}$$

注意到：

$$P r_n = \frac{n}{N}$$

$$r_n = \frac{AN}{n}$$

利用此式，将出现 n 次和 $n+1$ 次的叙词所对应的 r 相减，则可得出现 n 次的叙词数：

$$I_n = r_n - r_{n+1} = \frac{AN}{n} - \frac{AN}{n+1} = \frac{AN}{n(n+1)}$$

由于排列最高的词级为 D，假设至少有一个出现的词，则有：

$$D = \frac{AN}{1}$$

将此式代入上式，有：

$$\frac{I_n}{D} = \frac{1}{n(n+1)}$$

这两种表达式应用于推算文献中低频率词出现的频率是可行的。对此，Booth 作了检验，确认了结果的可信度。

在文献信息控制与标引中，Luhn 曾作了专门研究。他针对齐夫定律所示的词汇频率，确定了两条截止界，即上截止界和下截止界，以排除那些非用词。因为超过止界的词不会给文献信息增添什么内容，所以这样处理是可行的。

鲁亨设有用词(介于截止界中间的词)具有可拆性能,他提出词应有区分内容的功能,即在两个截止界之间在排列次序(级)一半的位置达到高峰,两边直接衰减,在截止界上几乎为0,如图4-5所示。截止界的确定,一般可采用试验方法区分文献信息的类属,进行适当处理。平时采用较多的是统计方法。这一方法的基点是对文献中句子的各个部分中有用词和非用词的数量进行测度,继而进行句义研究,于是句子的排列则完全由词汇特性决定。

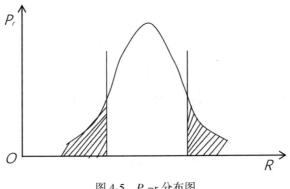

图 4-5　P_r–r 分布图

在文献信息的词汇控制中掌握其词汇特性是十分重要的。上述的齐夫-鲁亨(Zipf-Luhn)法则提供了选择控制词的一般方法。在选词基础上通过一定规划,便能编制某一文献信息集合的控制词表来作为控制标准。当文献信息量足够大时,文本增加,不同词的数目 D 与词的总数 N 具有下列关系:

$$D = KN^\beta$$

式中 K、β 为待定常数。

D 为控制词汇数的确定及鲁亨有用词截止区域的划分提供了依据;对于某一领域信息控制词汇的选择及总词汇量的确定则应考虑极限情况。

4.4.2　信息内容的词汇描述

根据希普斯的方法,设有一文献信息集合,其中每一个体用一组选定的关联值来描述,这些值便提供了给定的每组标引词和相应的文献信息的关联比。如果毫无关联对应值为0,完全关联对应值为1,则词与文献信息关联值区域为[0,1]。

设有 n 篇文献和 m 个标引词,其中第 i 个词与第 n 篇文献的关联值用

$d_i(n)$表示，则该文献矩阵为：

$$D = \begin{bmatrix} d_1(1) & d_2(1) & \cdots & d_m(1) \\ d_1(2) & d_2(2) & \cdots & d_m(2) \\ \vdots & \vdots & \vdots & \vdots \\ d_1(n) & d_2(n) & \cdots & d_m(n) \end{bmatrix}$$

就第 n 篇文献而言，m 个关联值 $d_1(n)$，$d_2(n)\cdots$，$d_m(n)$可以看作是在 m 维空间里的一个向量。另一方面，就第 i 个标引词而言，N 个关联值 $d_i(n)$，赋值为：

$\sum_i d_i(n) =$ 与第 n 篇文献有关的标引词数；

$\sum_n d_i(n) =$ 与第 i 个词有关的文献数。

如果 $d_i(n)$ 的值不限于 0 和 1，则认为它们构成了每篇文献的加权组配索引值。

设元素 K_{ij} 的矩阵 k 定义为：

$K_{ij} = d_i(1)d_j(1) + d_i(2)d_j(2) + \cdots + d_i(n)d_j(n)$，则 K 为 n 行 m 列的方阵：

$$K = D^T D$$

K_{ij} 可以表示与第 i 个和第 j 个标引词都有关的文献数。其中 $d_i(n)$、$d_j(n)$ 的值等于 0 或 1，取决于第 n 篇文献是否与第 i 个和第 j 个词有关。

矩阵 K 称为词连接矩阵，其元素表示与成对标引词有关的文献数。$K_{ij(2)}$ 矩阵元素，有

$$K_{ij}^{(2)} = \sum_p \sum_{ip} \sum_{jp} \sum_p \sum_r \sum_s d_i(p)d_i(r)d_i(s)$$

当第 p 个词与第 i 个词有关的 r 篇文献相关以及第 p 个词与第 j 个词有关的 s 篇文献相关时，其相关关系可得到相应的显示。

以上显示了第 i 个和第 j 个词由 k_{ij}^2 成对文献连接，从中可知，一对连接文献系指两篇文献至少有一个标引词是共同的。

设第 i 和第 j 个标引词同时包含在 n 篇文献内，则 i 词和 j 词便被长度为 n 的文献连接。设：

$K_{ij}^{(n)}$ 为 K^n 矩阵元素，有：

$K_{ij}^{(n)} =$ 在第 i 和 j 个标引词之间长度为 n 的文献链数。

如果 $K_{ij}^{(n)} = 0$，则文献链为 0。

例如有三篇文献，标引为：

文献 1：温度对声速的影响

文献 2：海洋里的温度

文献 3：声传播

如果选择"速度""声音""海洋""温度"四个词来标引文献，则：

$$D = \begin{bmatrix} 1 & 1 & 0 & 1 \\ 0 & 0 & 1 & 1 \\ 0 & 1 & 0 & 0 \end{bmatrix} \quad D^T = \begin{bmatrix} 1 & 0 & 0 \\ 1 & 0 & 1 \\ 0 & 1 & 0 \\ 1 & 1 & 0 \end{bmatrix}$$

$$K = \begin{bmatrix} 1 & 1 & 0 & 1 \\ 1 & 2 & 0 & 1 \\ 0 & 0 & 1 & 1 \\ 1 & 1 & 1 & 2 \end{bmatrix} \quad K^2 = \begin{bmatrix} 3 & 4 & 1 & 4 \\ 4 & 6 & 1 & 5 \\ 1 & 1 & 2 & 3 \\ 4 & 5 & 3 & 7 \end{bmatrix}$$

在矩阵 K 中，K_{13}、K_{23} 与其对应的 K_{31}、K_{32} 为 0，故词 1 和词 3，词 2 和词 3 并不标引集合中的文献。但是，$K_{13}^{(2)}=1$、$K_{23}^{(2)}=1$，表明词 1、词 3 的主题及词 2、词 3 的主题可形成一对参照文献。因为 $K_{23}^{(2)}=K_{24}K_{43}$，$K_{13}^{(2)}=K_{14}K_{43}$，所以关系是明显的。

设 N 为文献总数，则与第 i 个标引词有关的文献比数为 K_{ii}/N，与第 j 个标引词存在有关的文献比。如果 i 词与 j 词完全独立出现，那么可以根据两个词有关的文献比数确定相互独立的标引词比数：

$$K_{ij}/N = (K_{ij}/N)(K_{jj}/N)，$$

即 $\dfrac{NK_{ij}}{K_{ii}K_{jj}}=1$

对于矩阵 K 可以进行规范，其规范矩阵为 F，即：

$$F = \frac{N}{k_{ii}k_{jj}}K$$

因此，上例中的规范矩阵 F 为：

$$F = \begin{bmatrix} 3 & 1.5 & 0 & 0.5 \\ 1.5 & 1.5 & 0 & 0.75 \\ 0 & 0 & 3 & 1.5 \\ 1.5 & 0.75 & 1.5 & 1.5 \end{bmatrix}$$

F 矩阵非对角线元素表示一对标引词，与文献关联的条件是值明显大于 1，如果值小于 1，则与文献排斥。

F 矩阵关系还可以表示为：

$$f_{ij} = \frac{K_{ij}}{\sqrt{K_{ii}K_{jj}}}$$

$$f_{ij} = \frac{K_{ij}}{K_{ii}+K_{jj}-K_{ij}}$$

$$f_{ij} = \frac{NK_{ij}-K_{ii}K_{jj}}{\sqrt{NK_{ii}K_{jj}}}$$

对于标引词及其加权选择，斯特尔斯用关联因子进行表示：

$$T_{ii} = \lg\frac{\left[(N-K_{ii})K_i-N/2\right]^2 N}{K_{ii}^2(N-K_{ii})^2}$$

这说明，词连接矩阵可用于决定与同一文献相关联的成对标引词。这些词在意义上是独立的，否则标引便显得多余。

在文献信息检索中，提问词常常是标引的近义词(与标引词相似)，因而必须从提问词出发引出与其关联的标引词。由此可见，引出词关联矩阵 T 是必要的。对于矩阵 T，元素 t_{ij} 表示第 i 个词与第 j 个词的相关性，有时也可加权处理或进行模糊处理。

如果 D 为上述的文献词矩阵，则矩阵 D_T 为文献与词的扩大关联矩阵，由此可进行范围更广的控制。

要实现高水平的知识检索，除了借助副助词表进行词汇控制外，还必须采取适应知识检索推理机制的方法，以便非线性地处理、揭示自然语言信息源和查询请求。其中，概念空间、本体论、语料库等属于这类方法。实质上，本体论提供了一个特定领域的可控概念词典，以支持自然语言与检索系统的语义交流。本体论的术语库的建立非常严格，需要特定领域的专家和语言学家的共同参与。

UMLS(Unified Medical Language System)作为美国统一医学语言系统，是一种概念控制检索系统，旨在克服信息检索中表达差异和信息资源分散描述障碍，使用户能整合多形态资源。UMLS 核心部分包括：专家词典、超级叙词表、知识源图谱。专家词典是关于生物医学领域的词典，可以确定词汇的范围以及识别生物医学术语和文本词的词形变异，也为超级叙词表提供了确定范围的医学术语和词汇。超级叙词表是生物医学概念、术语、词汇及其含义等级范畴的广泛集成。语义网络是为建立概念、术语间复杂的关系而设计的，它为超级叙词表中所有概念提供了语义类型、语义关系和语义结构。知识源图谱源于机读信息资源库，图谱构建的目的是利用超级叙词表和语义网络实现以下功能：确定知识源与特定提问的相关性，以便选取最合适的情报源；自动链接相关信息源；在一个或多个数据源中自动关联并自动显示结果。UMLS 的概念控制系统如图 4-6 所示。

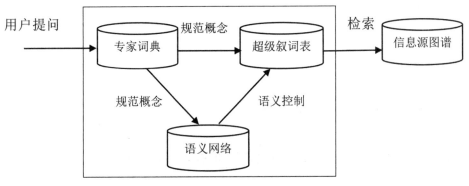

图 4-6 UMLS 的概念控制系统

从 UMLS 案例中，可以看出信息检索系统中通过词汇控制、概念控制等方法来改善信息资源的检索效率，优化检索效果，而概念控制的核心是通过叙词表、语义网等构建恰当的知识描述与组织体系。

5　信息资源内容开发与关联组织

大数据应用与数字信息服务组织中，信息资源内容开发，一是对于信息资源价值的发掘，二是对信息内容进行深层组织和关联。这两个方面的工作有机结合而成为一个整体，可以提升信息资源的有效利用价值。

5.1　信息资源内容开发与知识管理

信息资源内容开发是经过技术或智能化处理，促使信息资源增值的过程，目的在于提高信息资源的利用率和价值，以满足特定用户的信息需求。信息资源的内容开发主要通过过滤、挖掘、关联分析等，使原始信息资源或者蕴涵在数字信息中的潜在知识成为便于用户认识和利用的显性知识，以方便信息资源的交互利用。

5.1.1　信息资源内容开发的价值链模型

美国信息学家 Debons A 提出，从人的整个认知过程的动态连续体中理解信息的问题，他将认知过程表达为：

事件→符号→数据→信息→知识→智慧

这个连续统一体中的任一组成部分，都产生于它的前一过程，例如，"信息"源于"数据"，又是"知识"的来源。

IBM 高级商业学院的斯蒂芬、赫克尔等人在美国信息研究所的第 5 期年度报告中进一步分析了信息的结构（也称为思维模型的"概念""范式""格式塔"结构）以及由此形成的等级。

图 5-1 描述了信息结构的一般等级，不同层次信息的数量和完整性随着信息价值和主观性的增长而下降。事实上，对同一信息的认知往往由于思维角度

的不同而存在差异，因而导致了在实践中人们从不同角度出发的信息描述。这里我们强调的是由于信息交互流动、使用而形成的信息等级结构。

事实（Facts）作为客观事件的反映存在；数据（Data）表征为关联中的事件状态；推理（Inference）体现为思维逻辑过程；智能（Intelligence）决定了对信息的深层次利用；知识（knowledge）反映了信息内涵的本质；智慧（Wisdom）则是信息作用下智能作用的核心。

信息流等级结构模型，从整体上展示了信息的等级形态和价值利用。在Debons 模型基础上，我们将其归为如图 5-1 所示的结构。值得指出的是，由于Debons 模型是以"信息"为核心展开的，向前延伸的数据、符号和向后延伸的知识、智慧构成了完整的信息链结构，对此，我们将事实、数据、智能、知识、智慧纳入信息范畴进行信息流等级构建具有其客观存在的合理性。

图 5-1　信息流等级

如图 5-1 所示，事实、数据、智能、知识、智慧环节组成的价值链中，范畴内的事实、数据、智能、知识和智慧之间存在着转化关系。事实不会自动成为数据，数据不会自动变成知识，知识同样也不会转化成智慧，实现从事实到智慧转化的关键因素是信息的多形态交互与认知，在于通过信息的内容揭示、开发和组织来实现数据、知识和智慧的相互转化。

数据作为一定时空范围内的事物状态（事实）的量化表达，在大数据环境下已延伸到客观事件性质、形态以及相互关联的数字化记录和符号特征展示，即不再局限于狭义范畴内的参数、统计数据和时空转化的描述。在计算机科学中，数据是所能输入并程序化处理或模拟的对象；通过序化管理和组织，数据内容可进行更深层次的利用。按数据特征，其形态包括符号、代码、数字和音、视频等；按数据反映的客观信息形态，数据具有数值属性、状态属性和内容属性。

数据、知识和智慧之间也存在层次关系，因而需要从信息存在形态出发进行事实、数据、智能、知识和智慧服务的组织，在内容上进行信息揭示和资源开发。在数据、知识提升到智慧的过程中，可采取各种有效的手段激活和满足用户的需求。其中，信息资源的开发利用是实现转化和提升的中心环节和手段。信息形态的转化如图5-2所示。

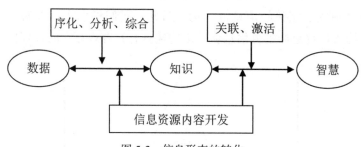

图 5-2   信息形态的转化

显然，信息资源内容开发可以在最基本的事件、数据和知识层面上组织，也可以在智能和智慧层面组织。宏观上看，基于信息流等级结构，从事件到智慧的价值链决定了信息资源开发的组织形式、内容和手段。

5.1.2   信息资源内容开发中的知识管理

知识管理的实现基于从显性知识管理和隐性知识管理出发进行信息资源系统化的发掘和组织。从信息资源内容开发的角度看，这种系统化的知识管理又以信息资源开发的目标实现为前提。

（1）显性知识的管理

显性知识以编码形式存在于信息载体上，对于用户而言，外在信息必须内化为知识，才能为用户所用。这一转化过程就是信息和用户认知的交互过程。用户的知识交流与服务中，只有深入地对信息进行知识层面的分析和推理，才能产生实质性作用，从而在知识层面上满足用户的特定需求。一言蔽之，在信息源中挖掘出恰当的知识，在恰当的时候传递给最恰当的用户，是其中的关键所在。图5-3给出了显性知识组织框架。

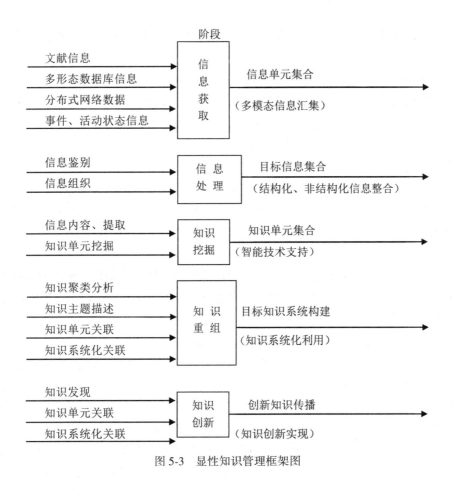

图 5-3　显性知识管理框架图

一般说来，图 5-3 所示的过程有如下几个关键：

①信息获取。信息是知识的载体，所以获取信息具有关键性。信息获取中，首先要确定信息搜集的目标和信息来源，然后确定信息采集方式所采用的技术和途径。

②信息处理。信息激增、信息污染等因素会造成知识存储过于庞大和无序，信息在产生、传输过程也会产生伪信息，因此必须对信息进行识别，按信息的内容、形式进行处理，形成目标信息集合。

③知识挖掘。知识挖掘是对信息进行提取，利用逻辑方法处理知识要素或知识单元的过程。知识挖掘的关键是用规则性知识表示方法对抽取出来的内容给予逻辑表达，形成知识单元集合。另外，也可以利用 KDD（Knowledge Discovery in Databases）工具来开发数据库中蕴藏的数据资源，经过提炼使之成

131

为有用的知识。具体操作过程涉及机器学习、模型识别、人工智能等方法应用。

④知识重组。知识挖掘的目标不在于提高存储信息和提取知识的能力，而在于把目标与追求目标的特定过程进行动态匹配，也就是说把数据库中大量静态、孤立的知识信息，利用相关方法寻求知识间的内在联系，形成动态知识系统，以有效指导决策。可采用的方法包括：总结描述、回归分析、关键要素预测、综合评估等。

⑤知识创新。知识创新的结果包括新的单元组合和创新知识组织，知识创新在现有知识水平、知识联系及知识内在结构基础上，进行知识发现，通过智能化分析形成新的系统化知识构架，从而提供全方位知识创新服务。

（2）隐性知识的管理

信息资源内容开发过程中，应有效地开发和管理隐性知识，把表面看起来似乎并不相关或无任何联系的现象联系起来，从中提取深层数据和知识单元，重组隐含的内容，以创造新的知识。

①基于认知的隐性知识信息利用。大脑是人的 CPU，是一个高水平的信息处理器，在抽象思维、形象思维和灵感思维方面超过任何人造的信息处理系统。人类在长期的实践中，基于已有经验、联想，甚至直觉、灵感，可以对于某个看似毫无作用的信息，或对某个特定的认知主体进行关联，从而形成新的知识点和知识节点关系；继而通过创造性思维的活动，产生新的知识。

②基于系统的隐性知识信息利用。在科学知识的大系统中，各门类、各领域之间均存在不同层次的关联结构和逻辑关系。因此，隐含信息的重组和知识创新，既要顾及各门类、各学科不同层次的数据和知识单元，又要顾及各门类知识之间的相互联系。针对同一问题，可以从不同的侧面去探讨事物的发展过程以及事物的内在规律，以求得出整体性、综合性的结论。

③基于信息库、知识库的知识利用。计算机通讯和数字化技术，为隐含信息重组、知识创新开辟了新的天地。通过智能技术手段，可以获取用传统方法无法获得的数据，可以把各种知识融合起来，利用模式识别、内容处理、机器智能和模拟思维，以知识单元处理作为基础进行创新，最后对创新知识进行模拟和表达。这种融入智慧后产出的创造性知识，比原有知识更重要，被认为是"知识的知识"。

由于互联网络的跨全球性，可获取的信息来源广泛，以至普通用户查找信息无所适从，虽然可用搜索工具查寻信息来源，但用户仍然需要利用专门化工具进行处理。

知识发现是用户寻找相关信息载体以弥补知识缺口的系列活动，包括网上特定数字对象的定位、搜寻和发现，以及对知识的智能化溯源。

从理论上看，信息是由信息元（infon）的信息微粒（information particles）组成，因而信息载体包含着许多的信息元，用户的信息需求实质上是对一定量的信息元的需求。满足用户特定信息需求的信息元往往并不集中于单一载体之上，所以用户通常要搜寻多个甚至是非常多的信息载体方可满足信息需求。可见，信息发现归根到底是寻找弥补知识缺口的信息元。事实上，信息元空间存在三个特征：

传递性：假如 $f \geq g \geq h$，则 $f \geq h$，f、g、h 为信息元集；

价值性：$f\mathrm{max} \geq f \geq f\mathrm{min}$；

包含性：若 $f \geq g$，则 $\mathrm{invove}(f) \geq \mathrm{infolve}(g)$，$\mathrm{involve}(I) = \{01, 02, \cdots, 0n\}$，$0i$ 为 infon 包含的信息对象。

信息发现的实质是知识层面上的发现。知识发现是用户从已获得的相关信息中推导出所需要的缺口知识的过程。这样，用户不必通读信息文本，而由系统给出一个准确简洁的答案即可。

图 5-4 是信息发现过程示意图。信息库是若干信息载体聚积成的集合，即凭借超级链节联系起来的载体集合，其特征是易于信息发现。说是载体，是因为它们所携带的数据需要用户经过接收、理解后才可能成为可用知识信息。用户是信息需求者，用户信息需求表述应为信息系统所识别。在这一场景下，需求与供给的选择匹配由一中介完成。

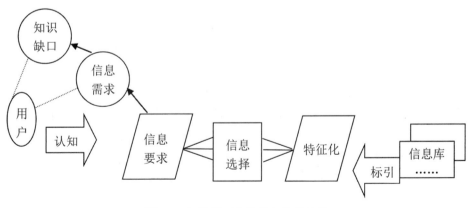

图 5-4　知识层面上的信息发现过程

信息发现需求是在现有技术条件下用户发现某种信息的需求，其要素有二：首先用户有获取信息的主观愿望；其次，用户有发现信息的能力。

在以上的分析中，我们有理由认为，知识管理的目标应该是多元化的，其多元化目标内容包括：

知识管理不限于用户以序化的方式提供信息的存储位置和获取途径，而是重在识别其内容。一方面对大量而分散的相似数据进行选择，根据特定的原则以简明、综合的方式组成新的知识单元，借助知识管理系统向未知者传递；另一方面充分提示信息间的关联关系，展示信息元结合的知识链，帮助用户选择可用的信息，提高知识获取效率。值得指出的是，有目的地利用管理手段提高知识的增长速度，是知识管理的重要目标之一，其中知识激活和关联利用具有关键性。

知识组织的目标在于通过对知识的管理，为用户的知识利用提供保障，以辅助用户提升创新能力、反应能力和发展能力，同时实现知识服务面向用户的融入。

知识信息服务中，学习是获取知识的主要途径，知识管理不只是刺激知识的生产，同时也创造知识共享的条件。运用高效信息技术和新型的管理方法使那些在知识获取方面受到物理限制的人能够对知识加以有效利用，这是知识管理的根本目标。

知识管理在信息技术的使用上有待进一步拓展，表现在信息处理向知识发掘的转变，以及利用人工智能技术获取信息中隐含的知识流；在知识的存储和传播上，强调利用大型数据库、智能代理、组件技术保证知识的充分共享。

5.2 信息过滤及其实现

互联网络的发展一方面使网络信息资源极大地丰富，促进了数字信息资源的交流和利用；另一方面，网络信息的急剧增长也使用户面对大量不相关的信息，无法真正找到自己所需的信息，这就造成了信息"过载"。要解决好信息资源增长与信息资源利用之间的矛盾，就必须发挥信息过滤的作用，即在大数据环境下对信息资源进行过滤以满足用户的客观需求。

5.2.1 信息过滤目标、原则与内容

信息过滤是根据用户的信息需求，在动态的信息流中，搜索用户感兴趣的

信息，屏蔽其无用和不良信息的过程。信息过滤技术是一种系统化的判别技术，旨在将用户需求与动态信息流进行匹配，从信息流中抽取出符合用户需求的信息并将其传送给用户。

广义的信息过滤包括文本、图像、音频、视频等多种信息存在形式的过滤处理，狭义的信息过滤是特指对文本数据的过滤处理。文本数据过滤在于根据用户的信息需求，在动态的文本流中，搜索与用户需求相匹配的文本，并将其中相关度高的文本提供给用户。信息过滤的目标是识别和过滤各种有害文本信息(包括虚假信息、侵权信息和其他不安全信息)和无用的不相关信息，帮助用户摆脱有害信息的侵扰，提供针对性服务。

信息过滤的模型，主要有布尔模型和向量空间模型。利用布尔模型进行信息过滤，就是确定具有二值逻辑的特征变量，用于描述文档的内容特征。例如，按关键词或索引词的逻辑进行抽取和匹配组合，在此基础上，通过布尔操作符把表示文档信息的特征变量构成布尔表达式以供内容查询。在查询中，两个查询关键词之间用布尔操作符 AND 相关联，表示这两个关键词必须同时包含在过滤文档中。如果两个查询关键词之间与布尔操作符 OR 相关联，则表示包含在过滤文档中。利用布尔模型构造的过滤系统在运算环境下可取得显著的过滤效果。利用布尔模型进行信息过滤就是基于一系列规则来执行布尔操作的，相对而言比较容易实现。

向量空间模型(the Vector Space Model)作为有效的检索关联模型，其应用广泛，从而得到普遍认可。它具有自然语言界面，易于使用。同样，向量空间模型也可以应用到信息过滤系统中来。在以向量空间模型构造的信息过滤系统中，用字项来标识文档。如一个文档 D，用一个 m 维向量来表示，其中 m 是能够用来表示文档内容的字项的总数。它给每一个字项赋予一个权值，用来表明它的重要程度。

在技术实现中，基于向量模型的信息过滤为其重点。在信息过滤中一个文档 D 的向量表示为：$D = (W_1, W_2, \cdots, W_n)$，其中 W_i 表示第 i 个字项的权值。向量空间模型信息过滤程序为：

①给出一篇文档的向量表示，按以下步骤进行：找出文档中的所有词；删除那些高频出现却没有实际意义的词；对于未被删除掉的词计算它的权值。

计算字项权值最通用的方法是用字项频度因子与反向文档频度因子之积来表征。字项频度因子与字项在文档中出现的频度成正比；反向文档频度因子是用来表示字项在文档中的重要程度。有些字项在文档中出现的频度很低，可是它们的反向文档频度因子却可能很大；而有的字项在文档中出现的频度很高，其反向文档频度因子却可能很小。在向量空间模型的过滤系统中，用户的趋向（pofile）描述是以自然语言来表示的，它采用表示文档向量的方法来表示用户趋向向量。故一个用户趋向 P 可表示为：

$P = (u_1, u_2, \cdots, u_n)$，其中 u_i 表示权值。

②文档与用户趋向的相近度测量。衡量一篇文档的向量表示与用户趋向的向量表示的相近度，可用于判断某篇文档是否满足用户的个性需求。通常，用求两个向量夹角的余弦值来计算。例如：给定一个文档 D 的向量表示：$D = (W_1, W_2, \cdots, W_n)$，同时给定某一用户的趋向描述向量 $P = (u_1, u_2, \cdots, u_n)$，则它们之间的夹角值为：

$$\mathrm{sim}(D, P) = \frac{D \times P}{|D| \times |P|} = \frac{\sum_{i=1}^{m} w_i v_i}{\sqrt{\sum_{i=1}^{m} w_i^2 \sum_{i=1}^{m} u_i^2}}$$

其中，文档向量和用户趋向向量的夹角的余弦值越大，表明它们的相近度（sim）也就越大，反之则越小。

③相关门槛值的确定。在一个信息查询系统中，某一查询是针对文档数据库进行的，返回给用户的相关文档则被赋予一个相关值。而在信息过滤系统中，某一用户趋向模型只是与单一文档或少数几个文档进行相近性比较，是在一段时间内返回一定数量的具有高相近值的文档。这里所说的一段时间是指必须有足够的时间把所得到的文档赋予其相关值，当然这是以牺牲文档处理的及时性为代价的。除了及时性以外，过滤的效率还需要以准确率和查全率来衡量，这是通过在一段时间内所得到的文档集来判断的。

应用中，相关门槛值越高，则查准率越高，查全率越低；反之，相关门槛值越低，则查准率越低，查全率越高。相关门槛值这一概念的提出，是对准确率和查全率进行了综合考虑，以求得较高的过滤效率。在操作中让用户设定一个相关门槛值，那么可返回给用户高于这个值的文档。即：给定一用户趋向 P 和一相关门槛值 Q，则对于任意返回的文档 D，它的相关度为：

$$\mathrm{sim}(D, P) > Q$$

④相关反馈与检测。相关反馈在提高信息查询效率方面利用较多，其要点是根据所得到的结果对用户的趋向模型及查询进行适当的修改和完善，以便更准确地反映用户的个性需求。

信息过滤在信息资源内容开发过程中，可采用图 5-5 所示的模式。

信息资源内容开发过程中，首先对用户的信息需求、爱好及任务等进行描述，然后将用户个性化需求描述的结果通过用户需求模块输入到信息过滤算法中，通过信息算法过滤之后，得出相关的信息，形成一个集合，即信息过滤结果集合。过滤完成后，我们可以对已经得出的集合进行相关评价，主要是从查全率和查准率两个方面来评价。通过反馈机制作用于用户和用户需求模块，从而使用户需求模块的描述进一步具体和明确。与此同时，将这个修正结果再反馈到"信息过滤算法"中，从而可以进一步提高过滤质量。

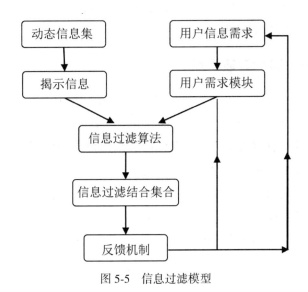

图 5-5　信息过滤模型

在信息过滤系统中，用户需求模块构建、信息揭示、匹配算法和反馈机制是关键部分。在智能化技术条件下，全自动的信息过滤系统处于不断发展之中。信息过滤技术应用中应特别注意以下问题：

用户模型的构建。对过滤系统来说，用户建模是一个关键环节，因为过滤的主要目的是根据用户模型判断数据项与用户需求的相关度。用户模型的不准确，将会直接导致过滤结果的偏差和错误。然而，用户建模具有复杂性。用户的需求依赖于用户的即时需要、认知状态和动机等，有些参数很难集成到过滤模块中。因此，建模必须尽可能明确用户的相关知识，这些相关知识的确定必须加以确认。但是，大多数的过滤往往限于内容相关度计算，用户兴趣领域不能代表用户的准确信息需求。因此，过滤系统应该强调整合多种用户建模方法进行用户认知信息的揭示。

用户信息的及时更新。信息过滤就是用于描述寻找符合用户需求和兴趣的信息处理过程，也就是从大量的动态信息中找出最能满足用户所需信息的过程。与信息查询不同，信息过滤关注用户在一段时间内，比较固定的信息需求，同时根据用户所关心的信息变化，利用智能技术进行信息匹配，从中筛选出用户所需的深层信息。过滤实现中，信息过滤系统用户的需求被表示成文档（profile），再根据用户文档对进入系统的信息进行处理，同时依据用户的反馈信息，对用户文档不断进行修改。因此必须意识到即时更新的重要性，每次过滤以后，用户模型应同步更新。

5.2.2　信息过滤的智能组织

根据信息过滤方式的不同，信息过滤技术分为基于内容的过滤（contentbased filtering）和基于协作的过滤（collaborative filtering）。

基于内容的信息过滤是把信息资源内容和用户兴趣模型进行相似性匹配，按照相关度排序把与用户兴趣模型相匹配的信息推荐给用户。其关键技术是相似性计算，通常是根据用户模型（profile）从信息源中匹配与之相关的内容，然后将其中符合特定标准的部分筛选出来呈送给用户。实现中，主要采用基于关键词的匹配，采用关键词匹配在于实现基于内容的过滤。具体过程如图 5-6所示：

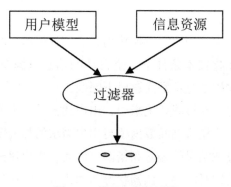

图 5-6　基于内容的过滤

如图 5-6 所示，用户将感兴趣的主题以关键词形式表示并呈送给过滤器，过滤器对文档中的信息内容进行扫描，返回带有这些关键词的文档。应用中，关键词匹配过滤存在一定的缺陷，如由于过滤的结果只取决于用户信息需求模型与信息资源的匹配程度，那么关键词匹配过滤的结果与用户呈送的关键词密切相关，如果用户呈送的关键词不能准确表示其需求，则过滤的结果很难满足用户的需要。此外，关键词匹配过滤不能区分信息资源质量，也不能动态地为用户推荐其可能感兴趣的信息。

基于内容过滤的系统优点是简单、有效，缺点是它在为某一个确定的用户查找信息时不考虑其他用户的反馈，即不能为用户发现其他用户感兴趣的资源，而只能发现和用户已有兴趣相似的资源。典型的如美国斯坦福大学 Tak Yan 研发的 SIFT(The Stanford Information Filtering Tool)系统以及相对单一的大多数系统，这些系统主要针对新闻组等网络信息进行过滤。过滤中，系统要求用户用明确清晰的关键词初始化兴趣模型，然后系统利用向量空间模型方法或更直接的布尔逻辑算法，过滤出与用户的兴趣模型相匹配的网络信息推送给用户。这个系统的缺点是局限于根据用户所列出的关键词为用户推荐结果，却不能为用户推荐新的感兴趣的多方面信息。

协作过滤(Collaborative Filtering)又称社会过滤(Social Filtering)，是主动服务中常用的一种信息过滤技术。协同过滤是通过分析用户的历史记录，对用户和信息进行聚类，然后根据聚类得到的用户相关性和信息相关性数据实现用户之间的协同，让具有相近需求的用户能借鉴彼此的经验。

传统的协同过滤系统没有考虑用户的自主性，用户不能自主地利用自己的判断力和分类关联知识对信息进行分类，也不能自主地引入或发展自己的社会关系网络，不能利用在现实中发展出来的可信任关系网络进行协同过滤。因此，当前的过滤系统在原协同过滤系统的基础上进一步增加了用户的自主性，让用户能够自主地对信息进行自定义分类或自定义信息之间的关联，同时能自主地在系统内发展关系网络，或把现实中的关系网络纳入系统之中，由用户自主地选择协同过滤的伙伴，自主地建立可信任的社会关系，并从其信任的社会关系网络中学习和借鉴参考。这样改造以后，系统便具有了社会复杂性。在引入用户自主性后，信息系统中存在两种不同方法形成的用户关联网和资源关联网：一种是通过传统的系统聚类算法计算得出的，另一种是依赖每个用户的知识和判断力自主发展出来的。在两类关联网间，可进行反馈循环。图 5-7 是两类用户关联网间的相互影响示意图。系统聚类推荐的用户关系网把用户自主发展的关系网作为反馈学习的训练数据，用来改进优化算法；用户在自主发展社会关系过程中也可以参考系统的推荐聚类。正是这一反馈循环，让系统的计算智能和用户的群体智能得到了有机的协同。

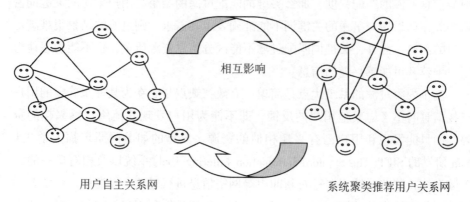

相互影响

用户自主关系网　　　　　　　　　系统聚类推荐用户关系网

图 5-7　两种方法得到的用户关系网之间的循环反馈

　　协作过滤系统的实现机制如下：搜集用户群体的偏好信息，使用相似度评价标准；从用户群体中选择与某一用户具有相似性的用户子群体，计算该子群体用户的平均偏好（或加权偏好）信息；根据计算结果向寻求推荐信息的用户推荐不带任何偏见的结果信息。由此可见，协作过滤在分析用户兴趣的基础上，获取特定用户对某一类信息的评价数据，在用户群中找到与此兴趣相似的用户，把特定用户感兴趣的信息推荐给这些相似用户，如图 5-8 所示。这种基于其他人的兴趣和评价把信息推荐给相似用户的过滤模式，能够实现基于信息质量的信息过滤。WebWatcher、Let's Browse、GroupLens、Firefly 等都比较成功地应用了协作过滤技术。鉴于协作优势，协作过滤技术被广泛地应用于各类服务之中。当然，这种过滤技术也可在网络信息导航中应用。与此同时，利用

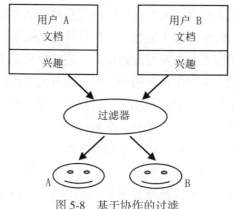

图 5-8　基于协作的过滤

P2P 的"合作过滤"功能可以帮助商务网站分析消费者行为，然后据此向他们推荐合适的商品。

用户评价信息的获取和用户相似度计算是协作过滤的两个重要环节。用户评价信息的获取主要指获取用户对特定信息的评价，可分为显式评价和隐式评价两种。一般来说，显式评价需要用户有意识地表达自己对某一信息的认同程度，可以用数值来表示不同的倾向程度，系统获得这些初始信息后，就能将用户加入到用户库中；随着用户不断使用协作过滤系统，用户的信息不断积累和更新。隐式评价则是不需要用户明确标识其对信息的倾向，而是系统从用户的访问记录中获取相关信息，如一些系统利用 Agent 获取和分析用户的访问浏览行为记录，从中抽取用户的偏好等信息。协作过滤系统中，服务器都与用户密切相连，以便能够获取他们的访问记录。用户可以是匿名的，但他们的个人偏好都保存在服务器中。系统通过个人偏好的匹配，把具有类似偏好的用户进行聚类。当用户寻找信息时，可以把与其偏好相同的用户是如何找到相关信息的情况以及其他用户对这一信息的评价告知正在搜寻该信息的用户，引导其信息搜寻活动。

协作过滤的优势是能够使过滤器在过滤信息时考虑信息的质量。过滤不是基于内容，而是基于用户对该信息的评估，因此能够过滤机器难以进行自动内容分析的信息，如艺术品、音乐等。而且，协作过滤系统还可以向用户推荐相关信息，实行主动的个性化服务。但协作过滤系统也存在一些问题，如协作过滤系统受制于用户的评价和偏好的形成，如果对某一信息其他用户没有评价或者没有生成相关的偏好，那协作过滤系统的推荐、过滤功能就难以实现。另外，用户对信息的判断是否符合信息的真实情况，能否对信息作出正确的评价也是值得考虑的问题，这是因为普通用户对信息质量作出明确的评价也不是容易的事情。

为了解决信息过滤中进行有效推荐的问题，豆瓣网等一直在不断完善其协作过滤系统，它们采用系统计算和用户智能结合的方案进行过滤。系统计算是用协同信息过滤算法，对用户的历史操作记录进行分析，得到用户之间的关联和数据之间的关联，再对不同用户群组选择性呈送最可能相关的信息（或对呈现的信息按照相关性排序）。由于系统的计算不一定符合用户真实的需求，因此在系统推荐中可以添加用户反馈，系统可以依据用户的反馈数据调整系统内原来计算出的用户相关度和内容相关度。除在用户反馈设计中综合人机智能外，还可采用与计算智能推荐完全并行的协作的信息推荐策略，体现在自主小组功能的设计和自主友邻的功能设计上。

自主小组功能让每个用户都可以自主地建立特定的兴趣小组，或自主地选择加入别人创建的小组，与依靠算法对用户进行分析、划分用户群体不同，自由小组给了用户自主组织起来的权力。系统除依据聚类算法给不同用户推荐其最可能感兴趣的信息外，还根据用户自由小组的参与情况，把整个系统内的大量动态信息(小组讨论)进行分类，从而避免了用户的信息冗余，即对每个用户只呈现与自己有关的、自己可能感兴趣的信息。除小组讨论提供了成员交互场所外，小组的推荐提供了小组成员间的主题分享功能，此功能对小组所有成员开放，所以形成了事实上的成员间协作的网络。

自主友邻功能是指每个用户可以自主地把其他用户添加为自己的友邻，友邻的最新收藏、最近阅读等信息被推荐给用户，以此作为系统计算推荐的一个补充。选择友邻的过程也是系统计算和用户智能结合的结果，以系统计算出的最相似的推荐为辅，以基于用户综合判断为主。实现中，系统从大量用户群中为每个用户计算出其最可能感兴趣的人选，从而解决了人群过大、无从选择的困难。由于一般情形下人们只选择自己感兴趣的用户，因此友邻推荐也具有相互借鉴的价值，系统通过呈现友邻数据实现了相互之间的借鉴。

系统算法、用户反馈、友邻和小组间形成复杂的信息交互网络，其中系统算法分析计算的数据来自于系统所有用户行为的记录日志。系统算法调整的依据是用户对两种推荐(推荐友邻和推荐阅读)的反馈，用户行为不仅受系统推荐的影响，还受友邻和同小组成员行为的影响。另外，系统的设计为用户间的相互影响和借鉴提供了方便。

但豆瓣系统中用户之间的自主协作，以及系统对用户行为的综合分析具有普遍性。通过用户反馈，系统过滤算法可以借用群体智慧进行一些具体的改进设计。因此，该模型可广泛应用于多用户信息过滤系统中，如大数据信息检索中的协同过滤的实现、虚拟社区和社会评价系统等。在传统个性化推荐和协同过滤算法难以获得用户高满意度的问题背景下，综合集成用户智慧具有重要性，以用户之间协同分享经验为主、系统分析计算为辅的系统实现因而具有现实性。

5.3　面向信息内容需求的数据挖掘

个性化信息提取是信息内容开发中的关键环节，在这一环节中需要用到相关技术，其中数据挖掘技术是最常用且重要的技术。借助数据挖掘技术，对大量的信息进行抽取、转换、分析和模型化处理，旨在提高信息资源的质量和利用效率。

5.3.1　深层次利用中的数据挖掘结构

信息内容的深层次利用建立在内涵知识的发现和表达基础之上，即从来源广泛的多源信息中抽取用户所需的信息内容。在实现上，需要依托数据挖掘技术，从大量的数据(结构化和非结构化)中提取有用的信息和知识。数据挖掘的信息源是大量的、真实的，且含有干扰的。由于有待发现的信息内容是潜在的并隐藏在大量数据背后，但这些却是用户感兴趣的、可理解、可应用的知识。所以，数据挖掘在知识发现、知识提取、知识应用中具有关键性。

数据挖掘系统可以大致分为三层结构，其技术推进可以在数据挖掘系统结构中按 3 个层面组织(图 5-9)。

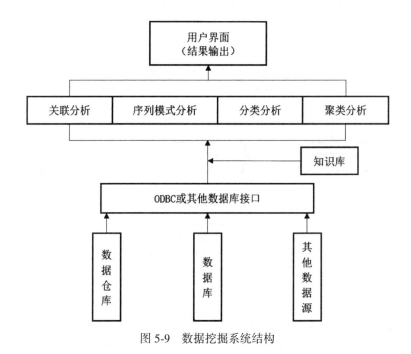

图 5-9　数据挖掘系统结构

如图 5-9 所示，数据挖掘系统第一层是数据源，数据挖掘与数据仓库协同将大大提高数据挖掘的效率；第二层是数据挖掘器，利用数据挖掘方法分析数据库中的数据，包括关联分析、序列模式分析、分类分析、聚类分析等；第三层是用户界面，将数据所承载的高密度信息以便于用户理解的可认知方式提供给用户，如向用户提供可视化工具。

从数据挖掘内容和层次上看，技术应用应从基本的对象、环节着手进行选择，以适应用户的内容需求和信息资源分布结构。

在实施数据挖掘之前，应该先制定一个切实的计划，以保证数据挖掘有条不紊的顺利进行。CRISP-DM 是一个通用的数据挖掘过程模型，用于引导实施数据挖掘。数据挖掘过程标准（Cross Industry Standard Process for Data Mining, CRISP-DM），由 SPSS 的 Daimler-Benz 提出后不断演化。作为当今数据挖掘通用的标准之一，它不单是数据的组织或呈现，也不仅是数据分析和统计建模，而是一个从理解任务需求，寻求解决方案，到接受挖掘结果检验的完整过程。按照 CRISP-DM 的标准，数据挖掘包含任务理解、数据构理、模型构建、数据准备、挖掘实施和结果确认 6 个步骤。这一流程将数据挖掘理解为需要不断循环调整的环状结构，图 5-10 中的箭头指示了各个阶段之间的关系和数据挖掘部署。

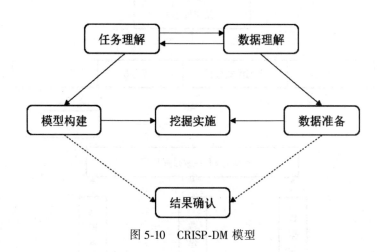

图 5-10　CRISP-DM 模型

①任务理解。本阶段的任务主要是从任务角度来理解数据挖掘的目标和要求，然后将此转化为数据挖掘问题，制定一个可行的数据挖掘计划。在计划中，要求清晰地定义和明确数据挖掘的目的，这是数据挖掘的前提。虽然数据挖掘的最后结果具有不可预测性，但要挖掘的问题应是有预期的，如果盲目地去进行数据挖掘，是不会成功的。

②数据理解。数据理解阶段包括收集数据和对数据进行探索性分析两个方

面。在这个阶段首先要搜集并熟悉所有与信息对象特征有关的内部和外部数据，在此基础上进行数据价值分析，从中发现包括隐含可用信息的相关数据子集。

③ 建立模型。在该阶段，需要选择和应用多种建模技术，设置模型参数。实施中，用户往往需要返回到数据准备阶段，以使数据适应不同模型的不同要求。由于同一数据挖掘可以采用不同模型，故要考虑数据挖掘工具在应用中的功能设计和实现。

④数据准备。数据准备强调在源数据的基础上运用建模工具建立最终的数据集。数据准备可能需要进行多次调整，而且没有任何预定的顺序，从实施上看，数据准备包括选择数据表、记录数据、属性分析以及转换和清理数据等。

⑤挖掘实施。到了这一阶段，已经建立了一个或多个数据分析的功能模型。在该模型付诸应用前，还必须客观地评估该模型，再回顾构造该模型的构架，以确定模型是否真正能够达到预定的任务目标。其中，一个关键的问题就是确定是否存在一些重要的问题没有被充分地考虑到，并据此做出数据挖掘的使用决定。

⑥结果确认。数据挖掘过程可能很简单，但是对任务问题给出一个建议，也可能很复杂。如应用一个应用程序向信息用户提供新知识，无论简单还是复杂，在结果确认阶段，都要全面考虑多因素的影响。结果确认后经常要求扩展服务，所以下面的问题主要是基于数据挖掘工具在任务实现上的应用。

5.3.2 数据挖掘方法及其应用

数据挖掘涉及的方法多样，且针对性强，因此可根据不同的标准区分为多种方法。根据挖掘的任务可分为：关联分析、序列模式分析、分类分析、聚类分析等。

①关联分析。关联分析(association analysis)是从大量的数据中发现项集之间的关联、相关关系或因果关系和项集的关联模式，数据关联的目的在于，在数据库中发现存在的一类重要的可被发现的关联知识。在关联分析中，若两个或多个变量的取值之间存在某种规律性联系，就成为关联关系。例如，买面包的顾客有90%的人还买牛奶，这是一条关联规则。若商店中将面包和牛奶放在一起销售，将会提高它们的销量。

在大型数据库中，这种关联往往普遍存在，因而需要进行筛选。一般用"支持度"和"可信度"两个阈值来删除那些无用的关联规则。"支持度"表示该规则所代表的事例(元组)占全部事例(元组)的百分比，如既买面包又买牛奶的顾客占全部顾客的百分比；"可信度"表示该规则所代表事例占满足前提条件事例的百分比，如既买面包又买牛奶的顾客占买面包顾客中的90%，则可信度为90%。通常的数据挖掘系统使用最小置信度和最小支持度作为阈值来筛选有价值的关联规则，用户可以自行设定阈值，以调整挖掘结果。

②分类分析。分类分析(classification analysis)是数据挖掘中应用最多的方法，信息分类将反映信息内容的数据有序地集合在一起，用以支持人们对事物的深入了解。分类是找出一个类别的概念描述，它代表了这类数据的整体性质，即该类的内涵描述特性。一般用规则或决策树模式表示。该模式能把数据库中的元组映射到一定类别中的某一个类。

类的内涵描述分为特征性描述和辨别性描述。特征性描述是对类中对象的共同特征的描述；辨别性描述是对两个或多个类之间的区别描述。特征性描述允许不同类中具有共同特征；而辨别性描述中不同类不能有相同特征。在应用中，辨别性描述用得更多。分类是利用训练样本集(已知数据库元组和类别所组成的样本集)通过有关算法而求得。建立分类决策树的方法，典型的如 ID3，C4.5，IBLE 等方法；建立分类规则的方法，典型的有 AQ 方法、粗糙集方法、遗传分类器等。

③聚类分析。聚类分析(clustering analysis)是一种特殊的集合分类分析方法，与分类分析法不同，聚类分析是在预先不知道划定类的情况下(如没有预定的分类表或没有预定的类目)，而需要根据信息相似度进行信息集聚的一种方法。聚类的目的在于根据最大化类的相似度、最小化类间的相似性原则划分数据集合，目的是采用显式或隐式的方法描述不同的类别。

聚类方法包括统计分析方法、机器学习方法和神经网络方法等。在统计分析方法中，聚类分析是基于距离的聚类，如欧氏距离、海明距离等。这种聚类分析方法是一种基于全局比较的聚类，它需要考察所有的个体才能决定类的划分。在机器学习中，聚类是无引导的学习。这里，距离根据概念的描述来确定，故聚类也称概念聚类。当聚类对象动态增加时，概念聚类则称为概念形成。在神经网络中，自组织神经网络方法用于聚类，如 ART 模型、Kohonen 模型等。这是一种无监督学习方法，当给定距离阈值后，各样本按阈值进行聚类。

④序列模式分析。序列模式(Sequential Pattern)分析和关联分析相似，其目的也是为了挖掘出数据之间的联系，但序列模式分析的侧重点在于分析数据间的前后(因果)关系。它能发现数据库中如"在某一段时间内，顾客购买商品 A，接着购买商品 B，而后购买商品 C，即序列 A→B→C 出现的频度较高"之

类的现象。序列模式分析描述的问题是：在给定交互序列数据库中，每个序列是按照交互时间排列的一组交互集，挖掘序列函数作用在这个交互序列数据库上，返回该数据库中高频序列。与关联分析一样，序列模式分析也需要输入最小置信度 C 和最小支持度 S。

根据挖掘对象的不同，数据挖掘除对数据库对象进行挖掘外，还有文本数据挖掘、多媒体数据挖掘、Web 数据挖掘。由于对象不同，挖掘的方法相差很大。其中，文本、多媒体、Web 数据均是非结构化数据，挖掘的难度由此增大。

目前数据挖掘已在多方面进行了拓展，如 Web 数据挖掘就可以分为网络内容挖掘(content mining)、网络结构挖掘(structure mining)以及网络用法挖掘(usage mining)。

①网络内容挖掘。网络内容挖掘在于，从网络的内容/数据/文档中发现有用信息内容。网络信息资源类型复杂、来源广泛，资源逐层隐藏到分布数据库之中，然而这些资源仍可以通过互联网进行访问：除了可以直接从网上抓取、建立索引、实现检索的资源之外，一些网络信息是"隐藏"着的数据，如由用户提问或交互生成的结果，或是存在于 DBMS(数据库管理系统)中的数据，或是那些私有云数据。这些由于无法被索引，从而无法提供对它们有效的检索方式，因而需要挖掘。从资源形式看，网络信息内容是由文本、图像、音视频、元数据等形式的数据组成，因此我们所说的网络内容挖掘实际上是一种多媒体数据挖掘形式。

②网络结构挖掘。网络结构挖掘即挖掘 Web 潜在的链接结构模式，这一方式源于引用分析，即通过分析一个网页链接和被链接数量以及对象来建立 Web 自身的链接结构模式。应用中，这种模式不仅可以用于网页归类，而且可以由此获得有关不同网页间相似度及关联度的信息。网络结构挖掘有助于用户找到相关主题的权威站点，并且可以概观指向众多权威站点的相关主题的站点。

③网络用法挖掘。通过网络用法挖掘，可以获取用户的网络行为数据所显示的关联关系。网络内容挖掘、网络结构挖掘的对象是网上的原始数据，而网络用法挖掘则不同于前两者，它面对的是在用户和网络交互的过程中抽取的第二手数据。这些数据包括：网络服务器访问记录、代理服务器日志记录、浏览器日志记录、用户、注册信息、用户交互信息等。数据挖掘的 3 个方面的功能特点比较如表 5-1 所示。

表 5-1　网络数据挖掘的比较

| 项目 | 网络数据挖掘 | | | |
| | 网络内容挖掘 | | 网络结构挖掘 | 网络用法挖掘 |
	信息检索	数据库		
数据形式	非结构化、半结构化	半结构化、数据库形式的网站	链接结构	交互形式
主要数据	文本文档、超文本文档	超文本文档	链接结构	服务器日志记录浏览器日志记录
表示	Bag of words、n-grams、词、短语、概念或实体、关系型数据	边界标志图(OEM)、关系型数据	图形	关系型表、图形
方法	TFIDF 和变体、机器学习、统计学(包括自然语言处理)	Proprietary 算法、ILP、修改后的关联规则	Proprietary 算法	机器学习、统计分析、修改后的关联规则
应用	归类、聚类、发掘抽取规则、发掘文本模式、建立模式	发掘高频的子结构、发掘网站体系结构	归类、聚类	站点关联、改进算法、建立用户模式

从表 5-1 可知，网络数据挖掘涉及面广，采用的技术灵活，在面向用户的交互服务中可进行需求导向下的数据内容挖掘组织。

5.4　知识元关联组织及其实现

揭示知识之间的关联关系是进行知识组织、知识管理、知识发现和知识创造的起点，更是构建知识链接的前提。知识关联关系的揭示需要应用共现分析、主题分析、相似度计算、知识图谱和关联数据等方法，从知识的本质属性出发，通过内部规律的探寻，揭示知识之间存在的序化联系，明确知识之间的隐含关联与寓意，从而发现更有价值的知识。

5.4.1　基于共现和聚类的知识关联组织

共现表示的是同时发生的事物或情形，或有相互联系的事物或情形。共现分析是将各种信息载体中的共现信息进行定量化的分析。在分析实现中，其方法论基础是心理学的邻近联系法则和知识结构及映射原则。基于这一理论，可以利用贡献分析法来研究词汇之间的关联度，挖掘语义关联并将它应用于构造概念空间、自然语言处理、文本分类和文本聚类等方面。

文本共现是文本相互联系的外在表现，通过对文本共现现象的分析，可以了解文本之间所存在的关联类型和关联程度，能够从多个角度来挖掘隐含在文本中的各种信息。对于文本共现而言，目前受到广泛关注和应用的有内容耦合、内容共引和内容共篇等三种共现。

①内容耦合。内容耦合指两篇文献同时引用一篇或多篇相同的文献。科学文献之间的相互引用体现出科学探索的继承性。这种引证关系所构成的网络结构除了单一的相互引用关系之外，还普遍存在着内容耦合的现象。美国麻省理工学院 Kessler 发现，论文的专业内容越是相近，其参考文献中所拥有的相同文献的数量就越多，即耦合强度就越高。同时，相同参考文献的数目越多即耦合强度越高，就说明两篇文献之间的联系越紧密。一般认为，耦合文献之间往往具有相同的底层知识或者相同的研究背景。内容体现着文献之间的相关性，耦合强度反映出文献之间的关联程度。以此为基础，我们可以通过耦合分析来描述研究内容相近的论文簇，进而描述不同学科、不同领域的微观结构，甄别热点研究主题的核心文献等。由此可见，论文耦合是文献内容相关的一种重要的外在表现，将其作为文献相关度判定是可行的。

②内容共引。一方面，论文共引是指两篇文献同时被其他文献所引用的现象，对于这一现象的研究，美国 Henry Small 曾对粒子物理学专业的知识关联结构进行了描述，提出两篇论文的内容相似程度可以用被相同文献所引用的次数来加以测度。最初，Small 的共引理论提出是基于这样的假设，即共引可以反映出文献主题内容的相似性，对共引关系的分析可以作为描述科学结构的一种有效方法。随着方法可靠性的确证，共引分析方法被越来越广泛地应用于学科内重要主题之间的关系揭示、科学交流模式展示和科学研究前沿探测等。如生物医学期刊引文数据库(CMCI)的"相关文献"就是按共引文献展示的，可直接用共引强度衡量相关度。另外，CiteSeer 利用文献的共引关系来计算文献之间的相似度，它综合考虑了文献本身的总被引频次，借用 TF　IDF 公式来计算相关度。另一方面，共引分析也可作为知识聚类的方法，通过对学科领域内

文献、作者和主题的汇集来改进检索方法，提高检索效率。论文共引内容的共篇是论文之间拥有相同关键词所产生的关联结果，如果两篇文献共同拥有相同关键词的数量越多，那么这两篇文献内容的关联就越强，两篇文献所拥有的相同关键词的数量即为它们的共篇强度。

利用内容共引、内容耦合和内容共篇来判断相关性的优势在于，无需对文献内容再次进行标引、切分和提取特征项，而直接根据文献固有的特征信息反映文献内容，从而体现文献中涉及的理论、方法、技术及细节上的关联。

聚类分析是计算机依据某种标准将对象自动分为不同的组，以明确每个组的对象之间具有类似的属性或近似关系。聚类分析也可视作一种自动分类方法，但它只依赖于对象自身所具有的属性来区分对象之间的相似程度，进而进行分类。

从本质来说，聚类算法是将总体中的个体进行分类，以发现数据的分类结构；当一个类中的个体彼此接近或相似，而与其他内容的个体相异时，就可以对划分出来的每一类进行分析，从而概括出每一类的特点。这类算法主要分为层次化聚类方法、划分式聚类方法、基于密度的聚类方法、基于网格的聚类方法、基于核的聚类算法、基于图谱的聚类方法、基于模型的聚类方法、基于遗传算法的计算方法、基于 SVM 的聚类方法和基于神经网络的聚类方法等。

聚类算法一般包含 4 个部分：①特征获取与选择，这是为了获得能够恰当表示对象属性的数据，在于减少数据的冗余度；②计算相似度，根据对象的特征来计算对象之间的相似程度，在聚类过程中可以一次性地计算所有对象之间的相似度信息，也可以在聚类分析过程中按需要来计算对象之间的相似度；③分组，根据对象之间的相似程度来判断对象之间的类别，将相似的对象归入同一个类，不相似的对象分到不同的类中；④聚类结果展示，展示的方式具有多样性，可以只是简单的输出对象分组，也可以对聚类结果进行图形化展示。

在聚类分析方法的具体应用中，首先利用词频统计法进行词频排序，从而得到数据挖掘和知识发现领域的主题词。为了进一步对主题词进行归纳，反应领域中研究主题之间的关系，还需要对主题词进行聚类分析。根据主题间关联关系，组成关系相近的类。作为一个主题，在于帮助理解领域主题结构关系，进行领域的潜在关联。最后，使用绘图工具绘制出主题间的关联网络，通过关联网络发现主题间的关联结构。

5.4.2　基于语义相似度计算的知识关联组织

数字信息环境下，广泛存在着知识资源异构性问题，尤其是语义异构性问题。在这一背景条件下，要满足用户对知识的深层次需求，就必须强化基于概念匹配的知识分析。所谓概念匹配，即通过计算知识单元之间的语义相似度进行内容关联。语义相似度计算是对知识源和目标知识单元之间在概念层面上的相似程度进行度量，在度量过程中需要考虑知识单元所涉及的语境和语义等信息。语义相似度的计算方法可以分为以下 5 种：

①对于字词的相似度计算。字词相似度计算主要包括基于字面相似度识别、基于多字词的词素切词识别和基于一致性识别的知识间关系建立。基于字面相似度识别的计算方法是以词汇的构成特征为基础，经过词汇间的匹配达到同义词识别目的。该方法的基本原理是根据多字词构词特征和同义词、准同义词含有的相同语素，按词面相似度进行词义分析和基于多字词的词素切词识别。方法要点是针对多字词结构，进行多字词中的词素对应，以判断多字词的同义性。基于译名一致性识别方法是利用专业词汇库中词汇的译名匹配关系，查找译名相同的专业词汇组，并把其作为同义词词组对待。该方法的理论依据是在专业领域中同一个术语可能译为不同的词汇，按其实质表达归为相同含义。所以，当不同词汇的译名如果完全相同，则该组专业词汇多数是同义词组。

②基于距离的语义相似度计算。基于距离的语义相似度计算是指，基于概念词在本体树状分类体系中的路径长度，来量化它们之间的语义距离。对此，几种代表性算法有：按概念词之间的相似度与其在本体分类体系树中的距离，根据本体分类体系中所有边的距离同等重要原则进行相似度计算；在权重的处理基础上，进行相似度扩展，同时考虑概念在本体层次树中的位置信息以及边所表征的关联强度；计算时将组成连通路径的各个边的权值进行相加，以此来计算两个概念词的距离；基于两个概念在本体树中与其最近公共父节点概念词的位置来计算其语义相似度，不再通过直接计算其在本体树中的路径长度；由于用户对相似度的比较判断往往是介于完全相似和完全不相似之间的一个具体值，因而按两个概念之间在分类体系树中的最短路径和最近公共父节点所处的深度进行计算。

③基于信息内容的语义相似度计算。该算法基于这样一个假设：如果两个概念词有共享的信息，那么它们之间就存在语义相似度；共享的信息越多，语义相似度就越大；反之，则语义相似度就越小。根据信息论，衡量概念词中的信息含量可以通过概念词在特定文献集中所出现的频率来表征，频率越高，其信息内容就越丰富；反之，其信息内容就越少。在本体分类体系树中，每个概念子节点都是基于其父节点概念的信息内容细分或具体化而得出的。因此，要

衡量父节点的信息内容，可以通过其子节点概念词的信息内容来加以计量。基于同样的道理，比较两个概念词之间的相似度，可以通过比较它们的公共父节点概念词的信息内容来实现。在本体分类体系树中，一个父节点往往有多个子节点，而一个子节点概念词可能对应多个父节点概念词。因此，两个被比较的概念词之间的公共父节点概念词可能不止一个，一般取所含信息内容最多的那个①。

④基于属性的语义相似度计算。知识的属性特征反映着信息内涵知识，人们用以区分或辨识知识的标志就是知识的属性特征。知识之间所拥有的公共属性数决定了二者之间的关联程度，这就是基于属性的语义相似度计算的原理所在。总体上，两个被比较的概念词所共有的公共属性越多，二者之间的相似度就越大。属性算法模型，是一种典型的基于属性的语义相似度计算模型，但是该算法只考虑了被比较概念的属性信息，却未考虑其在分类体系树中的位置信息，同时忽略了其父节点及其自身的信息内容。因此，相应本体的属性集在这一算法具有互补性，因而应很好地加以利用。

⑤混合式语义相似度计算。混合式语义相似度计算实际上是对基于距离、基于信息内容和基于属性的语义相似度计算方法的综合。也就是说，该算法同时考虑两个被比较概念词的位置信息、边的类型以及其属性信息等。主要代表算法模型有 Rodriguez 等人提出的模型。该模型同时考虑关键词的位置信息和属性信息，所包括的具体内容有被比较概念词的同义词集、语义邻节点和区别特征项。事实上，两个概念之间的关联可以通过多个路径来建立，如果将所有路径都考虑在内，那必然会导致问题过于复杂化。因此，可以提出基于共享概念词集的计算模型。在模型中，进行复合关键词的分析，将这些概念分解成多个子概念。相比较而言，综合算法模型不仅可应用于计算同一个本体中概念词之间的相似度，而且能够用于计算不同本体中概念词之间的相似度。

5.4.3　基于主题图和关联数据的知识关联组织

主题图是一种用于描述信息资源的知识结构的元数据图形化表达形式，它可以定位某一知识概念所在的资源位置，也可以表示概念间的相互联系和知识层面上的关联。

主题图方法作为一种有效组织和管理大量信息资源的方法，其使用旨在建

---

① 孙海霞，钱庆. 基于本体的语义相似度计算方法研究综述［J］. 现代图书情报技术，2010(1)：51-56.

立符合资源特征的知识架构。主题图利用丰富的语义置标来定义主题的类、关系和出处等，从而表现知识结构。它既是知识组织的一种方法，也是知识结构的一种表示语言。所以，利用主题图可以有效组织无序的异构资源，体现资源的语义结构，进而进行知识关联。在应用中，主题图通过建立领域知识概念结构来建立知识导航机制。与其他知识组织技术相比，主题图具有以下特性：

主题之间可通过多种方式进行关联，能够解决大量连续生成的信息问题，因而是一种有效的知识组织和管理工具。国际标准化组织（International Organization of Standards，ISO）制定的相应标准对其进行了规范，因此其形式比较统一，既能够以结构化方式模拟领域知识，也能够实现知识结构的可视化呈现，从而便于用户领会基础概念及其之间的关系。

主题展示中，可以采用高度交叉的方式对资源进行组织，构建知识关联关系。在此基础上，用户既可以了解特定的领域知识，也可以通过地图导航认识庞大复杂的领域知识体系。

主题图可用于抽象知识内容的组织，形成知识地图，从而利用多方面信息来创造知识结构，构建结构化的语义网络。

在基于主题图的知识关联组织中，可按以下流程进行：

①创建概念知识库。创建概念知识库首先要进行分析和组织主题概念，即针对各种不同的数字资源，根据资源的主题内容，分析出可以代表各资源的主题概念。这一阶段需要针对目标领域的概念模型收集知识资源涉及的概念，分析概念和概念之间的关系，构建主题图的概念网络。由于知识资源包罗万象，建立概念模型需要各个领域专家的参与，以确保所开发出来的概念模型可以共享。在功能实现上，既能够体现共同认可的知识，又可以反映相关领域中公认的概念集。

②建立本体库。确定主题所包含的知识集之后，需要描述并表示知识，最终建立主题词库。这是一种知识概念化和形式化过程，需要设计领域知识的整体概念体系结构，利用主题概念和关系表示领域概念知识。其次，通过领域专家来验证主题词库，检查各主题元素在句法、逻辑和语义上的一致性，对主题概念和主题图相关的软件环境和文档进行技术性评判。最后，将主题图概念发布到相应的应用环境，以进行配置，并通过应用反馈对主题概念进行修正和完善。

③编制主题图并建立资源与主题的映射关系。映射关系的建立需要采用XTM描述语言标记生成的主题图，对概念及概念之间的关系应经过 XTM 标记，使其在相应的程序中得到正确的反映。在主题图概念层构建之后，需要在

资源层中的知识资源与概念层相应主题间来建立映射和连接；通过对资源进行自动标引和分类，确定主题词，并实现知识资源与主题图具体概念的匹配。

"关联数据"是一种用来在网上发布或连接结构化数据的最佳方式。近 10 余年来，使用这种方式的数据提供者越来越多，导致全球数据空间的快速扩展。关联数据的应用同时导致网络功能拓展，在这个全互联网数据库中，可以获取来自各方面的大数据，如在线社区、统计和各领域的数据。在语义网中可以方便使用 URL 和 RDF 发布、分享、连接各类数据和知识，与混搭平台依托的固定数据源利用不同，关联数据应用依赖于一个非绑定的全球分布式数据库。所以，作为一种新型的网络数据模型，关联数据具有框架简洁、标准化、自助化、去中心化、低成本的特点，强调建立已有信息的语义标注和实现数据之间的关联。在应用中，关联数据已产生了广泛的影响，为构建人际理解的数据网络提供了根本性的保障，为实现知识链接奠定了新的基础。

关联数据可以通过 HTTP 协议组织并获取支持，它允许用户发现、关联、描述并利用这些数据，强调数据的相互关联、相互联系以及有益于人际理解的语境信息表达。Berners Lee 认为，创建关联数据应遵循如下 4 个规则：用 URL（统一资源标识符）作为对象的名称；通过使用 HTTP URL，A-f3 可以定位到具体的对象；通过查询对象的 URL，可以提供有意义的信息（采用 RDF、SPARQL 标准）；提供相关的 URI 链接，以便发现更多的对象。根据以上 4 个方面的原则，可以创建一系列的本体，如 FOAF（Friend Of A Friend）所描述的用户之间的交互关系，在描述中每一用户都有唯一的 URI 标识，可以按身份配置文件。

关联数据技术在知识关联组织中的应用是基于 RDF 链接来实现的。RDF 主要是通过由主语（Subject）、谓词（Predicate）和对象所组成的三元组，以 RDF 模型来表达事务、特性及其关系。RDF 链接可以通过设置生成，如 FOAF 文档。对于大规模的数据集，则需借助于特定命名模式的算法、基于属性的关联算法等，在不同数据集之间生成自动关联。其中，需要针对特定的数据源，开发专用的特定数据集的自动关联算法。RDF 链接作为数据网络的基础，不仅可以链接同一数据源中的资源，而且可以实现不同数据集之间的关联，从而将独立的资源编织成数据网络。

采用关联数据的方式在网上发布数据集的过程通常包括三个步骤：第一，给数据集描述的实体指定 URI，通过 HTTP 协议下的 URI 参引，获取 RDF 表达；第二，设定指向网络其他数据源的 RDF 链接，这样客户端程序就能跟随 RDF 链接在整个数据库中进行导航；第三，提供发布数据进行描述的元数据，这样利用客户端可对发布数据的质量进行评估，从而可以在不同的连接方式中进行选择。

5.4.4 基于关联规则的知识组织

关联规则是表示数据库中一组对象之间某种关联关系的规则。关联规则问题由 Agrawal 等人首先提出，后来许多研究者(包括 Agrawal 本人)都对关联规则的挖掘进行了持续研究，从而改进和扩展了最初的关联规则挖掘算法。同时，关联规则的挖掘被应用到许多领域的数据库中，取得了良好的挖掘效果。

通过关联规则挖掘也可以揭示知识之间的关联关系。它主要针对用户行为和需求的分析，即使知识间具有相同/相似/相近的关联关系。关联规则挖掘主要用于帮助用户快速准确地找到所需数据内容，实现用户需求与信息推荐的匹配，以满足用户的个性化需求。例如，卓越亚马逊等基于关联规则的挖掘推出了多种形式的个性化服务。与此同时，该方式可根据用户记录，为用户提供更多相关信息。关联规则挖掘还可用于数字信息服务的多个方面。借助关联规则，可根据用户的历史数据来发现和挖掘数据之间的关联关系；发现用户的使用模式，根据用户的兴趣模式提供主动的个性化服务，帮助信息用户发现数据间潜在的关联。如用户访问时，根据用户的兴趣度来推荐相关专题信息；跟踪用户的兴趣变化，发现用户的最新需要；根据用户的兴趣，提供相应的报告。

基于关联规则的知识关联组织，主要应用在协同过滤推荐系统中。它是基于群体用户的访问行为数据挖掘来实现的，在于发现用户与用户之间、资源与用户之间所存在的关联关系或特征，以向当前用户推荐其可能感兴趣和有价值的资源对象。用户关联推荐步骤包括：首先，获取有关用户访问行为、用户兴趣等信息，以及有关用户对于资源对象的属性或偏好程度的评价信息等；然后，分析和发现用户之间以及资源之间的特征联系，也就是其相似性或关联性；继而进行用户之间的相似性和资源对象的关联性计算，如可以通过用户对资源对象的评价来计算出资源对象的相似性；最后，根据当前用户的访问过程，适时产生和输出推荐列表，根据用户的偏好确定推荐内容。

关联规则的挖掘建立在拥有大量用户数据的基础上，其应用可扩展到各个领域的活动之中。在应用中，可以借助于面向内容的文本信息处理或者对信息资源获取的聚类分析来弥补其不足。一方面，从大量的文本特征中构建有效的分类器，基于分类器对文本进行分类，如果文本所分类别与用户兴趣相符，那么就推荐给用户；另一方面，用相关特征来定义将要推荐的信息，然后系统通过用户交互，按用户的兴趣推荐信息。

　　目录关系是界定两个或两个以上实体在目录中所存在的特定关系，目录的汇集和导航主要依据实体间的关系链接形成，通过相关编码规则的制定、查证与补充，进行规范控制。在建立目录关系的同时，可对其中所蕴含的知识进行关联组织。

　　目录关系主要有如下类型：①等同关系，泛指知识内容相同的信息载体，包括相同和不同载体表现的信息关系；②衍生关系，系指信息内容的转化和延伸；③连续关系，反映相关目录之间呈现的时间性关系，主要包括知识所反映对象的先前和后续关系；④共有特性关系，反映两个对象可能并不具有相关性，但却共有某些外部共性特征。

　　目录记录的功能需求（Functional Requirements for Bibliographic Records，FRBR）在描述内容上具有现实性。模型中包括实体、属性、实体间关系和用户认知的映射关系。FRBR打破了传统编目中概念的单一性和平面性，构建了一个具有层次结构的概念模型（见图5-11）。该模型揭示出4个实体之间的层次关系：一个对象可以通过一种或多种"内容表达"予以揭示，但一种"内容表达"只能揭示一个对象；一个"内容表达"可以通过一个或多个"载体表现"来体现；反之，一个"载体表现"也可以体现多个"内容表达"，一个"载体表现"可以具体化为多个"单件"，每一个"单件"只能体现为一种"载体表现"。在图中，虚线之上的两层代表知识内容，属于抽象概念范畴，下面的两层是体现这些内容的物理形式。

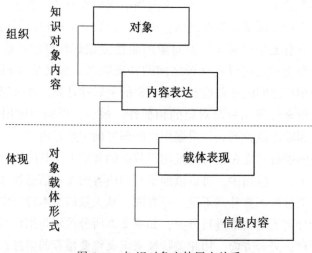

图 5-11　知识对象实体层次关系

在揭示书目实体间关系的同时，图 5-11 也应反映了知识之间的相互关系。不同载体形态和内容的对象知识组织，应通过内容关联将数据进行整合。

知识组织体系反映了知识概念、主题或类目间的相互关系，所注重的知识结构关系作为知识关联的基础而存在。这说明，知识组织体系本身就是对知识关联关系的一种组织体系。其中，叙词表包含了"用""代""属""分""参"等词族关系，以及分类中按照类目之间关系建立的内部集合，在于显示其层级关系，反映了知识间的内在联系。当然，不同的知识组织体系，其面向的对象、领域、层级深度、概念颗粒度等各不相同，所以在知识关联揭示中需要首先评估、选择合适的知识组织体系，或对同一知识概念进行多角度的表达和组织。

在基于知识组织体系的内容关联中，按体系特征可采用不同方式：

①基于结构化词表可以建立知识概念间等同关系。主要是把同义词词典作为同义语料库，利用该语料库中所含同义词组与领域专业词汇库匹配，找出在领域专业词汇库中出现且在同义词词库中是同义词的词组，借助现有的同义词词典匹配出专业词汇库中的同义词组，从而构建知识单元间的等同关系。

②基于百科词典可以实现词间关系的提取和识别。百科词典中的词汇释义解释有其固定的表达模式，通常是使用同义词、准同义词和上下位词来对未知概念词汇进行解释。如果以海量的词汇释义库为基础，则可以枚举计算出各种词间关系的模式，并在词汇释义库中匹配词汇释义，确定符合等同条件的词间关系。

③利用分类主题一体化词表中概念层级体系关系揭示知识间隶属或相关关系。以"医药卫生"为例，选择"医药卫生"类目，在此类中既有医药领域各概念的分类，又有概念之间的交互表达关系，因而在建立医药领域概念间知识关系时，可以快捷地获取所需的概念及其概念间关系。

④基于词库系统来确认知识概念间关联关系。词库系统是基于语义结构建立的概念间关系，各词库系统的任务目标与设计构架不同，从各词库系统中抽取的概念间关系与类型存在差异；由于各词库系统多数为从概念间通用语义结构角度而建立的概念间关系，所以词库系统可用于建立领域知识关联体系。

6 用户交互中的认知分析与内容关联展示

群体视角下用户信息交互表现出的行为特征及其关联关系，是数字智能时代必须面对的问题。其分析可以从用户情感和行为数据挖掘出发，进行信息交互中的认知结构展示，以实现面向用户的内容管理和以用户为中心的交互服务目标。

6.1 用户交互中的情感分析与认知表达

随着社会信息化程度不断提高，公众的信息认知行为模式发生了巨大变化，对于社会热点事件的情感、意见和态度越来越多地以短文本的形式反映在社交媒体平台上。近年来突发事件与公共卫生事件在全球网络空间引起的舆情波动，已引起人们的关注，因而在用户的网络交互中，存在着合理引导的问题。

6.1.1 用户交互中的情感分析

从信息交互传播上看，对用户表现出的多维情感进行分析，是面向用户的交互服务需要，旨在提供符合用户情感认知的交互平台，因而围绕这一问题的研究具有其理论意义和实践价值。事实上，社会交往中的意见挖掘与情感分析（Opinion Mining and Semantic Analysis，OMAS）已成为人们关注的热点内容。

情感分析主要包括情感分类处理、意见归纳、情感词典构建、情感属性提取和主观意愿检测等。情感分类作为重要环节，可以按照用户的情感倾向分为正向、中性、负向三个类别。然而，网络交互情境下，随着主题关联用户表达方式的多样化和语义隐含内容的复杂化，传统的文本情感分类难以满足数字认知语境下的复杂分析需要，因此应在社会交互语境下进行用户情感多维分类和情感词与事件主题的关联，以支持情感分析结果的应用。

反应用户群体交互的特征包括用户生成内容特征、信息行为特征和交互网络结构特征。具有相似特征的用户在关注重点、行为模式等方面表现出一致性，进而形成同质性的群体。相对于依赖描述性统计的用户画像，群体特征描述更侧重于"生成内容—信息行为—网络结构"的多重融合和对特征的多维分析。在网络交互中，用户交互的情感计算具有重要性。一方面，通过情感计算可以展示用户情感交互的社会网络结构；另一方面可以进行不同用户对同一事件的不同情感认知描述，得出更为全面和细致的结论。从特征上看，如果将情感分类转化为一个基于多特征的机器学习任务，那么群体特征分析作为重要的用户属性分析方式应得到充分重视。

值得注意的是，群体特征融合和传统的群组聚类在过程上有所不同。与群体特征综合分析相比，群组聚类融合强调的是用户群体在主题、兴趣、行为上表现出的相似性。由此可见，基于相似特征形成的类簇，强调特征差异，而非结构差异。当网络交互主题进入公众视野后，仅依靠事件本身的关注群体分析，难以反映用户的细分类型结构。同时，同一交互主题内容的群体画像与网络结构的异质性，随着主题热度的变化，用户情感、态度可能存在明显不一致的表达。对此，群体特征融合更强调用户群体所体现出的整体性和人性化特征，通过群体特征分析可以得出情感和意见上的精细化结论。

从总体上看，群体特征分析注重于以下两方面问题：

①情感特征与行为影响。揭示交互用户群体行为特征、内容特征与网络结构特征，把握交互用户的行为机制，通过用户行为分析，旨在将网络结构、行为特征融入用户情感描述中，以此出发进行基于多元特征的情感揭示，以明确交互用户的认知行为机制，为面向用户的服务提供依据。由此可见，深化用户情感认知研究，也是用户画像体系的重要补充。

②用户情感与事件关联。在分析中，拓展情感分析与意见挖掘的边界，丰富文本细粒度情感分析的内容具有现实性。由于现有情感分析粒度粗糙，缺乏明确的时间线和事件线的展示，因此需要从群体特征差异出发，进行基于深度学习的情感分类构架，以展示用户情感和事件内容的关联关系。其中，所采用的细粒度情感关联分析方法和情感词典构建方法，丰富和完善了现有情感分析的方法体系。

在分析过程中，以用户群体特征作为控制层，在深度学习中输出交互情感分析结果具有普遍性。其中的关键是，展示用户情感与事件的关系及关联强度，以反应真实世界中不同类型用户对于事件的观点、意见和态度。这一方式的采用有助于及时发现和引导情绪易感人群，提升舆情预警、数据治理的效果。另外，所构建的面向事件主题的多维情感词典，为情感分析提供了工具支持。

从群体视角切入，对交互用户情感进行多维分析，并将分析结果嵌入交互环境，在社会交互网络中具有重要性。因此，从用户情感分析与意见挖掘出发，进行网络交互用户行为特征展示具有现实性。用户交互情感分析与意见挖掘的基本任务是从大量的语料信息中提取针对实体（Entity）特征的评价观点和意向态度，这样不仅可以为用户提供决策辅助信息，而且可以为数据网络空间管理提供依据。网络交互中蕴含的语料丰富，情感信息与语义内容具有多样性，它对应着交互活动的不同领域。从情感分析的粒度上看，情感分析可分为文档级和属性级。前者以网络交互中完整的语义表达为对象，分析用户表达的情感倾向；后者深入文档内容细节，展示情感和属性关联。面向文档的情感分析以短文本为基础展开，通过机器学习或情感词典将文本映射至正向、负向、中立3个情感方向之一。

Turney 等提出了基于交互信息的词组情感语义分类，其基本构架为此后的情感分类定下了基调，由此可将文本情感分析视为分类任务。在此基础上，Catal 等提出一种融合多分类器的文本情感分类模型，以此提升分类的精确率[1]。Abdi 等提出的一种基于多特征融合的情感分类方法，从特征角度提升了情感分类效果[2]。同时，可进一步考虑用户语料的内在影响关系，因而使用长短期记忆网络（LSTM）的情感分类已成为目前的主流方法，如基于层次化多头注意力识别方法等[3]。采用双向注意力增强的方式对评论进行情感方向识别，以及基于双层注意力的情感分类具有现实性[4]。随着事件的复杂化，存在着将文本映射至多维方向的问题，但其逻辑基础依然是利用情感词典标注分词后的用户语料特征。由此可见，情感语料库的建设至关重要。

---

① Catal C, Nangir M. A sentiment classification model based on multiple classifiers[J]. Applied Soft Computing, 2017(50): 135-141.

② Abdi A, Shamsuddin S M, Hasan S, et al. Deep learning-based sentiment classification of evaluative text based on Multi-feature fusion[J]. Information Processing & Management, 2019, 56(4): 1245-1259.

③ 张仰森，周炜翔，张禹尧，吴云芳. 一种基于情感计算与层次化多头注意力机制的负面新闻识别方法[J]. 电子学报，2020，48(9): 1720-1728.

④ 曾子明，万品玉. 基于双层注意力和 Bi-LSTM 的公共安全事件微博情感分析[J]. 情报科学，2019，37(6): 23-29.

6.1.2 基于情感分析的认知表达

社会网络语境下的信息内容丰富，仅采用文档级别的情感倾向分类难以满足实践需求，因此面向属性（Target-Specific）的情感分析逐渐成为重点发展方向。在这一构架中属性词识别具有关键性，因而也是实现情感—属性关联的基础环节。对此，周清清、章成志等提出一种基于规则细粒度属性提取方法，并以在线书评语料为例进行了实证①。韦婷婷等提出的一种基于句法规则的商品评论细粒度认知抽取方法，强调了规则及其组合在属性认知识别中的有效性②。

作为情感分析的工具，情感词典构建一直是人们关注的重点。基于通用词典构建情感词典是较常见且较稳妥的做法。它可以利用较为完善的词典（如WordNet）内容与结构，以人工定义标准的情感词集合为表征，通过种子词汇在认知表达上的情感倾向分析，实现更多词汇的情感自动赋值。在应用中，基于语料库的情感词典构建可以更好地与具体领域相关联，如 Oliveira 等选取推特语料中的"熊市（Bear）""牛市（Bull）"为种子词，利用点互信息构建面向证券市场的信息交互情感词典。考虑到情感词典在词汇分类中的主体任务，深度学习方法在该领域具有适用性。目前，中文情感词典应用如大连理工情感本体、知网 Hownet 等，它们在实践中得到了较为广泛的应用。对用户认知模式的分析是情感表征的出发点，用户在网络交互中最为明显的情感特征不可避免地体现在网络交互认知之中。在用户交互认知对象作用下，网络结构、内容和关系特征必然反映在用户情感认知的各个方面。由此可见，对特征融合的认知表达是全面提升网络交互服务水平，深入刻画用户群体差异的基础。

网络交互中用户最突出的属性是其社交属性，因此真实世界的人际关系在网络环境中可映射为有方向的关注关系。其中，利用社会网络分析方法，对网络交互中的用户认知进行结构分析具有关键性。一方面，用户网络结构分析可以通过重要指标进行意见导向识别，如王晰巍等构建的区块链环境下的网络结

---

① 周清清，章成志. 在线用户评论细粒度属性抽取[J]. 情报学报，2017，36(5)：484-493.

② 韦婷婷，陈伟生，胡勇军，骆威，包先雨. 基于句法规则和 HowNet 的商品评论细粒度观点分析[J]. 中文信息学报，2020，34(3)：88-98.

构测度二级指标,对认知意向识别进行了改进①。同时,可通过分级用户网络意向构建,识别各时间点的认知意向表达②。另一方面,对用户网络结构进行分析可以加深对网络中信息流动机制的理解;同时,用户网络兴趣度分析对于交互信息认知描述具有现实性。

较多研究表明,用户生成内容可以对网络交互受众的认知与行为产生直接影响,如用户生成内容的可信度影响、信息可感知量影响等。因此,对用户生成内容的认知特征表达已成为面向网络群体交互表达的重要内容。其中,从用户生成内容的类型与利用角度出发,可进一步明确网络交互中用户标签内容生成中的因素影响,以实现基于社会标签的用户兴趣推荐。从总体上看,这些工作从多个方面丰富了网络交互用户内容特征分析的内容。

网络交互中的用户信息行为是其在动机与目的驱动下,为满足一定交互需求而采取的行动,因而通过行为特征分析可以挖掘用户的交互认知结构与隐性需求。网络交互中的信息行为包括信息转发、分享、评论等,每一种行为均可以视为在目标用户认知范围的信息交互行动。行为特征分析是网络交互环境下用户特征建模的切入点,通过对行为特征与内容结构特征的关联分析,可以对用户进行识别,如通过点赞行为对网络用户交互行为进行展示等。信息分享行为作为网络交互环境下的一种信息利用行为,对信息流动有着直接的影响,因此影响因素分析必然成为共性内容。如对微博群体原创信息分享行为进行分析,可以明确外部环境和情绪作用。对此,相关研究主要从认知角度切入,分析用户群体的认知特征对分享行为的调节作用,由此取得了多方面的进展③。

用户情感分析的重要应用场景是交互服务的组织与网络交互治理。目前的网络治理主要从三个方面切入:首先,挖掘与用户情感认知关联度高的内容并予以重点关注,以明确用户意见和态度;其次,进行主题演化的时间序列分析,按事件关注状态分析不同阶段的主题情感;最后,从"信息源—交互环节"的关键节点出发进行网络交互情感与认知表达分析,从而优化网络

---

①　王晰巍,贾玺智,刘婷艳,张柳. 区块链环境下社交网络用户意见领袖识别与影响力研究[J/OL]. 情报理论与实践(1-13)[2021-03-05]. http://kns.cnki.net/kcms/detail/11.1762.g3.20201221.1715.008.html.

②　吴江,赵颖慧,高嘉慧. 医疗舆情事件的微博意见领袖识别与分析研究[J]. 数据分析与知识发现,2019,3(04):53-62.

③　Islam A K M N, Laato S, Talukder S, et al. Misinformation sharing and social media fatigueduring COVID-19: An affordance and cognitive load perspective [J]. TechnologicalForecasting and Social Change, 2020, 159:120201.

交互结构。

网络交互主题挖掘与演化分析中，需要识别交互事件的类型，同时对事件的关键内容进行分析。主题模型构建与应用是分析的切入点，源自话题跟踪技术的应用，旨在对海量的交互信息内容进行处理和分析，以发掘信息主题①。在处理、分析中，LDA 模型由此成为处理这一问题的首选，主要考虑到模型可以忽略文本的语法规范限制，对于网络交互环境下的用户表达有着较强的适应能力②。实现中，主题挖掘的粒度可以是重要的语段信息，如基于在线的观点摘要框架，用于提取多个主题评论所包含的积极情绪和消极情绪的语句③。采用这一方法，所提取的也可以是属性级别的词汇信息，如根据深度融合词向量，LDA 模型可用于网络热点主题的挖掘。事实上，较多研究证明了网络交互主题挖掘可以转化为文本识别与权重计算，即通过对"文档—主题—关键词"的拆解，实现关注事件的热点发现。另外，引入时间序列后，可以分析网络交互中事件在各个阶段的特征内容和用户情感态度变化，由此提升对事件脉络的把握水准，为交互治理提供参考。其中，时间划分的重要理论有Burkholder 提出的三阶段理论和 Robert 的四阶段理论等。利用时间阶段将事件在网络交互中的演化进行分析具有现实性，如根据突发事件生命周期的不同环节，可进行分阶段的主题识别与认知情感分析，通过分析各阶段数据可进行认知展示和网络交互中的观点时序变化。

网络环境下用户交互主题与情感认知的变化，可以利用信息交互结构模型进行表示，通过分析系统中各要素的静态特征和动态结构进行处置。这类处置方式的特点在于，摆脱具体细节的影响，分析信息交互变化的规律，以进行总体上的优化。其中，基于信息内容要素的关联，可调整影响关系参数。同时，在面向用户的网络交互服务中可根据用户情感和认知表达上的变化，按要素之间的关联关系进行交互结构的优化。

---

① Xu G, Meng Y, Chen Z, et al. Research on Topic Detection and Tracking for Online News Texts[J]. IEEE Access, 2019, 7(99): 58407-58418.

② Jelodar H, Wang Y, Yuan C, et al. Latent Dirichlet Allocation (LDA) and topic modeling: models, applications, a survey[J]. Multimedia Tools and Applications, 2019, 78(11): 15169-15211.

③ Ma J, Luo S L, Yao J G, et al. Efficient opinion summarization on comments withonline-LDA[J]. International Journal of Computers Communications & Control, 2016, 11(3): 414-427.

6.2　基于用户认知的社会化标签应用

标签是用户基于认知的资源添加语义描述，现已成为面向用户的网络信息内容组织的重要手段。然而，由于用户标注的自由性，标签存在类目结构扁平化、语义关系混乱的情况，造成了标签之间主次不分、难以浏览等问题，限制了标签用于资源检索的功能发挥。鉴于主题或评价类标签在揭示资源主题、评价资源质量方面的重要作用，因而可从用户认知出发进行社会化标签构建，以进行标签分类应用上面向用户的细化。由于标签的扁平化结构，社会化标签在面向用户的信息检索和浏览中可得到充分利用。

6.2.1　用户社会化标签及其分类

数字网络环境下，用户不仅可以便捷地获取信息，而且需要进行信息交互，从而对信息内容的个性化描述提出了要求。同时，数字交流技术的发展和智能识别工具的应用，为用户的个性化信息交互提供了条件。在这一背景下，用户标注已成为必然。用户标注是一种自我描述、展示信息内容的形式，具有简洁、灵活和直观的特点，在开放环境下的标注即形成了相应的社会化标签。社会化标签作为一种表达准确、开放的分类标识方式，是由用户在开放环境下为自己拥有的信息资源(包括文字、图形、音视频等)以及网络浏览资源加注描述的"标签化"内容展示。

在标注中，标签由用户选取，用以反映被标注资源的特征，其标识可以是文字的、符号的或其他形式的表达。这说明，用户的标签标注完全是自由的，不需要任何事先制定的词表约束。在社会化标签使用上，虽然用户标注具有独特的个性特征，但在语义表达和逻辑关系构建上却存在着本质上的通识性，因而需要对用户标签标注进行解析，以便于用户之间的交互理解和共享。

在某种意义上，社会化标签的使用，具有标注效率高、用户应用方便、个性化特征明显的优势，因而受到用户的普遍欢迎，在 Web2.0 中应用广泛。同时，用户使用的标签是具有个性认知的话题推荐工具，每个标签都可以把相同话题的内容集中起来而成为一个"类"；而具有相同需求的用户，易于组织具有共同认知特征的群体。与此同时，可以方便地通过标签识别、分类和特征提取，组织面向用户交互群体的推荐服务。随着数字化智能交互服务的深层发展，标签云服务已得到进一步普及。

　　在标识性信息交互中，无论是基于标签的信息组织还是检索，都需要对标签进行结构化处理。其中，标签分类是直接、有效的结构化方法，既可以作为标签分类浏览的基础，也可以作为基于标签分面检索的基础。然而，对标签类型自动识别应进行进一步细化，特别是基于规则或词表的标签处理智能化。针对这一问题，可根据标签的特性，采用结合规则与用户自建词表的组织与识别方法，为标签的社会化应用提供支持。

　　为进行标签自动分类，需要对标签在概念层面上做出基本类型的划分，以便在这种划分基础上，对标签类型进行自动识别和应用，从而将标签映射到概念层面的各个类别之中。其中，常用的自动识别的方法包括两种，即词表和规则。因此，标签组织的分类可从类型划分、词表分类和规则分类出发进行。

　　①标签类型划分。标签类型的划分是自动识别的基础，Sent S 等人将标签分成三个基本类型：事实型标签（Factual）、主观型标签（Subjective）和个人化标签（Personal）。这种分类已成为后续各种分类的基础，在此基础上可以将事实型标签进行进一步细化，以添加时间、地点、创建者等标识。Melenhorst 将标签分为语境标签（context）、内容标签（content）、态度标签（attribute）和自我参考标签（self-referance），其中语境标签和内容标签可以看作是事实型标签的子类，态度标签是主观标签的子类，而自我参考标签则是对个人标签的细分。之后的分类则是对事实、主观认知和个人化标签三类标签的细分。

　　②基于词表的标签分类。尽管信息交互中用户之间添加标签的个数和类型可能存在差异，但从总体上看来，标签的结构是稳定的。与此同时，大量标签描述了资源的客观信息，如类型、时间、地点、发布者等，而这些基本信息往往由社会化标注网站或受控词表提供规范表达。对此，Bischoff 等通过自建词表进行了不同类型的客观型标签的识别[①]。从总体上看，对于客观事实型标签，可以通过受控词表（如主题词表）、在线百科、标注系统元数据（如Delicious、豆瓣）等数据源进行匹配识别，或通过结合几种数据源自建词表，来识别反映信息内容客观特征的事实型标签。

　　③基于规则的标签分类。用户标签中，有很大一部分反映了资源的内容特征和用户对资源的情感认知及评价，这部分标签通常无法在标注系统的元数据中识别到，也很难通过词表匹配的方法进行分类，而这部分标签对细化描述资

---

　　① Heckner M, Mühlbacher S, Wolff C. Tagging tagging：analysinguser keywords in scientific bibliography management systems［J］. Journal of Digital Information, 2008, 9(2)：1-19.

源、辅助用户决策方面往往有着重要价值。因此，对这部分标签需要通过制定规则的方法进行识别，如 Bischoff 等通过制定关于标签长度、标签频率和词性 (part of speech) 等规则，在 3 个不同的标注系统中分别识别了主题类、观点类和个人化的标签。另外，可利用句法规则在用户短评文本中进行情感标签的抽取。据此，可以反向组织这一过程，考察标签在用户评价中的句法构成，从而识别标签内容。

借鉴主观、客观、个人化的标签分类法，可将其定为事实型、主观型和个性型标签。其中，事实型标签中名词词性标签居多，而各类词表也基本由名词构成，因此可借鉴基于词表的标签分类方法来识别客观标签；主观、个性化标签更多地包含了形容词、动词、短语及不规范用语，由于无法通过词表进行识别，因而需要通过制定规则，展示其在用户生成内容中的句法构成来识别标签。

6.2.2 基于用户认知的标签标注与识别

标签分类设计包括基本类型划分、构建词表和制定句法规则环节。首先，依照事实型、主观型和个性化的不同要求将标签分成 3 个基本类型，在此基础上根据标注系统中资源特征将三个类型进行细化。其次，词表构建中，使用标注系统提供的元数据进行语义展示；同时，为防止歧义问题的出现，建立元数据到具体资源的对应关系。考虑到标签在具体情境下的含义，应同时注重元数据标注的规范性和情景特征，一般情况下可使用在线百科等工具进行描述。最后，对于规则的制定可根据标签在用户交互中的提及情况，按标签的句法构成差异，进行个性认知情景下的规则归纳。从总体上看，标注系统中的标签结构相对稳定，描述对象特征的标签居多，且易于被用户认知。因此，标签标注和识别应在反映用户认知的词表基础上进行；对于在词表中无法匹配的标签，按所制定的句法规则进行标注与识别。标签分类设计与应用识别路线如图 6-1 所示。

"豆瓣电影"是规模较大的电影标注系统，有着丰富的资源和用户标注标签数据。因而，我们采集豆瓣电影系统的用户标签数据进行实现分析。数据采集包括三部分：用户标签，用于验证实验效果；资源基础信息，用于构建词表，识别事实型标签；资源短评信息，用于制定规则，识别主观型标签。

用户标签数据部分，采集 675351 位豆瓣用户的标注数据，包括各种类型的影视作品共 101486 部，标注 20229415 人次。在此基础上随机抽取 37764 部电影的标签作为实验样本来源。由于用户标注的随意性和个人水平差异，首先

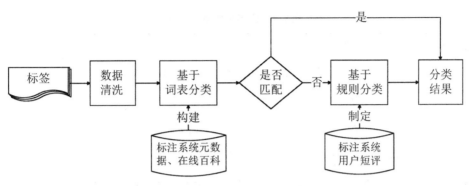

图 6-1　标签分类设计与应用路线图

对这部分电影的标签进行清洗，剔除频次过低的标签以及对应资源过少的标签，最终结合实际情况将剔除阈值设为 5。完成基本的清洗后，标签样本集包含 320611 个标签，共被使用 433145207 次。将这部分标签进行去重，在去重后的 10175 个标签中随机抽取 291 个标签，共覆盖 4679 部作品，剔除电视剧、综艺、颁奖礼、动漫剧集等非电影形式的视频，共剩余 4274 部电影，人工将这些电影的标签类型进行标注，为最后的实验做准备。

资源基础信息部分，采集 37764 部电影的基础信息，采集字段包括片名、又名、导演、主演、制片国家/地区、上映日期 6 个字段。同时考虑到在标注影人时，用户会标注中文名、英文名或昵称，因此分别进入导演、主演的个人影人页面，采集影人的其他外文名、其他中文名和昵称，为影人类标签的识别做准备。获奖字段通过维基百科进行构建，分别在中、英文维基百科中搜索"film award""film festival""电影节""电影奖"4 个关键词，并进行翻译、合并去重处理，生成电影获奖数据。

资源短评信息部分，采集 37764 部电影的用户短评信息。采集规则为，若一部电影的短评信息不足 500 条，则全部采集；若一部电影的短评信息大于 500 条，则采集观影时间最新的 500 条用户短评，构成用户短评集合，最终共采集 9154527 条短评。

标签基本类型划分是标签类型识别的基础。标签类型划分主要根据标注系统中资源的特征，将事实型、主观型、个人化标签进行扩展细化，最终将标签分为 8 个类型。事实型标签包括主题、影人、制片国家或地区、获奖、片名等 5 个子类；主观型标签没有作进一步细分，统一归入评价类；个人化标签下没有子类，同样只包括一种。基本的分类如表 6-1 所示。

表 6-1　标签基本类型划分

基本类型	具体类型	举例
事实型	片名	西游记、功夫熊猫、变形金刚、大象
	主题	爱情、喜剧、校园、青春
	影人	成龙、周星驰、stevenspielberg、中村悠一
	制片国家或地区	美国、日本、中国、中国香港
	获奖	奥斯卡、圣丹斯、戛纳电影节、金马
主观型	评价	感动、恶心、温馨、无厘头
个人化	个人化	我看过的英文、看着玩玩、看过的、电影院看的

在标签类型的基本划分中，为了避免个人单一划分过于主观对结果造成的影响，邀请用户对标签进行人工语义分类，其参与人员有观影爱好或具有较丰富的经验，可以独立做出较准确的判断。标注由 3 名人员独立标注，然后采用投票的方式确定最终标注结果，若意见各不相同，则进行讨论决定。最后，为保证标注结果可信性，计算了参与者两类之间的 Kappa 系数，分别为 0.88、0.89、0.91，均超过一致性边界 0.75，因此认为标注结果可用。标注样例如表 6-2 所示。

表 6-2　标签语义标注（局部）

豆瓣 ID	标签	参与者 1	参与者 2	参与者 3	结果
3147941	友情	主题	主题	主题	主题
1292720	幽默	评价	评价	评价	评价
1292272	大象	片名	片名	片名	片名
1370237	郑中基	影人	影人	影人	影人
6796160	香港	制片国家或地区	制片国家或地区	制片国家或地区	制片国家或地区
3176525	玄幻	主题	评价	主题	主题
1417555	大象	主题	主题	主题	主题
1307442	速度与激情	片名	片名	片名	片名

豆瓣 ID	标签	参与者 1	参与者 2	参与者 3	结果
5397537	治愈	主题	评价	评价	评价
10487226	金狮	获奖	获奖	获奖	获奖
1944402	童年回忆	评价	个人化	个人化	个人化

值得指出的是，由于电影资源本身就是一种电子资源，这种分类也比较契合都柏林核心集(DC)的标引规范。因而，不同类型标签可以看作是用户对资源添加的元数据，如：片名相当于 DC 中的名称(Title)；影人相当于 DC 中的创作者(Creator)；主题相当于 DC 中的主题(Subject)；制片国家或地区相当于 DC 中的来源(Source)；获奖、评价和个人化标注都相当于 DC 中的描述(Description)。其分类可以覆盖 DC 中的 5 个主要字段，而 DC 又是网络信息资源检索和组织的通用元数据，因此对标签的这种分类是合理和有效的。

事实上，有相当一部分用户标签描述具有反映事件的客观性，这部分信息在标注系统中已经客观存在，如豆瓣系统中，有片名、上映时间、影人(导演、演员)、制片国家或地区等元数据，因而可以根据系统提供的元数据构建相应词表。对于标注系统没有给出的客观信息，可以通过开放数据源进行获取，如维基百科获取等。用户标签中的获奖类型，豆瓣电影没有给出相应的表达，对于这类元数据可进行基于维基百科的词表构建。

由于用户标签的随意性和多样性，对同样的信息可能存在多种表达，因此词表构建应当兼容这种随意的表达。在自建词表的时候，应考虑同一种表达的各种异形术语。对此可利用豆瓣电影的系统元数据和维基百科，构建完整词表。局部词表样例如表 6-3 所示。

表 6-3 电影信息词表构建(局部)

资源 ID	标签类型	优选术语	异形术语 1	异形术语 2	异形术语 n
1297574	片名	英雄本色	A Better Tomorrow	Gangland Boss	
6786002	片名	触不可及	闪亮人生	逆转人生	The Intouchables
1291842	时间	1980s	80 年代		

续表

资源 ID	标签类型	优选术语	异形术语 1	异形术语 2	异形术语 n
3279080	时间	2010/10/1	2010/10/1	2010 年 10 月 1 日	2010/10/1
1961963	影人	周星驰	周星星	星爷	Stephen Chow
4212172	影人	成龙	房仕龙	陈港生	Jackie Chan
1292270	影人	Jared Leto	杰瑞德·莱托	JaredLeto	Jared-Leto
6890730	制片国家或地区	中国香港	港产	港影	
2209573	获奖	奥斯卡金像奖	奥斯卡	金像奖	The Oscar
7062596	获奖	柏林电影节	金熊奖	银熊奖	Berlin International Film Festival
……	……	……	……	……	……

在建立电影元数据统一词表后，需要建立各个术语到影片 ID 的关系表，因而本实验即补充了词表中的资源 ID 序列。理由是由于一些标签的二义性较强，单独判定往往会存在误判，如"动物""大象"这两个标签，在大多数情况下是主题，然而在片名上即为"动物""大象"的电影。另外，用户标注国家或地区名时，通常标注该片的制片国家或地区，然而在一定情景下，用户标签指的是电影主题，如在电影《兵临城下》中标注的"俄罗斯"，均是表示主题的标签，而非制片国家。因此需要在词表中明确建立术语到资源的 ID 关系，以判断标签的具体类型。

6.2.3 社会化标签展示的实现

用户标签中，反映主题的标签、反映自身评价的标签和用户个性化的标签，无法通过事先构建词表进行匹配。对这部分标签可以进行基于句法规则的类型识别。标签作为用户描述交互信息的自然语言，经常出现在用户对资源的短评中，与短评中的其他词或短语组成完整的句子。实际上很多标签抽取的实验往往是基于短评的句法构成，那么这一逆向操作即为通过标签在短评中的句法构成分析，确定标签类型。

规则构建在于，对不同类型标签在用户短评中的句法构成关系进行识别，统计标签在短评中的前一个词的词性和后一个词的词性展示数据，解析不同类型标签在短评中常见的句法构成，根据不同类型标签在构成上的差异，拟定最终的句法识别规则。句法构成统计样例如表 6-4 所示。

表 6-4　标签句法构成统计表（局部）

标签	人工标注类型	短评	句法构成
父爱	主题	又是一部讲述父爱的电影。	动词+标签+助词
环境	主题	虽然孟母三迁，环境塑造人。	标点+标签+动词
绝望	评价	结尾还是很绝望啊……拼了命跑还是逃不掉。	副词+标签+叹词
荒诞	评价	剧情之荒诞，时空之错乱就不说了。有几段音乐还不错。	助词+标签+标点
……	……	……	……
父爱	主题	画面精美，父爱深沉，张孝全演技大赞！	标点+标签+形容词
轻松	评价	英式幽默，活生生的爱，很轻松的片子。	副词+标签+助词

在实验中，对主题和评价两种标签，各抽取 50 个标签，统计各标签在短评中的句法构成。统计发现，在标点+标签+名词、动词+标签+名词、助词+标签+名词、动词+标签+动词、标点+标签+副词、名词+标签+名词 6 种构成上，主题类标签明显高于评价类标签；由此，将这 6 类构成定义为 A 类构成。而在副词+标签+标点、副词+标签+助词、副词+标签+语气词、形容词+标签+标点、标点+标签+助词、名词+标签+标点 6 种构成上，评价类标签明显高于主题类标签；由此，将这 6 类构成定义为 B 类构成。

因此，基于规则的标签类型识别流程如下：①在短评集合中检索包含该标签的所有短评；②分别统计待识别标签 A 类句法构成和 B 类句法构成在所有构成中的占比；③比较待识别标签 A 类句法构成是否大于 B 类句法构成，如果是则该标签为主题类标签，如果不是则为评价类标签。在海量短评的构成信息中，基本不会存在一个标签的 A 类构成与 B 类构成完全相等的情况，因此循环这一过程即可。识别样例如表 6-5 所示。

表 6-5　基于规则的标签类型识别(局部)

标签	A 类构成	B 类构成	分类结果
犹太人	13.89%	5.17%	主题类
美好	5.91%	37.92%	评价类
纯真	9.33%	22.53%	评价类
诡异	6.68%	43.17%	评价类
狙击	56.63%	6.92%	主题类
环保	38.55%	6.89%	主题类

为防止最后的实验结果过度拟合,首先将所有的标签在自建的词表中进行匹配。案例中,词表中包含 5 类标签:制片国家或地区、获奖、时间、片名和影人。用户对这些标签均有相对较规范的表达,且多样性的表达已经被词表中的异形术语覆盖。其中,制片国家或地区、获奖和片名类型标签的召回率、准确率、F1-measure 均为100%;影人类标签召回率为99.49%,准确率为100%,F1-measure 为99.74%。考虑到个人化标签和无法分类的其他标签占比较小,仅占全部样本标签的3%,所以规则没有针对这两类做出特别的规定。因此,基于句法规则的识别,可将词表匹配后剩余的标签进行主题类或评价类区分。基于规则分类的最终效果在三个指标上均超过了82%,尤其是主题类标签的召回率高达98.98%;唯一较低的是评价类标签的召回率仅有66.61%。结果如表 6-6 所示。

表 6-6　实验效果统计

评价对象	判断方法	召回率	准确率	F1-measure
制片国家或地区	词表	100.00%	100.00%	100.00%
时间	词表	100.00%	100.00%	100.00%
获奖	词表	100.00%	100.00%	100.00%
片名	词表	100.00%	100.00%	100.00%
影人	词表	99.49%	100.00%	99.74%
词表综合效果	词表	99.90%	100.00%	99.95%

评价对象	判断方法	召回率	准确率	F1-measure
评价	规则	66.61%	87.89%	75.78%
主题	规则	98.98%	85.48%	91.74%
规则综合效果	规则	82.80%	86.69%	84.70%
方法综合效果	规则+词表	95.01%	96.19%	95.32%

以上实验在大部分类型标签上取得了不错效果，但仍有一些值得注意的地方。例如，影人标签存在一个漏召回标签，用户对电影《羞羞鬼》（豆瓣 ID：2977983）标注了 6 次"邹兆龙"（整部影片被标注 31 次），然而由于豆瓣系统在该电影页面影人元数据中没有收录该影人，因此词表术语"邹兆龙""倪星""Collin Chou"均无法匹配该标签，导致该标签被误召回为主题类标签。

评价类标签的召回率仅有 66.61%，漏召回的标签分别是"重口""文艺""垃圾""惊悚"，这 4 个标签共覆盖 209 部电影，说明在高频标签识别方面仍有提升空间。评价类标签误召回标签 17 个，覆盖 59 部电影，其中也包括一些如"最爱""无力吐槽""看不懂""4 星"等有强烈评价或色彩的标签。可以看出，利用用户短评的构建的规则，其分类效果较好，但高频标签的漏召回对结果有着直接影响，因此后续的改进中，可以考虑以标签的频次为依据对策略设计进行赋权。另外，主题类标签中有一定程度的误召回，实验中误召回 15 个标签，覆盖电影 306 部，既包括评价类中漏召回的标签，也包括对其他类和个人类误判的标签；其中有一些和主题有一定微弱关系的标签，如"名著改编""英文""粤语""3d"等，覆盖电影较少，也不为其他观众重点关注，因此这部分误召回用户基本上可以接受。

同时，值得注意的是，用户标注行为存在一定随意性，因而可能会对资源添加完全无关的标签。如，对电影《全城热恋》标注了 35 次"周迅"，实际上这位影人并未参与演出，在词表中将其误识别为主题型标签，虽然未对结果造成关键影响，但如果扩大实验规模可能会暴露更多用户随意添加无关标签的问题，因此用户标注的随意性也是今后需要关注的方面之一。这说明，基于自建词表的分类方法的效果受标注系统质量的影响，当标注系统相对成熟和完善时，基于自建词表的方法可以取得较好的效果。

标签分类可以改进基于标签的交互信息组织和检索，因而所提出的一种结合自建词表和句法规则的标签自动分类方法，取得了较好的效果。当然，其中也存在一定的局限性，如基于规则的评价类标签的召回率不高，以及未对个人标签和其他标签制定相应规则。针对这些问题，拟在今后的实践中逐一进行完善，并在此基础上开展基于标签的分面检索系统设计或标签推荐，以此扩大标签的利用范围。

6.3 用户评论信息抽取与交互内容表达

随着社会信息化程度的不断提高，用户的消费活动更多从线下实体场景转移至线上平台，平台中的用户评论信息因而具有反映现实的重要价值。对用户在线评论的分析，可以在用户评论提取的基础上进行，以为用户提供符合认知习惯的平台交互环境。目前的评论信息分析较常见的方法包括句法分析、语义距离、点互信息、标签传播等，其中句法分析作为一种普遍性方法，以其逻辑严谨、规则明显等优势，成为语义特征提取的重要方法。

6.3.1 用户评论中的意向信息抽取

就目前应用来看，较多地是直接使用句法规则，或进行简单的修正，而较少考虑用户的表达方式和分析对象的属性。对于特征词的候选集合，往往以名词作为起点，而忽略了词汇之间的距离，同时较少考虑句法规则组合的整体效果提升。针对这一情况，拟提出一种融合句法特征组合与产品特征库的方法，利用句法结构中词汇距离、领域特征库内容控制等方法对交互平台提取的结果进行约束和控制，在提高准确率的同时保证最低程度的召回率。

关于在线评论用户意向信息的抽取，可以分为基于规则和模式的观点抽取，以及基于机器学习、神经网络的自动化抽取。从抽取的对象句法规则看，在于通过词性分析、句法分析和语义分析途径解析用户的评论内容。同时，根据认知体验寻找评论中符合要求的规则和模式，然后利用这些规则和模式提取用户评论的特征表现。

在具体实现中，可从评论对象的类别出发，采用语义相似度和相关度计算方法抽取评价对象特征①。喻影等通过分析句子的逻辑结构，结合词性标注，抽取并加权处理与情感色彩更相关的词语，从而提出了一种基于依存句法分析

---

① 张志远，赵越. 基于语义和句法依存特征的评论对象抽取研究[J]. 中文信息学报，2018，32（6）：80-87，97.

的关键词抽取方法①。张璞等通过分析评论中的词性，设计核心搭配抽取规则，通过 COO 算法及改进 ATT 链算法，利用规则模板进行了评论内容抽取。在评论中，可通过引入依存语法关系，对评论模板实现自动分类、过滤、泛化并形成模板库。与此同时，Aleksander 在单词短语到句子层面的识别中进行了自然语言处理、情感分析工具和软件的综合运用，在此基础上形成了一种评价意见目标的提取方法②。Toqir 提出了一种基于序列模式规则的用户评论目标提取方法，以学习用户行为认知并确定意见与评价目标的关系③。Sint 等提出了一种无需训练实例的无监督提取意见和特征的方法，通过使用 StanfordCoreNLP，依赖解析器获得评论观点之间的依赖关系，并基于这些关系建立观点抽取规则④。Feras 等提出了一个用户评论的意见管理框架，以帮助用户识别并解决从在线产品评论中提取内容的问题，所构建的一个基于 Web 的交互原型可以帮助所有者选择一组具有最优任务目标的组合，从而确保所有任务都能在时限内完成。以上针对用户评论的内容抽取，具有解决问题的场景性，同时提出了进一步拓展的问题。

虽然基于规则模板的人工提取方法取得了预期的效果，但所建立的规则和模式往往受限于各自的领域，难以跨领域移植。为了避免这些不足，需要使用机器学习自动化方法抽取用户评论中的特征观点和内容。由于机器学习和深度学习需要大规模标注和训练数据集，且学习模型的性能较大程度上依赖于人工标注的质量，因此用户观点抽取和基于认知经验的学习有待进一步优化。面对这一问题，拟使用基于规则和模式的方法构建抽取模型，进行依存句法和特征库的用户认知关联，同时辅以词性特征、依存距离和特征库过滤，以提升观点抽取的效果。

由此，提出一种基于依存句法和特征库的用户观点抽取方法，在于识别并

① 喻影，陈珂，寿黎但，陈刚，吴晓凡. 基于关键词和关键句抽取的用户评论情感分析[J]. 计算机科学，2019，46(10)：19-26.

② Wawer A. Sentiment analysis for Polish [J]. Poznan Studies in Contemporary Linguistics，2019，55 (2)：445-468.

③ Rana T A，Cheah Y. Sequential patterns rule-based approach for opinion target extraction from customer reviews [J]. Journal of Information Science，2019，45(5)：643-655.

④ Aung S S. Analysis on opinion words extraction in electronic product reviews [J]. International Journal of Systems and Software Security and Protection (IJSSSP)，2019，10(1)：47-61.

抽取用户评论中的特征对象。研究设计如图 6-2 所示。

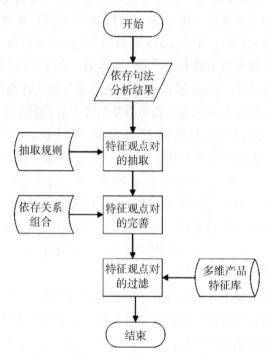

图 6-2 基于依存句法分析和特征库的用户观点抽取

如图 6-2 所示,观点抽取包括三个步骤:特征观点对的抽取,特征观点对的完善,特征观点对的过滤。首先,利用人工设定的规则和模板对特征观点对进行抽取;其次,通过特定的依存关系组合来完善前一步抽取的特征观点对;最后,利用构建的多维特征库对上一步的结果进行筛选,从而得到最终的结果。

6.3.2 基于句法规则的组合特征表达

在基于句法规则的组合特征表达上,可选择主谓关系(SBV)、定中关系(ATT)、状中结构(ADV)、动补结构(CMP)和动宾关系(VOB)作为依存关系基本词对,这些关系也是搜索中基于句法分析的特征词提取依据。所形成的基本抽取规则如表 6-7 所示。

表6-7 依存关系的抽取规则

序号	抽取规则	抽取结果	序号	抽取规则	抽取结果
1	$n \to a$	$<n, a>$	7	$d \to a$	$<d, a>$
2	$n \to v$	$<n, v>$	8	$d \to v$	$<d, v>$
3	$n \to d$	$<n, d>$	9	$n \to v$	$<n, v>$
4	$n \to i$	$<n, i>$	10	$v \to d$	$<v, d>$
5	$n \to a$	$<v, a>$	11	$v \to a$	$<v, a>$
6	$n \to v$	$<n, v>$	12	$v \to n$	$<v, n>$

如表6-7所示，在依存关系的抽取中需要对部分规则进行组合，以完善特征观点对的抽取。以依存关系 ATT 为例，对进行特征组合的抽取可作如下说明：如"手机充电速度很快"这句话的依存句法分析结果可用图6-3的句法关系进行展示。

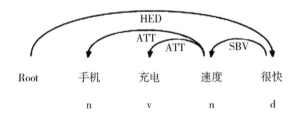

图6-3 "手机充电速度很快"的依存句法分析结果

从图6-3所示的关联关系中不难看出，"充电速度"这个本该作为统一整体的名词短语被拆分成动词词性的"充电"和名词词性的"速度"两个部分，且"充电"和"速度"二者的依存关系为 ATT（定中关系）。此时，若能对 ATT 关系的"<充电，速度>"和 SBV 依存关系的"<速度，很快>"进行整合，就可以获得完整的特征观点对"<充电速度，很快>"。故通过 ATT 依存关系能够还原部分本该为统一整体的特征观点对中的特征，从而使最终抽取的特征观点对更加完整和合理。

除了"ATT+SBV"这两种依存关系的组合可以进一步合并外，还应进行以下几种依存关系的特征观点对的进一步完善，以获取语义更加清晰完整、情感更加突出的特征观点：

①"SBV+ADV"。对于 SBV 是主谓关系，ADV 是状中结构，状中结构中的词语可以对主谓关系中的观点词进行修饰，这个修饰对于后续进行的用户观点词的情感倾向及强度计算非常重要，所以在抽取观点对时需要考虑状中的结构关系。

②"ATT+SBV+ADV"。这是"SBV+ADV"组合的特殊情况，即此时 SBV 关系特征观点对中的评价对象被分词工具切成两部分，而且这两部分又满足 ATT 定中关系，所以也需要将 ATT 定中关系中的另一部分评价对象考虑进去，以完善评价对象，以使得最终的特征观点对更加完整、语义更加完善。

③"SBV+VOB"。VOB 动宾关系的搭配是对 SBV 主谓关系中谓语动词的补充和完善，即评论短语本应是"主语—谓语—宾语"的简单结构，但分词后的单独部分均是语义不完整的搭配，需要将其合并成一个部分来看，才能使得语义更加完整。

④"ATT+SBV+VOB"。同样，这也是上面"SBV+VOB"的一种特殊情况，即简单句式"主语—谓语—宾语"中的主语不完整，被分词工具切割成了两个部分，由此需要用 ATT 定中关系完善主语评价对象。

⑤"SBV+CMP"。CMP 动补结构是对 SBV 主谓关系中谓语动词的补充，需要将这二者依存关系的部分搭配合并为一个整体，如依存句法中的 SBV（小水滴，看着）和 CMP（舒服，看着），只有将二者合并为<小水滴，看着，舒服>这个完整的特征观点对后才能获得更加明确的用户意见。

综上所述，需要使用表 6-8 所示的 6 种依存关系组合，完善抽取的特征观点对，同时获得观点态度更加明确的特征观点对。

表 6-8　完善特征观点对的 6 种依存关系组合

序号	依存关系组合	组合结果
z-1	ATT (w_1, w_2) +SBV (w_2, w_3)	$<w_1, w_2, w_3>$
z-2	SBV (w_1, w_2) +ADV (w_3, w_2)	$<w_1, w_3, w_2>$
z-3	ATT (w_1, w_2) +SBV (w_2, w_3) +ADV(w_4, w_3)	$<w_1, w_2, w_4, w_3>$
z-4	SBV (w_1, w_2) +VOB(w_3, w_2)	$<w_1, w_2, w_3>$
z-5	ATT(w_1, w_2) +SBV(w_2, w_3) +VOB(w_4, w_3)	$<w_1, w_2, w_3, w_4>$
z-6	SBV(w_1, w_2) +CMP(w_2, w_3)	$<w_1, w_2, w_3>$

在表 6-8 中，需要指出的是，依存关系中词语距离会影响抽取词对的质

量,特别是在句子较长的情况下,词对间会形成较多的无效依存关系。事实上,特征观点对词汇间的位置距离必然会影响观点抽取的结果。研究发现,相对于英语,汉语的依存距离为 2.8 左右。对此,可取 3 个词汇单位的距离为特征观点对抽取的极限,即当依赖词与核心词的距离小于等于 3 个词汇长度时,视其为有效的依存关系,可将其抽取出来放入待处理的特征观点对数据集中,否则视作无效的依存关系,不予抽取。

6.3.3 基于 Word2Vec 的特征库构建

特征库的构建相当于构建一个种子词集,利用种子词集可对句法分析结果进行约束,即如果某特定词出现或未出现在词集中,则过滤该词的策略也应有所不同,因而在具体的应用中应确立特征库的构建方法。对此,拟结合具体领域为例进行说明,以手机为例,参照在线手机频道(https://mobile.zol.com.cn/)中手机产品的相关参数设置以及天猫、淘宝、京东等主流网购平台的手机商品参数设置,结合用户评论的评价特征,将手机产品的粗粒度属性划分为价格、屏幕、外观、网络、通话、性能、相机、电池、硬件、配置和服务 11 个方面,各粗粒度属性下包含的细粒度特征见表 6-9。

表 6-9 手机产品的粗细粒度属性特征

粗粒度属性	细粒度特征
价格	定价、性价比、价保
屏幕	显示、性质、解锁
外观	尺寸、颜值、配色
网络与通话	网络、通话
性能	运行、游戏、操控、影音、功能测评、系统应用
相机	镜头、模式技术、拍照录像
电池	充电、续航
硬件与配置	存储、CPU、扬声器、导航红外
服务	配送、客服运营、赠品配件、售后

在这一场景下,用户在线评论的对象词多为名词、名词短语和动词,而观点词则多为形容词,还有少部分动词。对此,在前面分词和词性标注的基

础上，可获得细粒度特征下的代表词汇，统计词性为动词和名词的特征词频，然后选取词频大于 3 的词，依据表 6-9 为每个细粒度特征挑选具有代表性的 3 个特征词汇。由此，共获得 30 个细粒度特征的 90 个代表词汇，如表 6-10 所示。

表 6-10 各细粒度特征下的代表词汇

细粒度特征	代表词汇	细粒度特征	代表词汇
定价	价格、价钱、价位	功能测评	小爱、AI 键、跑分
性价比	性价比、价格比、性比价	系统应用	系统、应用、MIUI
价保	价保、保值、降价	镜头	镜头、焦距、超广角
显示	显示、分辨率、屏幕色彩	模式技术	夜景、人像、微距
性质	全面屏、屏占比、防划	拍照录像	照相、像素、录像
解锁	解锁、人脸、指纹	充电	充电、快充、无线充
尺寸	尺寸、手感、握持	续航	续航、电量、待机时间
颜值	颜值、外形、外观	存储	存储、运行内存、内存
配色	颜色、渐变色、色彩	CPU	CPU、骁龙、处理器
网络	网络、上网、断网	扬声器	扬声器、外放、喇叭
通话	通话、语音、听筒	导航红外	导航、GPS、红外
运行	运行、死机、发热	配送	配送、快递、收货
操控	触控、操作、反应	客服运营	客服、卖家、服务态度
游戏	游戏、掉帧、延迟	赠品配件	赠品、赠送、钢化膜
影音	视频、音乐、画质	售后	售后、维修、退货

在特征库构建中，运用 Word2Vec 词向量技术对代表词汇挑选后的剩余词语进行向量空间映射，按相似度高低进行特征归类。具体说来，首先需要将各个词汇转换成对应的词向量；然后再计算待归类词汇与上述 30 个细粒度特征下的代表词集的相似度，即计算待归类词汇与各代表词集下的 3 个代表词汇的累加相似度值；最后根据该相似度均值的高低，将待归类词归到相似度最高的细粒度特征之中。其中，待归类词汇与代表词集相似度的计算公式如下：

$$Sim(w, \ seed_i) = \frac{\sum_{k=1}^{3}(sim(w, \ seed_{ik}))}{3}$$

式中，$i \in [1, 30]$，且为正整数；$Sim(w, \ seed) \in [0, 1]$，$seed_{ik}$ 表示第 i 个细粒度特征下的代表词汇集中的第 k 个代表词，$Sim(w, \ seed_{ik})$ 表示该词汇与第 k 个代表词的相似度，且 $Sim(w, \ seed_{ik}) \in [0, 1]$。

使用 Python 中的 gensim 包，进行评论语料中词汇的向量化，然后基于该词向量模型进行待归类词汇与各细粒度特征下代表词汇间相似度的计算。计算出待归类词汇与评价特征代表词汇两两之间的相似度后，根据上式计算待归类词汇与细粒度特征代表词集的平均相似度。以此为依据，将待归类词汇归入相似度最高的细粒度特征下的词集中。例如，对于反映电池续航的"耗电量"这个待分类词，它与续航、游戏、充电、运行和系统应用这几个较相关特征的代表词集的相似度分别为：

$$Sim(耗电量, seed_{续航}) = \frac{sim(耗电量,续航)+sim(耗电量,电量)+sim(耗电量,待机时间)}{3}$$

$$= 0.7891$$

$$Sim(耗电量, seed_{游戏}) = \frac{sim(耗电量,游戏)+sim(耗电量,掉帧)+sim(耗电量,延迟)}{3}$$

$$= 0.7677$$

$$Sim(耗电量, seed_{充电}) = \frac{sim(耗电量,充电)+sim(耗电量,快充)+sim(耗电量,无线充)}{3}$$

$$= 0.7020$$

$$Sim(耗电量, seed_{运行}) = \frac{sim(耗电量,运行)+sim(耗电量,死机)+sim(耗电量,发热)}{3}$$

$$= 0.6853$$

$$Sim(耗电量, seed_{系统应用}) = \frac{sim(耗电量,系统)+sim(耗电量,应用)+sim(耗电量,MIUI)}{3}$$

$$= 0.6350$$

由"耗电量"与各个代表词汇间的相似度计算结果可见，"耗电量"与续航的 3 个代表词汇的相似度最高，所以将"耗电量"这个评价特征归入"续航"细粒度特征下，这也较符合认知常识和语言习惯。

需要指出的是，在正式进行评价特征的归类之前，通过设定相似度的最小阈值，以过滤无意义评价特征；同时，需要细化评价，设定最大相似度的最低值，以排除如"男朋友""女朋友""家人"等无意义的评价对象。当某个待归类评价特征的最大相似度低于该值时，将该待归类词汇剔除，不再进行细粒度特征的归类。一般而言，可将该最大相似度的最小阈值设为 0.5。

在前述基于 Word2Vec 的评价特征归类方法的基础上，可将所有的未归类词汇进行细粒度特征的归类处理，最后对归类结果进行二次校验，以修正其中不合理的归类。对此，总计获得 30 个细粒度特征下的 633 个用户评价特征词汇，以此形成手机产品的特征库，所构建的产品特征库如表 6-11 所示。

表 6-11　手机产品特征库

粗粒度属性	细粒度特征	评价特征
价格	定价	价格、价钱、价位、便宜、贵…
	性价比	性价比、价格比、性比价、划算…
	价保	价保、保值、降价、价格保护、掉价…
屏幕	显示	显示、显示效果、屏幕色彩、屏幕显示、分辨率…
	性质	全面屏、屏占比、防划、康宁大猩猩、耐摔…
	解锁	解锁、人脸、指纹、识别率、手纹…
外观	尺寸	尺寸、手感、握持、大小、单手操作…
	颜值	颜值、外形、外观、款式、外形…
	配色	颜色、渐变色、色彩、蓝色、白色…
网络与通话	网络	网络、上网、断网、网速、信号…
	通话	通话、语音、听筒、打电话、失声…
性能	运行	运行、死机、发热、黑屏、速度…
	操控	操控、触控、反应、响应、滑动…
	游戏	游戏、掉帧、延迟、满帧、吃鸡…
	影音	视频、音乐、画质、电影、追剧…
	功能测评	小爱、AI 键、跑分、测评、分身…
	系统应用	系统、应用、MIUI、程序、内设…
相机	镜头	镜头、焦距、超广角、摄像头、主摄…
	模式技术	夜景、人像、微距、月亮模式、防抖…
	拍照录像	照相、像素、录像、照片、自拍…

续表

粗粒度属性	细粒度特征	评价特征
电池	充电 续航	充电、快充、无线充、充电速度、车充… 续航、电量、待机时间、耗电、存电…
硬件与配置	存储 CPU 扬声器 导航红外	存储、运行内存、内存、储存、ROM… CPU、骁龙、处理器、高通、芯片… 扬声器、外放、喇叭、失音、外音… 导航、GPS、红外、定位、NFC…
服务	配送 客服运营 赠品配件 售后	配送、快递、收货、发货、物流… 客服、卖家、服务态度、分期、现货… 赠品、赠送、钢化膜、屏保、插针… 售后、维修、退货、换货、保修…

6.3.4 基于特征库的过滤实现

在特征观点对的抽取和完善之后，会得到很多符合抽取规则并搭配完整的特征观点对。尽管如此，其中仍会存在部分无实际意义的特征观点对(如<手机，很好>)。对于这种太过宽泛而缺乏任何实际评价对象的无价值搭配，需要利用所构建的产品特征库来对抽取结果进行过滤，以提高观点抽取的准确率。

特征观点对的过滤操作中，较长的特征观点对会被分词软件切分成多个部分。一般情况下，通过依存句法分析可以得到这些部分之间的联系，如果在评论对象之前就根据内容特征进行过滤的话，则会造成部分表面上不包含内容特征的情况发生。另一方面，与其他的词对进行合并时，应避免完整搭配的词对被过滤掉的情况发生。为了尽可能多且准确地抽取特征观点对，拟将特征观点对的过滤操作放在完善操作基础之上。

运用所构建手机的产品特征库对部分的句法规则进行组合约束，应面对以下问题：

若 w_1 是表6中的词汇，即为产品特征库中的评价特征，则可以直接保留；

若 w_2 是表6中的词汇而 w_1 不是，保留当前搭配；

若 w_3 是表6中的词汇而 w_1 和 w_2 不是，保留当前搭配；

若 w_1、w_2 和 w_3 均不是表6中的词汇，则需要进一步地拆分词汇，重新判断。具体问题的判断存在以下 3 种情况：

①若 w_1 词汇中截取的前两个字符或后两个字符是表中的词汇，即表征为产品特征库中的评价特征，可以直接保留；

②若 w_2 词汇中截取的前两个字符或后两个字符是表中的词汇，而 w_1 不是，可保留当前搭配；

③若 w_3 词汇中截取的前两个字符或后两个字符或后一个字符是表中的词汇，而 w_1 和 w_2 不是，予以保留当前搭配。

除上述所列的几种情况外的特征观点对，其他组合应一律剔除。其结果是符合上述几种情况的特征观点对会被保留，以此作为最终用户观点抽取结果。

在有关过程描述和结果分析中，其描述部分包括对用户评论的抓取与预处理、分词及词性标注、依存句法分析以及最终结果表征。对于抽取结果，可采用最近距离法进行分析，在准确率、召回率、F1 值三个数据上进行不同描述的效果对比。

基于依存句法和对象特征库的用户观点抽取流程如图 6-4 所示，其过程分

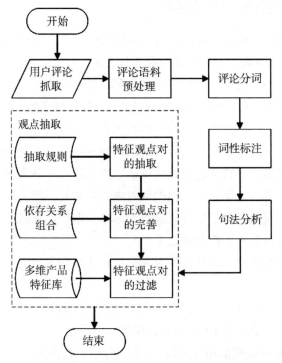

图 6-4 基于依存句法和特征库的用户观点抽取流程图

为用户评论抓取、评论语料预处理、评论分词、词性标注、句法分析以及观点抽取环节。

在实验中，以 2019 年 2 月上市的小米 9 手机为对象，爬取京东商城上关于小米 9 手机的用户评论数据，选取小米 9 手机评论总数不低于 1000 的点作为待爬取对象，使用"Python3+WebDriver+Selenium"来模拟用户浏览行为以获取用户评论。因受限于京东商城的反爬虫机制，每一节点最多爬取 100 页每页 10 条即 1000 条评论数据，累计爬取 10712 条用户评论，作为实验的原始语料。在实施中，所获取的评论样本及其字段如表 6-12 所示。

表 6-12　实验语料样例表 (局部)

用户 ID	时间	评分	评价内容
jd_ 336-0	2019/4/27	4	用起来挺不错的，物流非常流畅就是电量有待提高，总体来说不错
海阔天空	2019/4/27	5	手机很不错很漂亮性能好，是我想要的，会继续关注小米手机
淘气响响	2019/4/27	5	绝对正品，物流也快，包装也非常好。
……	……	……	……
下午_ 茶_	2019/4/29	5	退役的米 6，战斗的米 9，4800W 像素，不说了，哎呀，真香！

所爬取的 10712 条用户评论语料，包含了部分重复评论，以及部分无意义的评论，如"系统默认好评"或"很好""超赞"等不包含评价对象的短评，因此在进行下一步操作之前需要进行必要的预处理操作。在进行去重、清洗操作后，获得 6301 条评论数据，作为后续实验的评论数据集。对于用户评论的观点抽取，由于后续需要对用户评论进行人工标注以比对实验效果，为了减少将 6000 余条评论数据进行人工标注的工作量，在用户观点抽取中，从数据集中随机抽取 600 条评论作为观点抽取实验数据集和效果评估数据集。

在对评论进行依存句法分析之前，需要进行评论分词和词性标注。这是由于依存句法分析的结果依赖于两步的分析结果，而评论分词的准确性又会影响到下一步词性标注的准确率。在 Python 中，目前几款主流的分词插件有结巴、Pyltp、Thulac、Hanlp 等。综合考虑分词速度、分词准确性和可扩展性，选用结巴插件来进行评论分词。其中，用户评论的口语化、多样性以及复杂性，加大了分词的难度，如表达积极情感和称赞冲动的网络用语很难有效被识别，往往被拆成多个部分，而不能反映原有组合所代表的语义关联关系。所以，为保证分词的准确率，需要添加用户自定义词典，将这些独特的网络用语、评价短语作为一个整体添加到自定义词典中，以保证评论语料中评价短语的准确分词。

在前一步评论分词的基础上，可使用词性标注软件进行词性标注。虽然结巴分词自带词性标注功能，但无法利用结巴分词工具进行依存句法分析。考虑到后续的依存句法分析，在此使用哈工大的 Pyltp 来进行词性标注（863 词集标注），以便在此基础上进行依存句法分析。同评论分词一样，评论语料中存在着大量难以被准确标注词性的网络用语和短语，如表达赞扬的形容词，表达消极意义的"呵呵了""辣鸡"等网络用语，这些词语由于无法准确识别和标注词性，需要使用 Pyltp 的自定义词性标注词典，将这些难以或无法被准确标注的词语、短语添加到自定义词典中，以提高词性标注的准确率，为后续的依存句法分析奠定基础。

在完成前述所有的准备工作后，便可以使用语言云在 Python 上的工具包 Pyltp 进行依存句法分析，以获得用户评论中词对之间的依存关系，为下一步的观点抽取打下基础。需要指出的是，当用户评论语句很长，且句式语法不够规范时，依存句法分析的结果往往会存在相应的误差，因此需要在观点抽取时，使用相关规则模板并结合词性特征、依存距离约束等对其进行完善和补充，以获得语义完整、正确的评价搭配。

在得到各评论语句的依存句法分析结果后，首先从分析结果中提取依存关系为 SBV、ATT、ADV、VOB 和 CMP，且词性特征满足条件的初步观点抽取结果；然后根据"ATT+SBV""SBV+ADV""SBV+VOB"等 6 种依存关系组合对初步抽取的结果进行合并，以抽取更加完整、语义更加明确的特征观点对；最后根据所构建的多层次对象特征库对完善后的特征观点对进行过滤，以获得最终的观点抽取结果。

网络交互情景下，现有观点抽取，多采用准确率、召回率以及 F1 值这三个指标来评判各自方法的性能，因而可考虑选用准确率、召回率和 F1 值作为我们进行观点抽取的评估指标，以此出发与基准方法的实验结果进行对比以验证方法的有效性。对于用户在线评论的观点抽取来说，准确率、召回率以及 F1 值三者的计算公式分别如下：

$$准确率(Precision) = \frac{抽取正确的特征观点对数目}{抽取出来的特征观点对总数目}$$

$$召回率(Recall) = \frac{抽取正确的特征观点对数目}{语料数据中的特征观点对总数目}$$

$$F1 = \frac{2 * 准确率 * 召回率}{准确率 + 召回率}$$

针对这一问题，选取下列两种方法作为对比的基准方法，用于验证基于依存句法分析和对象特征的评论观点抽取方法的有效性：

最近距离法。验证中，首先挖掘评论语料中频繁出现的名词或名词短语将其作为待选的特征词汇，将出现 3 条及 3 条用户评论以上的特征词汇作为抽取的评价对象，然后抽取评论语句中距离评价对象在 3 个词汇范围内的词作为观点词，进而得到<评价对象，观点词>的特征观点对。

SBV 极性传递法。首先抽取评论语句中依存关系为 SBV（主谓关系）的词对作为候选的特征观点对，然后借助 ATT 链算法识别评价对象，进而完善上一步抽取的特征观点对，得出用户评论的最终抽取结果。

在实现中，我们对随机抽取的 600 条用户评论进行人工标注，获得 817 个特征观点对，然后分别运用三种方法进行用户观点抽取；根据得到的抽取结果，计算出三种实验方法在准确率、召回率和 F1 值三个评估指标值，其结果如表 6-13 所示。

表 6-13　三种观点抽取方法的评估结果

实验方法	准确率/Precision	召回率/Recall	F1 值
最近距离法	0.62	0.35	0.45
SBV 极性传递法	0.39	0.38	0.38
融合处理方法	0.70	0.72	0.71

融合处理方法与对比方法的准确率、召回率和 F1 值如表 6-13 所示。不难看出，所采用的方法在准确率、召回率和 F1 值三个评估指标上的表现均优于另外两种对比方法，且在召回率和 F1 值上相较于两种基准方法有较大的提升。对于最近距离法，由于该方法的评价对象特征只考虑了名词表达，忽略了用户评论中部分动词和可以充当特征观点对的特征用语，如"运行""充电"这一类的动词性特征词，如果将这一类词语排除在外，必然丢失若干有效的特征观点对，导致最终抽取结果的召回率降低。另外，SBV 极性传递法由于仅仅考虑了 SBV 和 ATT 两种依存关系，排除了评论中存在的蕴含用户观点的

ADV、CMP 和 VOB 等依存关系，同时缺乏对主语和谓语的词性的进一步挖掘，致使抽取结果中混杂着不少对于用户来说毫无价值的词对搭配，从而影响了抽取结果的准确率及召回率。

相对于以上两种方法，融合处理方法在准确率、召回率和 F1 值上均取得更优的实验效果，这是因为不仅仅考虑了用户评论语句中的句法依存关系，而且兼顾了特征观点对的词性特征，同时通过引入词对的依存距离约束，排除了依存句法分析结果中的无效组合干扰，克服了过长的评论语句会造成句法分析结果引入过多干扰依存关系的不足，从而保证了抽取结果的较高准确率。另外，通过评论语句中的 ATT 句法传递关系对观点抽取结果中的复合评价对象抽取进行完善，可同时利用 ADV、VOB 和 CMP 依存关系综合抽取部分复杂句式中的特征观点对，以进一步提升抽取结果的准确率和召回率。

针对传统句法分析方法在用户评论特征词对提取中的固有缺陷，融合句法规则组合和对象特征库的方法，在有效解决特征提取工作的同时，可有效建立对象特征库。在京东商城小米手机评论的实践中，上述策略组合有效提升了词汇提取的准确率、召回率。最终的实验结果表明，融合处理方法在准确率、召回率和 F1 值上，与最近距离法和 SBV 极性传递法两种基准方法相比，均有较大的提升。

另外，融合处理方法也存在一些局限性，以手机为代表性对象的特征提取，由于未考虑其他类型的特征，一定程度上限制了方法的拓展应用。同时，特征库的构建过于强调对象特征的构建方法与流程，在依存句法的强化利用和特征库的深度结合上，应进行进一步探索。

6.4　用户交互中知识地图构建与应用

在用户知识交互中，知识地图作为知识资源的图形导航系统，具有分布广泛和结构复杂的知识来源、知识关联和知识汇集关系，其作用在于向一定范围内的用户提供基于视图的知识获取、交流和开发利用服务。同时，面向用户的知识地图构建在于将可编码的知识进行图形化的描述和展示，从而显示不同主体之间的知识关联内容、关系和位置，以使用户在搜寻、处理和挖掘知识内容时，依其耦合关系和内在的图形关联，从多方面获取具有多源结构和网状关联的知识，以辅助用户知识发现、吸收和深层次利用。据此，在知识地图构建中，面向用户的知识地图应用是重要的。

6.4.1　知识地图类属特征与面向用户的组织构架

知识地图的概念最早是由 Brooks 提出。具体而言，最初的 Brooks 知识地图指对交流文献中的知识加以分析，按知识的逻辑结构找相互影响的关联连接点，像绘制"地图"一样把知识的逻辑结构明确的标示出来，为用户提供展示知识分布结构的图形①。事实上，Brooks 提出的是一种理想状态下的知识地图构想，随着数字技术的发展，这种理想化的知识地图在面向用户的实现中不断丰富和发展。

（1）知识地图的类属特征

Eppler 于 2008 年分析了知识地图的组成结构特征，认为一份标准的知识地图理应包含反映知识映射的整体环境以及映射到该环境中的每个单独的元素②。在构建中，这些元素的来源范围广泛，包括专家、项目团队、数据库以及诸如专家系统之类的应用等。

数字网络环境下，知识地图这一有效的知识交互管理工具的存在价值在于：知识地图是人们寻找答案的工具，也是一种知识采集和交流的手段。这些知识包括已经获取的知识和缺乏的知识，也可被理解为特定领域知识的视图表示。更确切地说，知识地图是知识的位置关系指南，能够显示哪些资源可以为一定范围内的用户所利用。

与国外研究同步，国内学者对知识地图的构建和应用也进行了多方面探索③。如：引入知识地图解决多领域本体映射问题，进行学科知识地图的本体构建；对知识地图的应用，从显性知识和隐性知识的角度对知识地图进行构建等。这些研究将理论与实践相结合，在知识地图概念模型、知识描述和构建中不断取得进展。与此同时，在知识的可视化展示和知识单元描述中，知识地图从不同方面深化和拓展了知识描述，展示了内容发掘与应用的发展前景。

信息交互中，由于用户需求、认知和所处环境差异，知识地图存在着面向用户的定制构建问题。对于不同用户或用户的不同需求应有科学的区分和合理分类。由于知识地图的分类维度不同，如表现形式、表现内容、应用领域以及

---

① B. C. Brookes，王崇德，邓亚桥，等. 情报学的基础（四）——第四篇 情报学：变化中的范式[J]. 情报科学，1984（1）：66-77.

② Eppler. M. J. A Process-Based Classification of Knowledge Maps and Application Examples[J]. Knowledge and Process Management，2008，15（1）：59-71.

③ 毕强，韩毅，牟冬梅. 基于知识地图的多领域本体语义互联研究[J]. 情报科学，2009，27（3）：321-325.

知识属性和来源范围不同，存在着按知识表述方式提取知识点及其关系，以及绘制供一定范围用户使用的地图问题。由于用户使用目的不同，知识地图在向用户展示内容过程中需要在应用层面进行图形组织方式的选择，按制式地图的类属特征确定组织构架。

从知识地图承载内容上看，Logan 等将知识地图划分为概念型、流程型以及能力型①；Eppler 从知识地图在知识管理中的功能出发，提出将知识地图划分为知识资源地图、知识资产地图、知识结构地图、知识应用地图、知识开发地图。此外，按知识地图的结构分类方式，可将其划分为分类目录地图、树状结构地图、中心结构地图、层次结构地图以及网状结构地图。同时，从知识的属性出发，还可将知识地图划分为隐性知识地图、显性知识地图。

(2)面向用户的知识地图分类

结合知识地图面向用户的利用机制，拟在分类中明确以下 4 个问题：用户利用知识地图的目标；知识地图应反映的内容；使用知识地图的用户范围；知识地图的图像化展示形式。

第一个问题强调知识地图的制作目的，直接反映知识管理目标，它通常是与知识地图的应用环境紧密联系；第二个问题具体描述知识地图中所包含的元素，以及知识地图在通常情况下反映的内容(包括大量的信息，如专家资料、文档、并行数据库等)；第三个问题反映使用知识地图的主体对象，其使用范围决定了知识地图服务组织机制；第四个问题从地图制作出发，对图形化方式作了规定。知识地图的分类依据与类型，如表 6-14 所示。

表 6-14   知识地图的分类依据与类型

分类依据	地 图 类 型
知识地图的 使用目的	知识识别图：帮助用户建立对知识领域的总体认识，以进一步对知识资源进行识别与定位； 知识应用图：帮助用户认识知识的时空结构，以便获取和利用相应的知识； 知识评估图：帮助用户有效评估知识的价值； 知识交流图：促进用户之间的知识交互与共享； 知识开发图：帮助用户明确有待发掘的知识，以提高效能； 知识创造图：启发用户的知识创新活动； 知识宣传图：面向特定领域的用户，传播和扩大其知识影响力。

---

① Eppler. M. J. Making Knowledge Visible Through Intranet Knowledge Maps：Concepts，Elements，Cases[C]. InProc of the 34th Hawaii International Conf on System Sciences，2001.

续表

分类依据	地 图 类 型
知识地图反映的内容	根据内容格式区分： 网页式(包括博客、网站入口、主页等)； 文档式(包括文件、手册、说明书等)； 数据库或知识仓库； 项目或专项内容(专利地图、标准地图等)； 其他格式(如手绘图纸，草图等)。 根据反映内容的类型区分：专家图；概念图；方法图；过程图；组织图；技能图；经验图；事件图；知识流图；知识关联图；知识需求图等。
知识地图的应用层次	团队知识地图(适用于特定的项目团队或工作小组)； 部门知识地图(适用于用户组织内的部门)； 组织知识地图(适用于整个组织)； 跨组织知识地图(适用于多个组织)
知识地图的图形形式	图解式：表示知识结构的图形(如韦恩图、同心圆、网络图、战略图、树形图等)； 表示过程的图形(如时序图、流程图、事件链、甘特图等)； 地貌图：与地图中的地形表示相似，如与陆地、海洋、星系、道路等形式地图相对应，反映知识形态的图形可区分为文献地图、数据地图、知识谱线图等； 结构式：反映知识结构的地图可区分为线性结构地图、二维结构地图和三维知识结构地图等，这与地理地图的维度相对应。

如表 6-14 所示，通过分析知识地图的功能和作用，可按上述 4 个方面构建要素，形成面向用户的知识地图构建依据，据此将知识地图划分为不同的类型。值得指出的是，知识地图分类的主要依据是地图制作与应用实践，即包括逻辑推理和假设。同时还需要认识到，除以上 4 个问题以外，随着知识地图使用的扩展，还可以将知识地图分为项目管理图、策略图、质量控制图、风险管理图等。

在面向用户的知识地图构建中，按表 6-14 的多元分类结构，可以将知识地图的多种特征属性通过分类矩阵进行关联，以形成图形构架，如"图解式—团队知识""数据库—知识交流"是面向某领域研究团队的图解式基于数据库的知识交流地图。

在知识地图服务中，拟从知识地图的使用目的（知识管理目标）入手将其逐项展开，进行具体解读。以知识的有效识别为目标，从整体上识别知识，有利于知识地图的进一步定位。不同形式的知识地图包含的内容，不仅包括程序化的知识结构展示，而且在于清晰地揭示知识流以及知识间的关联关系。

以创造新的知识为目标，知识地图能够提供新概念，反映新主题，直至展示潜在的知识创新实现路径。面向用户的知识地图分类构建应突出知识交流利用和创新，在明确的知识管理目标的前提下，知识地图的内容、形式、适用范围应得到用户认可，这样才能方便地借助地图来支持用户的知识获取和应用。

6.4.2　基于用户认知交互的知识地图本体结构描述

鉴于知识地图和知识图谱、知识可视化图形描述的区别，面向用户的知识地图构建有必要回归到 Brooks 知识地图的理论原型。然而，在本体应用于知识管理领域之前，人们对知识地图的构建和使用目标并没有一个完整的认识，只是认为它是知识表示和显示知识关系的一种工具。一方面，人们对知识地图结构的认识比较模糊；另一方面，虽然 Brooks 等人已经窥见了知识的网状分布结构，但未能找到相应的描述方法。正是基于对本体概念的理解，才使人们能够勾画出 Brooks 理想的知识有机结构轮廓，进而发现这种网络状的知识结构所反映的内容。

（1）知识地图的本体结构

本体工程为知识地图的构建提供了应用工具，同时也为构建知识地图提供了新的方法和途径。知识资源加工是构建知识地图的重要环节，在引入本体之前，缺乏足够的面向用户的领域知识组织规范和指导；而本体所包含的各种具体内容以及构造本体的方式却是明确的、严格规定的，这正是构建知识地图所必需的。由此可见，本体以及本体工程的引入，在一定程度上是知识地图理论研究与实践中的一个突破。它解决的是知识地图应该传输什么样的知识这一关键问题，使知识地图的应用进入了表示和传输知识组成结构的阶段。

知识地图本体表示的功能实现中，将本体视为一种描述语言和表现形式。知识地图所提供的直观形象的图形表达，在于帮助用户方便获取图形本体的内容。也就是说，它的作用在于帮助用户获取和利用经过领域本体组织的知识构架。

本体的图形表示是一个新的领域，与人们熟悉的文件管理系统、文档分类系统相似，都具有一定的类属关系。为了更好地理解知识地图中的组成要素，可采用类比的方式对此进行说明。通过表 6-15 可以发现，本体中的类、实例、单一继承关系的分类以及属性等要素与一个分类系统的组成结构很相似。由于本体中还存在更为复杂的多项继承以及角色关系要素，却难以用分类系统来描述清楚，这也是通过引入本体结构构建知识地图的一个重要原因。

表6-15　本体与分类系统的对比

文件管理分类系统	文档分类系统	本体类属关系
文件夹	种类	实体(类、实例)
文件夹与子文件夹的关系	类与子类的关系	继承关系
树形视图	分类体系	分类
文件	文档	实例
文件的属性	文档的属性	插槽

通过以上分析可知，知识地图构建中采用本体描述，将有助于提升用户接受的图形效果，使用户能够方便地接受基于本体描述的知识内容，进而合理应用本体工具。

（2）三维图形和本体模块构建

通过人与图形之间的高度互动以及各种辅助工具的应用，基于本体描述的知识地图已成为更为有效的图形工具，发挥着其他工具不可替代的重要作用。然而，其关键的因素也需要考虑，如三维图形、本体规模等对知识地图的应用效果影响不容忽视。

因投射视觉中的现实世界具有三维结构，人们理所当然地认为三维图形能够更有效地再现事物真实面目。在描述自然景观、地理环境的应用中，相对于二维图形而言，它提供了更大的表现空间，能够承载更加丰富的内容，更加符合用户的偏好。随着计算机软、硬件性能的不断提高，三维图形用于知识表达将会得到进一步发展，三维图形全面取代二维图形似乎是一个必然趋势。然而在实际应用中，如果以三维图形来反映大量的抽象知识概念，尤其是本体这种在内容结构上有严格规范的事物，情况就会变得相当复杂。

三维结构图形被称为"三维双曲面树（3D Hyperbolic Tree）"，在知识描述中，既可用于展示网站的分布，也能被当做文件浏览器来使用。然而，将其用于表示知识本体，则存在现实问题。其一，本体中的类、实例可以用节点来表示，球体内的广阔三维空间能够非常直观地反映出本体的整体分类层次，但角色关系和属性难以被清晰标注；其二，三维图形承载的内容丰富，节点聚集将会非常明显，在很大程度上对视觉效果造成干扰。因此，三维图形往往缺乏辅助工具的支持，查询结果在图形上的显示效果、视点导航的实现机制等都是有待进一步解决的问题①。

本体的规模对知识地图表示效果的影响，关系到知识地图的可扩展性。随着本体规模的不断扩大，如何确保图形的整体表达效果就成了一个非常关键的问题。本体描述的是网络状的知识结构，也就是人类知识世界的组成状况，它是客观存在的，因而不能在某一个局部范围内揭示它的真实面目。随着用户对知识世界探索的深入，知识地图显示的网也就会越来越清晰、越来越详尽。因此，本体规模的扩大无法回避，在基于本体的知识描述中，必须清楚认识这些问题。

(3)知识地图的"点"式构建模型

在知识地图的本体描述中，节点数量(包括类和实例)通常是衡量本体规模的一个最重要指标。在理论研究和实践中，人们尽量控制节点的数量，以避免图形表达效果过于混乱，而妨碍用户的读图行为。针对这一状况，有学者明确提出了一些解决可扩展性问题的思路和具体办法。如增加显示维度，更多地应用节点隐藏和节点聚集技术，节省显示空间等。

在面向用户的知识地图构建中，采用"点"式构建模式，关键是在本体空间"知识点"进行基于用户认知的知识结构和关联描述，开展面向用户的知识地图服务(见图6-5)。所谓"点"式构建模式是指在知识加工阶段，地图制作者提取知识资源中的知识点，并将其作为构建知识地图的核心内容，这种构建模式适用于组织机构的知识管理实践。在该模式中，制图活动针对特定的、具体的应用目标展开，形成的地图则是一种高效的知识管理工具，承载地图制作者提取出的知识点和知识关联关系，反映了组织机构知识资源聚合后的载体和传输通道。

采用这一模式构建知识地图，首先需要由地图制作者提取出蕴含在知识资源中的知识点；其次，设计出适当的图形表达方式对这些知识点加以描述，形成知识节点；最后，通过知识链接的方式实现图形界面上的知识节点与相应的关联知识点映射，完成知识地图的构建工作。构建上述的知识地图，在于充分利用地图的信息传输功能，将针对某一问题的知识有效传输给特定用户群体，从而达到预期的知识搜索、发现和利用目的。

---

① Kobsa. A. User Experiment with Tree Visualization Systems[J]. IEEE Symposium on Information Visualization, 2004：9-16.

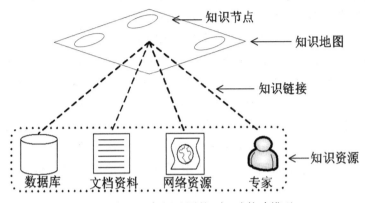

图 6-5 知识地图的"点"式构建模型

6.4.3 用户交互需求导向下的知识地图分类应用

从总体上看，面向用户的知识地图的应用在于解决用户的地图查询、获取、交流和知识的深化利用问题。除显现的地图搜索和内容理解外，还要进行面向用户的服务拓展。以下 3 个方面的问题应得到有效解决。

①视觉信息的感知处理。视觉感知是事物通过人的可视化反映，使知识地图多项功能实现的一个前提条件。人类的视觉感知是一个极其复杂的过程，总体划分为三个阶段。第一阶段，大脑对信息进行平行处理，提取出图形中的基本特征；第二阶段，在众多的模式感知中以不同模式为参照，抽取其中的结构；第三阶段，在主动注意机制的作用下，将一定数量的信息通过视觉感知进行记忆保存，为进一步的视觉思维提供所需知识。

②数据选择和处理循环。在心理学和计算机图形学研究中，人们已经掌握了一些较为成熟的法则和定律，能够对相对简单的、低层次的循环控制进行有效分析。如地图浏览的视觉控制，或是选定某个对象，进行目标选择与定位等。在知识地图数据处理和选择中，图标的功能会以简短文本的形式加以显示，这种操作可以避免触发过程的延迟，因此在应用中应具有系统支持停留触发查询功能，以便用户充分利用基于地图的关联知识。

③探索和导航。导航在很大程度上决定着用户对地图知识形界面的直接操作以及视觉反馈。互动式的隐喻是一种能够深刻影响知识地图图形效果的认知模型，它为用户提供人机交互的线索，实现有效的空间导航。此外，最佳的导航方式还取决于具体的应用目标，行走式的界面往往是浏览知识空间的有效方

法，因为它能给予用户最真实的视觉感受。如果想要实现在广阔空间中的导航，飞跃式的隐喻则是最有效的解决方案。虚拟空间中的情境支持、现实世界以及输入设备实际上都在与人们所构建的认知模型中进行交互。

在面向用户的知识地图构建与服务组织中，采用"丁香园社区心血管板块"进行试验。基于用户知识交流主题共现的心血管领域概念关联是构建其知识地图的依据。该社区用户交流主要以主题帖和跟帖方式进行，因此首先进行主题帖和主题帖的入口链接，其次根据入口链接采集主题帖内容和用户跟帖内容。使用基于开源项目 httpclient 和 htmlparser 二次开发的内容采集器，httpclient 用于建立模拟访问连接并获取反馈的网页源文件（html 格式），htmlparser 用于解析获得的源文件，并将其转化为 DOM 树，随后按照 DOM 树中标签的类型和属性进行文本内容过滤，提取相应的讨论内容，以此作为知识关联地图的构建基础。本试验使用轻量级嵌入型数据库 SQLite，以便于灵活处理后续内容。最终采集主帖数量为 55736，对应的跟帖数量为 259987。内容采集代码结构和最终入库结果如图 6-6 所示。

图 6-6　内容采集代码结构和最终入库结果

在基于本体的知识点和知识关联关系构建中，利用词汇筛选方法进行处理，最终确定 1205 个概念术语用于知识节点和关系描述。

识别领域术语后，基于领域术语在用户交流内容中的共现关系，可构建地图中的概念关联体系，确立 1205 个领域术语间的累积关系 471709 对，累积关系频次为 5235734。共现关系强度展现了知识概念的关联度，由此可见，丁香园社区心血管板块中用户交流内容的主题共现关系强度呈幂律分布形态。

相应地，在这些共现关系基础上，我们构建了心血管领域概念关系共现频次矩阵(对角填充线为词语频次)，利用等价系数方法将其转化为标准化的共现关系矩阵。部分结果如表 6-16 所示。

表 6-16　心血管领域概念关系共现频次矩阵(部分)

共现频次	高血压	心脏	血压	心电图	心血管	心律失常	血管	心室	心肌	冠心病	房颤	细胞	糖尿病	心力衰竭	心肌梗死
高血压	9322	157	234	146	87	79	117	68	112	143	45	65	118	90	89
心脏	157	8511	772	872	808	707	775	717	807	792	350	446	532	523	637
血压	234	772	7396	624	513	396	506	340	502	574	208	254	542	337	432
心电图	146	872	624	7175	363	577	342	551	702	544	302	240	373	303	506
心血管	87	808	513	363	7071	427	594	343	395	626	218	314	455	319	482
心律失常	79	707	396	577	427	5838	341	493	475	465	332	271	272	311	372
血管	117	775	506	342	594	341	5505	349	474	528	142	357	388	302	460
心室	68	717	340	551	343	493	349	5419	503	385	299	263	239	318	366
心肌	112	807	502	702	395	475	474	503	5379	526	209	393	347	329	501
冠心病	143	792	574	544	626	465	528	385	526	5433	256	276	529	344	514
房颤	45	350	208	302	218	332	142	299	209	256	4350	107	147	240	171
细胞	65	446	254	240	314	271	357	263	393	276	107	4117	217	189	250
糖尿病	118	532	542	373	455	272	388	239	347	529	147	217	4020	259	357
心力衰竭	90	523	337	303	319	311	302	318	329	344	240	189	259	6376	271
心肌梗死	89	637	432	506	482	372	460	366	501	514	171	250	357	271	3608
导联	41	300	181	443	129	237	140	262	286	205	122	98	120	112	252
QRS	23	221	89	309	88	215	70	244	176	132	145	54	96	141	
综合征	95	731	490	533	567	400	478	410	462	489	222	296	402	263	446,

根据知识概念共现关联结果，利用图形化可视工具所构建的面向社区用户的知识关系网络地图见图 6-7，排除弱相关关系的可视化图见图 6-8。

丁香园社区心血管知识地图提供主题导航，包括按照心血管领域常见疾病引导和按照心血管领域科室的分类引导。其中，丁香园社区内基于疾病名称的主题导航实际是一个发散式的链接系统，可以逐层进入更深的导航层次。在实际服务中，知识地图可帮助用户进一步明确和细化知识需求。针对论坛地图中的体系问题，导航对资源覆盖率的提高是应用拓展中的重点。

在分面导航中，用户点击某一主题后，生成新的动态分面结果。用户由此可进一步对结果文档中的主题进行选择，可根据当前主题从多个维度扩展其内容，因此推荐的主题不需要从文档中提取，而是从整个领域角度确定与当前主题更为相似的主题。

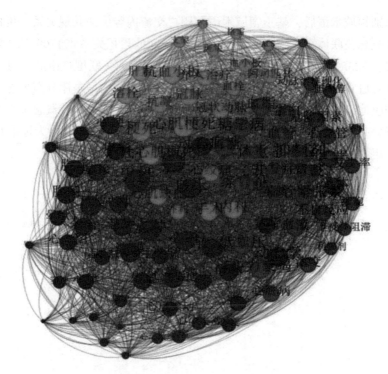

图 6-7　部分概念的关联网络可视化（含弱相关关系）

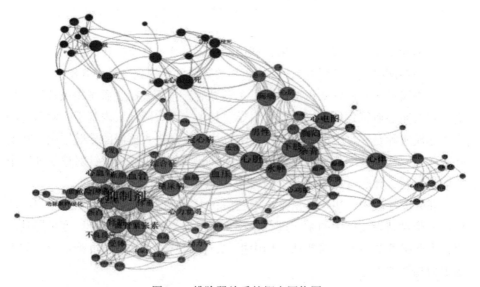

图 6-8　排除弱关系的概念网络图

在知识地图应用中，地图主题推荐针对用户某一方面知识需求提供更大范围的知识选择。例如，当用户已有初始关注话题后，地图可通过主题相似计算向其展示更多主题概念内容。传统展示方法是线性罗列，利用融合语义距离和共现关系的主题相似度结果，对展示主题分类。实现方式在于从领域概念关联体系中搜寻入口主题对应的概念术语，按该术语的概念关联结果，从各类型概念关联中提取相关强度大于给定阈值 x 的前 n 个概念术语，作为展示结果。例如，当用户关注"冠心病"时，可从领域概念关联体系的"冠心病"词条中，获取相关概念并按关联类型展现结果。

从知识地图查询结果来看，其具体应用可在此基础上进行进一步深化。除提供上述主要内容以外，分散的小型节点网络也是不可忽视的，如果将其低频关联知识进行挖掘，便可以扩展应用范围。值得注意的是，面向用户的知识地图构建拓展应用，具有 4 个方面的特征：在知识网络中通过知识地图进行用户知识的交互管理，实现基于知识地图的知识发现，进行隐形知识的图形化展示和发掘，进一步辅助用户的智能化地图分析和利用。

7 多模态信息关联描述与内容聚合

数字智能背景下，面向用户的文本及音视频数字资源的组织已成为大数据资源整合与服务中的关键。泛在数字环境下，进行多模态数字信息融合和集成化数据管理，在于以大数据内容管理为基础，进行以数字文本为核心的资源体系构建，通过融合数据的分布存储与平台化共享，实现面向用户集成需求的信息交互利用目标。

7.1 多模态信息存在形式与内容关联

多模态信息可以以人的感官与认知为基础，进行包括视觉模态、听觉模态以及触觉模态信息融合；其中每个模态都可以表示人的感知，多个模态可以相互组合起来形成完整的人体模态认知。从客观上看，这种模态融合需要面向用户的需求认知进行组织。

7.1.1 多模态信息的关联存在形式

多模态(multimedia)的概念源于计算机人机交互信息表现形态的描述，由于用语言、音频、图像等媒介形式来描述信息的粒度太大，因而多媒体形式的描述可以进行粒度上的细化，如视频可以分解为动态图像、语音、文本内容等，从而适应于图像、语音、文字形态的描述需要。

在信息资源的内容描述上，融合两种或两种以上单模态的信息处理，在内容特征上可归为多模态的信息组织，其中包括内容描述、分析、展示等。在数据层面上，多模态用以表示不同形态的数据或者同种形态数据的不同格式，一般可表示为文本、图片、视频、音频和混合数据等。Lahat D 等将多模态定义为一种相比于单模态来说可以融合使用的数据形态。一般说来，多模态数据描述是指对于同一个描述对象，通过不同视角获取数据元，将其进行模态（Modality）数据特征展示。

多模态信息主要涉及声音和图像方面。

多模态信息描述中迄今对声音的展示相对比较薄弱。这是因为声音模态特有的复杂性，要对其做到与图像、文字、动作等同样的分析就更为困难。Van Leeuwen 认为每一种符号模态同时具备三种元功能，因而应关注不同音像资源的多重阐释；Van Leeuwen 在音质解析中强调，语音参数系统可以用于生成语篇意义和身份意义；Caldwell 借鉴 van Leeuwen 的系统框架分析了流行音乐中的意义生成。由于声音不同于文本和图像，不易把握，更不易阐释，其模态表述有待进一步完善。

Kress 在系统功能语法理论框架下进行了视觉图像描述内容分析，认为应将语言表达与图像结合起来进行整体化展示。这是因为，由于其中的语篇不仅涉及语言，而且也离不开图像内容，因此关于图文关系的多模态解析便成为语言文字与图像共现的核心内容。Procelli 研究发现，漫画显然利用了视觉和文字资源，且把两者有机地融合在一起，因而应进行整体化的内容特征表达。Van Leeuwen 等探究了新媒体中的图文关系，试图提出一个一般化的系统框架，以应用于含有图文关系的多模态话语表达。

由于语言和图像往往紧密结合在一起，尤其是在新闻报刊、漫画以及互联网网页上，适当解读其中的图文关系具有重要的意义。随着大数据媒体技术的快速发展，这一方面的应用显得尤为迫切。

多模态信息中单一模态的内容关联可分为数据关联、特征关联和内容关联。

多模态信息由低层到高层，在不同层级上都具有一定的关联关系，因此在每个层次上应根据本层的结构关系进行处理，同时在各层次之间相互结合，以实现整体化的数据、特征和内容揭示目标。在数据层中，其中实体识别是基本的，在于完成对底层数据的处理；特征分析处于中间层，在于提取模态数据特征；内容分析则是进行多模态信息描述的最终目标，在于进行基于关联关系的内容揭示。根据多模态信息的关联关系，可以构建自底向上的"数据—特征—内容"关联分析模型，如图 7-1 所示。

①多模态数据关联。数据关联是指来源于不同类型的传感器中的信息单元的内在联系。相对于特征和内容，数据关联分析在于提供较高精度的具有关联关系或内在联系的信息元描述数据，同时集合不同来源的关联元数据。例如，公共安全领域的数据既包括网络中社交媒体数据，也包括物理空间中传感网络

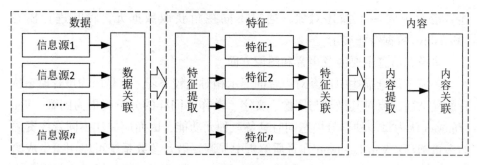

图 7-1　多模态信息关联模式

数据、社会行为数据，数据关联就在于将这些进行综合和聚合。数据关联还在于使数据量损失降低，以提供数据层中的细微信息，且具有较高的精确度。由于感知节点具有泛在分布的特性，模态感知信息具有数据量大和实时性强的特征，如果直接对采集的海量数据进行关联必然会存在数据处理代价高、时间长和实时性差的缺陷，因此应直接从各信息源获取的数据中消除一定程度上的数据冗余和数据的非一致性影响。在进行数据关联时，需要对冗余和不一致的数据进行识别和处理，使其具有一定的纠错能力。此外，数据关联可对来源于同一传感器中的同质信息进行处理，常用的方法如加权平均法、模糊评价和迭代方法等。

　　②多模态特征关联。特征关联是在原始信息单元数据特征提取基础上的综合分析和结果处理。特征关联属于中间层次的关联，其关联分析要求既保留一定程度的重要模态信息，又实现模态信息的压缩，以利于提高多模态信息处理的时效性。在特征关联基础上，可以实现来源于异构系统中多模态信息的融合，但无法对结果进行进一步的展示。在特征关联中最常用的方法包括分类法、聚类法等。其中，分类法通过训练集训练分类模型，再对测试集中的样本进行类别估计，常用的分类模型有 K 近邻（KNN）、决策树分类法（DTC）、朴素贝叶斯分类法（BC）等。以 KNN 为例，$X=\{x_1, x_2\cdots, x_n\}$ 为待分类样本，$Z=\{z_1, z_2\cdots, z_m\}$ 为训练样本，首先统一待分类样本与训练样本中的特征向量描述，然后计算待分类样本中的 x_i 与每一个训练样本点 z_j 之间的距离 $\mathrm{dist}(x_i, z_j)$，常用距离有欧式距离、马氏距离、曼哈顿距离等。其操作在于选出 K 个与待分类样本 x_i 距离最小的训练样本作为待分类样本 z_j 的 K 个最近邻对象，分布计算每一个类别的权重 P，最后根据类别权重大小，将待分类点 x_i 分类到权重最大的类别之中。与分类法中训练样本的类别是已知的不同，聚类法不需要预先提供分类的类别，是一种无监督的学习方法，可以将训练样本划分为若干

个集合，每个集合代表一个类别。常见的聚类法包括 K-means 法、层次聚类法（HM）、多阶段方法（MPM）等。

③多模态内容关联。内容关联是高层次的多模态信息关联，是在特征关联的目标对象基础上提取的实质模块内容，将其进行关联，旨在进行深层次的模态信息内容融合。因此，内容是三层信息关联的最终结果，是直接针对目标对象的，其结果直接影响最终的信息描述。内容关联同时具有很高的灵活性，内容提取在于反映目标对象的各个侧面，当部分信息出现错误时，可以通过适当的修正，得到正确的结果，因而具有一定的容错性。但由于内容关联的数据损失最多，其精度较另外两级更低。多模态信息内容是在对多个来源元信息的特征提取的基础上进行的，根据不同来源信息的可信度进行综合处理，经过简单逻辑运算，可得到比单一信息源的内容揭示更加准确的结果。多模态内容关联是面向应用的信息融合需要，在关联分析中的常用方法包括贝叶斯推理法、D-S 证据理论等。其中贝叶斯推理法是利用贝叶斯构建使用概率的贝叶斯网络，根据网络中部分节点的先验概率对其他节点的概率分布进行调整，最终得到决策结果。D-S 证据理论的推理实现通过征集与建立基本信任分配函数，在此基础上对各证据赋予不同的基本信任质量，最后利用证据理论的组合规则实现不同证据的关联。贝叶斯理论需要有统一的识别框架、完整的先验概率和条件概率知识，仅限于在概率分析的完备的情况下应用，而 D-S 证据理论可以用先验概率分派函数去获取后验的证据区间，同时可将证据分派给假设命题。

7.1.2 多模态数据关联与内容融合分析

在多模态信息描述和内容融合展示中，深度学习方法的应用具有普遍性。它不仅具有计算机交互和大数据处理的优势，而且可以通过学习领域专家的认知而有效处理关系模糊的模态信息。与此同时，对于多模态数据的关联表达，具有与深度学习的必然联系，由于形成了其中的关联分析构架。

基于特征表示的数据关联是多源多模态数据处理的重要方法，早期数据关联通过把数据转换为单一的基于特征的数据集进行处理。我们从不同角度进行的数据关联，如最简单的直接组合两个一维数据集中具有相同含义的数据集，仍然离不开这一基本的关联规则。所不同的是，需要从不同的数据集中抽取相同维度的数据进行直接连接，或者提取不同维度的数据进行关联分析，这就需要利用深度学习方法进行。如何使用深度神经网络（DNN）从不同数据集提取原始特征的表示形式，则是这一问题的关键所在。

在特征内容关联中，特征向量集成直接关系到内容描述，操作目的在于把各特征关联到一个向量上。这种方法并不考虑向量间的权重或者相关关系，而是直接使用向量数据生成一个更高维的向量。在信息维度不大、信息量较少时，可以直接串联成信息内容，且具有可读性。因此，用来描述内容对象时，在数据融合后的集成阶段，可采集直接串联后的关联数据。

多模态信息处理过程中，数据维度较高，因而应进行方法的改进。因为不同的数据集差距很大，有可能造成过拟合问题，也可能忽略各自的特征。此外，不同数据集之间的特征可能并不独立，而是存在相关关系。这一情况直接关系到特征向量融合的方法的应用，因此应进行数据集成方法的改进。Walter V 等基于关系匹配原理提出了一种自动匹配线性数据元素的方法，这一方法并不考虑权重因子、阈值参数，而是通过数据集之间的统计关系进行实现。其方法在 ATKIS 模型和 GDF 模型中对道路网数据进行了处理应用，通过该方法可以正确匹配出高比例的路网要素，并可用于其他线路要素的匹配。

在基于特征表示的数据融合的前期，往往采用直接串联各特征的方法进行。然而，对特征向量需要进行处理后的再融合，则应进行基于机器学习和深度学习的数据关联，同时利用多个模式之间的特征描述来实现，这也是目前多来源多模态数据融合的主要处理路径。

多模态深度学习与经典深度学习在原理上并无不同，区别主要在于用于模型参数训练时所应用的数据集，具体表现为从单一模态数据转变为多源多模态的数据集。Ngiam J 等提出了一种深度自动编码器架构来捕获两种模式（如音频和视频）之间的"中间层"特征表示。其中，三种学习设置（包括跨模态学习、共享表征学习和多模态融合）与经典的深度学习模型在特征学习、监督训练及测试过程中的对比如表 7-1 所示①。

表 7-1 多模态学习设置对比

对比	特征学习	监督训练	测试
经典深度学习	音频	音频	音频
	视频	视频	视频
跨模态学习	音频+视频	视频	视频
	音频+视频	音频	音频

---

① Ngiam J, Khosla A, Kim M, et al. Multimodal deep learning [C]. Proceedings of International Conference on Machine Learning, Washington, 2011: 689-696.

续表

对比	特征学习	监督训练	测试
共享表征学习	音频+视频	音频	视频
	音频+视频	视频	音频
多模态融合	音频+视频	音频+视频	音频+视频

在确定了数据集基础上，基于深度学习的多源数据关联方法可以分为基于分类的方法和基于规则的方法，按照数据关联的不同阶段可以分为早期融合和晚期融合。在基于分类器的关联分析中，早期融合通常用特征向量构建分类算法，且可以由多模态特征向量构建，在方法的选用上，多采用支持向量机或深度神经网络等模型实现；或者用生成模型，其特点在于能够处理长度不定的向量，例如贝叶斯网络。在晚期决策层的实现中也可以应用分类器，从不同分类器中学习决策结果，并通过将不同分类器的结果进行关联，形成融合的向量，经由二级分类器为最终结果学习提供支持。可以看出，内容层面的操作更适合采用基于规则的融合模式，可通过不同模态分类器中的得分、先验知识或自定义规则，进行内容描述上的关联融合。

深度学习在多模态信息关联分析中的应用，在于使用特征表示方式进行实现。其中，深度学习方式进行数据关联，受模型和参数的影响较大，其可解释性有所欠缺，这也是目前深度学习需要解决的难题。现阶段多源数据融合的主流算法大致可以分为两类，一类是基于统计的方法，另一类是人工智能方法①，也可以分为物理模型、参数分类和认知模型三类方法，总体上包括估计、推理和人工智能等②，数据融合算法如图 7-2 所示。

如图 7-2 所示，深度学习中的多模态内容关联与融合算法在于实现单模态数据特征关联基础上的内容融合，在实现中具有统计方法、推理方法和人工智能处理方法的组合应用特征。在应用中，可根据多模态场景、数据来源、特征内容的处理进行选择。

在图像的搜索上，针对无法利用图像语义信息的问题，应进行文本与图像内容的关联识别，以产生一个个独立的内容标识规则，以机器处理方式对图像的内容进行解释，所以关联识别后的内容描述应能满足精确的图文匹配要求。

---

① 张素智，陈小妮，李鹏辉，杨芮，蔡强. 食品安全大数据的融合及分类技术综述 [J]. 计算机技术与发展，2020，30（2）：159-165.

② 祁友杰，王琦. 多源数据融合算法综述[J]. 航天电子对抗，2017，33（6）：37-41.

图文匹配要求对图像的语义进行解析，将图像的语义信息和文本的语义信息进行匹配，这样可以将多模态信息的内容上升到语义层面上的描述。在实现中，可以基于多模态递归神经网络模型融合图像的主体目标和场景知识，从而提取图像的语义特征，在此基础上利用生成的图像语义调整图像标注。

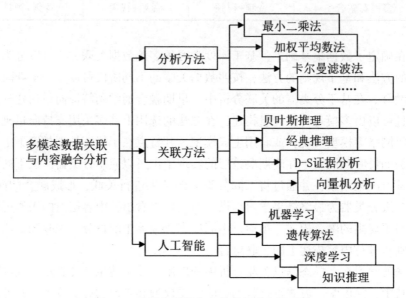

图 7-2　多模态数据内容关联与融合算法①

图像描述是指以图像为输入和图像语义为输出，通过循环神经网络或长短时记忆网络等将图像的特征向量转化为语义的过程。通常情况下，可以使用先验知识来优化语言模型中的神经网络参数。

7.2　基于关联数据的视觉资源内容组织

数字视觉资源语义丰富，既是普通利用的资源，又是研究的基础素材②。数字智能的背景下，数字视觉资源的需求日益宽泛和深入，因此数字视觉资源

---

① 冯成. 多源异构数据融合关键技术研究［D］. 北京：北京邮电大学，2020.
② 张兴旺，卢桥，田清. 大数据环境下非遗视觉资源的获取、组织与描述［J］. 图书与情报，2016(5)：48-55.

的组织优化有着十分重要的意义。在知识组织中，文本资源结构化程度高，内容全面，一直以来都是用户获取信息的对象。然而，视觉资源在认知上更贴近用户的习惯，同时随着大数据技术的发展，视觉资源的数量增长迅速，因而用户迫切需要一种有效的组织方法对视觉资源进行序化整理组织，以提升资源的利用效率。

7.2.1　数字视觉资源内容关联特征

文本资源的组织，从早期的机读目录，到基于内容关联和知识元的信息组织，尤其是基于关联数据的知识组织，在数据关联、知识推理等方面已得到全面实现。相对而言，视觉资源的组织尚缺乏一种通用、普适的标准支持不同类型资源之间的内容关联组织。这是由于视觉资源对象语义内容丰富，且与文本信息关联关系复杂，传统的组织方法因而限制了其利用效率。针对这一情况，在分析用户需求特征的基础上，拟提出一种基于关联数据的视觉资源组织方法，构建从数据采集到智慧服务的完整模型。在视觉资源处理中，针对数据的关联关系进行整体上的实现，从而为数字视觉资源的有效利用提供组织层面的保障。

相关研究从关联数据和数字视觉资源组织两方面展开。关联数据是传统信息组织的一种形式，多用于文本资源；数字视觉资源组织多为单一的资源归类方式，未能深入到内容细节和与其他类型资源的关联之中。

关联数据(linked data)是 Tim Berners-Lee 提出的语义网轻量级实现方式，其可以将跨来源、跨类型的数据进行联系，有助于实现知识的有序化和共享①。在政府、企业及机构的应用中，关联数据的应用在于，通过数据关联对数据内容进行组织、关联和解析②。同时，基于关联数据的语义组织框架可以实现对异构知识整合的深化③。在实践中，相关研究推进了关联数据理论应用和拓展，其在视觉资源的应用中，取得了较好的效果。

视觉资源(visual resource)是一种通过人类视觉通道获取的，包括图像、几何模型、视频在内的资源。视觉资源以绘画、雕塑、建筑、摄影以及装饰为

---

① 陈涛，夏翠娟，刘炜，张磊. 关联数据的可视化技术研究与实现[J]. 图书情报工作，2015，59(17)：113-119.

② 庄倩，常颖聪，何琳，徐潇洁，乔粤，陈雅玲. 基于关联数据的科学数据组织研究[J]. 情报理论与实践，2016，39(5)：22-26.

③ 董坤. 基于关联数据的高校知识资源语义化组织研究[J]. 情报理论与实践，2016，39(3)：91-95.

载体而存在，资源描述核心集合（VRA Core）构建是其中的关键。作为视觉资源描述较为通用的元数据方式，在视觉资源的内容优化中强调内容融合的重要性，可方便非遗图片资源的主题提取和从用户角度的资源组织。以医学图像为例，可以通过描述文本、大众评论、标签、元数据等方式，进行图像资源的深化组织。

关联数据的优势在于将零散的数字资源进行关联组织，从而展示数据内容之间的关联关系，提升服务的水平。然而，目前关联数据应用在文本资源组织方面较多，而较少应用于视觉资源。因此，需要进行视觉资源与文本的内容关联展示，以关联数据的方式进行数字视觉资源的组织，以揭示其中的内在联系，提升智慧服务水平。

进行数字人文视觉资源关联数据模型构建，需要充分反映目标用户的需求，在此基础上进行以用户为核心的内容组织。这意味着用户特征决定了内容服务的基本特点，因而应在分析用户需求的基础上，进行数据内容组织模型构建。

相对于资源的图形图像学特征，数字视觉资源用户通常对资源的语义内容更感兴趣，如资源中包含的人物、地点、时间、事件。同时，用户通常需要资源在内容层面的深度描述，以了解图像描述点之间的关联关系。因此，在服务形式上需要嵌入环境程度较高的智慧服务支持，尤其对于场景适应性的要求更为强烈，由此对移动视觉搜索提出了要求。从整体上看，数字视觉资源的用户需求特征如下：

①内容深度描述。用户需要关于数字视觉资源的内外部特征的全面信息，视觉资源的创作者对资源的描述往往并不局限于规范的元数据字段，因而不能满足资源的整体组织要求。如果用户对资源中的部分细节感兴趣，需要了解资源语义层面的信息，则应进行内容的深度描述。因此，对视觉资源进行组织时，需要在内容揭示环节对资源进行细粒度描述，以充分利用上下文关系，为实现内容的关联与推理做好准备。对内容特征而言，深度描述一方面可以使用上下文主题抽取对资源进行细粒度挖掘；另一方面可以使用无监督或半监督的机器学习方法，利用已标注的资源为待标注的资源进行标签推荐。

②多类型内容关联。数字视觉资源用户的需求往往并不限于资源的特征属性，而需要与之相关的其他类型的信息，如相关图像资料、历史背景、人物信息、题材风格、内容细节等。多类型内容有助于用户全面了解资源内容及与之相关的信息，视觉资源及其相关资源的获取在于更为全面地利用关联资源，实现资源间内容层面上的连接；同时，不同的视觉资源对象在时间、背景、内容

主题、人物事件等语义内容上具有较强的关联性，因此需要通过语义细节的关联促进用户更深层次的资源利用，同时这也是用户的重要需求。用户的这一需求导致数字视觉资源在内容关联上需要考虑其在数据网络中的位置和语义描述粒度，从而使关联数据可以有效地应用在信息组织过程之中。

③移动视觉搜索。各领域人员在数字资源利用中，文本内容通常起到重要的参考作用，相比之下视觉资源由于存在内容描述上的差异，用户对视觉资源的利用往往受到限制。另外，数字视觉资源具有较强的地理情景性，如人文壁画、石刻、碑帖、民俗遗产等，除专门数据库中保留有影印片外，更多的视觉资源通常在实地保存，从而导致数字视觉资源的场景性。因此，视觉资源的关联组织在于提升移动视觉搜索的服务水平，优化用户体验。其中需要构建数字视觉资源组织的关联模式，为搜索提供支持。视觉资源搜索的要求包含移动与视觉双重属性，即根据场景的变化，在移动情景下实现对象的视觉搜索，同时在服务中嵌入用户情景。

7.2.2 视觉资源内容组织模型构建

关联数据的特征在于将多种类型的资源进行关联，进行基于关联数据的视觉资源组织也应是自底而上的，其操作包括从数据的采集与聚合到移动视觉搜索的完整流程。从原理上看，资源组织模型架构如图 7-3 所示。

①资源采集层。数字视觉资源采集模块中，数据的来源可以多种多样，包括众包形式收集、群体提供资源、专业数据库保存以及数据库收录文本中的图片等。视觉资源采集后，应对资源进行基本的分类、去重，同时获取资源的上下文数据，构建初始的元数据库，为文本资源和视觉资源的关联处理做准备。在这一环节中，数字信息来源多样、内容异构，对于视觉资源需要以内容相似度和上下文相似度为依托进行去重、聚合，同时进行集中化大规模处理；继而，在关系型数据库中进行存储，为后续的关联化和语义描述做好数据准备。

②语义描述层。按照语义元数据格式对视觉资源进行本体构建，以 RDF 三元组形成机器可以理解的描述形式。视觉资源的一般性描述通常为矢量特征的描述，即从资源的图形图像学角度对资源进行标引，构建视觉词袋；然而以用户为核心的服务模式要求从语义角度对视觉资源进行描述，包括视觉资源中的主体、客体、动作、时间背景、空间范围等，相关语义对于用户理解视觉资源内容和利用视觉资源进行二次创造具有重要性。通过基于上下文的语义信息抽取，以及基于内容的资源自动标引，旨在完善和丰富图像的语义内容。语义

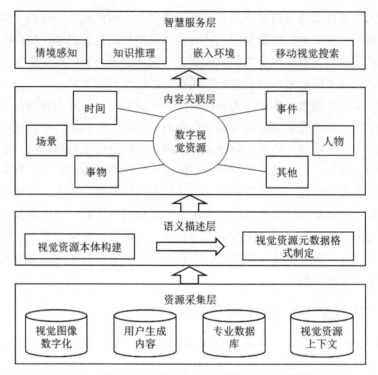

图 7-3 基于关联数据的数字视觉资源内容组织模型

描述层在资源采集层的基础上完成描述，实现文本与图像的关联，为组织模型的内容关联层提供支持。

③知识关联层。知识关联层是基于关联数据的数字视觉资源内容组织模型的核心层，视觉资源在重要性日益增强的同时，与其他类型的资源关联日益紧密，尤其是描述性的文本资源；同时，由于其他类型的资源越来越多地使用关联数据的形式进行组织和发布，因此视觉资源需要在模块中使用转化技术进行RDF 化，同时利用类、实例、包含、映射等关系构建以视觉资源语义内容为核心的多属性关联网络，即构建包括资源主题、人物、时间、地点等语义内容的网络。这一部分主要根据服务的领域，构建专有的领域本体，实现内容的深度序化与推理，提升图像内容服务的水平，为智慧服务、移动视觉搜索提供后台保障。

④智慧服务层。利用关联数据对视觉资源进行序化后，需要为用户提供智慧服务，内容包括关联数据发布、语义检索、知识发现等，形式上包括嵌入用户环境、实现基于情景的推送、移动视觉搜索等。至此，形成完整的视觉资源

组织体系。该模块最为重要的服务为移动视觉搜索服务，由于用户的资源利用行为具有场景要求，因此智慧服务层的移动视觉搜索功能需要及时响应用户交互，有区别地提供用户视觉资源检索结果以及与之相关的关联数据。

在人文领域，敦煌学是具有中国特色的历史人文研究领域，敦煌文化遗产不仅是中国的历史文化瑰宝，也是世界文化遗产的重要组成部分。近 10 余年来，各方面研究者利用数字化手段进行敦煌数字人文研究十分盛行，相关的数据库建设和框架服务得到迅速发展。敦煌学中的图像是重要的研究对象，因此以敦煌学中视觉资源为例，构建基于关联数据的内容组织模型进行实证具有现实性。

目前尚无针对数字人文视觉资源的细粒度的领域本体模型，较为相关的多为非物质文化遗产本体模型，如国际档案委员会概念参考模型（CIDOC-CRM）、艺术与建筑模型（ATT）等。现有的应用多是在选取相关本体模型的基础上，根据领域特征做出相应改进，如 Araújo C 等利用扩展后的 CIDOC-CRM 进行虚拟真人博物馆知识组织，利用改进后的 ATT 模型进行资源整合与分享等①。考虑到这一情况，选取新一版的 Cidoc-CRM V6.2 结合 FOAF、EVENT、DC 等通用本体模型，进行面向数字人文领域的改进，以优化知识关联组织结构②。

在视觉图像处理上，其主要工作围绕以下几个方面展开：

视觉资源类型（Type）。数字人文领域，视觉资源可分成诸多种类型，同时不同类型的资源所需要关注的重点各不相同。视觉资源对象是本体模型体现的重要属性之一，类型的确立可以通过资源内容的特征进行划分，或依据领域已有的标准进行划分。以敦煌学视觉资源为例，资源类型划分为彩塑、本生故事画 \ 因缘故事画 \ 说法图、经变画、佛教史迹画 \ 瑞像图 \ 菩萨画像、飞天画像 \ 神道画像、建筑画、生产生活画 \ 山水画、服饰、壁画技法、藏经洞遗画、书法与印章、供养画 \ 其他等 12 种类型，每一个类型中包括众多具体对象，如飞天画像 \ 神道画像包括伎乐飞天、童子飞天等，每一实例下有其各种属性。

---

① Araújo C, Martini R G, Henriques P R, et al. Annotated Docu-ments and Expanded CIDOC-CRM Ontology in the Automatic Construction of a Virtual Museum[M]. Developments and Advances in Intelligent Systems and Applications. Springer, Cham, 2018：91-110.

② Angelopoulou A, Tsinaraki C, Christodoulakis S. Mapping MPEG-7 to CIDOC/CRM[C]. International Conference on Theory and Practice of Digital Libraries：Research and Advanced Technology for Digital Libraries. Springer-Verlag, 2011：40-51.

人物(Agent)。人物是关联数据本体模型的重要属性，也是视觉资源中的的主体。通常说来，12类视觉资源对象中的佛教人物、神道、乐伎等均入此类，如"世尊""维摩诘"等，其中也包括历史上对资源有重要整理的人物，如"鸠摩罗什""玄奘"等。但由于数字人文研究通常针对资源内容，因此人物属性主要考虑前者，此类的标注中通常可以构建专属人名词表，或通过词汇的句法位置方法进行关键词提取。值得指出的是，由于数字人文领域视觉资源对象的内容主题可能并非具体人物，而是人物的集合，因此选用 FOAF 本体中的 Agent 类而非其子类 Person。

场景(Place)。场景是关联数据本体模型的另一重要属性，一方面表示视觉资源中人物行为所发生的空间范围，如"莲台""祥云"等词汇；另一方面，场景也表示资源对象的发现地点，如"北壁""125 窟""藻井"等词汇或短语。根据数字人文特征，对于资源的发掘地点较为看重，同时视觉对象的具体行为空间范围难以确定，因此场景属性取后者，即资源的出现地点。场景词汇可以通过上下文的句法分析得出，结合半自动人工标注加以完善。

事件(Event)。事件说明了资源对象中的人物发生的具体行为，敦煌学的佛教特色较为突出，同时与当时的社会生产活动直接相关，很多动作为人神共有，如"狩猎""战争""修行"等。对这类语义词汇的关联分析对于社会场景、民俗民风的展示有着重要的意义，由于该类词汇通常表现为动词词性特征，因而可以通过词性分析进行提取。

时间范围(Time-span)。时间范围应当包括资源对象中人物发出行为的时间，如"穆王七十年"；同时也存在视觉资源的形成时间与演变时间，如"北周""中唐""贞观十六年"等词汇。在数字人文领域，由于时间线的意义重大，资源意义与内涵往往随时代的变化而明显不同，对于资源解读随年代变化相差较大，因此按时间线整理有助于进行纵向比较。在描述中时间范围主要表示资源的发现时期，对于时间语义词汇的提取可通过词表、构词规则等方式进行。

以敦煌学中"鸠摩罗天"形象为例，首先以"鸠摩罗天"为关键词在中国知网学术图片库与中国学术期刊库中进行检索，剔除内容不相关及文本内容中不含图像的论文，通过对剩余文本的判读，确定以《敦煌学大辞典》内容文本为基础进行语义本体标注，如表 7-2 所示。

表7-2 数字人文视觉资源语义本体标注

图像	上下文文本(局部)	属性	值
	鸠摩罗天又名鸠摩罗伽。佛教护法诸天之一。位于西魏第285窟西壁正龛北诸天第二层。此形象裸上身,着裙,头留三片发(儿童发型),四臂,乘孔雀,胸前一手捧一白鸟(鸡),另三手,一持戟,一举莲花,一握葡萄。"鸠摩罗"是"童子"之义,故发型与传为东晋画家顾恺之《女史箴卷》上的儿童发式相似。此天神名虽梵音,形实汉式,线描、晕染、取势造型已有民族化特征。	CRM Entity	鸠摩罗天画像
		Type	飞天画像 \ 神道画像
		Agent	鸠摩罗天
		Place	第285窟西壁
		Event	捧一白鸟、持戟、举莲花、握葡萄
		Time-span	西魏

　　根据数字人文视觉资源领域本体模型,可形成语义关联,实例如图7-4所示。

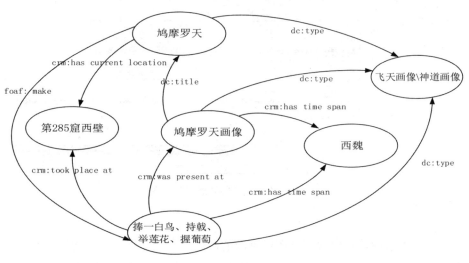

图7-4　数字人文视觉资源语义本体关联实例

　　利用本体建模工具,既可以通过检索或浏览的方式了解敦煌学中以鸠摩罗天为主题的神道画像，明确是在什么时期，表现出何种行为，集中于莫高窟的哪些位置，并根据检索出的不同时代主体的不同行为、位置，进一步展示该形象随时间的变化状态。同时，可构建与视频全息资源站点"数字敦煌"网站的链接，通过关键帧的提取，即可从图、文、声、像等角度，对敦煌数字人文视觉资源进行利用。在实验中，本体构建的敦煌 12 类（type）为图像数据基础，各选取 5 幅图像共 60 幅以及与其相关的文本数据作为案例数据。实现中，在 mysql 数据库中建立实体数据表 CRM-Entity、Type、Agent、Place、Event 保存图像资源相关文本信息；建立关系数据表 rel-crmentity-agent、rel-event-crmentity、rel-agent-type、rel-agent-place、rel-agent-event、rel-event-type、rel-event-place、rel-event-timespan 进行关联数据概念模型中的关联关系展示；利用 D2RQ 本体发布工具进行原型实现。其关联原型图如图 7-5 所示。

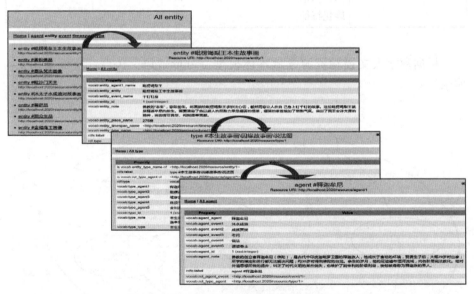

图 7-5　基于关联数据的敦煌视觉资源展示

关联展示的首页包含所有图像资源的命名主键，选择 entity"毗楞竭梨王本生故事画"为例进入，可以看到其基本的著录信息；同时，可以选择该视觉资源的时间字段和类型字段进入详细浏览，如选择北凉，即可了解北凉时期一切相关实体信息；以类型字段为例进入，可详细了解与主体"毗楞竭梨王"同类型主体的其他主要人物，如释迦牟尼、维摩诘、舍利弗等，再由此进入，可进一步了解这些人物的主要历史事件，如点击 agent 释迦牟尼，可了解其证悟菩提、沐水成油等具体事件，实现知识的关联推理与浏览。

在完成基本的关联、浏览和推理的基础上，实验模型可以用于关联检索。具体方法是针对系统的内容利用 SPARQL 语句进行检索，如在数据库中，人物（agent）"释迦牟尼"为 agent1。改历史人物为对象，通过这一对象的图像检索，可得出如图 7-6 所示的检索式，并获得相应结果。

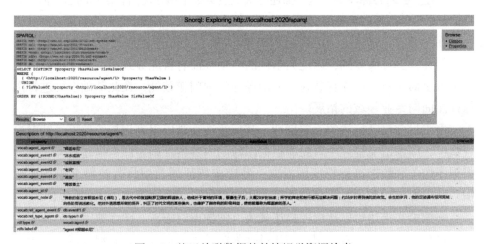

图 7-6　基于关联数据的敦煌视觉资源检索

利用 SPARQL 中对于属性和值的检索表达，针对 agent1 对象可得出释迦牟尼的最主要事件（event），如沐水成油、请饭香土等。另外，为更为全面的表示视觉资源的内容，可添加字段 agent_note 进行辅助说明，用户可根据不同的事件进行浏览，了解其他与该事件最为相关的视觉资源，继而获取所关联的内容。

7.3　图像信息的语义描述

数字智能背景下，图像作为一种重要的数字信息载体，其内容组织和提供因而具有重要意义。图像资源的开发不仅包括内容的描述，而且包括视觉资源聚合组织的实现。对于视觉资源而言，其语义挖掘与展示的重要性正日益增强。在图像信息的语义描述和视觉资源聚合服务中，视觉符号和特征的深层次揭示决定了图像内容的整体化组织实现。

7.3.1 图像内容语义描述框架

数字智能技术支持下，基于图像内容的视觉服务取决于图像与文本的进一步融合和整体描述框架构建。传统的图像语义描述多利用特征变换（SIFT）或卷积神经网络（CNN）提取图像的视觉特征符，以此为基础利用图像标签对标注对象进行描述。与此同时，利用已标注的标准图像集可进行面向未标注图像的标签推荐。在内容标注中，这一描述方式虽然解决了粗粒度内容揭示问题，但在大数据背景下的图像内容深层次描述，则需要在框架模型基础上进一步扩展。

在图像内容描述中，可利用 SIFT 图像学方法处理相似图像，由于语义内容可能存在多方面差别，以此为基础的自动标注有可能导致错误发生，因而需要进行全面应对。群体智慧在一般图像标注中门槛较低，在此基础上可进行图像标注面向专业领域的拓展。

由于目前自动标注的无差别性，其标注往往难以得到理想的效果。针对这一情况，图像语义描述中首先应根据图像的内容特征确定图像描述框架，然后根据图像关联数据进行特征词提取，最后按特征词类型将其映射至描述框架中。其内容描述在于，为相应领域的用户提供易于全面理解的图像信息元。

图像语义描述可以从图像描述规范、图像内容需求、图像数字化标注 3 个方面进行。从总体上看，图像描述可视为图像元数据处理，其规范涉及图像专用元数据标准、视觉资源通用元数据标准和元数据规范。从组织上看，IPTC 照片元数据标准由国际出版电讯委员会于 2004 年发布，主要针对新闻报道中的照片内容处理，2016 年版本包括 23 个核心元素和 35 个扩展元素①。面向视觉资源的元数据标准包括 VRA Core、CDWA 等，这些标准多为通用标准。通用元数据标准包括都柏林核心集、MPEG-7 数字资源描述集等方面的内容，标准制订旨在适应数字环境下的图像资源内容描述与揭示。

当前，用户图像需求已成为数字内容生成与分享的重要需求之一，因此图像标注已融入面向用户需求认知的内容组织之中。Jorgensen C 在图像组织技术发展初期指出，用户描述图像过程中关注于图像的内容、人物与场景，而较少关注表层的影像展示②。Eakins J P 强调对用户来说，图像的语义比图像的颜

① IPTC. Standard photo metadata［EB/OL］.［2021-04-23］. https://iptc.org/standards/photo-metadata/iptc-standard/.

② Jorgensen C. Attributes of images in describing tasks［J］. Information Processing & Management，1998，34 (2-3)：161-174.

色、形状纹理更加重要①。大数据背景下，用户更加趋于对图像主题特征和内容的需求。Klavans J L 对用户标注数据进行了分析，指出用户最关注的是图像表达的内容、事件和活动，最少用到的是图像的视觉特征和外部特征的直观影像②。Collins K 通过分析历史艺术图片库的检索日志发现，用户通常利用主题途径进行图像检索，如人物、场景、活动查询等③。

图像自动化标注包括基于分类的图像内容标注、相关模型图像标注和半监督模型图像标注。基于主题分类的图像标注利用图像训练分类工具，如利用SVM、贝叶斯分析、k-近邻分析等进行图像理解，以此出发，Ranzato R 强调采用深度学习方法进行图像自动标注与分类④。从实现上看，基于框架模型的图像自动标注在于，建立图像与语义关键词的相关关系，如基于上下文的图像自动标注关系，将图像区域与语义关键词进行关联对应和内容揭示。半监督模型图像自动标注是已标注和未标注的图像均参与机器学习过程，WordNet 在图像模型自动识别基础上，进行了结构化特征选择的网络图像主题标注实践，其方法比较适合于大规模图像背景下的应用场景。

当前，图像标准规范相关成果已较为丰富，从而为图像描述提供了基本框架。然而，由于其字段过多且缺乏层次化表达工具，因此图像自动化标注需要在智能化背景下进一步发展。面对词汇标注后缺乏层次且难以适应用户认知需求的问题，为克服语义障碍，应从用户图像认知需求出发，分析用户的认知特征与维度，确定科学的标注框架结构，以通过多种方法组合进行图像语义抽取，继而映射至语义描述框架之中。

图像语义描述模型包括两部分，即制定合理的图像描述框架和关键词抽取与映射规则。描述框架的制定需要结合用户需求与图像内容特征进行，图像词汇抽取则需要根据图像相关语料特征，利用多种方法组合来完成。

图像语义信息含量大，通常和当时的社会环境、人物、文化有着紧密的联

① Eakins J P, Briggs P, Burford B. Image retrieval interfaces: a user perspective[J]. Lecture Notes in Computer Science, 2004, 3115: 628-637.

② Klavans J L, Laplante R, Golbeck J. Subject matter categorization of tags applied to digital images from art museums[J]. Journal of the Association for Information Science and Technolog-y, 2014, 65 (1): 3-12.

③ Collins K. Providing subject access to images: a study of user queries[J]. The American Arc-hivist, 1998, 61(1): 36-55.

④ Ranzato M, Susskind J, Mnih V, et al. On deep generative models with applications to recognit-ion[C]//Computer Vision and Pattern Recognition. IEEE, 2011: 2857-2864.

系。因此在描述过程中，对图像语义信息的抽取要求远高于对图像中纹理、色彩等视觉特征的描述要求。由于图像语义信息具有结构化与层级化特征，因此形式上的图像描述框架应能提供结构化的图像表达工具。

在图像信息的利用中，用户具有特定的认知维度和明确的认知需求，通常需要从内容上对图像进行理解，表征图像中的客体对象、事件状态、时间地点。用户认知维度的层次划分，决定了语义信息表述的通用概念、具体概念和抽象概念。因此在内容上，图像描述框架应当能提供符合用户认知需求、认知维度的字段，同时涵盖不同字段的通用概念和具体概念。Shatford S 根据用户认知水平和习惯将图像描述分为通用概念、具体概念和抽象概念三个不同层次的描述，在每一概念层次下设人物、事件、地点、时间 4 个维度①。借鉴目前的研究成果，结合数字智能背景下的用户需求，其描述框架可归纳为如表 7-2 所示的内容。

表 7-2　图像信息描述框架

描述维度	通用概念(general)	具体概念(specific)
人物/机构	G1 通用：一般的从业或机构	S1 具体：具体的人物或者机构
地点/环境	G2 通用：地理位置或场景	S2 具体：具体的位置或地点
时间	G3 通用：周期性时间或者季节	S3 具体：具体的时间
事件	G4 通用：事件、状态或行动	S4 具体：具体事件、行动或史实

框架中 G 类字段表示通用与泛指概念，S 类字段表示具体与特指概念；G1 字段表示一般性的人称或机构，如学生、老师、学校、政府等，这一类词所标注的对象通常指图像中发出动作的主体或承担动作的客体；S1 字段特指某一具体人物或机构，如历史名人、国家或地区的机构及办事处，通常是图像中发出动作的主体或承受动作的客体。S1 和 G1 通常发生关联关系，如某历史人文活动等。G2 字段为一般性的地点或环境，如市区、港口、高楼，通常是动作发生的地点；S2 字段为具体的地点或环境，如中国、华北、重庆等，通常为图像中事件发生的场景。G2 和 S2 字段共同确定了事件发生的具体空间范围。G3 字段为一般性的事件，如春天、傍晚等，通常是图像中动作发生的时

① Shatford S. Analyzing the subject of a picture：a theoretical approach[J]. Cataloging & Classi-fication Quarterly，2008，6（3）：39-62.

间，S3 字段为具体的时间或时代，如民国时期、晚清时期、1646 年等，通常是图像中事件所发生的具体时代背景或年代。G3 和 S3 字段共同确定了事件发生的时间点。G4 字段为一般性事件，具有可重复性和普遍性，如募捐、战争、访问等，通常指图像中的事件内容。S4 字段为具体事件，有明确的历史意义和专指名称，如鸦片战争、新中国成立等。G4 字段和 S4 字段为图像的重要描述字段，二者共同描述图像的基本内容。

在语义描述框架中，需要根据框架中的字段特征进行图像语义关键词抽取，并将抽取出的词汇映射到框架中的相应字段。抽取与映射模型的核心数据源为图像的上下文信息。一般情况下，图像通常有来自创作者所提供的介绍，其图像上下文对于图像标注往往存在直接意义，同时直观地反映图像的语义内容，因此模型的数据准备应从数据上下文开始，从中进行关键词抽取，以此映射至对应字段。

目前常用的特征词识别与抽取方法包括基于领域叙词表的关键词抽取、基于句法规则的关键词抽取和基于算法的关键词抽取。根据特征词的不同，各种方法的适用性各不相同，当文本词汇多样、内部结构性强时，可利用多方法的组合提取文本中各个部分内容，其方法的组合应是合理、适用的。基于这一考虑，可构建图像语义关键词抽取与映射模型，如图 7-7 所示。

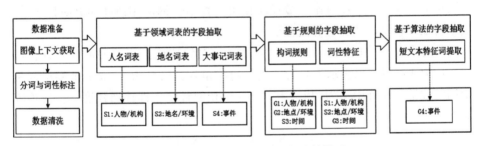

图 7-7　图像语义关键词抽取与映射模型

如图 7-7 所示，模型的第一部分为数据准备，在于获取图像上下文，进行图像的内容描述，其来源对象包括文本资源中的插图或图像创作者对图像的自然语言表达。在此基础上，对数据进行分词并标注词性，去掉拟声词、代词等无实际意义的词汇，利用同义词林进行同义词合并，完成数据预处理。

将处理后的分词数据按领域词表进行识别。领域词表可以根据对象特征，利用开放数据自行构建，也可以利用领域规范语料库进行构建。叙词表以名词为主，意指明确，图像的语义内容最为明确的名词为人物/机构、地名/环境、特殊事件等，对应框架中的 $S1$、$S2$ 和 $S3$ 字段。由于这些字段专指明确，具有较高的优先级，因而需要对其进行优先抽取，其抽取方式可区分为规则抽取和算法抽取。

基于规则的关键词抽取模块用于抽取上一环节中未能在词表中识别的领域词汇和通用词汇。这一模块规则主要是构词规则和词性特征识别规则。其中构词规则用于识别 $G1$、$G2$、$S3$ 字段，这是因为 $G1$、$G2$ 字段在构成中会表现出明显的规则特征。由于图像时间表示明确，如年/月/日或年—月—日等，故 $S3$ 字段可通过该模块的构词规则来识别。对于模块中的词性特征，目前的分词工具正不断完善、语料库逐渐扩大，对词性的识别也愈加细致。如果词性标注过程中将词汇识别为人名、地名或时间名词，则可将这部分词汇映射至 $S1$、$S2$ 或 $G3$ 字段。

模型最后一个组成部分为基于算法的字段抽取。对于前模块无法识别的名词和动词，可列为 $G4$ 字段的候选词汇。这部分词包含的信息直接反映了图像的语义，通常表达了图像中主、客体的行为和状态，这正是描述的重要内容。由于字段属性为通用，难以用词表或规则进行识别，故此模块使用传统文本抽取方式进行特征词提取。特征词提取常用方法包括卡方、互信息、信息增益、文档频率、TF-IDF 等，然而上述方法难以适应短文本特征词提取的要求，由于图像上下文文本长度有限，故模块提出一种结合词汇相似度和 PageRank 短文本特征词识别算法，计算流程如下：

①选取合适的相似度计算工具或算法，对候选词汇集的词汇计算其相似度，记为 λ；将结果表示为 n 行 n 列的对称矩阵，命名为 S，n 表征候选词集中词汇数量；矩阵中 s_{ij} 为词汇 i 和词汇 j 的相似程度，即连通强度，连接矩阵如下：

$$S = \begin{bmatrix} S_{11} & S_{12} & \cdots & S_{1n} \\ S_{21} & S_{22} & \cdots & S_{2n} \\ \vdots & \vdots & & \vdots \\ S_{n1} & S_{n2} & \cdots & S_{nn} \end{bmatrix}$$

其中 S_{ij} 值为：

$$S_{ij} = \begin{cases} 1, & (i=j) \\ \lambda, & (\lambda \neq j) \end{cases}$$

②利用 PageRank 算法对词汇相似度矩阵进行计算，得出每一个词汇的权重，定义 V' 为 n 维列向量，V' 计算公式为：

$$V' = a * S * V + (1-a)e$$

式中：a 为取值 0 到 1 之间的基尼系数，通常取值为 0.8；V' 为元素值，为 $1/n$ 的 n 维列向量；e 为网页数目的倒数，在此为文本中参与计算的词汇数；迭代这一公式直到收敛，最后 V' 值即为词汇权重。

③将词汇按权重进行排序，权重高者为提取的特征词，映射至 G4 字段。同时，进行数量控制。若原文本较长，则选取较多的词汇；较短则选词较少，具体数量由数据样本特征决定。

结合词汇相似度与 PageRank 算法，进行特征词识别的合理性在于：词汇相似度在一定程度反映词汇的连通度，同时一个词汇的连通度可以在一定程度上为与之相似的词汇所共享；将这种连通性与关系紧密程度相关联，即可符合 PageRank 算法在文档、网页及词汇权重计算中的要求。

7.3.2 图像语义描述的过程实现

在图像语义描述模型基础上，可进行具体的实验操作验证。实验操作包括数据获取与预处理、过程操作与结果分析。

（1）数据获取与预处理

老照片作为社会发展的历史记录载体，如城市变迁、人物风景的影像记录等，在内容上具有记录历史、反映当时社会面貌的史料价值。在历史图像中，我们选取国家图书馆特色资源库中的地方老照片资源库为数据源，从中采集"战争/军事"题材照片共 521 幅，均为抗日战争时期重要史料。以 1941 年 6 月 5 日晚的日机夜袭重庆的一幅照片为例，图像基本著录信息和上下文内容如表 7-3 所示。

表 7-3 图像基本著录信息与上下文内容表达

图像	著录字段	内容	上下文
	责任者	重庆图书馆	1941 年 6 月 5 日晚，日机 24 架分三批首次夜袭重庆。晚七时，第一批日机 8 架在夜色的掩护下突然侵入市区投弹。位于上清寺的国民党中央宣传部被两枚燃烧弹击中，顿时烈焰冲天。图为起火场景之一。
	主题	侵华事件；日本；史料；1941	
	收藏地	重庆	
	来源信息	重庆图书馆收藏	

221

在对所收集的 521 幅照片的处理中，利用分词与词性标注规则对所采集的图像上下文进行描述，剔除形容词(a)、代词(r)、副词(d)、介词(p)、连词(c)、助词(u)、叹词(e)、拟声词(o)、标点符号(w)、非汉字字符(ws)、其他符号(wu)；同时利用同义词林合并同义词，如"士兵＝兵士""入侵＝侵入"；最后剔除除数字及表示时间概念外的所有单字，筛选后保留词汇 2461 个，共出现 6556 次。出现频次超过 20 次的高频词汇如图 7-8 所示。

从统计数据中可以看出，由于当时历史环境处于战争状态，表示战争的名词出现频次最高，主要涉及重要城市名等，同时重要的时间节点出现较多。另外，高频词的词性一般为名词、动词、数词(表示时间、频次等)。这种情况和预期较为符合，上下文关联可以保证抽取特征词的完整性。

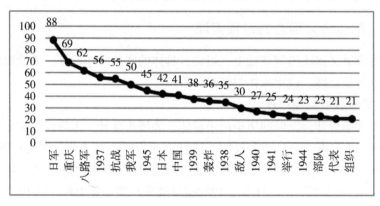

图 7-8　样本数据高频词汇统计图

为验证模型效果，邀请近现代史研究方向的硕士生，对 521 幅图片进行语义标注。作为用户的应邀者阅读图像后，通过在上下文中选取字段或用自己的语言按固定的框架进行标注。由于实验样本描绘内容是当时普遍发生的事件，特殊事件较少，因而将 G4 字段与 S4 字段予以合并。描述字段如表 7-4 所示。

表 7-4　图像人工描述样例

字段	用户 1	用户 2	用户 3
G1	日机	轰炸机	日机
G2	市区	市区	市区

字段	用户 1	用户 2	用户 3
G3	1941 年 6 月 5 日	1941 年 6 月 5 日	1941 年 6 月 5 日
S1	国民党中央宣传部	国民党中央宣传部	国民党
S2	重庆；上清寺	重庆；上清寺	上清寺；重庆
S3	晚；晚 7 时	夜晚；7 时	晚
G4/S4	夜袭；夜色；掩护；投弹；起火	夜袭；轰炸；烈焰；起火	夜袭；夜色；掩护；轰炸；起火；烈焰

如表 7-4 所示，同一字段中，如果两名以上的用户选取了同一词汇，则认为该词汇为图像字段的描述准确；如果同一字段中用户意见各不相同，则视情况进行选择，以此形成图像的标准描述集。

（2）过程与结果分析

在词表模块中，根据《中国近现代名人辞典》《中国地名词典》构建人名词表和地名词表。由于分词及词性标注是识别的第一环节，将词表导入分词工具，并和分词工具中对于人名（nh）、地名（ns）使用的标识保持一致，同时映射至 S1、S2 字段；如果词汇在词表中未出现，但分词工具识别其词性为 nh 或 ns，视为对词表的补充，映射至 S1、S2 字段。规则模块中，通过对词汇构成的分析和对人名、地名词汇的特征分析，制定 G1、G2、G3、S3 规则：如果词汇为名词，且词缀为集合{女、士、人、民、长、胞、员、军、生、兵、队、将}中的词，则认为该词为 G1 字段内容；如果词汇为名词，且属于集合{区、场、楼、街、处、房、部}，则认为该词为 G2 字段内容；如果数词（m）和时间名词（nt）比邻出现，则认为该词串为 S3 字段内容；如果时间名词单独出现（nt）且前一个词不是数词，则认为该词为 G3 字段内容。算法模块中，依照框架中确认的方法，可对词汇进行运算。其中，词汇相似度矩阵构建利用 HowNet 完成。利用召回率、准确率和 F1 值 3 个指标对描述结果进行评价，同时与图书馆现有著录对比，结果如表 7-5 所示。

可以看出，本实验方法所描述的图像语义信息优于图书馆现有的图像著录内容，在准确率、召回率和 F1 值三项指标上有着比较完整的体现。这是由于图书馆综合性强，所描述的信息内容宽泛，频繁使用如"史料""第二次世界大战"等较宽泛的词汇或短语，而标准集中图像语义描述信息丰富，漏召回字段大量存在，导致其召回率有限。

表 7-5 图书馆著录与本实验结果对比

评价指标	本实验结果	图书馆
准确率	63.73%	56.06%
召回率	47.10%	15.11%
$F1$ 值	54.17%	23.80%

本实验取得了相对而言较好的效果。准确率为 63.73%，召回率为 47.10%、$F1$ 值为 54.17%。其中，模型中的描述框架根据用户需求和数字化展示特征确立，涵盖内容广泛，语义维度符合用户认知特征，因此用户的多样化认知与描述需求也能够得到满足。实验证明，领域词表、构词规则和文本抽取的基础上的综合分析方法具有适用性。

实验存在的局限性，首先在图像描述框架中，未能针对抽象概念进行字段设置，从而影响了在专门领域中的应用；其次，模块中基于算法的特征词提取部分缺乏对语义关联的充分考虑，对于原本意义鲜明的名词性短语进行了拆分，造成了误召回，一定程度上影响了模型的识别能力。

大数据时代，图像是重要的信息载体对象，图像语义描述在于解决语义鸿沟和改善检索系统设计。因此，图像标注中的语义描述具有重要性。首先，应根据用户认知特征进行结构化的语义描述框架构建，针对描述语料的特征进行抽取方法的合理组合，在符合用户认知的同时，提供结构化描述方案。针对实验的不足，拟进一步考虑上下文的语义内在关联，细化特征词识别规则，同时融合底层视觉特征构建图像描述与检索的融合系统，推进图像描述的深层发展。

7.4 视觉资源聚合与集成利用

大数据环境下，信息技术不断发展，资源总量不断增加。在多模态资源聚合中，视觉资源的内容组织与集成利用因而具有重要性。视觉资源的数字化以及直接生成的数字资源总量均在高速增长，同时表现出结构弱化和无序性。从资源内在关系上看，视觉资源语义内容丰富，不同类型资源之间关联关系复杂，且存在大量隐性相关关系。资源的特征直接导致了图像、视频利用上的困难，限制了利用的深度与广度。因此，利用聚合手段对资源进行有序化处理是视觉知识服务的必要手段，这就需要进行跨领域资源聚合，或利用异构数字网络对图像、视频信息进行内容聚合。针对这一问题，在分析领域用户需求基础上，应明确以视觉资源语义层次为核心的聚合目标，构建一种基于多源数据的聚合服务框架，在此基础上设计聚合服务原型，为数字视觉资源的开发、利用提供支持。

7.4.1 视觉资源知识聚合服务体系结构

视觉资源信息的聚合服务不同于传统文本聚合，其服务实现需要在视觉资源聚合服务模型基础上展开。从内容上看，聚合的目的是在直接关联的基础上进行语义网环境下的资源多维整合，以资源传播与可视化展示为目的进行内容集成化组织。

知识资源聚合推动了资源的序化组织与知识服务水平的提升，然而从知识元角度看，聚合主要围绕文本信息展开，难以适应大数据环境下包括数值型数据、图像和音视频资源在内的多形态知识源的融合揭示需要。对于视觉资源来说，所采用的聚合方式需要在场景化、细分领域的用户服务中进行变革。另一方面，视觉资源获取后，语义分割—再关联已成为大数据环境下资源语义化表征的通用范式，这一范式需要在视觉资源聚合中进行面向用户的完善。

构建系统的视觉资源知识聚合服务体系的意义在于，在分析视觉资源特征的基础上，从资源采集、知识表示、知识关联聚合三方面切入，针对用户个性化需求和领域主题，提供知识服务方案及对应的保障措施。

(1)数字视觉资源的组织特征

在面向用户的数字内容服务中，资源建设处于核心地位，进行数字视觉资源聚合的基础是分析资源的特征。分析主要从三方面进行，即分析资源的内容特征、结构特征与分布特征。

从内容特征看，数字视觉资源信息量大，语义内涵丰富，这种丰富必然体现在资源所表示的内容上。以叙事型图像为例，资源所描述的历史、地理、文化、人物信息十分丰富，其创作上的特征也反映出资源生成时的历史文化背景。这种丰富的语义内容一方面带来了丰富的素材，另一方面也给资源的序化组织带来困难。因此，视觉资源聚合服务组织中，需要充分利用标引信息和用户以自然语言形式对资源的描述特征，构建领域词表和描述框架，以揭示视觉资源的语义内容。另外，视觉资源的语义层次分明，按用户的主题关注，视觉资源内容深度可从物理层、元素层、语义层出发进行展示。

从结构特征角度看，视觉资源与其他资源关系紧密，关联方式复杂。如在人文领域，文本资源和视觉资源在时间上表现出共时或历时关系，在逻辑空间上存在解释与被解释关系。不同类型资源的标引既相互独立又相互关联。然而，由于资源语义丰富的特性，其复杂关联已深入至语义关系层次，这种复杂联系一方面加剧了利用难度，另一方面也对资源关系网络构建与知识聚合提供了基础。

视觉资源在空间上呈现零散分布状态，同一视觉资源可以分布在多处，如图书馆、档案馆、博物馆等机构，这种多部门的分布可以以跨地区甚至跨国形式存在。在进行深度揭示的同时，一方面需要考虑到选取有代表性的版本，对物理空间上分散的资源形成逻辑上的统一；另一方面，对某一主题进行描述的多种视觉资源也可能与该主题的文本资源空间相联系，这就需要在建立关联关系基础上实现资源间的语义聚合。

（2）数字视觉资源聚合服务结构

对数字视觉资源的内容特征、结构特征、分布特征进行分析，需要利用文本资源、多媒体资源、关联数据，构建面向数字视觉资源的知识聚合体系。其体系结构包括资源采集层、知识表示层、关联聚合层和知识服务层，体系架构如图7-9所示。

资源采集层。视觉资源的获取是体系构建的基础工作，在获取功能上，资源采集层需要具备获取异构视频数据的能力。面对数据的分散分布，资源采集层需要具备多源获取、过滤去重的功能；同时，在资源采集环节进行清洗和整合，以利用跨部门协同支持方式，实现物理分散资源的逻辑位置统一。对于数字视觉资源，各机构需要进行协同采集，对与之相关的关联资源，明确文本与视觉资源聚合对象。

知识表示层。对数字视觉资源及相关的文本资源进行采集整理后，需要在知识表示层对两种类型资源分别进行描述。对视觉资源提取视觉描述符，在于建立视觉索引；对采集结果中已包含的与之相关的文本资源进行框架描述，可利用视觉描述符构建视觉资源数据库。视觉索引可以按图像内容特征进行组织，对于视觉颜色、纹理、形状等信息，可采用不同的内容表示方法。如颜色丰富的资源采取 RGB 表示，对于拓片、模糊照片采用灰度矩阵等偏向于纹理层的索引方法。对于关联的文本数据，在进行预处理的基础上，利用改进的TF-IDF、互信息、PageRank 等方法进行特征提取，并以合适的方式进行表示。在领域术语词典构建中，将提取出的特征文本进行映射；在此基础上进行视觉

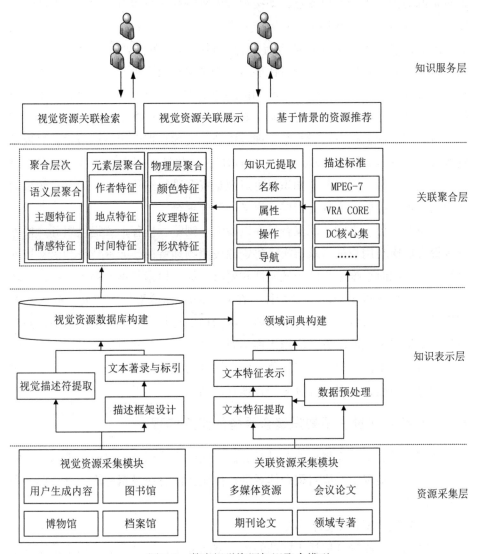

图 7-9 数字视觉资源知识聚合模型

资源与相关文本资源领域词典的关联使用，即从不同层面为视觉资源的聚合服务奠定基础。

关联聚合层。作为模型核心的关联聚合层，需要根据资源的特征和用户的需求，从不同的层面进行聚合。从描述层次的深度来看，数字视觉资源需要从三个方面进行聚合展示，即物理层、元素层、语义层。物理层次的聚合需要以视觉资源的内容组织为出发点，即按视觉内容特征进行聚合，包括资源的颜色特征、纹理特征、形状特征等；元素层聚合按视觉资源的创作信息、时间信息、地点信息等资源描述特征进行聚合，同时对资源作者特征、资源地域风格、资源时间演化等方面进行对比展示；语义层是数字视觉资源高层，表征用户对资源理解，主要从资源的主题和情感两个方面进行聚合，同时允许用户根据需求实现资源的跨层次聚合。确定聚合层次以及各层次的目的、意义、内容后，可利用关联数据方法对与数字视觉资源相关的数据资源进行组织；对视觉资源关联数据可利用 MPEG-7、VAR CORE 进行描述，根据资源特征对多字段进行分割或合并；同时基于知识元可对视觉资源进行细化聚合，通过对领域词典中的知识元提取，实现元素层、语义层深度聚合。

知识服务层。视觉资源聚合旨在以检索、浏览、推荐形式提供服务。根据资源聚合层次与用户的需求层次，将资源按照物理特征、元素特征和语义特征进行展示，同时根据用户的领域属性和要求，提供检索与推荐服务。在这一环节中需要综合分析用户的情景特征，在 e-science 环境下提供协同、嵌入式的知识服务。对于聚合层次的检索反馈，可以提供与其他层次的关联结果，同时将聚合结果以关联展示方式应用于推荐服务之中。与此同时，针对用户的不同和行为习惯的不同，提供面向环节和融合情景的视觉搜索服务；在服务中提供相应的保障措施，确保聚合资源的合理有效利用。

7.4.2 数字视觉资源知识聚合服务的组织实现

数字视觉资源知识聚合的关键是数据单元的充分标注，以便实现分层次的聚合目标。在实现中，应对聚合体系进行优化，同时在逻辑层次上进行形式和内容上的统一。

（1）视觉资源知识聚合层次

数字视觉资源聚合依托于资源的逻辑空间分布，这种分布式构架是按视觉资源来源进行逻辑上聚合的结果，因而可视为一种物理空间分布。在逻辑空间逻辑关联基础上，可设计聚合服务的原型系统。从资源的语义分布看，数字视觉资源可以视为不同语义层次上的特征向量关联，其中的同一层次处于平行结构之中，跨层次之间有可能存在关联关系。如果忽略空间距离，以拓扑距离描述的视觉资源语义分布结构如图 7-10 所示。

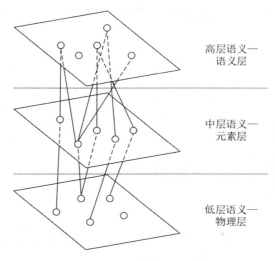

高层语义——
语义层

中层语义——
元素层

低层语义——
物理层

图 7-10 数字视觉资源语义空间分布结构

如图 7-10 所示，资源在三层语义中反复出现，表现形式为资源的特征描述向量在不同的语义空间表征资源的不同。语义层次虽然已经实现了一次聚合，然而资源也可能因类型的不同存在某些特征上的差异，一般来说数字视觉资源都会表现出高层语义丰富且结构化特征不明显、中层语义完整且结构化特征完整、低层语义随资源类型不同而不同的特征。从总体上看，临近语义层次一般具有较强的关联性。高层语义中，资源表示出特定的情感和主题，而这种高层主题可能集中反映在某中层特征中，如中国历史上某朝代、作者或地域的人文作品倾向于集中表达某一个主题或情感。对于中层和低层来说，可能表现出某一对象、作者或地域的人文作品偏好，体现了当时的社会文化。因此，数字视觉资源的聚合，应在实现本层聚合的基础上，进行跨层次的协同聚合和分面组织。

数字图像和视觉资源中最重要的是图像资源和视频资源，图像和视频资源内容既是语义标注的对象，也是层次聚合的基础。具体的语义标注可以使用短文本特征提取方法进行，视觉资源内容的关联组织可以结合领域特征对领域本体进行调整。在获取视觉资源的内容后，进行自动化或半自动化的标注。这也是对其内涵知识内容进行结构化处理的过程，对视觉资源进行标注的样例如表7-6 所示。

表7-6　数字人文视觉资源层次标注样例

视觉资源	关联文本	语义信息		
	金龙墓出土的彩绘漆屏风上，也画着《孝子列女》的图画，南方北方，礼乐说教如出一辙。唐代阎立本《步辇图》上，唐太宗被画得伟岸高大，比宫女高出一倍，西藏使节禄东赞谦卑地站在旁边，比唐太宗矮了一头；人物大小的鲜明反差，正是为了突出"礼"。莫高窟唐五代《经变图》……	语义层	主题：	礼乐说教；舞蹈；步辇图；唐太宗；禄东赞；
			情感：	谦卑；伟岸；高大；
		元素层	时间：	唐五代；
			地点：	金龙墓；莫高窟；
			作者：	阎立本；
		物理层	颜色：	RGB 直方图；RGB 矩；HSV 直方图；
			纹理：	灰度矩阵；随机场模型；
			形状：	兴趣热区；边界特征；

　　样例中，虽然列出的是数字人文领域的视觉资源，然而其标准具有普适性。从视觉资源的内容特征和关联文本中获得基本的描述信息后，可利用关联数据的方法对资源进行基本的组织。从总体上看，在视觉资源层次语义上的聚合，实际上是基于关联数据的视觉内容组织，在于揭示图像知识的内容和关联关系；而逻辑空间内分语义层次的聚合，则需要允许资源在跨层次上进行组合。这样，可利用探寻式分面系统来实现，以此设计聚合服务平台。在服务组织中，可根据用户提出的层次语义要求，进行细化聚合展示。基于设计逻辑形式上的聚合服务平台，如图 7-11 所示。

　　视觉资源聚合服务平台对系统中的资源在后台进行整合，以交互界面的形式向用户提供服务。服务包括 3 部分：检索服务、推荐服务与订阅服务。其中用户通过检索词向平台发起视觉信息检索，由于用户对资源的认知一般在中层或高层上展现，所以文本索引来自于视觉内容表示层的领域词典，即数字视觉资源内容聚合模型第二层的左半部分；而当用户关心图片或视频的低层信息（包括技法特征、材质特征）时，则认为该特征包含在图像的颜色、纹理、形状特征之中，此时提供以图搜图服务，即使用模型第二层的右半部分。对于检索的结果，按照用户对语义层次的要求提供聚合展示。如设计图中的样例，用

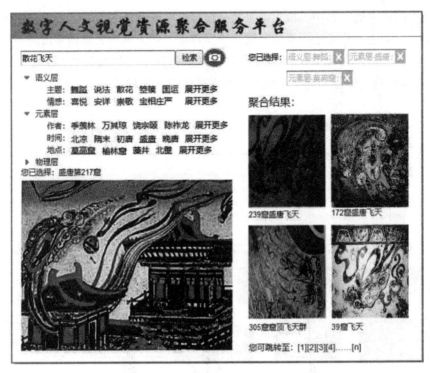

图 7-11 数字视觉资源聚合服务平台设计

户以"散花飞天"为检索词，在对感兴趣图片进行点击后，选择以莫高窟(语义层：舞蹈)，盛唐(元素层：时间)，莫高窟(元素层：地点)为跨层次聚合依据，此时平台根据用户需求进行聚合展示。展示后的结果可视为基于需求的推荐服务内容，在系统积累了一定的用户行为日志和进行用户的需求描述后，提供定向定题的专题服务。

目前，专门化的数字视觉资源聚合服务平台处于迅速发展之中，其设计与资源关联建设已成为人们关注的重要问题。在这一场景下，本服务设计的原型可用于视觉资源聚合服务优化之中。中国知网学术图片库是我国重要的学术类图片的知识库，图片总数量已逾 4000 万张，图片的来源涵盖 13 大学科门类，其中人文学科资源内容如历史、地理、社会、考古等。图片库提供检索、浏览等服务。从内容展示角度上看，图片库即是基于检索关键词的资源聚合。该库的开发与建设为数字化研究提供重要的数据来源支撑，考虑到图片服务的进一步发展，我们在应用中进行了面向聚合服务环节的局部尝试。将设计原型图与中国知网学术图片库进行对比，可以发现，知网学术图片库的分面体系设计尚

231

有值得改进之处。其中，检索结果的分面导航系统设计与其学术论文检索系统类似，未能进一步考虑图像的分层次语义特征，即未能将关键词字段进行细化表示，同时对于图像低层语义特征只包含颜色选型，且细分点"彩色"与"黑白"比较粗略。中国知网学术图片库搜索页面如图 7-12 所示。

图 7-12　中国知网学术图片库搜索页面

在改进的基于语义层次的数字视觉资源聚合服务设计中，允许用户根据自身需求、领域特征和处理环节，选择跨语义层次的聚合与展示方式。其内容不再以线性、单一关联的方式进行聚合展示，而是根据用户个性化需求和探寻式思考方式，进行多面组配表达。从资源的角度来看，资源包含的特征以结构化的形式描述来体现，在聚合结果上具有较强的灵活性和可拓展性，聚合结果的展示本身即构成知识服务。相较于传统的参考文本资源聚合服务，具有一定的优势。

（2）视觉资源服务的整体化实现

在所构建的数字视觉资源聚合服务模型基础上，为保障模型使用效果以及面向应用的服务开展，需要对用户特征和领域知识进行分析，以确定相应的服务保障策略。在实现上，拟从资源获取、服务嵌入、融合情景上进行。

资源跨部门协同采集。数字视觉资源聚合服务的基础是各类相关资源的采集与集成，其中的数据是聚合与服务的基本保障。人文数字视觉资源聚合服务中需要对图书馆、博物馆、档案馆等机构的图像数据进行跨源异构集成，同时注重用户的内容聚合需求，实现物理空间分散的资源在逻辑层面上的统一。在不同服务机构的数据建设中，字典规范、存储结构均有较大差异，这就需要在资源采集过程中进行字段统一，通过资源协同共享中心，利用云服务实现资源的多源并发调用与存储，在相同、相似数据源中选取有代表性的、有较高集成价值的资源进行交互集成管理。

对与视觉资源相关的文本描述资源进行采集、整理与序化。由于聚合服务对象是各领域用户，因此需要采集有价值关联信息，如科学研究成果类的文本信息，在类型上包括不同载体中的图像和视频说明或解析，因此资源层的服务保障环节需要进行视觉资源的跨部门协同采集。由于多服务部门对资源的描述重点、内容会有一定的差异，这就需要利用协同机制进行内容上的选择，为后续的保障奠定基础。

面向用户需求的嵌入式推送。对于已完成聚合的数字视觉资源，需要从用户个性化需求角度，以嵌入方式开展科学合理的推送服务。从学科领域上看，各细分领域用户需求以及资源的细化特征各有不同，同时各学科中的用户理解特征、行为习惯、前期积累均有不同，这就需要综合考虑数字用户的一般属性和细分领域的个性特征，构建嵌入用户工作环境的服务。同时，针对用户需求环节，提供符合用户习惯、满足当前环节需求的分层次信息。

不同领域用户对聚合模型中的元素层、物理层和知识内容嵌入式推送要求各不相同，服务保障应当更多地展示面向用户的语义层聚合内容，帮助用户理解并分析视觉资源对象中的主题意义与情感特征，以便将相应的服务嵌入至用户的活动之中。

服务融合情景特征。在完成服务保障中数据跨部门协同建设任务的基础上，针对用户特征进行服务环节嵌入，需要在融合服务情境中体现。数字智能背景下，用户并不局限于固定的场所或实验室，会根据研究进展和需要进行基于数字平台的响应协同；当服务环境改变时，需要有相应的保障机制为用户提供融合情景下的服务，即移动视觉服务。这一环节的服务保障需要满足用户在移动情境下的视觉资源获取需求，以保证活动效率与效果。这一场景下，用户可以使用各种智能移动设备，在获取信息的同时传递自身的情景视觉信息。因而，其服务组织理应适应环境的变化。

同时，计算用户在不同场景下对视觉资源的兴趣变化，允许用户以交互方式重构视觉检索式；服务中可根据用户的行为记录和领域特征提供语义关联的知识聚合结果。通过获取服务记录和用户行为数据可建立服务模型，构建完整的情景案例库，用于优化基于数字视觉资源移动的搜索服务。其中，提供区分语义层次、满足领域特征、符合用户获取习惯的数字视觉资源关联文本具有重要性。

　　数字化研究逐渐成为跨学科研究的重要方式，因而应进一步解决视觉资源的分布存储与资源分散利用之间的矛盾，由于视觉资源语义信息丰富，与其他资源关联关系复杂，拟提出一种基于语义层次分析的跨源聚合服务方案，同时，针对数字资源关联内容的复杂结构，构建以视觉资源内容揭示为核心、多部门协同资源共建共享的聚合服务模型。在实现中，通过构建跨系统的资源库，进行资源关联组织。在操作上，从资源物理层、元素层与语义层出发进行聚合，以逻辑原型的形式进行聚合服务的设计，同时进行分面点的衔接。

　　基于聚合服务体系的保障方案，从资源的跨部门协同、用户需求与领域特征出发，构建了完整的保障实现体系。在今后的发展中，拟根据领域资源特征和用户偏好，针对具体领域进行深度聚合，从而提高服务的精准度。

8 数字化服务中的智能交互与体验设计

数字智能背景下，随着计算机技术日渐融入社会活动的各个方面，大数据应用中的人机交互已成为必须面对的重要问题。其中，智能化交互使得计算机与人之间的信息交换更为便捷。数字服务中以用户为中心的智能交互，在于充分理解用户的意图，融合用户视觉、听觉等交互通道，为智能化服务开展提供支持。

8.1 数字服务中人—机交互的智能化发展

计算机从诞生发展到现在，对人们的工作和生活都产生了深刻的影响。人机交互技术作为人与计算机之间信息交流的接口和以人为中心的系统开发基础，对人的认知和计算机的发展都起着非常重要的作用。

8.1.1 人机交互发展进程及现状

人机交互是指人与计算机之间使用某种对话语言，以一定的交互方式，为完成确定任务的人与计算机之间的信息交换过程。为实现这个过程，需要研究人的认知、信息处理过程及交互行为习惯，以此为依据进行交互系统的设计，进而将计算机与人联系起来，实现人与计算机的高效交互。因此，人机交互研究受到了包括计算机科学、认知科学、信息科学等多个学科的关注。

人机交互的发展是从人适应计算机发展到计算机不断适应人，交互的信息也由精确的固定格式信息输入、输出，转变为较为模糊的、符合用户习惯的输入，强调经由计算机理解用户意图后的输出。总结人机交互的发展过程，可以大体上分为 5 个阶段，如图 8-1 所示①。

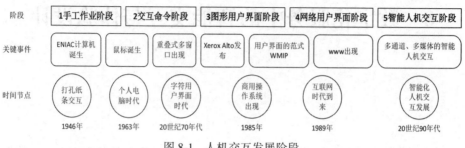

图 8-1　人机交互发展阶段

手工作业阶段。1946 年世界上第一台计算机 ENIAC 在宾夕法尼亚大学诞生，此时的人机交互很难实现，一般由专人使用计算机，并依赖其手工操作通过打孔纸条的形式实现指令与结果的输入输出。

交互命令语言阶段。1963 年美国斯坦福发明了鼠标，20 世纪 70 年代，Xerox 研究中心的 Alan Kay 发明了重叠式多窗口系统，用户得以通过计算机实现实时编辑、复制粘贴、多窗口处理等操作，从而实现真正意义上的人机交互。此阶段主要由计算机的使用者采用交互命令语言与计算机交互，虽然使用者需要记忆很多命令，但已经可以较为方便地调试程序并了解程序执行的目标。

图形用户界面(GUI)阶段。1973 年第一个带有现代 GUI 的设备 Xerox Alto 发布，GUI 包含了窗口（windoes）、菜单（menus）、图标（icons）和定位设备（pointing device）4 个部件，这也组成了用户界面范式 WMIP。GUI 较文本界面更加直观并且不受语言限制，自出现以来受到了用户的普遍欢迎。并且由于 GUI 简明易学，即使不了解计算机的普通用户也可以熟练使用，因此 GUI 的出现扩大了使用用户的范围，使得信息产业得到飞速地发展。

网络用户界面阶段。随着 www 的出现和网络标准及协议的应用，人机交互得以进入网络用户界面阶段。Web 服务器应用超文本传输协议 HTTP 来传递超文本标记语言 HTML，用户通过 Web 服务器向计算机发出服务申请，计算机进行处理后采用静态响应或动态响应的方式向用户展示结果。从总体上看，

---

① 智库百科. 人机交互［DB/OL］.［2021-11-03］. https://wiki. mbalib. com/wiki/%E4%BA%BA%E6%9C%BA%E4%BA%A4%E4%BA%92.

此阶段人机交互技术的特点是发展迅速，新的技术如搜索引擎、多媒体动画、文本聊天工具等接连涌现。

智能交互阶段。随着多媒体技术的发展，计算机的输入输出形式不再局限于文本内容，逐渐向文本、图片、音频、视频等多种形态信息的集成处理发展，多通道、多媒体的智能人机交互成为人机交互的关键。智能化人机交互系统既包括前端输入信息的智能化，即支持更为灵活、复杂的用户信息输入方式，如文本、语音、图片等多种方式，也包括后端的智能化信息处理，即在进行用户信息处理和整合方面，能够准确识别用户意图，生成用户需要的结果。

随着数字信息技术的进一步发展，计算机已广泛且深入地融入到人们的工作、生活之中。智能化背景下，人机交互的目的也转变为支持用户间的高效信息交流(如社交网络、智慧办公等)、辅助用户与数据间的高效交互(如可视化数据分析、决策支持系统等)及用户的智能交互环境。同时，交互的方式也不再局限于传统的 WIMP 范式，更强调以人为中心的自然人机交互的方式，即用户无需依靠传统的交互设备，便可以直接进行与计算机系统的交互。自然人机交互通过用户的视觉、听觉、动作等多种直接交互方式与机器进行协同，与传统的设施交互方式相比，可以有效保留用户的原始意图，从而提高交互系统的可靠性。按照交互的方式，典型的自然交互方式为语音交互和动作交互。

①语音交互。有声语言是人与人间最为普遍的交互方式，一般情况下，人们可以自然地表达和理解他人的话语，其原因在于人们不仅能够通过语音捕获语音中传递的语言内容，而且可以感知和理解语音反映的对象身份特征和情感状态特征。针对传统的文本形式的局限，自然语言处理和基于文本的用户意图理解，在应用于用户交互理解中得以迅速发展。

在语音交互系统中，一般通过设备接收和发出语音信息。在信息处理中，经由后台的语音识别，为用户提供各类服务。语音交互极大地简化了用户在完成一个任务时从心理目标到物理操作的转化，用户可以直接将所需服务的心理目标转化为符合用户习惯的语音命令，无需经过与图形界面进行交互操作这一系列物理操作，从而简化了用户的操作步骤。语音交互界面通过命令模式和对话模式控制语音交互过程。从获取的语音表现形式来看，语音既具备语言学特征，也具备声学特征。在进行语音识别和用户意图理解时，既需要对语音内容进行识别，也需要对音频信号进行特征提取和用户意图建模。在进行语音文本内容建模时，主要应用语言模型刻画用户的语言表达方式，分析语言中词与词间的排序关系，词在结构上的内在联系。基于 N-gram 的统计语言模型是当前语音识别中最为常用的语言模型，用来表示长度为 N 的词串的出现频率。而

N-gram 模型引入了马尔科夫假设，即某一个词语出现的概率只由其前面的 N−1 个词语所决定，因此词串的概率 $P(W)$ 可以表示为：

$$p(W) = p(w_1^K) = \prod_{k=1}^{K} p(w_k \mid w_1^{k-1})$$

式中，K 表示该次序列中包含词的个数，w_k 表示词序列中的第 k 个词。

用户的语音信息经由语音交互界面采集后形成波形数据，在声学特征方面，需要进行声学特征抽取和声学特征建模。声学特征提取和声学建模技术曾经是两种相对独立的技术。声学特征提取旨在从复杂多变的语音波形中抽取相对稳定的最能代表发音内容的特征向量，而声学建模意在统一描述声学特征的内在规律。随着语音识别技术的发展和神经网络的应用拓展，声学特征抽取和声学建模技术从相对独立逐步走向融合统一。应用中，通过利用多层网络结构对原始的声学特征进行层层变换，形成更好的声学特征；同时可以在顶层网络中进行区分度训练；最后将特征优化抽取和声学建模融合在同一个网络中，从而获得更好的识别效果。

②动作交互。行为动作是人与现实世界交互的主要媒介，动作可以是全身的、上肢的或者是局部的动作。在自然人机交互中，动作的高效识别和行为的准确理解可以使人机交互的方式更加自然和灵活，以此达到有效交互的目的。动作交互包括基于动作的目标获取和动作识别及意图分析两个方面。

目标获取是动作交互系统识别的前提，随着交互界面技术的发展，自然交互界面为获取复杂、细致的用户行为动作提供了可能。在实现中，系统获取动作目标的方式可以分为直接和间接两种。直接的动作获取要求用户通过接触目标位置对其进行直接选取，例如在增强现实的应用中，用户通过以手部接触的方式完成虚拟目标的选取；间接的动作获取则需要用户通过位置和姿态来控制和移动光标，借助指示位置实现目标选取，如用户通过控制一束虚拟光线选取需要交互的目标等。

用户动作识别及意图分析包括动作建模、交互动作类型划分和基于运动感知的动作意图识别三个部分。其中动作建模需要构建动作的几何模型、运动模型和交互模型。几何模型用于虚拟环境中图形显示动作的形态，对于虚拟外形的几何模型建模是一个较为繁琐的过程，且在计算时会加重虚拟仿真的负担。因此，可以综合考虑将精细的虚拟人体部位几何模型进行简化处理。人体运动模型构建时，由于不同部位的拓扑结构差异，采用单一结构识别难以有效表达多维运动特性，因此有必要对虚拟人体运动进行建模。在此基础上，为了让用户动作能够正确地传达交互意图，还要建立高效的人体动作的交互模型。通过建立用户动作与虚拟对象间的关系，可将动作与特定的指令联系起来，以便将最终处理的信息返回给用户。

8.1.2 数字智能环境下人机交互的核心问题

通过对人机交互发展和应用的归纳，可以概括出目前人机交互发展的核心问题。在应用上，包括发展模式、交互界面和智能化信息处理技术支持。

从人机交互实现上看，人机交互的模式可以归为基于技术发展的范式变迁。在技术与范式交互关系上，技术的发展导致范式的变迁，而范式的变迁又进一步促进了技术的进一步发展，这一过程的结果便是人机交互技术从概念提出到范式实现，再走向实际应用。首先，从技术发展和范式变迁的关系来看，智能技术的发展致使当前范式已经不能适应技术发展环境，因此对范式的变迁提出了要求；与此同时，新范式的出现如果满足了技术发展的需求，又会进一步促进技术的进步。

在计算机发展过程中，某种程度上范式的变迁起着关键的作用，可以说是范式的变迁引导着人机交互的发展。例如 WIMP（window，icon，menu，pointing）范式的出现使图形用户界面的需要得到了满足，从而极大地促进了图形用户界面的应用，创造了个人计算机时代的辉煌。但是随着计算能力和交互场景的变化，WIMP 界面存在着无法满足日益变化的交互需求问题，表现为使用感知有限、输入/输出不平衡等，这就需要突破制约人机交互的发展瓶颈，以开拓新的交互应用空间。

智能交互为突破这一限制，需要新的范式来满足新技术的需求。10 余年来，一些学者提出 Post-WIMP 和 NonWIMP 等框架概念，力图突破图形用户界面限制，满足新应用场景，使交互过程更为自然[1]。与此同时，针对交互场景的 PIBG 范式（physical object，icon，button，gesture）局限，面向普适计算交互场景的用户界面（tangible user interface）和针对智能系统界面设计的 RMCP 范式等随之出现。正是这些新范式推动着人机交互的进一步发展，从而引发新的应用。

用户界面（user interface，UI）包括支持人机之间交互的软件和硬件系统，是人机交互系统的重要组成部分。用户界面发展大致经历了 3 个阶段，分别是

---

① Jacob R J K, Girouard A, Hirshfield L M, et al. Reality-based interaction: A framework for post-WIMP interfaces[C]//Proceedings of the SIGCHI conference on Human factors in computing systems. 2008: 201-210.

批处理界面(batch interface，BI)、命令行界面(command line interface，CLI)和图形用户界面(graphical user interface，GUI)。随着新的交互场景和交互技术的出现，GUI已无法满足新一代交互需求，因此需要更加直观、更为人性化的自然用户界面(naturaluserinterface，NUI)。面对下一代交互界面的主流需求，应致力于自然的交流方式(如自然语言和动作)的应用发展。从总体上看，在用户界面中取而代之的是更为自然、更具直觉的智能交互控制界面，用以满足触摸控制、动作控制、自然语言控制等功能的实现。

用户界面构建涉及界面设计、界面开发和界面评估，其中包含隐喻(metaphor)、可见性(affordance)、界面范式(paradigm)和用户体验(user experience)，其结构如图8-2所示①。

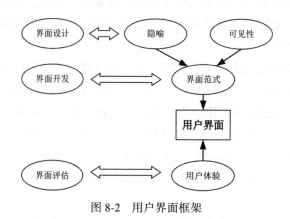

图8-2　用户界面框架

界面设计中，隐喻是将用户界面中的概念拟为一种人们熟悉的认知结构，用于反映其交互内容，这些隐喻具有指示界面元素的作用，以便于用户识别对象之间的特征联系。例如，WIMP界面框架中，将图形界面元素喻为用户熟悉的接口表征等。

可见性是认知对象所显示的固有特征反映，便于使用用户能够了解如何与其交互。隐喻和可见性是一个对象作用的两个方面，可见性即对象事物的可显示性，而隐喻则是指向用户的认知引导。

范式是理论框架基础上的规范形式，界面范式则是用于引导用户的界面模

---

① 张小龙，吕菲，程时伟. 智能时代的人机交互范式[J]. 中国科学 F 辑，2018，048(004)：406-418.

式。界面范式可以被认为是界面设计的基础，其作用是提出设计构架。典型的界面范式如 WIMP 范式等，在应用设计中规定了图形用户界面的基本组成单元，在图形界面开发中具有重要作用。

用户体验是指用户对客观对象的主观感受，包含用户在使用界面过程中所感受到的全部内容①。一定场景下，用户体验具有动态性、情境依赖性和主观性的特点②。对用户体验，可从情境体验、对象体验等特征出发进行描述。

随着深度学习在多个领域的应用发展，人工智能迎来了新的发展机遇，从而引发了人们对智能革命的进一步关注。与此同时，智能交互设备的应用使人机交互空间发生了新的变化。语音分析、运动识别、凝视控制等技术的进步，对个人特征的安全认证提出了新的要求，由此决定了人机交互技术的发展轨迹。

未来的人机交互，将会演变成人和智能机在物理空间、数字空间及社会空间上的交融。在数字信息的利用中，和计算机自然交互是智能机存在的必备条件。因此未来人机交互技术的发展，除从不同角度对人机交互进行实现外，人作为人机交互的核心，也将随着技术的发展与交互设备融为一体。因此，未来的人机交互将趋同于交互感知，计算机的主要交互行为将变成感知行为，以此实现智能化大数据服务目标。

8.2　智能交互系统框架与规范

智能交互系统框架是智能交互服务的基础，在技术实现上提供了基本的构架原则和功能结构规范。在基于智能交互框架的交互设计中，除相应的技术模块和功能组合外，智能交互设计是其中的重要环节。

8.2.1　智能交互系统框架

智能交互时代，人机交互的应用从专门领域扩展到社会活动的各个方面。

---

① Mirnig A G, Meschtscherjakov A, Wurhofer D, et al. A formal analysis of the ISO 9241-210 definition of user experience [C]//Proceedings of the 33rd annual ACM conference extended abstracts on human factors in computing systems, 2015：437-450.

② Law E L C, Roto V, Hassenzahl M, et al. Understanding, scoping and defining user experience：a survey approach [C]//Proceedings of the SIGCHI conference on human factors in computing systems, 2009：719-728.

对此，苹果公司的 Siri 智能语音交互系统、科大讯飞的讯飞语音云平台、微软的体验交互等得以迅速发展。在结构上，这些智能交互系统遵循了输入/输出层、控制层、知识层的系统框架设计原则，其具有共性特征的各个层次的模块和功能如图 8-3 所示①。

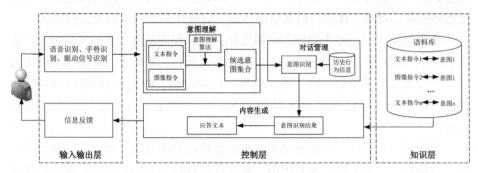

图 8-3　智能交互系统框架

如图 8-3 所示，智能交互框架由相互关联的模块构成，其间的交互关联和功能作用决定了智能交互的实现。

在智能交互系统中，输入信息不再局限于单一形式的信息录入，更多的是语音、手势、眼动信号等自然交互信息。因此，输入层的核心任务是通过相关技术识别这些自然交互，将其转换成文本指令，以输入到控制层的意图理解模块中。由于各通道的媒介形式存在区别，应用的关键技术也有差异，对于目前的语音识别和手势识别，其差异显而易见。

语音识别。语音信号是一种非平稳的数字信号，其形成和感知过程就是一个复杂信号的处理过程。同时，人脑具有多维处理结构特征，对语音信号的处理实际上是一种层次化的多维处理过程。浅层模型在语音信号的处理过程中会相对受限，而深层模型则可以在一定程度上模拟人类语音信息的结构化提取过程。由此可见，深层模型比浅层模型更适合于语音信号处理，深度学习因而引起了语音信号处理领域的关注。2009 年，深度学习被应用到语音识别任务，相对于传统的高斯混合模型（Gaussian mixture model-hidden Markov model，GMM-HMM），语音识别系统获得了超过 20% 的相对性能提升。此后，基于深度神经网络（Deep neural networks，DNN）的声学模型逐渐替代了 GMM 模型，

①　李瀚清. 人机交互中自然语言指令理解算法研究[D]. 上海交通大学，2016.

而成为语音识别声学建模的主流模型。这一实践应用，极大地促进了语音识别技术的发展，突破了某些实际应用场景下对语音识别性能要求的瓶颈，使语音识别技术走向实用化。语音识别的核心技术是声学特征提取和声学建模技术。声学特征提取是从复杂多变的语音波形中抽取相对稳定的内容特征数据，而声学建模在于统一描述声学特征内容。深度神经网络使得特征提取和声学建模趋于深度融合，它通过多层网络对原始声学特征进行变换，形成可供识别的声学数据。在顶层网络所进行的区分度训练中，可通过特征数据抽取和声学建模融合，在同一个网络中进行优化，以获得性能上的提升效果。

基于计算机视觉的手势交互中，用户仅需做出手势，摄像机便会自动采集手势图像信息，机器通过对图像数据进行视觉处理和判别。因此，基于计算机视觉的手势交互技术，以其自然、无接触和符合使用习惯的优势，已成为目前较理想的人机交互方式之一。基于计算机视觉的手势识别流程包含手势检测与分割以及手势建模两大核心构件。手势检测分割是实现手势识别的前提，分割效果直接影响后续处理结果。手势检测旨在识别采集的图像中是否含有手势及手势在图像中的位置；手势分割则是通过相应的判断依据区分手势像素点和非手势像素点，实现手势与背景的区分。目前常用的手势检测分割根据区分依据有基于深度阈值的分割、像素点聚类分析和图像深度结合区分。基于深度阈值的分割得益于深度传感器的普及，可通过手势与背景深度图中的阈值来进行区分，然而此类方法多受场景限制。像素点聚类分析以特征空间点表示对应的图像像素，根据像素在特征空间的聚集对特征空间进行分割，最后通过映射到原图像空间得出分割结果。对图像的像素点进行距离分析，可通过手部形状先验数据提取聚类特征，以实现分割目标。手势建模可以帮助手势识别系统识别用户的大部分手势，建模方法主要有基于表观的手势建模和基于三维模型的手势建模。基于表观特征的手势模型利用的是肤色、纹理、手型、轮廓等来进行建模，主流的建模策略有灰度图、可变形模板、图像特征属性、运动参数模型等。基于三维模型的手势建模依据的是动态手势中存在的关节约束和运动依赖关系，建模方法包括了纹理模型、网络模型、集合模型、骨架模型等。

图 8-3 中的控制层主要包括意图理解、对话管理、内容生成三大模块。意图理解模块是智能交互系统的核心模块，它根据文本指令识别用户的意图。在意图理解模块中，按照概率大小可依次输出 3 个可能的意图，传递给对话管理模块。对话管理模块根据上下文进一步对意图进行判断，由内容关联模块生成应答文本，输出至 IO 层。

在意图理解模块中，接收的为文本数据、图像或语音的指令数据，其中语音数据经过语音识别后转化为文本，图像数据通过分析得到图像的特征，最终输出为预设的若干意图当中的一个或多个。也就是说输入一个文本指令，意图理解模块就输出一个或多个对应的可能意图。

对于文本指令，可先行对指令进行分词处理，得到相应词序列，然后通过一个适宜的语言模型对其进行建模，最后使用一个分类算法对其进行分类，输出意图列表及相应概率。而对于图像指令，则通过提取图像特征，通过机器学习、深度学习等模型训练，对图像意图进行分类，最终输出为意图列表及相应概率数据。

为了实现意图理解，先人工搜集了大量的语料库，并进行人工标注。语料库中的数据结构为"文本指令—意图"和"图像指令—意图"对的形式。其中：文本指令依据自然语言形成，图像指令依据手势图像的特征来表达。意图则是指向对应的机器操作，具体采用如下形式定义：

function parameter parameter [1, 2, ······]

其中函数名(function)表示了操作类型，后面的参数表示一些细节信息，以对操作进行进一步细分。

8.2.2 人机融合智能规范设计

人机融合智能的形成以人工智能的深层发展为基础，包括机器与人、机器与环境及人、机、环境之间交互支持。人机融合智能作为由人、机、环境相互作用而产生的新型智能系统，其功能融合原理如图8-4所示。

人机融合智能与人工智能不同，其特征主要表现在三个方面：首先是智能输入端，人机融合智能把设备传感器采集的数据与人主观感知到的数据结合起来，构成一种新的处理方式；其次是智能数据中间处理过程，强调机器数据计算与人的认知融合，以构建一种独特的理解模型；最后是智能输出端，将机器运算结果与人的价值决策相互匹配，形成概率化与规则化有机协调的优化判断。人机融合智能也是一种群体智能形式，不仅包括个人还包括大众，不但包括机器装备还涉及应用机制，以及自然和社会环境等。

人机交互与人工智能的关系从过去的此起彼伏逐渐变成了当下的相互促进，近10年来，随着人脸识别、语音识别、手势识别、姿态识别、情感识别等人工智能技术的进步，智能算法与人机交互出现了互相融合的趋势。目前在手势、语音视觉、情感计算等方面的人机交互中，技术标准化因而处于十分重要的位置。

手势交互是人机交互技术发展的一个重要方面，旨在实现更智能、更自然

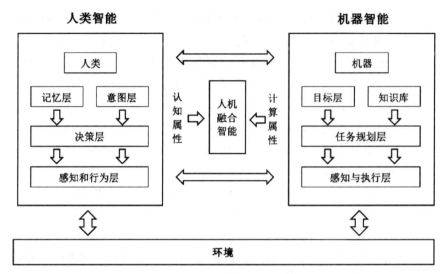

图 8-4　人机融合智能原理

的交互效果。Google、Microsoft、Intel、Apple、联想、华为等均对手势交互方法进行系列研发，已推出使用触摸手势、笔手势、空中手势等多形态的产品。然而，在信息交互与识别技术领域，手势交互的国际、国内标准比较匮乏，如针对手势交互的分类、识别并无相应标准。对此，中国电子技术化标准研究院和中国科学院软件研究所等 10 余家单位起草，通过全国信息技术标准化技术委员会所属计算机图形图像处理及环境数据表示分技术委员会（SAC/TC28/SC24）发布了 GB/T 38665. 1-2020《信息技术手势交互系统第 1 部分：通用技术要求》和 GB/T 38665. 2-2020《信息技术手势交互系统第 2 部分：系统外部接口》2 项标准，以规范手势交互系统的框架范围、功能要求、性能结构以及输入/ 输出接口形式和数据格式。手势交互标准的推广应用，有助于不同操作系统、数据获取终端和识别框架下的应用开发，适用于不同手势交互系统之间的数据交换。

语音交互涉及声学、语言学、数字信号处理、计算机科学等多个学科，其交互技术主要包括语音合成、语音识别、自然语言理解和语音评测四类交互技术。围绕语音交互所涉及的问题，吴新松等进行了全面梳理，在梳理基础上进行了归纳①。

---

① 吴新松，马珊珊，徐洋. 人工智能时代人机交互标准化研究［J］. 信息技术与标准化，2021（Z1）：48-50.

目前，ISO/IEC JTC1/SC35 用户界面分委会 2016 年已发布 ISO/IEC 30122-1《信息技术 语音命令》系列标准，重点关注语音交互系统框架、规则、构建、测试和语音命令注册管理等。美国从 20 世纪 90 年代中期，由美国国家技术与标准研究所（NIST）开始组织语音识别/合成系统性能评测相关标准的制定。其标准重点关注语音识别/合成词错误率评价、语言模型复杂度计算、训练、合成语音自然度评价和测试语料的选取等。我国智能语音标准主要由全国信息技术标准化技术委员会用户界面分委会（简称用户界面分委会 SAC/TC28/SC35）负责研究并制定，涉及数据交换格式、系统架构、接口、系统分类、测评及数据库，以及多场景应用等方面共 13 项国家标准和行业标准。2019 年 8 月，由中国电子技术标准化研究院、中科院自动化所等单位联合代表我国向 ISO/IEC JTC1/SC35 提交国际提案 ISO/IEC 24661《信息技术用户界面全双工语音》，并于 2019 年 12 月通过 NP 投票并正式立项，这也是我国第一个语音交互领域的国际提案。

情感认知计算是自然人机交互中的一个重要方面，赋予数字系统感知用户情感的功能，能够提高计算机系统与用户之间的协同工作效率。而情感的感知和理解离不开人工智能的支撑。2017 年 2 月，由中国电子技术化标准研究院、中国科学院软件研究所等单位联合向 ISO/IECJTC1/SC35 提交的国际提案 ISO/IEC 301150-1《信息技术情感计算用户界面框架》正式立项，目前该标准已进入 FDIS 阶段。2019 年，我国同时向 ISO 提交了 3 项情感计算标准提案，并于 2019 年 7 月推动成立了情感计算工作组。同年，国家标准化管理委员会下达了《人工智能情感计算用户界面框架》（计划号：20190836-T-469）修订计划。2021 年 10 月国家市场监督管理总局和中国国家标准化管理委员会联合发布 GB/T 40691-2021《人工智能情感计算用户界面模型》，在标准中定义了基于情感计算用户界面的通用模型和交互模型，描述了情感表示、情感数据采集、情感识别、情感决策和情感表达等模块。该标准适用于情感计算用户界面的设计、开发和应用，于 2022 年 5 月 1 日实施。

8.3　智能交互中的特征识别与深度学习

近 10 余年来，人工智能技术已渗透到文化教育、医疗卫生、智能制造等诸多领域，其应用必然对社会生产和社会活动产生重要影响。人机交互作为人工智能研究领域的基本问题之一，结合人的思维和机器智能，通过协作可产生更强的混合智能系统和取得更好的执行效果。

8.3.1 智能交互中的用户注视行为及语音特征识别

人机交互和智能化服务组织中，用户注视行为分析及语言特征识别具有重要性，其过程处理和模式识别在于准确获取交互行为特征数据，以支持人机交互和机器学习的有序实现。

（1）注视行为特征提取与识别

用户交互中的注视从本质上是环境作用下的眼动视觉行为，识别对象为人的眼部动作。在更广的范围内，人类与外界交互的眼动行为有多种，其中包括有意识的眼动行为，如注视、眼跳等有意识行为和无意识的眼动行为。在人机交互过程中，人类在进行有意识眼动行为的同时会伴随无意识的眼动行为发生，从而导致一些误操作的产生。因此，展示其中的内在联系，可构建注视、眼跳和有意识眨眼三种眼动行为模型。在注视行为研究中，南京大学刘昕进行了系统性探索，以下按刘昕所提出的几个方面的问题，综合目前的模型研究，进行面向应用的归纳①。

注视行为表现为注视点在界面上对某一对象的停留，可以用驻留时间来描述，一般驻留时间超过 100ms，如在 600~200ms 区间，便可认定为注视行为。注视点和界面对象分别使用 P 和 O 来表示，对应的计算为：

$$P = (x, y, t)$$
$$O = (m, n, r)$$

其中，x 和 y 表示注视点在屏幕上的坐标，单位为像素；t 表示产生该注视点时对应的系统时间，单位为 ms。界面对象默认为圆形，使用 m 和 n 表示屏幕上界面对象的中心坐标；r 表示对象的半径，单位都为像素。使用 T 表示注视行为的持续时间，单位为 ms。因此，用户的注视行为可以表示为：

$$Fixation = (O, T)$$

式中，用户的注视对象为 O，注视时间为 T。当 T 超过注视时长阈值 dT 时，便可判定为目标区域内的注视行为。眼跳行为指的是注视点在两个界面对象之间的跳转，可以用眼跳幅度、眼跳持续时间和眼跳速度来描述。使用 S_a、S_d 和 S_v 参数进行刻画，一般眼跳幅度的范围是 $1° \sim 40°$，常规在 $15° \sim 20°$，眼跳持续时间为 30ms~120ms，眼跳速度可以达到 $400°/s \sim 600°/s$。在眼动交互的过程中，准确识别用户的眼动行为是确保指令被正确执行的前提。因此，基于眼动行为特征的注视行为模型、眼跳行为模型和有意识眨眼行为模型应用，

---

① 刘昕. 基于眼动的智能人机交互技术与应用研究[D]. 南京大学，2019.

在于设计对应的眼动行为交互算法，以作为原型系统的实现基础。

注视行为交互算法描述如下：利用眼动跟踪设备实时采集注视点序列，判断用户的注视点是否位于某个对象相对应的目标区域；若注视点在目标区域内，则计算注视点在此区域内的驻留时间；当驻留时间超过注视时长阈值 Td 时，则将此眼动行为判定为注视行为。

眼跳行为交互算法利用眼动跟踪设备实时采集注视点序列，判断用户的注视点是否位于眼跳行为相对应的起点区域内部。若注视点在起点区域，则计算注视点离开起点区域时的眼跳速度；若眼跳速度超过眼跳速度阈值，且位于眼跳行为的终点区域，则将此眼动行为判定为眼跳行为。

由于眨眼行为存在无意识和有意识两种形态，而有意识眨眼行为才是用户与外界交互而产生的眼动行为，因此需要设置眨眼频率阈值和眨眼时长阈值来区分两种形态。当检测到用户眨眼频率和眨眼时长均超过设定的阈值时，则将此眼动行为判定为有意识眨眼行为。

(2) 智能交互中语音特征识别

人所发出的声音是受多个器官影响而产生的，由于存在个体差异，每个人的发声器官控制并不完全相同，这就导致了发音频率、音色、音强、音长等语音特征参数的不同。这些不同的参数又因受多方面特征影响，从而表现出不同的声音个性。一般说来，人的发音特征可以分为音段特征、超音段特征和语言学特征。

音段特征。音段特征指的是语音的音色特征，影响它的因素主要有人的性别、年龄、声道构造不同等，因此会表现出因人而异的结果，进而导致发音音色的不同。由于声带的振颤频率、发音参数均对音色有着直接的影响，所呈现的方式便是共振峰位置和带宽、基音频率、能量等声学指标的差异。

超音段特征。超音段特征指的是语音的韵律特征，即不同的说话人依据自身的发音特点所表现出来的语音特性。影响超音段特征的因素有很多，不仅表现为音素时长、基音频率变化等，更会因为环境以及心理状态等因素影响而形成差异，且变化的随机性较大。

语言学特征。语言学特征指的是人所表现出来的一些习惯特征，这主要受人所处的环境以及个人偏好等因素影响，一般表现为习惯用语、口音等。由于存在较大的不确定性，因此在对语音行为特征模型进行构建中一般不将此因素纳入考虑范围。

按语音的音段、超音段和语言学发音特征，将语音特征识别分为特征参数提取和模式匹配识别两个方面。

①特征参数提取。由于每个人的音段特征是独一无二的，且具有稳定和难以更改的特性，即使是在不同的时间跨度或不同的地点场景也不会发生根本性变化，因此可以对其参数进行提取并进行归类分析。为了确保说话者的身份能够被准确识别，每个个体所提取的语音特征参数之间应存在较大差异，即个性化特征差异。特征参数的提取方法主要有语音频谱、线性预测和小波特征提取。

线性分析在已采集的语音库基础上，计算得到语音参数，并将获得的语音参数用于语音特征描述之中，其优势是只需要较少的参数就可以对语音进行分析。小波特征指的是利用小波分析技术提取语音特征参数，与同类方法所提取的参数相比，其优势在于分辨率的改变不会影响参数的适用性。小波分析技术对语音参数有一定的限制要求。该项技术目前已相对成熟，能够实现对被采样个体的语音特征参数进行快速提取，因此其应用范围较广。

②模式匹配识别。在提取并获得了被采样个体的语音特征参数的基础上便可以进行模式匹配识别，其操作主要是对其进行语音分析和匹配。简单来说，模式匹配识别可以归纳为一种比对操作，即把被采样个体的语音特征参数和模板库中的语音特征参数进行对照，以相似度来衡量匹配程度的高低，而相似度距离可通过数据或表格的方式展现。实际操作中，一般以合适的相似度距离作为阈值对结果进行筛选。目前用于模式匹配识别的模型主要有两种，分别是矢量化模型和随机模型。

矢量化模型在对被采样个体的语音特征进行矢量化处理的基础上构建。当需要对被采样个体的语音特征进行识别时，只需对提取出来的语音特征参数进行矢量化处理，便可比照对应标准进行规范识别。

随机模型是针对因不同环境和地点导致参数变化的概率所提出的一种模型。识别中，通过对被采样个体的语音参数进行归类，以建立语音参数模型。当系统检测到被采样个体语音状态产生转移时，便会实时计算语音状态转移概率，进而调整针对该个体的语音分析结果。

8.3.2　深度学习算法及其应用

深度学习实质上是多层次学习的非线性组合，其中强调从数据中学习特征表示，在认知识别、分类和分析中提取数据内容。深度学习从原始数据开始将层次特征转换为深层的抽象表示，从而发现高维数据中的复杂结构[1]。

---

[1]　姚海鹏，王露瑶，刘韵洁著. 大数据与人工智能导论[M]. 北京：人民邮电出版社，2017：173.

深度学习不仅源于机器学习，同时也离不开统计算法。1985 年，D. H. Ackley 等基于玻尔兹曼分布，提出了一种具有学习能力的玻尔兹曼机(BM)。该模型是一种对称耦合的随机反馈型二元神经网络，由可视单元和多个隐藏内容单元构成，其构建旨在利用可视单元和隐藏单元表示随机网络与随机环境的学习结构，用权值表示单元之间的关联。随后，P. Smolensky 基于调和理论给出了一种受限玻尔兹曼机模型(RBM)。该模型将玻尔兹曼机限定为两层网络、一个可视单元层和一个隐藏单元层，同时进一步限定层内神经元之间的独立、无连接关系，规定层间的神经元才可以相互连接。

深度学习最为典型的结构包括深度置信网络结构(DBN)和深度玻尔兹曼机结构(DBM)。DBN 是由 Hinton 提出的一种基于串联堆叠受限玻尔兹曼机(RBM)的深层模型。该模型在训练中将一层受限的玻尔兹曼机(RBM)的输出作为另一层 RBM 的输入，由此逐步训练隐藏层的高阶数据相关性处理，最后采用反向传播(BP)对权值进行调整。深度玻尔兹曼机(DBM)是一种特殊的玻尔兹曼机，除可视层之外，还具有多个隐藏层，且只有相邻隐藏层的单元之间才可以有连接。它们之间的对比如图 8-5 所示①。

深度学习的网络结构因网络的层数、共享性以及边界特点不同而有所不同。其中，绝大多数深度学习算法体现为空间维度上的深层结构计算，属于前向反馈神经网络计算。以循环神经网络(RNN)为代表的简单循环网络(SRN)、长短期记忆网络(LSTM)和关口循环单元(GRU)等深度学习算法，通过引入定向循环，具有时间维度上的深层结构，从而可以处理那些输入之间有前后关联关系的问题。根据对标注数据的依赖程度，深度学习中深度置信网络(DBN)、自动编码(AE)及延伸计算多为以无监督学习或半监督学习为主的过程；卷积神经网络(CNN)、递归神经网络(RNN)计算则以有监督学习为主。此外，根据学习函数的形式，深度学习算法模型可以分为生成模型和判别模型，DBN 及其延伸的深度学习模型(如 CDBN)属于生成模型。AE 深度学习模型则属于判别模型，而生成对抗网络(GAN)等深度学习模型既包括生成模型，也包括判别模型。

当前，深度学习在计算机图像识别、语音辨识、自然语言处理等领域应用十分广泛。深度学习的优点在于模型的表达能力强，能够处理具有高维特征的数据，而大数据所面临的挑战有待利用深度学习方法和技术进行及时有效地处

---

①　Salakhutdinov R，Hinton G. Deep boltzmann machines [C]//Artificial intelligence and statistics. PMLR，2009：448-455.

置。如何将深度学习应用于大数据分析，发现数据背后的潜在价值已成为业界关注的热点。

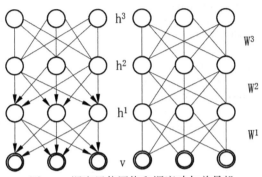

图 8-5 深度置信网络和深度玻尔兹曼机

大数据进行分析处理中，机器学习、数据挖掘方面的算法是重要的基础。对于这些常用的算法，目前已有许多工具库进行封装，以便在实际应用中调用，或根据实际需要作进一步扩展。在大数据环境下，几种目前比较主流的工具，包括 Mahout、MLlib、TensorFlow 等。

① Mahout。Mahout 是 Apache 基金会旗下的一个开源项目，它所提供的一些可扩展的机器学习经典算法，旨在帮助开发人员方便快捷地创建智能应用程序。Mahout 包含的算法实现有分类、聚类、推荐过滤、维数约简等。此外，Mahout 可以通过 Hadoop 库有效应用在云中。

陶皖主编的《云计算与大数据》一书系统展示了其中的算法，Mahout 中实现的常用机器学习与数据挖掘算法如表 8-1 所示。

表 8-1 Mahout 中常用算法

算法类	算法	说明
分类算法	Logistic Regression	逻辑回归
	NaiveBayesian	朴素贝叶斯
	SVM	支持向量机
	Perceptron	感知机算法
	Random Forests	随机森林
	Hidden Markov Models	隐马尔可夫模型

续表

算法类	算法	说明
聚类算法	Canopy Clustering	Canopy 聚类
	K-Means Clustering	K-Means 聚类
	Fuzzy K-Means	模糊 K 均值
	Streaming K-Means	流式 K 均值
	Expectation Maximization	期望最大化
	Spectral Clustering	谱聚类
推荐/协同过滤	User-Based Collaborative Filtering	基于用户的协同过滤
	Item-Based Collaborative Filtering	基于内容的协同过滤
	Matrix Factorization with ALS	ALS 矩阵分解
	Weighted Matrix Factorization	加权矩阵分解
降维/维约简	Singular Value Decomposition	奇异值分解
	Lanezos Algorithm	Lanezos 算法
	QR Decomposition	QR 分解法

此外，Mahout 为大数据挖掘与个性化推荐提供了一个高效引擎 Taste。该引擎基于 Java 实现，可扩展性强。它对一些推荐算法进行了 MapReduce 编程模式的转化，从而可以利用 Hadoop 进行分布式大规模处理。Taste 既提供了基于用户和基于内容的推荐算法，同时也提供了扩展接口，用于实现自定义的推荐计算。Taste 由以下几个组件组成：

Data Model。它是用户偏好信息的抽象接口，其具体实现支持从任意类型的数据源抽取用户偏好信息。Taste 默认提供 JDBC Data Model 和 File Data Model，支持从数据库和文件中读取用户的偏好信息。

User Similarity 和 Item Similarity。User Similarity 用于定义两个用户间的相似度，它是协同过滤推荐引擎的核心部分，可以用来计算与当前用户偏好相似的邻近对象。类似地，Item Similarity 用于计算内容之间的相似度。

User Neighborhood。其主要用于基于用户相似度的推荐之中，推荐的关键是基于找到与当前用户偏好相似的"邻近用户"。User Neighborhood 定义了确定邻居用户的方法，具体实现一般是基于 User Similarity 计算得到的。

Recommender。Recommender 作为推荐引擎的抽象接口，是 Taste 中的核心组件。程序执行中，通过提供一个 Data Model，计算出面向不同用户的推荐内容。

邹骁锋等人进行了面向大数据处理的数据流程模型描述，其 Taste 的组件工作原理如图 8-6 所示①。

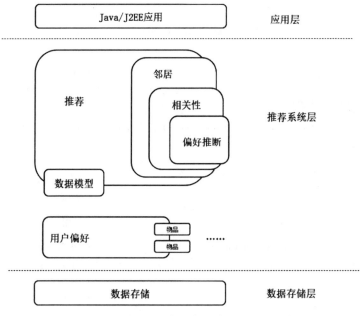

图 8-6　Taste 各组件工作原理图

②MLlib。MLlib 是 Spark 平台中对常用机器学习算法实现的可扩展库，支持多种编程语言，包括 Java、Scala、Python 和 R 语言。由于 MLlib 构建在 Spark 之上，因而对大量数据进行挖掘处理时具有运行效率高的特点。

按陶皖所作的研究，MLlib 支持多种机器学习算法，其构件同时包括相应的测试和数据生成器。MLlib 包含的常见算法如表 8-2 所示(引自陶皖. 云计算与大数据[M]. 西安：西安电子科技大学出版社，2018)。

①　邹骁锋，阳王东，容学成，李肯立，李克勤. 面向大数据处理的数据流编程模型和工具综述[J]. 大数据，2020，6(03)：59-72.

表 8-2　MLlib 常用机器学习算法

算法类	算法	说明
基本统计	Summary Statistics	概括统计
	Correlations	相关性
	Stratified sampling	分层抽样
	Hypothesis testing	假设检验
	Random data generation	随机数生成
分类和回归	Linear models（SVMs，Logistic Regression，Linear Regression）	线性模型（支持向量机、逻辑回归、线性回归）
	NaiveBayesian	朴素贝叶斯
	Decision trees	决策树
	Ensembles of trees（Random Forests，Gradient-boosted trees）	树的变种（随机森林、梯度提升树）
协同过滤	Alternating least squares（ALS）	交替最小二乘法
聚类	K-Means	K-均值
	Gaussian mixture	高斯混合
降维/维约简	Singular Value Decomposition	奇异值分解
	Principal extraction analysis（PCA）	主成分分析
其他	Feature extraction and transformation	特征抽取和转换
	Frequent pattern mining	频繁模式挖掘
	Stochastic gradient descent	随机梯度下降

③TensorFlow。TensorFlow 最初是由 Google Brain 团队开发的深度学习框架。和大多数深度学习框架一样，TensorFlow 是一个用 Python API 编写，然后通过 C/C++引擎加速的框架。它的用途不止于深度学习，还支持强化学习和其他机器学习算法。

TensorFlow 自 2015 年开源以来已成为受欢迎的机器学习项目之一，主要应用于图像、语音、自然语言处理领域。在应用中，Google 对它予以了大力支持，根据 Google 的官方介绍，使用 TensorFlow 表示的计算可以在众多异构的系统上方便地移植，从移动设备到 GPU 计算集群都可以执行。预计未来几年，TensorFlow

将会发展迅速，在利用深度学习对大数据进行分析处理方面将发挥作用。

TensorFlow 使用的是数据流图(data flow graph)的计算方式，即使用有向图的节点和边共同描述数学计算。其中的节点代表数学操作，也可以表示数据输入输出的端点；边表示节点之间的关系，可在传递操作之间使用多维数组 tensor。TensorFlow 的数据流图如图 8-7 所示。

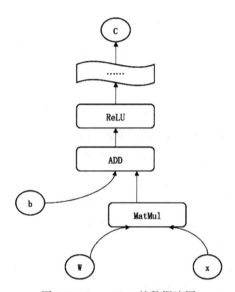

图 8-7 TensorFlow 的数据流图

如图 8-7 所示，tensor 显示在数据流图中的流动，这也是 TensorFlow 名称的由来。一般来说，我们可使用 TensorFlow 支持的前端语言(C+或 Python)构建一个计算图。张俊、李鑫进行了 TensorFlow 字符识别，其中 TensorFlow 程序执行数据流图①。

8.4 智能交互中的用户体验设计

智能交互时代，语音识别、动作识别、生物识别等技术更新了产品、服务

---

① 张俊，李鑫. TensorFlow 平台下的手写字符识别[J]. 电脑知识与技术，2016，12(16)：199-201.

与用户的交互方式，使得智能交互中产品和服务的设计重心不再局限于功能需求的满足，而是逐步向提供更加智能化、持续性和沉浸式的用户体验方向发展。因此，有必要从用户体验设计出发，进行智能交互功能的实现，即以用户体验设计为切入点，进行面向用户的交互服务构架。

8.4.1　用户体验设计的发展

用户体验这一概念产生于20世纪90年代，传达的是一种以用户为主的产品设计理念，这一概念的系统定义最早可以追溯到认知心理学家DonNorman关于用户体验的定义，其定义反映了用户体验从理论概念向实践层面发展的现实①。国际标准化组织(ISO)对用户体验也作了专门解释，认为用户体验是人们对于使用或期望使用的产品、系统或服务的认知印象及回应。该解释将用户体验视为人们主观产生的一种情绪和感受，因为用户经历和先验知识的不同，其体验自然存在不同程度的差异，进而反映出用户体验的多样性特征。

国外的用户体验研究起步较早，从早期的心理学、人机工程向后来的多领域拓展。在理论研究上，主要围绕用户体验的构成、层级、特点及体验质量的评价等方面展开，例如：Nathan Shedroff从宽度、强度、持续时间、动机、交互、意义这6个维度对用户体验进行了界定；Lena Arhippaninen则将影响用户体验的交互过程总结为用户、产品、社会、文化、使用环境这5个要素；Jesse James Garret将Web产品开放体验设计流程划分为战略层、范围层、结构层、框架层、表现层5个层级。在实践中，以微软、IBM、SAP为代表的软件公司和互联网公司都强调了用户体验设计的重要性，相继设立了与产品用户体验设计相关的研究部门。国内对用户体验和体验设计的研究起步稍晚，但得益于互联网应用的迅速发展，使用户体验设计得到了进一步的拓展。胡昌平等于2006年提出的基于用户体验的信息构建框架，从整体上对用户信息体验设计进行了界定②。随后，在信息服务中从用户需求角度对用户体验进行了更细致的划分。在实践层面，国内用户体验研究的重点主要落在产品与服务的可用性和设计细节上，通过这些设计细节问题研究深化理论的应用。

随着用户体验研究的深入，其定义和外延也随之扩展。用户体验从一种以

---

①　王丹阳，唐玄辉. 基于文献综述探讨未来用户体验设计发展方向[J]. 工业设计研究，2017(00)：143-152.

②　胡昌平，邓胜利. 基于用户体验的网站信息构建要素与模型分析[J]. 情报科学，2006(3)：321-325.

用户为中心的思维方式向设计对象转变，用户体验因而成为创新设计的对象。在不同的研究领域，对用户体验设计有不同的方法和维度。在工业设计中，用户体验设计的重点落在以用户为中心的设计方法上；在信息服务中，用户体验设计在于提供与应用感知相关联的服务框架。其共同点是，各领域研究的核心都是以用户为中心，对用户感受进行分析，进而提高产品与服务中的用户满意度，因此展示用户体验设计结构有助于提高面向用户的服务水准。

用户体验的层次和用户体验的要素是进行用户体验设计的两个基本面，用户体验质量的评价及体验指标的量化是实现有效用户体验设计的依据。基于这一前提，拟从用户体验层次及要素、体验质量评价及指标量化出发，进行用户体验设计的实现。

①用户体验层次。用户体验层次是从心理学角度对用户体验的层次界定。与需求层次相一致，用户体验也存在由低到高的层级特征，具体而言可以归纳为功能体验、感官体验、交互体验、情感体验这几个层级。功能体验强调的是产品或服务的基本方面是否满足用户的功能需求；感官体验是通过对产品或服务的外在特征感知而形成的形象作用体验；交互体验则注重用户对产品和服务的使用过程，用户通过实际操作和互动影响而产生的对产品或服务的应用感受；情感体验则是一定环境下产品或服务对用户产生的情感影响及其反应。数字信息智能交互服务中，数字化硬件、服务功能、交互方式等都发生了显著变化，相应地影响着各个层次用户体验的满足。因此，在智能交互中进行用户体验设计时，需要以满足用户各个层次的体验为依据，实现面向用户的数字信息资源组织与服务优化目标。

②用户体验要素。用户体验要素是从体验内容角度对用户体验进行解析的依据，在于明确体验接触点。对于用户体验要素的归纳，由于视角不同及类型不同，要素归纳结果也存在着一定的差异，从总体上看，用户体验的共性要素包括：感官、情感、认知、行为要素；用户体验与设计相关联的功能性、可用性和内容要素；用户体验层次及结构体验要素，以及用户需求、交互机制、信息架构、界面设计要素等。对用户体验要素的分析，使用户体验设计有了明确的指向，因而适应于产品和服务的设计环境。

③用户体验质量。要进行用户体验设计，除了需要明确从哪些层次、要素入手外，还需要明确体验提升的方向，这就要求能够对用户体验进行有效分析。在客观环境的作用下，用户体验的本质仍然是一种主观情绪感受，对其进行评价存在一定的主观性和抽象性。因此，在进行分析时需要有针对性，即根据体验的主体和内容确定用户体验的维度，在维度内提取影响用户体验的因

素。确定了维度以后，为了在各个维度内进行平行比较，可通过量化指标反应体验结果，以保证体验展示的客观性。

用户体验的评价，在不同的评价中存在一定的差异。在评价网络服务中，P Morville 提出了用户体验蜂巢模型，从有用、可信、可用、合意、可寻、可及等维度上呈现需求与体验之间的关系，继而从需求满足出发对用户体验进行评价。用户体验的 5E 原则是从数字产品体验的可用性角度出发，从有效性、易学性、吸引、容错、效率这 5 个维度评价产品的可用性满足。由 Google 用户体验团队提出的用户体验 HEART 模型则是从愉悦感、参与度、接受度、留存率、任务完成率这 5 个维度评价用户体验质量。在 HEART 模型基础上，PTECH 从性能体验、任务体验、参与度、清晰度、满意度这 5 个维度评价网络企业级产品的用户体验。在科技与人文结合的体验中，SEE Conf 2019 年大会进行了展示，关于 PTECH 模型的解释和度量指标如图 8-8 所示。

维度	Performance 性能体验	Task success 任务体验	Engagement 参与度	Clarity 清晰度	Happiness 满意度
	产品性能表现，如页面打开，操作反馈速度，系统稳定性等。	产核心任务流程中的体验问题、成本、效率、期望等。	产品提供的功能是否可以满足工作需求，用户参与、依赖度。	功能设计、引导、帮助系统清晰度，用户能够自主完成各项工作。	用户对产品不同方面的主观满意度，比如视觉美观、客户支持等。
关键度量	·P1 页面加载时长 ·P2 页面可用时长 ·P3 服务请求响应时间	·T1 关键任务增长指数 ·T2 关键任务转化指数	·E1 周访问用户数 ·E2 周用户平均访问频次 ·E3 周用户留存指数	·C1 设计规范得分 ·C2 用户主观清晰度评分 ·C3 帮助系统完善度评分	·H1 总体满意度
度量手段	定量分析			定性分析	
	·应用性能监控 ·用户行为埋点	·用户行为埋点 ·应用性能监控	·用户行为埋点	·用户行为埋点 ·问卷调查 ·卡片分类	·问卷调研 ·用户访谈 ·反馈文本情感分析
	应用性能监控（APM）	用户行为分析（UBA）			

图 8-8 PTECH 模型[①]

量化用户体验的评价指标，可以进行不同产品同一维度的数据比较。在实际应用中，利克特量表和雷达象限图是常用的两种量化方法。利克特量表以陈述或描述形式呈现评价指标，提供 5 至 7 个评价等级。在进行统计时，对不同等级赋予不同的数值，根据计算结果衡量用户体验情况。雷达象限图则是以评价维度为轴，运用量表法将产品的评价指标量化后纳入坐标象限，通过获得产品与服务在各个评价维度上的可视化结果，以进行各对象的可视化比较，从而直观呈现用户体验的表现和变化。

---

① 御术. 科技与人文结合的体验度量［C］//第二届蚂蚁金服体验科技大会（SEE Conf），杭州，2019.

8.4.2 心流体验视角下的智能交互设计

随着人工智能、物联网技术的发展，智能交互出现在越来越多的使用场景之中。复杂的应用场景和个性化的服务需求对智能应用提出了更高的交互设计要求。心流体验则是产品和服务交互设计中期望达到的一种最佳用户体验状态。从心流体验出发，进行产品或服务的智能交互设计，将帮助数据产品或服务获得更佳的用户体验效果。在问题分析中，可从心流体验的特征及其对用户体验设计的需求出发，分析心流体验对用户体验设计的影响，从而归纳实现心流体验的交互设计要点。

(1)用户体验设计中的心流体验影响

心流体验由20世纪70年代美国心理学家Csikszentmihalyi提出，是指个体将其精力完全投入某项活动时的情绪状态，是一种沉浸式的心理情绪感受①。在心流体验下，个体能够从活动中获得满足感和愉悦感，从而对该项活动抱有持续的热情。Csikszentmihalyi及其后的研究者通过对心流体验的产生条件和过程的分析，总结出心流体验的特征、因素和过程。在此基础上，欧细凡、谭浩进行基于心流理论的互联网产品设计，在所构建的模型中，其因素和特征之间的对应关系如表8-3所示。

心流体验的特征表达对大数据应用与服务中的用户体验设计提出了更高的要求。在进行用户体验设计时，数据产品和服务的交互设计需要全面考虑用户背景、使用经验、使用特点和心理特征，以便设计具有针对性的交互方式，以使用户获得更好的使用体验和情感支持。基于心流体验的设计，要求数据产品设计需要对使用目标进行清晰界定，在设计上能够提供即时且有价值的反馈。同时，需要将使用过程简化成与用户技能相匹配的操作，以提高易用性，降低用户的学习门槛，避免用户技能与任务不匹配的情况发生。在进行数据产品或服务设计时，要求能够提供给用户一个沉浸式的使用环境，以避免外界的影响。目前，沉浸式虚拟现实技术能够很好地响应这一要求，可以使用户获得更好的交互体验。结果因素则要求数据产品或服务的用户体验设计不仅在事前达到心流的最佳状态，还需要保证获得心流体验的用户能对产品或服务产生积极的使用欲望，从而提高用户对产品的认可度。

---

① Csikszentmihalyi M. Play and intrinsic rewards [M]//Flow and the foundations of positive psychology. Springer, Dordrecht, 2014：135-153.

表 8-3　心流体验的特征、因素及阶段①

Csikszentmihaly	Novak，Hoffman & Yung	Chen，Wigand & Nilan
1. 明确而清晰的目标 2. 即时有价值的反馈 3. 技能与任务挑战相匹配	条件因素	事前阶段
4. 行动与意识的融合 5. 注意力的高度集中 6. 潜在的控制感	体验因素	经验阶段
7. 失去自我意识 8. 时间感的变化 9. 发自内心的参与感	结果因素	效果阶段

（2）基于心流体验的用户交互设计

心流体验是用户体验的一种最佳体验状态，心流体验的产生需要多个条件的满足。根据心流体验的特征，可以在用户体验设计时尽量提供清晰的界面目标、平衡好数据产品与用户技能的关系，同时在产品的使用中提供有效且及时的反馈，以营造沉浸式的用户体验环境。

目标的清晰化。清晰的目标是心流体验的条件因素之一，根据目标导向理论，目标是影响用户行为动机和方向的主要因素。越清晰的目标对用户的鼓舞作用越显著，用户参与活动的积极性也越强。在进行用户体验设计时，为提供清晰的目标，需要对用户行为进行深度分析，匹配不同用户对数据产品的目标预期，降低用户的认知障碍，推动用户进入心流状态。

平衡挑战与技能的关系。由 Massimini 与 Carli 提出的描述心流体验中挑战与技能关系的八通道模型，证实了平衡挑战与技能的关系是心流得以优化的重要条件，其通道模型如图 8-9 所示②。心流体验带给用户的满足感和充实感，在于使用户愿意为维持心流体验，激发提升自我技能。从这个层面分析，在用户体验设计中，可以根据用户技能水平的差异明确任务分配，挖掘用户潜

① 欧细凡，谭浩. 基于心流理论的互联网产品设计研究［J］. 包装工程，2016，37（4）：71.

② Keller J，Blomann F. Locus of control and the flow experience：An experimental analysis［J］. European Journal of Personality，2008，22（7）：589-607.

能；同时，随着用户的技能水平提升，使其能够探索新功能，增强体验的积极性。

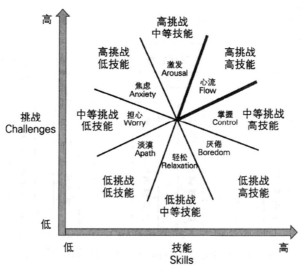

图 8-9　挑战与技能的关系

提供持续有效的反馈。数据产品和服务的反馈是进行用户体验设计时重点考虑的因素之一，良好的反馈设计可以使用户获得更好的使用体验。当前，数据产品的反馈设计形式主要以视觉、听觉、触觉等为主。因此，心流体验的实现也需要在反馈设计中强化产品的应用反馈，以提升产品和服务的认知度。

提供沉浸式交互体验环境。智能交互应用中，虚拟现实技术得到了广泛的应用。与传统媒体交互技术不同，虚拟现实技术能够提供给用户实时沉浸式的高仿真虚拟环境，从而改变用户与数字产品和服务的交互方式，为心流体验的产生提供了良好的使用环境。为实现心流体验设计的目标，可以在产品交互设计中更多地采用虚拟现实技术，为实现沉浸式体验创造良好的使用环境。

（3）基于心流的产品用户交互体验设计

鉴于心流体验与用户体验需求的关联，可以从用户、目标和行为三个层面出发，进行基于心流的产品用户体验设计，其中欧细凡、谭浩的框架如图 8-10 所示。

如图 8-10 所示，基于心流的数据产品用户交互体验设计在用户层面、目标层面和行为层面上进行，在设计中主要面对以下多方面问题。

261

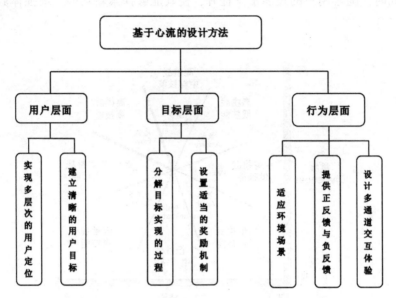

图 8-10　基于心流的数据产品用户交互体验设计①

①用户层面。在用户层，可以通过多层次的用户定位和建立清晰的用户目标来满足心流体验的条件。用户背景的复杂性决定了用户行为习惯、认知方式和交互方式的客观差异，因此需要通过多层次的用户定位，进行服务细分，使数据产品的使用群体与产品设计预期相吻合，以便从用户端提高产品或服务的针对性和适用性。实践表明，清晰明确的目标对用户可以起到引导和激励作用，同时激励作用与目标的具体性、可操作具有强相关关系②。因此，在进行产品用户体验设计时应从用户层面出发，建立清晰的用户目标促进产品与服务预期目标的实现。

②目标层面。可以通过建立递进式的目标体系和设置合适的目标实现机制来促进心流体验的优化。用户在使用数据产品的过程中，其操作技能及相关技能水平处于不断提升之中，因而建立递进式的目标可以不断平衡用户技能与挑战之间的关系。其中，设置合适的机制可以强化用户使用数据产品的积极性，

---

①　欧细凡，谭浩. 基于心流理论的互联网产品设计研究［J］. 包装工程，2016，37（4）：72.

②　梁丹，张宇红. 心流体验视角下的移动购物应用设计研究［J］. 包装工程，2015，36（20）：84-87.

提升其使用的满足感和获得感，使良好的体验得以持续。

③行为层面。可以通过适应环境确定合适的反馈路径和多通道的交互方式，以达到行为层面上的最佳设计效果。由于用户使用场景的复杂性和场景变化难以预见，要求在数字产品用户体验设计时考虑产品的环境影响，以提升用户对产品环境的适应性。同时，在用户体验设计行为层面还需要考虑如何提供合适的反馈通道，以实现多通道的交互体验目标。从机制上看，多通道的交互体验能够为用户提供更真实和沉浸式的使用情境，有助于凝聚用户的注意力，推进心流体验状态的优化。

9　大数据应用与数字智能服务推进

随着大数据与数字智能技术的发展，科学研究、交互学习、行业服务与公共信息资源保障模式已发生深刻变化，用户认知模式的改变，数字化研究、智能制造、公共和行业领域智能化的推进，已成为大数据应用与服务发展的必然趋势。因此，有必要从用户认知与数字智能应用出发，进行交互式信息保障构架，在科学大数据交互应用、行业数据资源融合以及公共信息服务中进行面向应用的组织实施。

9.1　面向用户认知的交互式知识保障

大数据时代，知识创新的涌现点越来越多地集中出现在跨学科合作之中。不同层面上的协同创新，提出了集图像、视频、文本数据为一体的交互和共享要求。在数字化科学研究和智能嵌入服务的实现中，图像知识资源的融入组织和面向环节的应用发展，已成为面向用户的知识服务发展主流之一。基于此，有必要从多形态知识资源的整合出发，进行知识资源的深层挖掘和面向需求的服务拓展。

9.1.1　基于智慧融合的知识交互服务框架

基于文本和视觉资源内容关联组织的嵌入式知识服务架构，在于针对知识创新过程进行知识的主动推送，从而将服务嵌入到知识创新中的具体环节之中，为知识共享提供支持。

嵌入式服务源于面向用户的数字化个性保障，其含义是以用户需求为导向，融入用户任务的融合情景的服务①。嵌入式服务还能突破传统信息服务的

---

① 唐艺，谢守美. 基于协同理论的高校图书馆嵌入式服务研究[J]. 图书情报工作，2013，57(8)：78-81.

局限，以融入物理空间和虚拟空间为手段，构建用户数字化资源保障环境①。嵌入式知识服务的形式主要存在于 3 个方面：

①泛在环境下的知识交互。泛在知识环境是一个全面的、集成的、无所不在的数字环境，具有面向用户无所不在的交互功能和数据分布计算支持结构②。在数字化发展中，以 e-science、e-research 方式为代表的泛在知识环境允许用户对海量数据进行交互，以从中发现问题。由于泛在环境的大数据属性，传统的信息服务已无法完全满足用户的信息需求。因此，将知识服务融入用户的学习空间已成必然，旨在避免用户在泛在环境中迷航，以规避用户信息选择的风险。服务针对用户需要的主题，提供有针对性的深层次服务，同时进行面向用户的推送。

②嵌入用户情景的知识交互。随着大数据环境的变化，用户的需求表现出多维、动态、复杂等特性，用户的大数据需求因而受到情景因素的影响。传统的个性化服务仅从用户的基本记录，如从习惯、研究兴趣等进行分析，难以与用户需求和认知状态相吻合。如果忽略了大数据环境下时间、地点、用户行为以及任务等情景，则难以体现用户的真实需求③。对此，嵌入式知识服务可以通过情景感知，对用户所处的情景进行分析，通过选择合适的推送方式和内容嵌入模式，实现精准推送。

③面向过程的知识交互嵌入。用户的科学研究活动是一个完整的过程。无论是项目论证，还是开展研究，都存在一个从数据准备、专项实验，到系统性研究的活动过程，用户在每一过程阶段都有着不同的需求，因而需要进行面向任务的数据、图形、图像和数字文本资源的整体化保障。显然，内容获取和面向知识创新的嵌入利用，必然在各任务阶段予以实现。因此，嵌入式知识服务也是基于用户全过程需求的集成保障服务，旨在将服务嵌入用户任务的每一个环节，即针对不同环节的特征进行服务组织。

知识交互服务的形式决定了知识服务体系的构建。首先，嵌入泛在环境强调的是针对用户的信息交互，旨在营造嵌入式知识服务环境，以多种形式展开适合场景的线上协同服务。嵌入式知识服务可以针对不同的场景，提供泛在形

---

① 初景利. 嵌入式图书馆服务的理论突破[J]. 大学图书馆学报，2013，31(6)：5-9.

② 曹静仁，李红. 泛在知识环境下的图书馆嵌入式学科服务[J]. 图书馆论坛，2011，31(3)：117-119.

③ 邓仲华，李立睿，陆颖隽. 基于科研用户情景感知的嵌入式知识服务研究(上)[J]. 情报理论与实践，2014，37(9)：16-19+34.

式的服务。嵌入情景推荐强调的是用户个性推荐，在于按用户的知识结构、学科范式和个性差异，嵌入知识工具。同时，嵌入服务全过程组织强调对用户任务流程和环节的针对性。由于科学研究过程复杂，各环节均需要与之对应的知识服务，嵌入知识服务理应针对流程提供支持。

知识交互的服务嵌入包括：物理环境嵌入、组织结构嵌入和虚拟资源嵌入①。e-Science 环境下，用户获取信息的形式、团队合作的方式发生了很大变化。用户任务依赖于网络环境，鉴于此，多源知识集成服务也应在用户的虚拟空间中展开。因此嵌入用户虚拟空间的知识服务，应面向知识创新任务过程，针对创新过程环节进行相应的体系架构。

知识创新中，创新知识服务嵌入过程包括知识产生、知识储存、知识传播、知识应用嵌入和知识转化嵌入。美国明尼苏达大学在知识创新主体调查基础上，将创新过程归结为知识发现、创造和共享②。从完整性上看，知识创新过程可以看作为以知识获取为起点，以实际应用为终点的完整过程。而由于各领域的差异性，跨领域的研究合作在创新的过程必然会存在知识整合问题。因此，应综合考虑科学创新的一般过程和跨学科团队合作的需要。团队知识创新在知识资源交互利用上涉及知识获取、知识整合与知识应用，整个过程如图9-1 所示。

如图 9-1 所示，知识交互获取阶段是创新的开始环节，这一阶段团队成员需要融合有关的外部知识和内部知识。外部知识包括研究背景、环境、实践进展，内部知识包括相关理论、科学研究方法、学科范式以及研究组织等。知识整合阶段作为创新的核心环节，包括知识关联、重组分析，以及知识体系构建。知识应用是创新的最终目的，在于实现理论与技术上的创新目标，对应着成果应用推进。在创新的三个环节中，都需要服务支持与保障。知识创新的阶段不同，其需求也存在差异，因此需要有针对性地进行知识融合、关联和嵌入。

①知识获取。科学研究中的知识获取，针对项目研究所解决问题的进行组织。在知识获取中，文本资源与视觉资源的融合和转化需要在资源内容描述的基础上展开。其中：一是数字文本中的图形和音、视频信息数字化表达，二是

① 邓仲华，李立睿. 面向科研的嵌入式知识推送服务研究（上）——产生、环节与内涵[J]. 图书馆杂志，2015，34(7)：19-23.

② A Multi-Dimensional Framework for Academic Support：Final Report [EB/OL]. [2021-05-15]. http://conservancy.umn.edu/handle/11299//5540.

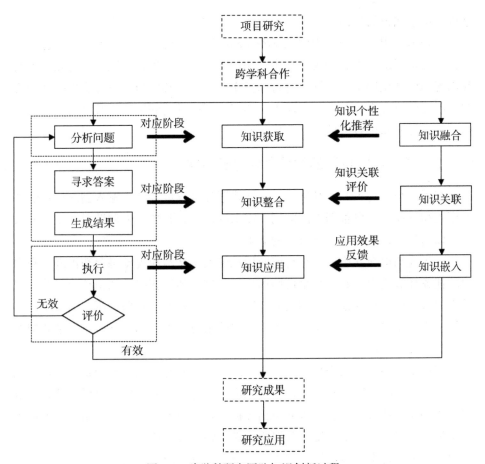

图 9-1 跨学科研究团队知识创新过程

数字文本内容的可视化。用户由于各自的学科背景和认知空间结构不同，其接受外部信息的方式和内容描述存在差异。用户认知空间结构和知识单元内容在客观上决定了知识关联表达的形式差异，因此在知识服务组织中应以个性化的方式聚合相关知识，同时通过高效化的沟通方式开展面向用户的服务。

②知识整合。知识整合是将组织杂乱松散的文本和视觉知识进行选择和融合，由此成为一个面向用户的有序知识体系。知识整合是一个协同化资源组织过程，文本与视觉信息交互往往会产生新的知识，由此催生新的服务。如数字人文研究中，文物的语义描述、古籍资源数字化、历史地理数据可视化、自然语言处理以及图形图像的还原等，都是多源知识的协同组织结果。在这一过程中，面向知识服务需求的知识关联整合具有可行性，其作用在于形成新的关联

结构，催生知识的溢出。

③知识应用。知识应用中根据解决的问题，需要进行大数据形态内容文本与视觉知识资源的整合利用。在用户知识交互空间中进行资源嵌入、知识关联和内容的可视化展示中，同时进行知识交互反馈。其中包括研究成果的利用反馈。因此可以确定，新的知识需求是知识应用后反馈的结果，及时的反馈交互因而也是提升知识效率的一个重要方面。

9.1.2　融入认知过程的知识聚合服务组织

在用户知识需求互动基础上，交互式服务具有重要性。融入创新过程的基本模式和总体架构可根据不同的用户需求确定，其共性是强调针对性服务的组织，以满足跨领域用户不同阶段的需求。

嵌入式知识交互服务旨在将面向用户的数字文本和视觉融合知识嵌入到用户的任务环节之中，其关键是按照用户任务进行知识获取、知识整合以及知识推送嵌入。科学研究任务中的嵌入式知识服务实际上是将用户所需的知识融入到科学研究流程之中，以实现需求为导向的服务嵌入目标。其服务体系架构如图 9-2 所示。

用户交互层。面向用户的知识交互嵌入首先要有与知识聚合系统进行交互的平台，这是因为嵌入知识需要将资源进行聚合，从而对用户提供一站式的数据资源保障。从流程上看，服务包括数据检索、内容浏览和根据用户需求进行知识聚合。知识嵌入中，知识获取阶段在于将多源获取渠道融入用户交互工具之中；知识聚合中，按需进行文本、图形、视觉资源的多模态融合；知识应用中，其应用嵌入在于将知识推送到用户任务流程之中。

大数据处理层。随着大数据技术的发展，知识来源结构愈来愈复杂。科学研究中的嵌入式知识服务因而需要利用大数据技术，实现科学数据的分布存储与计算，同时利用智能技术处理知识关系，从而将关联知识嵌入到用户的任务环节之中。

泛在互联层。e-Science 环境下，用户认知习惯已发生变化，获取知识已不再局限于某一具体的场景，其中的协同创新、在线交互、跨平台知识利用已成为任务活动的重要方面。嵌入式知识服务因而需要对具有不同任务背景和认知习惯的用户提供无缝知识衔接，以虚拟的方式将服务嵌入到用户的工作场景之中。

情景感知层。情景感知的目标任务可能产生于某一具体的物理情境下，如利用地理数据对研究对象进行描述。科学研究中用户面临的时间情景、个人情

图 9-2　知识交互服务体系架构

景、物理情景同样具有较高程度的复杂性，此时嵌入式知识服务应利用情景感知技术，展示用户实际情况，以推送场景知识。

知识资源层。知识资源层是嵌入式知识服务实施的基础，包括各种科学资源库、文本资源库、影像资源库等。嵌入式知识服务应统筹相关资源库以便应用大数据技术将知识有效传递给用户。同时，知识应用中需要更新现有的知识资源库。

在总体架构确定后，需要根据用户的任务目标进行服务组织。用户知识获取中，首先应该明确嵌入式知识服务的界限，以便在确定的范围内进行文本数据、视觉资源的聚合和数据库构建；其次，进行面向用户的知识嵌入服务搭建，以知识资源库和嵌入式知识交互平台为依托进行组织。知识服务架构流程如图9-3所示。

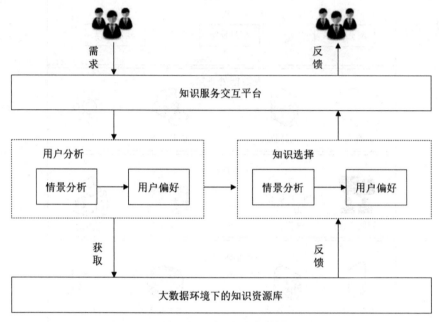

图9-3　知识交互获取服务流程

　　知识交互服务中，用户需求可分为显式需求和隐式需求。显式需求的满足在于按用户表达匹配文本或视频数据库中的数据内容；隐式需求则需要通过认知交互获取用户认知需求，通过分析用户情景和任务背景，主动推送知识。

　　面向用户的知识交互嵌入，需要进行知识与用户需求的相关性确认。嵌入式知识服务还需要考虑各领域资源的生命期，进行知识资源的选择；在获取相关资源后，进行用户需求与特征资源的相关性匹配；在资源聚合的基础上，进行有针对性的推送。

　　嵌入式知识服务在知识获取中，按需求进行知识推荐。由于用户的特殊性，认知结构存在较大差异，往往无法快速达成一致。因此，嵌入式知识服务应当考虑到这一问题，在知识获取和推送中按用户特征和知识特征进行知识的精准融合。

　　知识聚合是指根据实际需要进行面向用户的知识汇集，在于根据知识关联结果和知识关联关系面向用户任务主动嵌入聚合知识。知识聚合和面向用户的知识关联可通过知识网络来实现,在数字知识网络平台上开展与用户的交互,按现实需求和潜在需求认知描述,进行面向用户任务环节的知识嵌入和反馈。基于知识聚合的服务流程如图 9-4 所示。

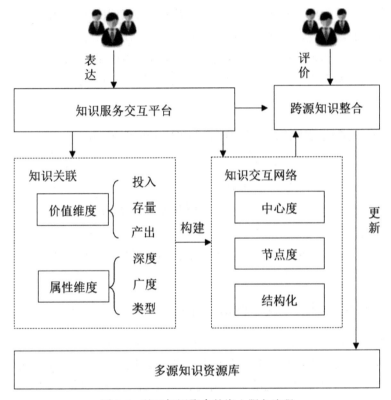

图 9-4　基于知识聚合的嵌入服务流程

　　数字交互过程中的知识聚合,在于进行知识基于用户认知的关联,由此出发面向用户进行资源集成,其环节包括知识关联和知识交互网络构建。
　　知识关联汇集中,其影响因素包括知识的存量水平、资源的分布以及关联度等。根据知识的价值属性,嵌入式知识服务应当展示知识间的关联关系,构建面向应用的知识网络。利用知识网络展示知识之间的联系在于,按知识结点中心度、节点度,结构化进行文本、图形、视觉知识的交互网络构建。
　　跨学科的知识聚合实际上是多个学科的知识关联,通常表现为以某一学科的方法或技术解决另一学科界定的问题。这种情况下，嵌入式知识服务应该及时发现这种关联，以激活用户的隐性认知，促进知识面向用户任务环节的嵌入。同时，嵌入式知识服务应充分利用大数据技术，迭代更新知识资源库。

嵌入式知识服务中的隐式信息处理处于十分重要的位置，这就需要针对用户的特点、专长、贡献，为其推荐符合个性认知的知识。另外，嵌入式服务需要按问题解决的程度和问题演化的方向，将相关的知识推送给用户，问题的解决方法应具有场景性。面向用户创新过程的交互知识服务，根据用户在知识获取、知识交互、知识应用中的不同需求进行针对性的组织，旨在提供更为高效的服务，同时实现文本、图形、视频资源面向用户的融入。

9.2 数字化科学研究与交互学习中的服务嵌入

大数据环境下的知识创新将科学研究、社会化学习与信息保障融为一体，由此形成了数字化科学(e-Science)、数字化研究(e-Research)和数字化学习(e-Learning)的融合模式。在基于大数据的科学研究与学习中，数字服务已嵌入到知识发现、创造、传播与应用过程之中，由此形成了面向知识创新的整体化信息保障与嵌入服务的组织体系。

9.2.1 数字化科学研究中的嵌入服务内容

随着 e-Science 的发展，科学研究过程与环境已趋于融合，从而形成了数字化的研究空间。用户在数字化空间中，进行知识的理解、应用和创造，将信息获取和知识利用过程有机结合，由此提出了数字化科学研究中的嵌入服务要求。

(1)e-Science 中的嵌入服务及其特点

科学研究中嵌入式服务指针对用户的研究需求，以适当的方式将数字服务融入用户的研究环境和过程之中，使用户无障碍地利用服务，以支持科学研究的开展。

从交互关系上看，数字化科学研究中的嵌入服务受多方面因素的影响。其服务在于，适应数字化的知识创新环境，以用户需求为中心，突破传统的服务组织局限，按照科学研究环节进行面向用户的信息保障，从而将数字信息服务嵌入用户科学研究活动之，即实现服务与研究的交互和融合，以推动知识创新的数字化发展。其推动因素主要在以下几方面：

①泛在服务的驱动。随着科学研究节奏的加快，高效便捷地获取知识信息和辅助科学研究成果变得更为迫切，以至于呈现出泛在服务的发展趋势。泛在服务是为了解决知识的融合利用困难，强调"服务不为人所知"以及服务的无所不在、无时不在的特点，使用户在知识活动中能获取即时性的开放服务。泛在服务的实现需要将科学数据融入用户的学习和科学研究，使数字服务与用户的学习、科学研究融为一体，实现嵌入式的无缝用户体验。

②创新研究的推动。数字化科学研究要求进行服务与用户的交互和协作，服务应与科学研究活动紧密融合，根据用户的任务特点，通过嵌入用户的环境，创造数字化科学研究条件。泛在服务是近年来逐渐被重视的一种新型服务方式，是指任何人（Anyone），在任何时间（Anytime），任何地方（Anywhere），能够根据需要获得任何内容（Anything）的嵌入服务方式。要实现科学研究中按需获取即时服务的目标，就必须将服务嵌入到用户的研究发展过程之中。

③研究服务的延伸。科学研究服务在于对数据内容进行提炼，以形成大数据增值效应。大数据交互中用户对知识的消化吸收和利用应成为服务的焦点，服务嵌入重视用户接受知识的效果，关注显性知识向用户内在知识的转化。服务的开展需要面向不同的用户群体，提供有针对性、指导性和辅助性的知识，为用户构造良好的辅助条件和情景。在知识创新需求日益强烈的情况下，科学研究服务必须通过服务嵌入，提升创新绩效。

随着数字化科学研究的发展，数字信息服务机构应直接支持用户的学习、科研行为，开展各种形式的服务融合①。面向 e-Science 的嵌入式服务，是指将服务嵌入到科学研究活动中，服务人员嵌入到科学研究团队中，成为其中的组成部分②。将服务嵌入 e-Science 的各个环节，使服务与自主创新融为一体，这是面向科学研究的服务发展趋势。

e-Science 环境下，科学研究发生了根本性的变化，研究人员的需求和行为也发生了重大改变，这就要求服务从以前的分离组织向协同组织转变。e-Science 模式最早由英国科技研究理事会泰勒（John Taylor）于 2000 年提出，认为 e-Science 是科学关键领域的全球性数字化合作，是推动这种合作的下一代信息基础保障。e-Science 是信息时代科学研究环境和科学研究活动信息化的体现形式。e-Science 采用数字网格技术，为科学研究提供新一代的信息设施

① 陈廉芳，许春漫. 高校图书馆嵌入式创新服务模式探讨[J]. 图书馆工作与研究，2010(8)：4-7.

② 常唯. e-Science 与文献情报服务的变革[J]. 图书情报工作，2005(3)：27-30.

以及数字平台环境。在此环境中，科学研究方式和手段得以更新，数据和信息处理随之成为科学研究的重要组成部分。其中全球性、跨学科的大规模科学研究合作已成为可能，科学研究者之间的交流比以往任何时候都要频繁和有效。科学研究周期由此大大缩短，同时促使跨学科领域的发展①。

e-Science 作为一种科学研究活动范式，具有以下特点：

科学研究的开放性。所谓开放性，是指 e-Science 以全球性、跨学科、跨机构的研究合作为基本目标，因而整个科学研究活动具有极大的开放性。

大数据资源共享程度高。在 e-Science 中，大数据资源都可以得到高度有效的共享，这些资源共享不仅包括计算能力、实验数据和资料，甚至还包括实验仪器本身。

研究过程高度协同。得益于开放性和资源的高度共享，分布在全球各地、不同学科、不同机构的科学家之间可以共享资源、方便地开展协同工作，共同解决科学研究中的创新难题。

毫无疑问，e-Science 是一种有别传统的、新的科学研究环境和过程。开放、共享和协同是其基本特征，而传统的信息服务模式显然已经不能满足这种变化，因此迫切需要以协同为基本特征的全新的信息服务嵌入，由此对服务组织提出了新的要求。

e-Science 环境中仪器、计算能力、实验数据和资料，要求能够实现高度共享。对信息服务而言，面向 e-Science 的信息资源是多种多样的，如数据资源、信息软件资源、计算资源和知识资源等。e-Science 客观上要求对这些资源实现共享式嵌入，从而为科学研究过程提供支持。

e-Science 中跨区域、跨机构、跨学科的开放协同，要求信息服务机构不应局限于本机构的资源和服务，而应与其他机构进行服务合作，在此基础上，开展服务调用，以满足 e-Science 对服务的全程需求。

e-Science 迫切需要服务机构之间开展以协同为基础的知识处理服务。服务机构之间应通过对数据的搜寻、处理和挖掘，从中提炼出知识，并根据科学研究中遇到的问题，融入 e-Science 过程之中，以便有效支持知识应用和知识创新②。

① 黄国彬，孙坦. e-Science 的特点及文献情报机的应对措施[J]. 图书馆杂志，2005(9)：22-24.

② 张红丽，吴新年. e-Science 环境下面向用户科学研究过程的知识服务研究[J]. 情报资料工作，2009(3)：80-84.

（2）e-Science 中的嵌入服务组织

e-Science 工作流可以分为：数据获取/建模（Data Acquisition and Modeling）、研究合作（Research Collaboration）、数据分析/建模/可视化（Data Analysis, Modeling and Visualization）、成果传播与共享（Dissemination and Share）和数字存档。e-Science 的嵌入服务通过知识化的组织流程，为用户的研究创新提供服务保障。因此，需要实现面向用户科学研究过程的服务组织，使辅助服务过渡到融入用户研究活动的服务。这种嵌入使信息服务机构成为科学研究群体的知识创新伙伴，从而将传统的数字信息服务变革为基于科学研究过程的动态定制、协同交互和融合服务，以此构建有机嵌入 e-Science 的信息服务体系，如图 9-5 所示。

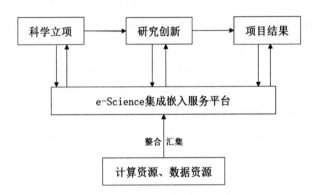

图 9-5　面向用户的 e-Science 嵌入服务

Hey T 等人针对 e-Science 环境中研究者面临的困境，根据科学研究中的数据密集、分布合作的特点，明确了嵌入式服务的工作流组织模式①。当前，随着大数据技术的发展，根据工作流程，服务嵌入方式处于不断变革之中。

①知识资源服务。知识资源服务对 e-Science 是重要的。在科学研究中，研究者需要各种相关数据和知识以启动研究，包括全文资料、知识元信息、知识链接信息、试验数据等。信息提供服务首先通过对相关数据库和资料库进行查询，如 Elsevier、Springer、PubMed、SciFinder、ISI Web of Knowledge、

---

① Hey T., Barga R., Parastatidis S.. Research Platforms in the Cloud[M]// World Wide Research: Reshaping the Sciences and Humanities, Edited by William H. Dutton, Paul W. Jeffreys, Cambridge, Mass.: MIT Press, 2010: 67-72.

GenBank、开放存取数据库的查询，以满足用户对文献资料和一般知识的检索获取要求；其次，对相关数字资料进行汇总，通过一定的手段进行分析，挖掘其中隐含的知识，提供给用户。

②支持研究服务。在研究中，研究者希望能够和其他研究者进行交互和协同。支持合作研究的服务在于跟踪研究过程，为研究提供及时的动态集成服务，为研究者提供发布和交流平台。领域特定服务(Domain-Specific Service)作为一种重要的支持服务，针对研究领域的特定需求进行特定的领域信息交互保障。如在化学合成领域，往往需要进行化合物的结构计算服务，以支持合成研究实验，最终实现基于研究的知识创新目标。

③数据分析服务。数据分析服务在于为研究提供查证服务和验证结果的创新服务，即通常所说的查新服务。要求对研究结果进行分析时，可利用序列比对查询工具(Basic Local Alignment Search Tool，BLAST)对测试结果与公开数据库进行比较，利用可视化工具对研究结果进行展示。

④科学交流服务。科学交流服务在于为研究者的交流提供嵌入平台，促进合作研究的开展。对此，服务机构可通过构建在线仓储和基于大数据的云存取平台为研究者提供快速交流的机会。在我国，中国科技论文在线类似于ArXiv。在此基础之上，通过建立跨机构的资源发现机制，如开放机构库登记系统(Registry of Open Access Repositories，ROAR)，提供以事实和数据为中心的科学交流服务。

⑤数字保存服务。e-Science 流程中，研究者试图保存其阶段性研究产出，以保证协同研究的进行。保存服务在于为研究产出提供适当的协同保存机制，以共同保存科学研究进展成果。数据保存服务中要求建立科学研究产出的协同保存机制，推进分布式合作保存的开展。

科学研究嵌入服务是一种有别传统的信息服务方式，基于协同的科学研究嵌入服务，要求信息服务机构不再专注于自身资源的建设，而是将服务资源融入科学研究过程之中，同时要求与外界实现资源互补，实现服务与科学研究的有效结合。

面向数字环境下的科学研究过程，主要从 3 个方面提供针对用户的嵌入服务：用户可以在本地集成地访问嵌入服务资源及本地资源，可以自主调用数据处理、数据交互和访问查询等服务；通过智能化的资源服务机制，可以自主发现所需服务的来源，进行数据获取和扩展查询；通过分布式知识库，应能实现不同知识库间内容的共享和嵌入利用。

9.2.2 知识社区活动中的嵌入式服务

目前，传统的信息服务方式已无法及时满足用户学习的需求，这就需要将服务嵌入到用户环境中，以提供更深层次的服务。知识社区作为知识交流和学习的网络虚拟社区，为信息用户提供了理想的学习环境。知识虚拟社区活动中，可以将信息服务嵌入以知识创新为目的的知识学习，甚至可以嵌入到用户职业活动中的创新之中，即为用户提供实际意义上的泛在知识服务。

(1)虚拟知识空间构建与服务嵌入

在知识社区虚拟环境下，服务以用户及其需求为中心展开，这是一种嵌入式的、泛在化的服务。如中国科学院国家科学图书馆的知识学习服务场所并不限于图书馆馆区，而是扩展到用户所在的虚拟知识社区之中。在知识社区中，为用户提供包括检索培训、文献信息咨询、个性化知识环境构建等嵌入服务。在国外，如罗德岛大学(University of rhode island，URI)、佛蒙特社区学院(Community College of Vermont，CCV)等在嵌入式服务基础上进行了基于智能交互的服务拓展。

随着Web2.0应用的拓展，用户已成为信息收集、接收、处理、发布的节点和服务单元。在这一应用背景下，数字信息服务可以在虚拟大数据环境中适时嵌入用户所需的工具，辅助用户的知识获取，实现基于e-learning的自主学习和交流。在服务实现中，嵌入式泛在个人知识服务(Embedded Ubiquitous Personal Knowledge Service，EUPKS)围绕知识链进行知识组织和服务构建。它可以使知识服务无处不在，使分散在不同应用系统间的知识产出不断沉淀，从而实现知识长期积累。EUPKS在概念上可以抽象为知识主体参与下，通过嵌入式服务将个人信息环境、需求、行为及知识空间有机结合起来，形成一个以人为本、相互联系、相互支持的知识服务综合体，如图9-6所示。

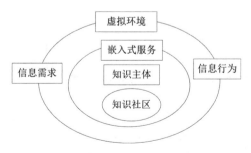

图9-6 知识社区嵌入服务模型

　　EUPKS 综合利用多种嵌入式服务方式，打破信息环境中桌面系统、Web
系统、移动服务系统间的界限，将知识服务同知识学习过程、学习情境紧密相
连，围绕用户知识生产链路(信息收集→数据分析→交流协作→知识创造→知
识产出→研究存档→成果管理)，嵌入用户所需的服务(如数据查询、知识发
现、内容重组、可视化呈现、知识分享等)。同时，以知识单元积累为起点，
将用户的知识产出进行有效组织，构建出一个不依赖于具体应用的系统，且适
应虚拟环境的知识空间。该空间遵循开放协议，能够在知识单元级别上实现应
用系统间的互操作，使"游离"态知识得以聚集，不同应用场景得以无缝嵌入。
EUPKS 是由个人知识活动、知识环境、知识空间以及服务工具融合而成的知
识服务集合系统，它通过系列服务工具，在用户知识活动和学习中获取需求，
在大数据环境中获取内容和知识描述，从而在知识主体的参与下构建个人知识
服务嵌入空间。

　　如图 9-7 所示，从应用逻辑上看，EUPKS 由外向内分为 4 个层次：信息环
境层、知识活动链路层、嵌入式服务工具层和知识空间层。

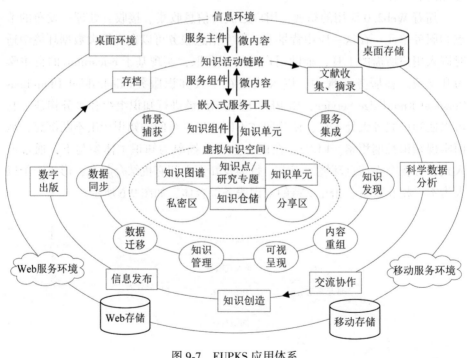

图 9-7　EUPKS 应用体系

①信息环境层。信息环境层是个人所处的数字信息环境及其应用情境的融合，如桌面 MS Office、AdobeAcrobat、IE 浏览器、QQ/MSN 即时通讯环境，Web 环境下的搜索引擎、e-Learning、RSS/Atom 聚合、Blog、Wiki、P2P、Tag、网摘环境，以及移动服务中的个人信息同步、MailPush、RSS 新闻、社区环境等方面的融合。信息环境层在 EUPKS 模型中是用户获取情境知识和构建嵌入服务的场所。

②知识活动链路层。链路层用于描述学习与交流过程中的工作流。通常情况下，科学学习需要经历知识信息收集、知识内容分析、知识交流利用、知识吸收创造和知识融入存储等环节。如果将每一环节作为一个知识活动节点，串联起来便形成一条完整的学习知识活动链路。每个活动节点可以进一步定义相应的工作流，用于构建 EUPKS 模型的服务场景线路。

③嵌入式服务工具层。服务工具层提供嵌入工具集、组件集和功能集，同时按照上层提供的工作逻辑和情境进行知识服务融汇，如服务集成、知识发现、内容重组、可视呈现等，然后通过定制和推送等方式为上下层提供知识服务支持。

④知识空间层。知识空间层是 EUPKS 模型的核心。它既是个人知识组织、存储、分享、管理的场所，又是知识网络的数据节点。对用户个人而言，它是一个逻辑上可统一管理、物理上可分散存储、应用上开放接口的虚拟个人知识空间。用户在不同应用情境下均可将自己的知识产出保存或转移。知识空间以知识单元为基本处理对象，以知识节点或知识地图的方式进行知识组织。知识空间根据应用逻辑被分为私密区和分享区，通过该层实现生命周期内学习知识资源的积累、管理和保存。

（2）知识社区中的嵌入服务实现

在知识服务层面，嵌入服务通过情境与需求获取、知识组织与管理、资源与服务集成三个中心环节，为用户提供知识获取和学习，如图 9-8 所示。

①情境与需求获取。情境与需求获取是模型处理的起始点，服务中要求在客户端动态获取用户当前知识活动场景、操作流程、情境信息以及即时需求信息，以便通过定制或推送的方式调用服务器端的服务。这一阶段的信息输出在于，为用户生成不同粒度的微内容，如文本片段、标注、评论、标签、文档、网页、元数据等。

②知识组织与管理。知识组织与管理以微内容作为处理对象，通过应用语义标记(限于用户个人应用逻辑的标记)和规范化处理将其转化为知识单元。知识单元是泛在个人知识空间的基本组织单位，能被分散存储到客户端、服务

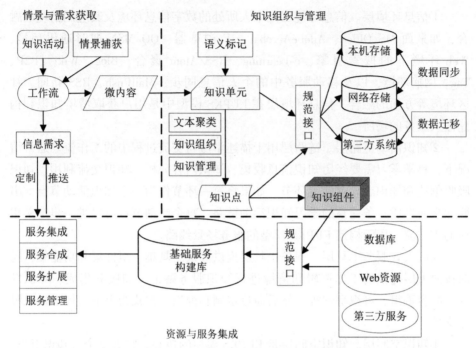

图 9-8　知识社区活动中的嵌入服务

器以及第三方系统之中。在转换存储中，通过数据同步和数据迁移处理保证其逻辑上的统一性。不同知识单元按照用户的应用逻辑，可以构成新的知识点；不同的知识点按照用户研究主题的不同层次可以构成知识组件，经规范处理后可以以知识服务组件的形式纳入基础服务构件库。

　　资源与服务集成。资源与服务集成主要在服务器端进行，在于将不同来源的资源和服务，如文献数据库、Web 资源、第三方服务 API 等进行规范化处理，形成自适应件和扩展件，在语法水平、语义水平和协议水平上生成互操作基础服务构件。这些基础服务构件能够根据融入服务需求，进一步组织成服务工具集，供客户端直接调用。

　　图中所示的体系结构具有开放接口，能够实现互操作的知识单元在模型中具有关键作用。作为个人知识空间的基本数据处理单元，由主题、内容、语义描述、定位描述、元数据描述、扩展描述构成。虽然现行技术条件下还没有统一的知识单元形式化表达标准，但在语义 Web、信息聚合、集成融汇等领域已存在多种规范和协议，如 RDF/RDFS、RSS/Atom、OPML、REST 等，定义上的知识单元内容可以在这些规范中找到相应的表达方法和交互方法。这些规范多以 XML 为基础，其数据格式、通信协议和接口描述具有开放性。这是知识单元交换的技术基础。

近 10 余年来，知识社区在数字化学习中发挥了重要作用，如在虚拟的网络学习平台中加入图书馆的相关链接，即可方便用户嵌入利用相关服务。这里，图书馆所嵌入的数字化学习服务，可在网络平台上共享学习工具。其次，利用 RSS 服务可以提供内容定题服务，将 RSS feed 添加至知识社区平台上便可获取动态资源。数字化学习中的嵌入式服务解决了知识信息适时搜集和组织问题；通过交互和反馈，可以帮助服务人员更加深入地了解用户的信息需求。

在知识社区中，通过知识管理平台和技术提供持续的增值服务，使用户能够方便地获取全文资源。同时，可以利用知识地图或图谱构建工具，提供知识及其相互关系的链接组织方法，帮助用户按照自己的需求构造个性化的、灵活动态的知识学习空间。此外，还可通过智能标签技术支持用户按照自己的意愿对信息进行个性化分类，促进知识的共享；通过社会公告牌、wiki、Blog 等技术，帮助用户了解专题信息、新闻和社区公共事物，促进用户参与社区学习讨论。

9.3 工业大数据应用与行业数字服务融合

工业大数据(Industrial Big Data)随着工业 4.0 和智能制造的出现而形成，是指从客户需求到销售、订单、计划、研发、设计、工艺、制造、采购、供应、库存、交付和售后、运维过程中所产生的各类数据，其来源包括生产运营数据、物联设备数据和外部关联数据。工业大数据应用在于运用一系列技术和方法，进行实时数据采集、处理、存储、分析和交互利用，以支持工业制造、运营和服务。工业作为基础性的生产行业，其大数据应用和基于产业链的数字服务组织处于关键位置。

9.3.1 工业大数据应用场景与大数据组织

工业大数据应用，在不同产业或企业虽然存在不同的要求和特征，然而其应用机制和应用的技术框架却具有一致性。从数据功能上看，工业大数据即工业数据的总和，包括企业信息化数据、工业物联网数据及外部跨界数据。其中，企业信息化和工业物联网中机器产生的海量数据是工业数据规模海量化的主要原因。工业大数据同时也是智能制造与工业互联网的核心，其本质是通过促进数据的自动流动去解决控制和业务问题，减少决策过程所带来的不确定性，并尽量克服人工决策的缺点①。

工业大数据不仅存在于企业内部，还存在于产业链和跨产业链的经营主体中。企业内部数据主要是指 MES、ERP、PLM 等自动化与信息化系统中产生的数据。产业链数据是企业供应链（SCM）和价值链（CRM）上的数据，主要是指企业产品供应链和价值链中来自原材料、生产设备、供应商、用户和运维合作商的数据。跨产业链数据则来自企业产品生产和使用市场、环境和政府管控等外部数据。

人和机器是产生工业大数据的主体。人产生的数据是指由人输入计算机中的数据，例如设计数据、业务数据、产品数据等；机器数据是指由传感器、仪器仪表和智能终端等采集的数据。对企业而言，机器数据的产生可分为生产设备数据和工业产品数据两类，生产设备数据是指企业的生产工具数据，工业产品数据则是企业交付给用户使用的物品数据。

工业互联网时代，工业大数据除了具备大数据特征外，相对于其他类型大数据，工业大数据还具有反映工业逻辑的特征。这些特征可以归纳为多模态、强关联、高通量、强机理和协同性等。

多模态。工业大数据是工业系统在一定空间的映像，必然反映工业系统的系统化特征，同时关联工业系统的各方面要素。因此，数据记录必须追求完整，但这往往需要采用超级复杂的结构来反映系统要素，这就导致单体数据文件结构的复杂化。因此，工业大数据的复杂性不仅是数据格式的不同，而且是数据内生结构上的状态差异。

强关联。工业数据之间的关联并不是数据内容的关联，其本质是物理对象之间和过程的关联，包括产品部件之间的关联，生产过程的数据关联，产品生命周期内的设计、制造、服务关联，以及产品使用所涉数据关联。

高通量。嵌入了传感器的智能互联产品已成为工业互联网的重要标志，在于用机器产生的数据来代替人所产生的数据。从工业大数据的组成体量上来看，物联网数据已成为工业大数据的主要来源；同时，机器设备所产生的时序数据采集频度高、数据总量大、持续不断，呈现高流通量的特征。

协同性。协同性主要体现在大数据支撑工业企业的在线业务活动和推进业务智能化的过程中，其系统强调动态协同，因而进行数据集成时，应促进数据

---

① 工业互联网产业联盟工业大数据特设组编. 工业大数据技术与应用实践（2017）[M]. 北京：电子工业出版社，2017：31.

的自动流动，减少决策所面临的不确定性。

强机理。强机理体现在工业大数据支撑的过程分析、对象建模、知识发现和应用过程之中。其过程追求确定性，数据分析必须注重因果关系。由于工业过程本身的确定性强，因此工业大数据的分析不能止于发现简单的相关性，而是要通过各种可能的手段逼近因果关系的展示。

在工业大数据应用中，大数据平台建设处于核心位置，在技术实现上，北科亿力、大唐集团和中联重科根据各自的需求和场景进行了架构和基于平台的应用组织。从结构上看，可归为不同的模式。

（1）基于物联网的大数据平台构架

工业互联网产业联盟于 2017 年发布了《中国工业大数据技术与应用白皮书》。在白皮书中展示了北科亿力炼铁大数据技术框架和大数据平台结构。北科亿力根据物联网数据来源，按企业大数据应用的内在关系所构建的北科亿力炼铁大数据平台具有对场景需求的高适应性。其中，物联网机器数据主要包括炼铁 PLC 生产操作数据、工业传感器产生的检测数据、现场的各类就地仪表的数据等。整个炼铁大数据平台已接入了约 200 座高炉的数据，以单座高炉为例，每个高炉约有 2000 个数据点，数据采集频率为 1 分钟一次，每座高炉产生的数据量约为 288 万点/天、数据大小约为 200Mb/天，即行业大数据平台接入的数据量约为 5.76 亿点/天，数据大小约为 40G/天。北科亿力炼铁平台大数据如图 9-9 所示。

炼铁大数据平台通过在企业端部署自主研发的工业传感器物联网，对高炉"黑箱"可视化，实现了企业端"自感知"；通过数据采集平台将实时数据上传到大数据中心；通过分布式计算引擎等对数据进行综合加工、处理和挖掘；在业务层以机理模型集合为核心，结合多维度大数据信息形成大数据平台的核心业务，包括物料利用模块、安全预警模块、经济指标模块、工艺机理模块、精细管理模块、智能生产模块、设备监管模块、经营分析模块、资产管理模块、能耗监控模块等；应用传输原理、热力学动力学、炼铁学、大数据、机器学习等技术建立高炉专家系统，结合大数据及知识库，实现"自诊断""自决策"和"自适应"。

通过推行炼铁物联网建设标准化、炼铁大数据结构和数据仓库标准化、数字化冶炼技术体系标准化，北科亿力建立了行业级炼铁大数据智能互联平台，实现了各高炉间的数据对标和生产优化。在更广范围内，促进了设计院、学会、供应商、科研机构等整个生态圈的信息互联互通、数据深度应用和核心竞争力的提高。

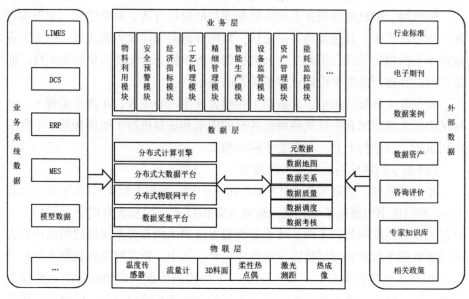

图 9-9 北科亿力炼铁平台大数据①

北科亿力通过炼铁大数据智能互联平台的建立，可提升炼铁的数字化、智能化、科学化、标准化水平，预判和预防高炉异常炉况的发生，提高冶炼过程热能和化学能利用效率。据介绍，通过平台应用，平均提高劳动生产率 5%，降低冶炼燃料比 10 公斤/吨铁，降低吨铁成本 15 元，直接经济效益单座高炉创效 2400 万元/年；预期全业推广后，按中国 7 亿吨/年的铁水产能，吨铁成本降低 10 元计，直接经济效益 70 亿元/年。

（2）面向流程的大数据应用平台

中国大唐集团公司(以下简称"大唐集团")是在电力体制改革中组建的中央直接管理的大型发电企业。大唐集团的大数据应用强调智能生产、物料供应和运行服务的技术实现，按物联网、业务系统和其他数据来源进行平台构建。除电力、热力生产和供应，集团与电力相关的煤炭资源开发和生产，以及相关专业技术服务外，重点涉及发电、供热、煤炭、煤化工、金融、物流、科技环保等领域。在大数据应用中，集团数据共享和可视化分析中心实现了智能决策

---

① 工业互联网产业联盟. 中国工业大数据技术与应用白皮书［M］. 北京：工业互联网产业联盟，2017：53.

中的数据深度分析与挖掘(图 9-10)。根据集团公布的信息,大唐集团大数据平台构建及数据来源如下:

物联网数据:以典型的 2×600MW 燃煤火电机组为例,它拥有 6000 个设备和 65000 个部件,DCS 测点数平均达到 28000 个机组年数据存储量的实时数据库数据容量为 114GB。再加上水电、风电机组产生的数据,大唐集团一年的生产实时数据超过 200TB 以上。

业务系统数据:业务系统数据包含 ERP 系统、综合统计系统、电量系统、燃料竞价采购平台相关的设备台账数据、发电量数据、燃料竞价采购数据等,每年 500G 以上。

外部数据:外部数据包含地理信息数据、天气预报数据等,每年 500M 左右。外部数据采集随着智能化管理要求的提升,呈迅速增长趋势。

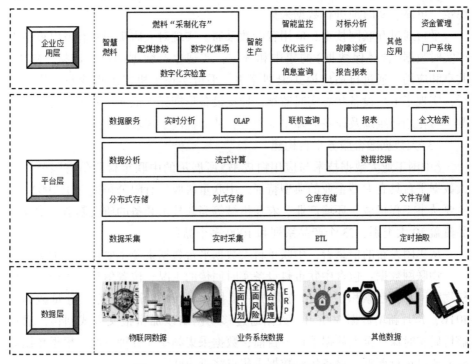

图 9-10　大唐集团工业大数据应用平台①

① 工业互联网产业联盟. 中国工业大数据技术与应用白皮书[M]. 北京:工业互联网产业联盟,2017:58.

2017 年《中国工业大数据技术与应用白皮书》所显示的大唐集团大数据平台具有数据来源的全方位、数据融入的全程化和数据处理的智能化特点。在构架上，大唐集团的大数据平台 X-BDP，是基于 Hadoop 的企业级大数据可视化分析挖掘平台，也是集数据采集、数据抽取、大数据存储、大数据分析、数据探索、大数据挖掘建模、运维监控于一体的大数据综合平台。

平台应用大数据、云计算、物联网、人工智能等关键技术，提供多种存储方案和挖掘算法，支持结构化数据、半结构化数据和非结构化海量数据的采集、存储、分析和挖掘，提供多种标准的开放接口，支持二次开发。平台采用可视化的操作方式，降低数据分析人员和最终用户使用难度。

为解决电力自动化系统中设备在通讯协议复杂多样化的情况下相互通讯、控制操作与通讯标准化的问题，平台采用了一种电厂数据采集装置、一种电厂数据采集系统和一种用于电厂的具备安全隔离功能的数据采集装置，保证数据稳定、可靠、实时地进行数据采集。

平台通过互联网技术，应用智能数采通，实现对大唐集团所有发电设备生产实时数据（含环保数据）的集中和统一，实现生产数据的有效链接、集中、共享和应用。通过自适应模式识别算法，平台实现了机组远程诊断与优化运行，实现了电厂设备状态实时监视，捕捉设备早期异常征兆，实现设备运行监测、劣化趋势跟踪及设备故障早期预警，从而提高了现场优化运维水平。

（3）大数据融合服务平台构建

《中国工业大数据技术与应用白皮书》所展示的中联重科股份有限公司的大数据平台具有大型企业的典型特征。中联重科股份有限公司创立于 1992 年，主要从事工程机械、环境产业、农业机械等高新技术装备的研发制造，主导产品覆盖 10 大类别、73 个产品系列和 1000 多个品种。

从集团发布的信息看，中联重科大数据平台数据来源主要包含三大类：

物联网数据：包含中联重科设备实时回传的工况、位置信息。当前中联重科物联网平台已累积了近 10 年数据，监控设备数 12 余万台套，存量数据量 40TB，每月新增数据 300GB。数据通过移动网络以加密报文方式回传，通过解析后实时保存至大数据平台。目前，数据采集频率 5 分钟一次，根据数据分析需要可进行调整，设备传感数据采集点将近 500 个。

内部核心业务系统数据：包含中联重科在营运过程中产生的业务信息，主要包含 ERP、CRM、PLM、MES、金融服务系统等数据，涵盖研发、生产、销售、服务全环节。当前，业务系统已累积近 10 年数据，存量数据约 10TB，数据每天进行更新。

外部应用平台数据：包含中联重科相关应用平台（官方网站、微信公众号/企业号、中联商城、中联 e 家系列移动 APP、智慧商砼、塔式起重机全生命周期管理平台）积累的数据、从第三方购买和交换的数据以及通过爬虫程序在网络上搜集的舆情及相关企业公开数据。除结构化数据外，平台还以日志方式保存了大量的用户行为数据。

中联重科工业大数据应用从"硬、软"两个方面同时着手：硬的方面，通过研发新一代 4.0 产品和智能网关，进一步提升设备的智能化水平，丰富设备数据采集维度，提升设备数据采集和预处理能力；软的方面，基于大数据分析挖掘技术，形成多层次智能化应用体系，为企业、上下游产业链、宏观层面提供高附加值服务。

中联重科大数据分析平台融合了物联网平台、业务系统、应用系统及第三方数据。分析角度涉及产品、经营、客户、宏观行业等方面，服务涵盖轻量级应用（中联 e 管家、服务 e 通等）和重量级专业领域应用（智慧商砼、建筑起重机全生命周期管理平台等），并通过移动端 APP、PC 端、大屏幕等多种方式提供高效增值服务。

中联重科工业大数据平台架构如图 9-11 所示。

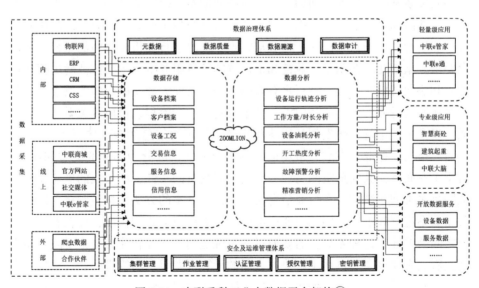

图 9-11　中联重科工业大数据平台架构[1]

---

① 工业互联网产业联盟. 中国工业大数据技术与应用白皮书[M]. 北京：工业互联网产业联盟，2017：91.

中联重科工业大数据平台同样采用成熟的 Hadoop 分布式架构进行搭建。通过流式处理架构，满足高时效性的数据分析需求；通过分布式运算架构，满足对海量数据的离线深度挖掘。前端通过统一接口层以多种通用格式对外提供数据分析服务。考虑到大数据平台汇集了企业内外部多方敏感数据，为保证数据安全，平台引入了企业级数据治理组件，实现统一的元数据管理、数据质量控制、数据溯源、数据操作权限管控、数据脱敏及数据使用审计功能，并贯穿数据存储和应用的全过程。

9.3.2　基于产业链关系的行业大数据融合应用

面向产业链的行业信息服务融合中，数据融合是服务融合的基本条件。以数据融合为前提实现行业信息服务的跨系统协同，需要在功能层面上融合数据服务，继而推进服务的利用。从另一角度看，产业链中的融合服务组织，同样需要选择融合功能以实现基于产业链的服务价值，从而促进产业链中的产业集群的跨系统信息利用。

产业链中的企业不仅具有供应链合作关系，而且企业之间以及企业和其他组织之间还存在着协同创新关系。因而，跨行业系统的信息融合服务必然面临着多元关系基础上的融合问题。在产业链和创新价值链活动中，参与主体的跨行业、部门和系统的多源数据利用，涉及科学与技术研究、试验与产品研发以及产业运行和市场营销。这一构成从客观上提出了行业机构之间的系统服务融合要求。基于此，在基于产业链和价值链的信息服务融合中，按范畴进行数据统筹和协同转换应该是一种行之有效的方法。行业大数据融合中的概念展示包括企业所属行业、生产产品门类、技术设备、生产流程、供应链关系、市场构成，以及生产运行、研发创新所涉及的诸多领域的信息融合。按行业、技术、产品、市场、标准、专利、市场运营的多个方面，区分为不同的类型和形式。对于企业而言，其信息空间与业务活动空间具有同一性，所形成的概念及概念关联呈多维网状结构。在行业信息组织中，最基本的方法是按主题概念结构和关联关系进行展示。不同的行业或部门的分类组织形式和标准，存在着不同系统之间的差异。这种差异，需要通过各系统之间的交互转化方式来屏蔽。从实现上看，企业概念图可用于解决这方面的计算资源组合与管理问题。从信息内容类属和关系展示上看，概念图支持不同范式之间的转换，因而可以在对面向企业的行业信息服务系统之间实现基于概念图的信息揭示目标，通过互动方式支持产业链和创新价值链企业之间以及企业和相关主体之间的交互和合作。在行业信息服务融合中，可以方便地对同一概念进行协作，实现行业间的跨系统资源共建共享。

在产业集群跨系统服务融合的实现中，考虑到 XML 的应用，可以在自描述性和可扩展性基础上通过概念节点进行关联，其中知识图谱工具可用于行业信息资源的融合组织，进而实现基于概念图的结构描述。由此可见，基于知识图谱的概念图应用，在行业信息揭示和管理中具有可行性。

概念图的应用具有广泛的前景，如在物联网产业集群中，RFID 概念图对结构、组成、应用等相关概念进行了展示，以此实现了 Web 页面、图片及影音资源的链接。为了处理相关主题概念，实现多源信息资源融合目标，除在知识节点上标注相关内容和来源关系外，还可以提取其中的知识单元，以此进行多方面的信息内容整合。对于用户而言，只要在 RFID 概念图中进行 XML 链接，便可获取完整的信息。在 RFID 概念图的 XML 文件中，知识节点描述片段如图 9-12 所示。

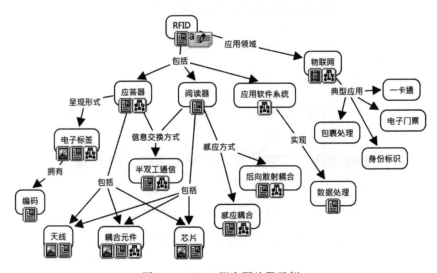

图 9-12　RFID 概念图片段示例

在基于链接的信息组织与揭示中，以"RFID"概念图中知识节点"半双工通信"XML 片段为例，其信息组织需求首先需要在概念图服务器上对"RFID"概念图 XML 输出为 XML 文件。其中，XPath Fetch Page 模块具有关键性作用，该模块所采用的 XPath 查询语言在基于概念图的关联揭示中，通过 Extract using XPATH 的定位功能来实现，它可以进行基于实际组织需求的 XML 文档相关信息内容的读取。在基于概念图的关联展示和揭示过程中，可以使用

XPath Fetch Page 模块进行 RFID 概念图生成和 XML 文件内容的解读和主题展示。对此，可通过在索引中设置 XPath 的路径标签指定其使用；另外，subclass 可以对存储进行解释，实现对以 nlk. base. Concept 为目标的 subclass 属性值的存储和提取。在面向应用的概念关联中，通过 Sub-element 模块，实现 storableObject 所包含的 property 元素内容提取。鉴于诸多元素的松耦合关系，对于节点的 name 属性值可用_ phrase 功能进行标识，完成对相应的 property 属性过滤；利用 Filter 模块的参数设置规则使内容得到完整的保留。最后，可以使用 Rename 模块将概念内容标签 encoding 属性进行关系编码，从而实现展示关系的多元处理目标。如图-12 所示，在应答器、半双工通信、耦合元件等概念节点处置和关联展示中，为方便利用可以对概念图知识节点提取规则进行封装，提供面向 RFID 信息组织的调用。

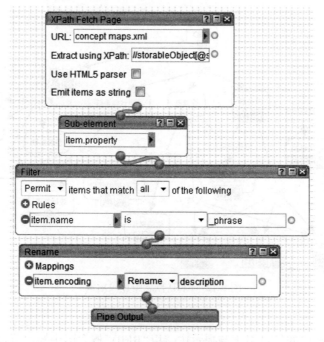

图 9-13　概念图知识节点提取

面向产业链的行业大数据融合应用中，如果利用 RFID 工具进行，可以针对数据融合的需要，利用概念图工具封装 Cmaps_ knowledge extract 模块进行 RFID 相关知识节点的描述。同时，在知识图谱中将 Citespace 服务和基于

Metalib/SFX 的数字集成服务分别封装为 CiteSpace 模块和 MetalibSFX 模块，继而进行独立或组合应用。在概念图服务与知识图谱服务的融合中，还可以使用 Loop 循环作为主任务（主题词）输入循环流程，在 CiteSpace 模块服务中应用。在面向产业链的行业大数据融合中，面向企业知识创新的发展需要，可以通过 RFID 实现知识获取和处理的同步化。其中，可以根据用户需求同步处理结果，其途径是选择输出核心成果，显示 RFID 概念主题，以实现数字资源服务融合目标。同时，还可以通过 CiteSpace 输出，利用 MetalibSFX 模块，明确来源范围和限制条件。此外，可进行以用户为中心的自定义，展示 RFID 核心知识。由此可见，概念图的应用具有广泛性，在基于概念图的服务中，企业用户也可以根据需要选择直接连接调用 MetalibSFX 模块，导出行业数字信息资源。

9.4 公共领域大数据应用与服务保障

公共领域大数据具有多模态、开放性和关联组织特征，基于大数据应用的服务围绕大众的公共需求展开。鉴于公共领域大数据应用的公共性和公益性，以下着重于政府主导下的卫生健康大数据服务和智慧城市建设中的大数据平台建设，进行公共领域大数据应用服务实施探讨和共识性的组织策略归纳。

9.4.1 卫生健康大数据应用与服务

卫生健康大数据应用与健康医疗数据服务平台建设，在公共卫生、流行病防控、医疗资源共享和临床治疗中具有全局性意义，在公共服务中具有不可取代性。在公共卫生和健康医疗的数字化建设中，国家卫健委予以了全面部署、规范和实施。大数据应用与服务在当前的新冠疫情防控与治疗中发挥着重要支持作用，国务院联防联控机制下的平台运行为全民健康和社会经济发展提供了全面信息保障。

卫生健康大数据的类型复杂，其大数据来自不同的地区、不同的机构和不同的软件应用。从数据特征与应用领域的角度分类，卫生医疗大数据主要包括以下 6 个方面的数据：医疗大数据、健康大数据、生物组学大数据、卫生管理大数据、公共卫生大数据和医学大数据[①]。

---

① 张路霞，段会龙，曾强编著. 健康医疗大数据的管理与应用[M]. 上海：上海交通大学出版社，2020：12.

医疗大数据。医疗大数据是指在临床医学实践过程中产生的原始的临床记录，主要包括以电子病历、检验检查、处方医嘱、医学影像、手术记录、临床随访等为主的医疗数据。这些数据基本都是以医学专业方式记录下来，主要产生并存储于各个医疗服务机构的信息系统内，如医院、基层医疗机构或者第三方的医学中心。

健康大数据。健康大数据是指以个人健康管理为核心的相关数据的统称，包括个人健康档案、健康体检数据、个人体征监测数据、康复医疗数据、健康知识数据以及生活习惯数据，主要产生于医疗机构、体检中心、康复治疗机构以及各类生命体征监测系统。

生物组学大数据。生物组学大数据是一类比较特殊的健康医疗大数据，包括不同生物组学数据资源，如基因组学、蛋白质组学、代谢组学等，主要产生于具有检测条件的医院、第三方检测机构和组学研究机构。生物组学大数据在研究基因功能、疾病机制、精准医疗等方面具有重要意义。

卫生管理大数据。卫生管理大数据主要是指各类医疗机构运营管理过程中产生的数据资源，主要来源于各级医疗机构、社会保险商业保险机构、制药企业、第三方支付机构等。通过深层次挖掘、分析当前和历史的医院业务数据，快速获取其中有用的决策信息，可以为医疗机构提供方便的决策支持。

公共卫生大数据。公共卫生大数据是基于大样本地区性人群疾病与健康状况的监测数据总和，包括疾病监测、突发公共卫生事件监测、传染病报告等。公共卫生大数据还包括专题开展的全国性区域性抽样调查和监测数据，如营养和健康调查、出生缺陷监测研究、传染病及肿瘤登记报告等公共卫生数据。

医学大数据。医学大数据是指医学研究过程中产生的数据，包括真实世界研究、药物临床试验记录、实验记录等。医学数据主要存在于各类医学科研院所、医学院校、医学信息机构以及制药企业。

由于卫生健康大数据类型复杂，来源广泛，应用目标性强，因而采用系统汇集方式进行数据应用与服务组织难以适应卫生健康领域大数据环境。考虑到客观上的大数据应用需求和当前已存在且处于迅速发展之中的多类型卫生健康网络和数字化健康医疗平台的运行机制，拟采取国家卫健委部署下的资源共享和大数据平台协同运行模式，在公共卫生健康服务和数字医疗服务中充分保障大数据应用需求，推进服务的开放化、社会化和涉及个人的隐私保护。

卫生健康大数据应用与服务，在整体上形成了虚拟环境下的网络构架，在运行上实现包括公共卫生大数据平台、健康医疗大数据平台、移动医疗健康监测、疾病防控数据平台、生物组学测序数据平台和多种形式的健康社区、医疗保健大数据平台在内的虚拟服务连接。在卫生健康大数据应用中，访问者可方便地通过公共入口或平台界面进入，进行相关数据获取和信息搜索。由于卫生健康领域大数据内容丰富，在应用中往往需要通过图谱方式进行导入，因而大数据平台的图谱服务具有现实性。对此，平安智慧医疗于 2019 年正式启用医疗知识图谱服务。在 2018 年举办的中国大数据技术大会上，平安医方科技、医疗文本处理部负责人倪渊介绍了平安医疗知识图谱构建和应用。该图谱系列集成了 60 万医学概念、530 万医学关系、数千万医学证据，其应用场景显示和组件，支持在线诊疗与咨询服务实现。其中，图 9-14 展示了常见疫病的关联图谱界面，可供用户查询。

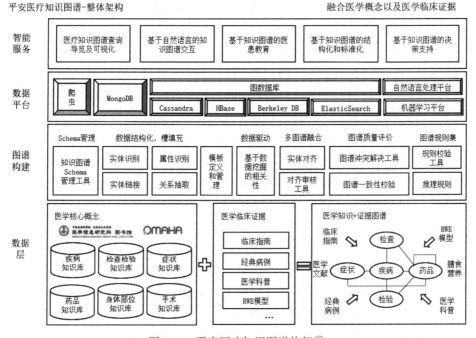

图 9-14　平安医疗知识图谱构架①

---

① 注：2018 年 12 月 6—8 日于北京举办的 2018 中国大数据技术大会知识图谱论坛中，平安医疗科技医疗文本处理部负责人倪渊汇报的主题为《医疗知识图谱的构建和应用》。2018 中国大数据技术大会（BDTC）-首页（hadooper. cn）。

随着医学技术的发展，健康医疗大数据的数据量持续剧增，数据结构不断复杂化，数据组成呈现多元化，除了结构化的记录外，还存在大量非结构化的文本、波形、序列、影像、视频等数据格式。大容量、多源异构的数据对存储设备的容量、读写性能、可靠性、扩展性等都提出了更高的要求。在设计大数据的存取系统时，需要充分考虑功能集成度数据安全性、数据稳定性，以及系统可扩展性、性能及成本等各方面因素。

健康医疗大数据存储要求系统的高容量、高性能、高可靠性和可扩展性。在大数据保存与提取中，健康医疗大数据的存取按照定义的数据模型，综合采取关系型数据库、文档数据库、数据文件等方式，提供经整合的各类医疗健康数据资源的存储管理服务和访问服务。大数据存取所采用多库关联模式，对解决非结构化海量数据的异构性问题具有普适性。与此同时，在模型驱动的数据存储中，充分考虑数据资源的应用需求，可实现数据模型与物理存储模型的统一。

卫生健康领域大数据安全和个人隐私保护是应用服务必须面对的问题，对健康医疗大数据进行保护的一种有效技术手段就是去隐私化处理。去隐私化也是现阶段医疗数据处理的基本环节，只有去隐私化后才能对医疗数据进行分析或者在研究层面上共享。在技术层面，隐私保护主要关注数据失真处理技术、基于数据加密的技术和基于限制发布的技术。其中，数据失真处理技术是未来医疗数据去隐私化的主要手段，它能够通过添加噪声，使敏感数据失真但同时保持某些数据或数据属性不变，仍然可以保持某些统计方面的特性。其具体实现方式包括以下三种：随机化，即对原始数据加入随机噪声，然后发布扰动后数据；对数据进行阻塞与凝聚，阻塞是指不发布某些特定数据的方法，凝聚是一种原始数据记录分组存储统计的方法；差分隐私保护，在于通过添加极少量的噪声便可达到高级别的隐私保护。将这些方法融合起来并加以利用，可以更加合理地保障个体的乃至公共健康医疗大数据安全。

对健康医疗大数据进行有效的采集、存储、处理和分析，挖掘其潜在价值，将深刻地影响医学治疗手段和人类健康水平。健康医疗大数据的分析作为整条路径的最后环节，承担着将健康医疗大数据中既丰富又庞杂的信息进行提炼和升华的任务。也可以说，正是健康医疗大数据的分析连接了数据和人，让人们认识到大数据在人类健康和临床诊疗上的重要作用。健康医疗大数据的常用分析方法包括传统统计学中的分类、回归、聚类等方法，也包括数据之间的关联规则、特征分析以及深度学习、人工智能等分析方法。

9.4.2　智慧城市大数据开放共享平台

研究公共安全大数据平台，进行智慧城市大数据开放共享，在公共大数据服务中具有重要性。按云环境下大数据应用和智能化发展机制，构建面向智慧城市的大数据开放共享平台具有现实性。中科院孙傲冰、季统凯对面向智慧城市的大数据开放共享平台进行了建设构架和服务结构归纳，所提出的基本框架和数据平台具有普遍性和功能实现的完整性。

从整体上看，智慧城市大数据平台在可控云操作系统上搭建内网云、外网云、灾备云，形成智慧城市大数据开放共享环境；在应用上，构建大数据资源注册框架、大数据统一访问接口、大数据统一管理规划、大数据统一技术支持等；在数据资源层面上，构建政府公开信息大数据库、市政地理大数据库、市政服务大数据库以及城市安全与应急响应数据库。平台提供一个经过授权及验证的可信应用门户，发布经审核授权的服务应用，为政府服务和公共事务对象提供安全的应用下载，建立用户的应用评价机制。通过应用门户，平台提供围绕智慧城市的业务服务，包括城市公共服务智能、公共安全、环境治理等方面的大数据应用服务。从概念化设计出发，孙傲冰、季统凯所提出的智慧城市大数据开放共享平台框架如图 9-15 所示。

平台在智慧城市云基础设施环境下，实现大数据统一管理，同步建设智慧城市公开信息、政务信息、市政服务和城市安全与灾备大数据库，设置智慧城市大数据安全访问接口，按授权完成面向不同场景和内容的数据抽取、清洗、存储、脱密、授信和访问。通过大数据平台界面接口，面向大众、政府部门、社区、机构和个人进行调用。另外，智慧城市大数据应用发布、数据定制及评价也需要在统一界面上进行，以形成数据提供者、应用者及用户相互促进的大数据共建共享的平台效应。在孙傲冰、季统凯所提出的通用框架下，智慧城市大数据开放共享平台服务如图 9-16 所示。

在智慧城市大数据平台应用中，政府公开信息可进行细粒度展示，在数据服务中可采用高效的数据源受众匹配算法，以改变单向提供模式。基于应用实现的服务，强调用户参与。平台可以主动推送公开信息资源，根据政府信息公开的要求，可以通过行政审批信息公开、服务信息公开促进公共事业的发展。

利用大数据平台采集及存储的环保监测数据，可以将环保监测的地理位置与空间地理数据结合，实现精准化的环境数据展示。当发生自然灾害时，可以有效利用空间地理数据进行应急响应，从而将自然灾害带来的损失减少到最低。利用大数据平台存储的实时及历史环境数据，可以提供实时、历史环境数据查询及相关的数据服务。通过大数据挖掘工具可以分析环境变化趋势，对未来环境安全进行预判。2016 年 1 月，国家发改委印发了《关于组织实施促进大数据发展重大工程的通知》，提出建立完善公共数据开放制度和建立统一的公共数据共享开放平台体系要求，旨在优化公共资源配置和提升公共服务水平。建立基础数据统一平台还可以推进部门信息共享，推动政务大数据的开放。通过政务大数据开放可以有效提高政府工作效率、促进公共与行业服务的数字化发展。

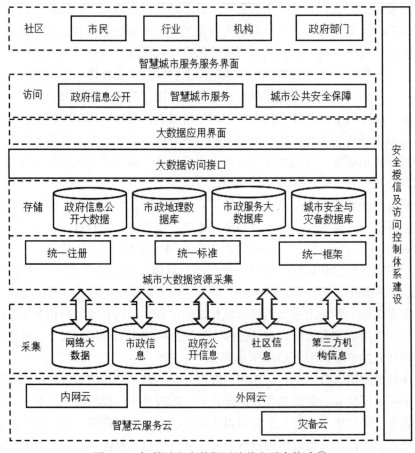

图 9-15　智慧城市大数据开放共享平台构建①

———————

①　孙傲冰，季统凯. 面向智慧城市的大数据开放共享平台及产业生态建设[J]. 大数据，2016，2(04)：69-82.

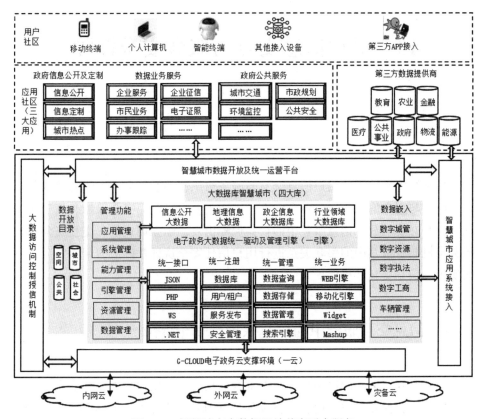

图 9-16 智慧城市大数据开放共享平台服务

    智慧公共服务随着智慧城市建设、现代公共服务的需求驱动而处于深层次变革之中，基于大数据的智慧公共服务使得公共服务决策更科学、服务供给更精细、服务体系更完整、服务监管更有效。我国各级政府以智慧城市建设为基础，正积极推进教育、医疗卫生、社会保障、科技文化、环境保护、公共安全以及基础设施等领域的精准化公共服务的开展。

10 用户信息交互与服务安全保障

数字智能环境下的用户信息交互与服务组织，涉及各方面主体的基本权益以及网络与用户信息安全的各个方面，因而需要进行全面安全保障。基于这一现实，有必要从数字信息服务中的权益保障出发，确立用户信息交互安全和服务融合机制，按其中的关联关系进行用户信任安全认证基础上的全面安全保障的实现和信息交互环境保护。

10.1 信息交互服务中的权益保护与安全保障

信息交互服务必须以满足用户需求为前提，在为用户提供交互渠道和交互工具的同时，保障用户的信息接受和深层次利用。鉴于信息的交互作用效应，保障用户及相关方的基本权益和信息安全是服务组织的必要条件。可见，信息服务中有关各方的权益保障和网络信息安全保护至关重要。由于信息交流中有关各方权益的一致性和关联性，应着重于基本权益与安全关系的确认和基于权益维护的信息安全保障。

10.1.1 信息交互服务中的基本权益关系

社会化信息交流与服务的权益主体包括服务提供者、用户、服务管理部门及其他相关主体。同时，信息服务方还与相关部门及机构发生业务联系，用户之间同样存在着服务共享与资源交互的关系。如何协调这些关系、确保各方的正当权益，直接决定信息交互的社会经济效益。

信息服务中各方权益的社会确认是开展服务业务和实施权益保护监督的依据，根据信息服务的社会组织机制和服务目标、任务与发展的社会定位，其权益分配必然围绕信息服务中各方面的主体进行，以此构成各方相互联系和制约的权益分配体系。

(1)信息服务提供者的基本权益

信息服务提供者,包括从事公益性和产业化信息服务的实体。提供者以实现信息服务的社会效益与经济效益为前提,通过用户交互信息需求的满足,实现面向用户的信息服务存在与发展价值。在这一前提下,信息服务的承担、提供者应具有组织用户交互和开展信息服务业务,以及获取效益的基本权利。按开展信息服务的基本条件和基本的权利分配关系,信息服务提供者的权益主要有如下3个方面:

①开展信息服务的资源利用权和技术享用权。信息服务包括信息资源的开发、组织、加工、交流和提供等环节,虽然各种业务之间存在着一定的差异,但在信息资源的交互利用上却是共同的,必然以信息资源的合规利用为前提。因此,信息资源的利用必须作为信息服务提供者的基本业务权利加以保障。与此同时,在资源利用与信息传递、交流中,信息技术的充分利用是其中的关键,网络信息服务必须以数字信息技术的享用为基础,因而,数字信息技术的享用是信息服务承担者和提供者的又一基本权益。

②信息服务提供者的产权。信息服务是一种专门化的社会活动,是社会行业中的一大部门。网络信息服务业存在于社会行业之中的基本条件,是对其产业地位的社会认可和保护其产业主体的产权。信息服务的产权主要包括两个部分:其一是信息服务主体对信息服务产品和服务本身所拥有的产权,其二是信息服务主体对所创造的信息服务技术产权。信息服务本身所具有的知识性与创造性决定了这两方面的产权的知识属性,可视为一种有别于其他活动的知识产权。

③信息服务的运营权。信息服务运营权是社会对信息服务提供者从事信息服务产业的法律认可,只有具备运营权信息服务才可能实现产业化。在知识经济与社会信息化发展中,信息服务产业的发展被视为社会发达程度的一个重要标志。可见,其经营权的认证具有十分重要的社会意义。与此同时,信息服务所提供的产品具有影响其他行业的作用,科学研究、企业经营、金融流通、文化等行业的存在与发展,以社会化信息交互服务的利用为基础,从这些行业需要上看,必须确认信息服务的运营权益。

(2)信息服务用户的基本权益

信息服务中,虽然用户的信息交互需求与利用状况不同,同类用户的信息需求也存在着一定的个性差异,但他们对服务享有、利用的基本权益却是一致的。各类用户均需通过服务利用,达到获取特定效益的目标。根据信息与用户的关联关系，信息交互中用户的基本权益可以按服务需求与交互环节来划分，归纳起来主要指用户对交互信息的利用权，通过服务获取效益的权利以及用户隐私保护权利等。

用户对交互信息的利用权。根据信息交互的公益原则，用户对信息服务的利用是一种必要的社会权利，然而这种利用又以维护国家利益、社会安定和不损害他人利益为前提。因此，它是一种由信息交互范围所决定的信息服务利用权，以及在该范围内用户所具有的信息享有权。在确保国家利益和他人不受侵犯的前提下，用户对信息服务的利用以信息服务公平、开放化为基础。

通过服务获取效益的权利。用户对信息的交互需求与利用是以效益为前提的，是用户为实现某一目标所引发的一种服务利用行为，其服务效益必须得到保障。这里需要指出的是，用户对服务的利用效益不仅涉及服务本身，还由用户自身的素质、状况等因素决定，而且信息服务具有一定的不确定性。因此对"效益原则"的理解应是，排除用户自身因素和风险性因素外，用户通过服务获取效益的权利。

用户隐私保护权利。用户利用信息服务的过程是一个特殊的信息交流过程，信息交互服务中，服务方必须通过与用户的交互才能提供符合用户认知需求的信息。在这一过程中，无论是用户提出的基本要求，还是服务方提供给用户的结果信息，都具有一定的排他性，如果泄露将造成对用户的伤害，甚至带来不良的后果。可见，在交互服务中用户必须具有对其秘密的保护权，这种权利也必须得到社会的认可。

（3）与信息服务有关的社会和公众的权利

信息服务是在一定社会环境下进行，它是一种在社会信息组织和约束基础上的规范服务，而不是无政府、无社会监督的随意性服务。信息服务以社会受益为原则，这意味着不仅接受服务的用户受益，而且国家、社会和公众利益也必须在服务中体现。任何一种信息服务，只要违背了社会和公众的利益，有损于他人，都是不可取的。社会和公众利益集中体现在政府部门权力和他人权利的确认和保护上。

国家利益的维护权利。对国家利益的维护，政府部门和公众都有权利，只要某一项服务损害国家利益，政府和公众都有权制止。值得强调的是，在服务中国家利益的维护权与公众维护国家和社会利益的权利形式是不同的，政府部门的权利主要是对信息服务的管制权、监督权、处理权等，而公众则是在法律范围内的舆论权、投诉权、制止权等。这两方面的权利集中起来，其基本作用是对国家利益与安全的维护、社会道德的维护、信息秩序的维护以及社会公众根本权利益的保障等。

政府部门对信息服务业的调控、管理与监督，是信息服务业健康发展和信息服务业的社会与经济效益实现保障，其调控包括行业结构调控、投入调控、资源调控等。其中对信息服务的监督则是政府部门强制性约束信息服务有关主体和客体的根本保证。政府部门的"权利"通过政府信息政策的颁布和执行，信息服务立法、司法、监督，以及通过行政手段进行服务管理来实现。

与信息服务有关的他人权利。信息服务提供者和用户的信息交互都必须以不损害第三方的正当利益为前提，否则这一服务必须制止。在数字信息交互服务中，针对第三方的不正当服务应当全面禁止。信息交互与服务，如果从法律上、道德上违背了第三方的社会利益，势必导致严重的后果。在他方利益保护中，一是应注意他方正当权益的确认，二是确认中必须以基本的社会准则为依据。

10.1.2　信息交互服务中的权益保护与安全监督

信息交互服务中的权益涉及面广，其保护可以按服务者、用户、政府部门和公众等多方面的主体权益来组织。然而，这种组织由于其内容分散、主体多元，在实施保护与监督中难以有效控制。因此，应从信息服务各主体的权益关系和相互作用出发，在利用现有社会保障与监督体系对其实施保护的基础上，从整体上突出信息服务权益保护的基本方面与核心内容，以涉及社会各方面的基本问题解决为前提，进行信息服务权益保护的组织。对于权益保护的实现，涉及信息服务权益保护体系建设与完善；对于问题的解决，应突出核心与重点。

①信息服务产权保护与监督。信息服务产权保护以保护服务提供者的知识产权为主体，因为信息服务中存在着用户与服务者之间的信息交往和知识交流；同时受保护的还有用户应向服务方提供的涉及其知识产权的信息所有权。如果用户受保护的知识产权信息一旦泄露给第三者，有可能受到产权侵害。在信息服务方和用户的知识产权保护中，用户的知识产权保护存在一定的差别，但也是信息服务产权保护的一个重要组成部分。

信息服务产权保护的依据是知识产权法，对信息服务产权保护的内容主要有信息服务技术专利保护和有关信息服务产品的著作权保护。此外，有关服务商标保护也可以沿用商标法的有关条款。然而，仅凭目前的知识产权法对信息服务产权进行保护是不够的，由于信息服务是一种创造性劳动，而针对用户需求开展的每项服务不可能都具备专利法、著作权法中规定的保护条件而受这些法律的保护，因此存在着信息服务产权保护法律建设问题，即在现有法律环境和条件下完善信息服务产权保护法律，建立起保护体系。

从权益保护监督的角度看，信息服务产权保护与监督内容应扩展到信息服务者与用户对有关服务所拥有的一切知识权益。如果服务者和用户知识被第三者不适当占有，将造成当事方的损失或伤害，因此他们的知识权益必须受到保护，其保护应受监管。

②信息资源共享与保护的监督。信息资源共享与信息资源保护是一个问题的两个基本方面。一方面，面向公众的信息服务以信息资源的共享为基础，以社会化信息资源的有效开发和利用为目标，因此一定范围内的信息资源的社会共享，是充分发挥信息服务作用与效能，实现政府和公众信息保障的基本条件。另一方面，信息资源必须受到保护，其保护要点一是保护信息资源免受污染，控制有害信息；二是控制信息服务范围之外的主体对有关信息资源的不适当占有和破坏。

对于信息资源共享，我国关于信息资源共享及其监督的法律有待进一步完善，从社会发展上看，目前需要解决的主要问题是建立共享和信息资源保护规范，在允许的范围内将共享监督纳入信息服务监督法律体系。

对于信息资源保护的监督，世界其他国家都予以了高度重视，其保护内容包括国家拥有的自然信息资源的保护、二次开发信息资源的保护、信息服务系统资源(包括信息传递与网络)保护、信息环境资源保护等。目前，在信息资源保护中，保护的监督问题比较突出，其监督体系的不完备和监督主体的分散性，直接影响到资源保护的有效性和信息服务优势的发挥。

③国家与公众安全保障监督。国家安全和公众利益的保障是信息服务社会化的一项基本要求。任何一项服务如果在局部上有益于用户，而在全局上有碍国家和公众，都是不可取的。在全球信息化环境下，各国愈来愈重视国际化信息服务对国家和公众的影响，采取监督、控制措施，以确保国家和公众的根本利益。

国家与公众安全保障的内容包括，涉及国家安全的信息保密，国家拥有的信息资源及技术的控制保护，信息服务及其利用中的犯罪监控与惩处，社会公众信息利益的保护等。

国家安全与利益以及公众利益保障及其监督具有强制性的特点，其关键是法律法规的制定、执行与监督。关于这方面的法律、法规，诸如"国家安全法""保密法""计算机互联网条例""商业秘密法""数据库管理法规""数据库运行安全法规"等所涉及的是基本的社会犯罪问题。在信息服务中如何按法律条款进行有效监督，以及针对数字化服务发展中可能出现的新问题完善监督体系是信息服务监管的又一重点。

④用户信息安全保障与权益保护监督。用户在信息交互与服务利用中，如果缺乏基本的安全保障，其基本权益也就难以得到保护。由此可见，用户信息安全是其利用服务并获取相应效益的前提。从用户信息交互与服务利用关系上看，用户的隐私关注已成为其中的关键问题，如虚拟社区用户信息安全保障中，隐私保护已成为用户参与交互、利用服务中必须面对的现实问题。

虚拟社区是用户获取信息的重要平台，平台信息传播的快捷性、开放性、再生性等特点，决定了个人、组织、机构很大程度上并不能自主决定其信息的传播时间以及传播方式，用户的个人信息、行为信息往往可能被网站或第三方通过跟踪技术或数据挖掘技术获取，因此增加了用户隐私信息泄露的风险。国家互联网应急中心（CNCERT）发布的《2016年中国互联网网络安全报告》中指出，由于互联网传统边界的消失和互联网产业链的利益驱动，网站数据和个人信息泄露日益加剧，对经济与社会的影响逐步加深，以至于增加了个人隐私安全风险。对于移动网络环境下用户存在信息泄露问题，中国互联网信息中心发布的《中国手机网民网络安全状况报告》指出，用户隐私保护风险主要包括用户公开的信息被非法窃取、其安全漏洞造成用户个人信息被非法窃取、应用服务被非法攻击。中国互联网协会发布的《中国网民权益保护调查报告》显示，网民对隐私权益的认可度远高于其他权益，2014年87%的网民认为"隐私权"是用户最重要的权益，该比例2015年上涨至90.5%，2017年上涨至92%，呈逐年上涨趋势，报告同时显示，个人信息泄露对网民造成经济损失、时间损失。

用户网络交互中，如果向用户提供各种在线服务，需要对用户信息进行收集，如果不法人员以非法手段刻意采集用户个人信息，用户隐私信息泄露风险将进一步提高。因此，虚拟社区用户隐私保护势在必行。从总体上看，目前隐私关注主要基于APCO（Antecedents-Privacy Concerns-Outcomes）前因—隐私关注—结果关系的考虑，在隐私保护中，注重于用户的隐私关注对其信息行为的影响。以此出发，进行面向用户认知的隐私保护与安全保障。除隐私需求信息保护外，用户信息安全还包括用户存储信息安全，身份信息、交互信息和服务安全保障，同时涉及知识产权安全。在保障用户信息安全的前提下，用户的信息安全与权益保护监督围绕用户认知环节和信息交互服务利用过程展开，目的在于通过服务安全监督，保障用户任务目标的实现和服务利用的有序。同时，无论是公益性信息，还是产业化信息，其用户安全必须得到保障。

用户作为信息服务的对象，在信息服务过程中是最有发言权的。用户的满意与否、安全保障程度如何，是影响信息服务提供与利用的关键。用户监督与用户投诉处理关系密切，用户监督是用户在使用信息服务整个过程中，对相关内容的合理、合法性给予一定的关注。

如何认识信息交互中的权益保护特殊性，合规处理信息服务权益保护监督中的矛盾是进行信息服务社会化管理的重要问题。信息服务中权益保护监督的矛盾，主要体现在以下一些现实问题上，信息服务中，权益保护监督体系尚不完备，因权益问题引发的纠纷较为普遍；大数据与智能环境下的交互服务，带来社会经济效益的同时，也伴随着日益增多的纠纷，如交互中引起的权益冲突等。对这些问题的解决，应有一套行之有效的针对性很强的办法。

如果对信息资源交互、分配与享有权益保护缺乏有效的监督办法，必然导致资源利用中的不合理，如一些以盈利为目的的服务实体往往不适当占有国家信息资源，使国家公众与用户利益受损。当前，信息服务有关方的权益保护法规尚缺乏系统性，致使监督处于分散状态。信息服务权保护的法律依据是目前国家颁布的相关法律，各部门依法进行权益保护的社会法律意识应得到进一步强化，以便确保社会监督的全面开展。

信息服务安全保障也必须接受公众的监督，因为信息交互服务必然涉及公众。现代社会中公众舆论监督通过多种合规形式进行，公众舆论监督虽然不具有强制性，但却是一种极重要的监督形式。公众舆论汇集了社会各个方面的意见，可以通过规范化的方式合规表达，从而引起全社会的关注。

针对以上存在的现实问题和信息服务业社会化发展的需要，考虑到国际信息化环境的作用，基于权益保护的信息安全监督，拟采用以下思路：在信息服务的社会监督体系中突出权益监督的内容，确立以基本权益保护为基础的全方位信息安全保障的实现；信息服务权益保护监督与安全保障必须以政府部门为主导，建立和完善权益保护与安全保障法律监督体制，明确法律主体与客体的基本关系；建立可操作性的信息服务权益监督与安全保障的社会体制，在实践中确立解决主要矛盾的基本原则，通过治理维护信息安全环境。

国家安全、社会公众和用户信息安全保障是信息服务社会化的一项基本要求，任何一项服务，如果在局部上有益于用户，而在全局上有碍国家和公众，甚至损害国家利益，都是不可取的。当前，在国际信息化环境下，各国愈来愈重视国际化信息服务对国家和公众的影响，纷纷采取监督、控制措施，以确保国家和公众的信息安全。

10.2 信息交互中的信任安全

完善网络用户信任安全监管在于推进用户信任安全环境治理，根据网络交互服务中的信任传递安全关系，建立信任传递中的安全风险控制机制，进行网络交互中信任传递安全保障的组织。同时，从统一安全评价标准、完善用户身份认证制度、建立恶意用户处罚规则、加强第三方鉴定监管出发，进行信任安全保障的整体化实现。

10.2.1 基于信任传递的信息交互安全模型

在交互服务中，网络服务为用户分享、交流知识提供了新的交互空间，有效地促进了信息的网络传递，由此提出了基于信任关系的用户信息安全监管问题。事实上，在更广范围内信任是用户决定使用服务的重要影响因素。然而，在用户交互中，却存在着误信所导致的虚假信息传播和误信任关系扩展问题。这些问题的客观存在提出了用户信任认证和安全监管的要求。知识社区中的用户信任安全保障在于应对由于误信任、采信障碍和其他不确定因素引发的信息安全风险，确保用户无障碍地进行知识交互和信息安全保障的目标实现。

(1)基于信任传递的信息安全模型

由相互信任引发的安全风险管控通常有两种解决路径：一是对相关各方进行可信认证，确保各方是值得信任的，以消除由信任风险带来的安全隐患，即进行可信认证和信任监管，以保障用户信息安全；二是按"零信任构架"进行信任安全监管与保证，在有交互且必然存在信任风险的认知基础上，对于各方存在程度不同的不可信，进行全方位信息安全监管。在社会化信息安全保障中，实践证明通过可信认证和监管保证信息安全是可行的。基于这一认识，拟在可信云服务认证基础上，进行针对网络知识社区的信任安全保障拓展。

用户信息交互服务和安全保障中，一方面，社会关系、声誉、基于第三方的信任、加入某类组织等都能说明个体具有可信度，完全陌生的个体也可以据此建立信任关系；另一方面，基于信任响应的信任关系也是由于一方先信任另一方而建立起来的，陌生的个体间完全可能由于一方对另一方先采取信任策略而最终建立信任关系。然而，这种信任建立过程中的不安全因素必然带来信任危机，因此有必要针对网络交互信任安全进行系统性分析。

当前对网络交互信任问题的研究主要集中在两个方面，即交互中信任建立的影响因素以及信任在信息交互中的作用机制。知识社区中信任关系的建立主要受三方面因素的影响：①个体因素，如性别、年龄、教育背景、个人信任倾向等；②成员交互因素，包括人人交互和人机交互；③系统因素，如系统易用性、稳定性、可靠性等都会影响社区成员对系统的信任建立①。从安全角度来看，信任关系是影响用户使用知识社区的关键性因素，可直接作用于用户使用意愿，也可通过影响其他因素而对使用意愿产生间接的作用②。实证研究表明，当人们之间的社会关系处于高度信任时，一般会更愿意参与社会交往和信息交流。同时，人际信任对用户的知识交流存在正向显著作用，个体的行为、主体认知和环境交互影响具有普遍性，即交互信任可直接影响用户的使用行为，也可通过主体认知对用户行为产生间接作用。其中，主体认知包括对自身行为的感知和对虚拟安全的感知。

信任问题作为信息交互管理的关键，虽然引起了足够的关注，但目前的研究大多集中于定性分析信任影响因素和信任对提高用户使用意愿的作用方面，对信任带来的安全问题研究有所欠缺。为解决网络交互信任传递中的不安全问题，我们从网络知识社区信任传递链出发，以网络知识社区用户为调查对象，采用问卷调研方式从人际信任传递和制度信任传递出发，调查用户使用网络社区中由于信任传递而引发的安全风险，在此基础上对突出的安全因素进行影响分析，进而提出相应的安全保障建议。

可以将网络交互的信任归纳为人际信任和制度信任。其中，网络社区的人际信任主要是指信任关系在社会网络中的传递，包括用户实质性人际交往、相关知名社区用户信任和社区用户的评价信任；制度信任主要指网络用户对于网络服务及交互平台的信任。

对于网络社区而言，基于人际信任的传递形式主要存在于现实的交往中，由于对网络交互某用户的认知和能力有很高的期望，出于对该用户的信任而间接信任网络社区。其中，用户对网络社区的信任起源也可以是多方面的：如声誉极高的某用户加入某一网络社区，其他用户可能出于对该用户的信任而选择网络社区；另外，用户也可能因为参考了网络社区的其他用户评价而产生信任知识社区。

---

① 陈小卉，胡平，周奕岑. 知乎问答社区回答者知识贡献行为受同伴效应影响研究 [J]. 情报学报，2020，39(4)：450-458.

② Evans M M. Knowledge sharing：an empirical study of the role of trust and other social-cognitive factors in an organizational setting[D]. Toronto：University of Toronto，2012.

　　基于制度信任的信任传递形式包括：由于相信网络社区服务进而信任网络社区成员；由于信任网络社区某合作方进而信任网络社区；由于信任网络社区的身份认证机制，进而信任其认证的领域专家；由于信任第三方鉴定机构对网络社区的认证，进而信任网络社区。从用户到网络社区之间的信任关系上看，可进行人际信任和制度信任的多种组合，如图 10-1 所示。

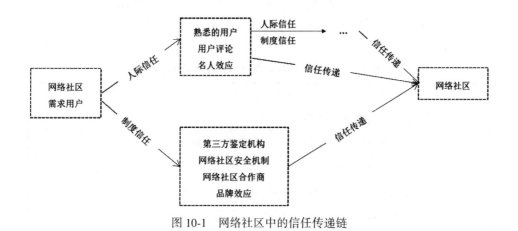

图 10-1　网络社区中的信任传递链

　　从网络社区信任传递关系出发，我们在基于信任关系的安全保障研究中，确立了问卷设计思路。在问卷调查中，将问卷分为两大部分，分别是调研对象背景和使用网络社区中由于信任引发的不安全问题。首先，可以了解受调查人员是否使用和熟悉网络社区以及通过信任传递方式接纳网络社区服务过程，以反映一系列基本情况，提问项包括：学历层次、专业、使用的网络社区的年限以及使用频率；其次，通过何种信任传递方式接纳网络社区以及使用社区服务后的信任评价等进行信任安全分析。按 Abdul-Rahman 等提出的定性的信任模型，将信任分为非常值得信任、值得信任、不值得信任和非常不值得信任 4 个层次①。以此出发，在用户信任传递中进行信任的等级评价。

　　(2)网络用户交互中的信任安全调查

　　按图 10-1 所示的网络交互信任传递模型，可进一步明确网络用户在信任传递过程中遇到的具体问题。因此，通过小木虫、丁香园、知乎、科学网等网络

---

① Abdul-Rahman A, Hailes S. Supporting Trust in Virtual Communities [A]. Proceedings of the 33rd Annual Hawaii International Conference on System Sciences, 2000.

社区平台的帮助文档、用户评论、社区论坛等资料分析，围绕信任安全与信任
管理进行了访谈。访谈对象包括部分高等学校的 42 名博士研究生、教师及科研
人员。通过调查和分析，将所存在的网络社区信任传递过程中的不安全因素影
响归纳为两个方面的 7 个关键问题，如表 10-1 所示。根据问题是否发生过和对
用户造成的影响，设置"发生过且影响很大""发生过但影响一般""发生过但没太
大影响""没有发生过"4 个选项。表 10-1 所反映的 7 个关键问题，具有较高的共
识性，其关联度在 0.85 以上。据此，可围绕 7 个关键问题进行问卷调查。

表 10-1　网络社区服务信任传递中的不安全因素

人际信任	信任偏好等个体因素引发的信任安全风险
	名人效应引发的信任安全风险
	参考网络社区用户评价引发的信任安全风险
制度信任	网络社区运营商的品牌效应引发的信任安全风险
	网络社区服务链信任引发的信任安全风险
	网络社区的身份认证制度引发的信任安全风险
	鉴定制度不健全引发的信任安全风险

在网络社区用户信息交互中，我们围绕知识交流选择了一些典型的网络知
识社区进行调查和分析。在正式发放问卷前，通过进一步的用户访谈和焦点会
议修正了问卷的提问，以解决问项表述模糊等问题，最后进行规模性问卷设
计。由于高校博士研究生及教师为网络知识社区的重要服务对象，因此针对网
络知识社区的问卷具有代表性。

2020 年所作的调查共收回问卷 411 份，有效问卷 378 份，有效回收率为
92.0%。73.2%的受调查人员使用两种或者两种以上的网络知识社区，88.3%
的用户使用知识社区超过一年，且 65.4%的用户使用网络知识社区的频率为
一周 3 次以上。87.1%的用户使用过知乎。用户使用比较多的知识社区还有豆
瓣、丁香园、小木虫、科学网、天涯、果壳、经管论坛等。

为保证调查数据的准确性，通过统计软件 SPSS20.0 对调查结果进行信度
检验。表明问卷之间的一致性较好。由于调查目的是为了分析信任安全障碍，
故主要进行内容效度验证。采用专家逻辑分析法，通过信息安全领域的专家对
调查提问与期望测定内容的符合性判断，采用内容效度比计算方法计算问卷条

目水平，除量表条目 5(恶意提供虚假的使用体验，诱导用户接受知识社区服务)的内容效度比 CVR(content validity ratio)为 0.95 以外，其他条目内容效度指数均在 0.97 以上；量表水平的内容效度指数 S-CVI(scale-level)采用 S-CVI/UA 计算方法，两个量表的 S-CVI/UA 分别为 1.00、0.90，内容效度较好。

10.2.2 网络交互中的用户信任安全分析

调研结果显示，28%的用户通过信任传递方式使用网络知识社区服务后给出的信任评价为"不值得信任"，9%的用户认为被推荐的知识社区"非常不值得信任"。进一步分析表明，网络知识社区信任传递过程中的安全问题主要集中在不同实体的信任偏好不同、利益驱使、恶意引诱以及鉴定制度不健全等方面。

(1)个体因素引发的信任安全风险

当用户具有使用知识社区的需求时，周围熟悉人的使用体验会成为最易获取的参考，而且他们对社区知识内容、安全性能、服务质量的感知会在很大程度上影响其他用户的使用意向，他们对知识社区的信任会更容易传递给社区关联用户。然而，也有大量的用户因现实活动中熟悉人的推荐而选择使用了网络知识社区，结果和自己预期中的使用体验有很大落差，体现为因错误选择对用户造成不安全影响。引发这一现象的具体原因如表 10-2 所示。首先是推荐用户和被推荐用户的安全需求不同，推荐用户可能不太关心信息的完整性或者隐私安全等，而这对被推荐用户来说却显得非常重要。其次是双方的知识背景不一致导致的推荐风险，如果推荐者具备某专业网络知识社区所涉及的知识领域背景，而被推荐用户则不曾涉猎该知识领域，以至于该专业知识社区对于用户来说过于专业化，理解不了。这说明双方的教育背景和理解能力存在较大的差异，如果推荐者的水平较高，把一个自认为很好的知识社区推荐给了熟悉的人，而被推荐者不具备相应的能力，那么则会导致被推荐用户的安全使用体验很差。

表 10-2 个体因素引发的信任安全问题类型及其影响占比

信任偏好问题发生情况及影响	发生过且影响很大	发生过但影响一般	发生过但没太大影响	没有发生过
安全需求不同	7.2%	15.3%	34.4%	43.1%
知识背景不同	3.4%	7.4%	26.7%	62.5%
理解能力不同	1.6%	2.1%	10.3%	86.0%

(2)用户评价和名人效应引发的信任安全风险

当用户对某一知识社区或者是知识社区里的某些内容不熟悉时，参考社区中的用户评论往往是最便捷的方式。但是，被调查用户也有可能会因参考用户评价而选择了与预期不符的知识社区服务。造成这一现象的原因如表 10-3 所示。首先，一些用户出于某种利益或者和内容发布者的特殊关系，可能将一些不正确或者没那么权威的内容描述成真实、可信的知识，客观上存在引诱其他用户采纳错误的知识信息或者不完善的知识社区服务问题。其次，一些用户，出于某种考虑，往往故意隐瞒自己的不好体验，夸大或虚构知识社区中某种服务或知识内容的虚假优点，诱导别的用户重蹈他们的覆辙。最后，内容发布者会采取一些技术手段控制评论，将负面的评论予以屏蔽。

大量用户熟悉的名人或者权威人士进入网络知识社区往往会导致用户的追随。经调查发现，有的用户因为专业领域内的权威专家的入驻，而选择使用网络知识社区，结果使用体验并不如意，其调查结果如表 10-3 所示。造成这一问题的首要原因是网络社区有可能通过利益引诱知名人士入驻，而知名人士在知识社区内并未有太多的知识共享行为，只是一种挂名行为而已；另一原因是知识社区里的知名用户或者认证专家接受了某些品牌方的某种请求而传播虚假信息，从而引发用户的不信任甚至反感①。此外，一些权威专家出于某种心理

表 10-3　用户评价和名人效应引发的信任安全问题类型及其影响占比

用户评价问题发生情况及影响	发生过且影响很大	发生过但影响一般	发生过但没太大影响	没有发生过
利益驱使	2.9%	6.1%	16.4%	74.6%
恶意诱导	1.8%	2.4%	9.8%	86.0%
控制评论	0.8%	2.9%	10.9%	85.4%
"僵尸"名人	3.2%	7.1%	17.8%	71.9%
宣传性诱导	6.1%	12.4%	27.0%	54.5%
非专业性言论	1.9%	2.4%	3.4%	92.3%

① 刘佩，林如鹏. 网络问答社区"知乎"的知识分享与传播行为研究[J]. 图书情报知识，2015(6)：109-119.

会夸大自己的知识领域影响力，对自己不太擅长的领域发表一些言论，而误导用户。由于知识社区的自由度较高，在缺乏进一步监管的情况下，必然存在不实言论所引发的安全风险。

（3）鉴定制度不健全引发的信任安全风险

网络信任评价机构作为第三方，应具有较高的可信度，领域专业机构或行业协会通过一系列标准和严格的认证程序来保证通过认证的领域知识社区服务是值得信任的，最终提供的标识作为一种认证标签而存在。用户对权威鉴定机构的信任可以传递给通过这些机构认证的网络社区，所以权威鉴定机构对网络社区的评价会在很大程度上影响用户对网络社区的信任。但是，依然有用户在选择拥有第三方鉴定资质的网络知识社区认证后，体验不到应达到的服务品质的情况发生。造成这一问题的主要原因如表 10-4 所示。第一，网络知识社区为了提高自己的信誉和彰显自己的服务水平，会通过某种利益形式，使得第三方鉴定机构违规操作，以授予不合格网络知识社区合格资质；第二，对于一些新兴网络知识社区，第三方鉴定机构可能存在鉴定标准体系不完善、鉴定程序不完整等问题；第三，有一些鉴定机构，可能在不具备鉴定资质的情况下，违规授予网络知识社区一些不被权威机构认可的资质证书。对此，在信息安全认证中应进行严格的合规监管。

表 10-4　鉴定制度不健全引发的信任安全问题类型及其影响占比

鉴定不健全问题发生情况及影响	发生过且影响很大	发生过但影响一般	发生过但没太大影响	没有发生过
鉴定程序不合规	1.1%	2.9%	4.5%	91.5%
鉴定标准不完善	1.9%	5.0%	7.1%	86.0%
鉴定资质不健全	2.4%	3.4%	6.6%	87.6%

（4）品牌效应引发的信任安全风险

用户比较容易信任知名度高、品牌形象好的网络知识社区。一方面是因为网络知识社区的品牌知名度建立不容易，如果违背了用户的信任意愿它们所遭受的损失显而易见，所以一般不会轻易违背用户的信任意愿。另一方面，知名度和品牌在很大程度上来自于信任传递影响力的发挥、宣传以及知识社区的用户口碑。通常情况下，用户对于公共媒介机构的信任度是比较高的，所以用户会将对权威媒介机构的信任转移到其所报道的网络知识社区服务上。调查显示，有部分用户正是因为网络知识社区的名气而选择其服务，如果发现品质和名气不符，必然产生负面影响。造成这一问题的原因如表10-5所示。一是权威媒体出于利益关系，对网络知识社区进行大力度宣传，而对其服务品质并不太了解，或者是故意隐瞒其缺点、放大其优点；二是拥有大量用户和好口碑的网络知识社区，也可能是知识社区通过某种利益关系诱导用户的结果，如赋予用户可以享受某种权限等。所以网络知识社区的高名气形成过程，也可能存在相应的信任安全风险。

表 10-5　品牌效应引发的信任安全问题类型及其影响占比

品牌效应问题发生情况及影响	发生过且影响很大	发生过但影响一般	发生过但没太大影响	没有发生过
虚假宣传影响	2.1%	4.0%	6.9%	87.0%
宣传品版偏差	1.6%	7.7%	13.5%	77.2%

(5)用户信任认证制度不健全引发的信任安全风险

很多网络社区，用户尤其是分享知识的信息用户在入驻网络知识社区时，知识社区会对他们的身份进行认证，以使他们的言论更具可信性。对于所在用户而言，也更容易采信已认证用户提供的知识信息。由此可见，用户信任认证具有重要性。然而，如果在推行用户认证的网络社区中认证不健全，则会带来更大的信任安全风险。调查显示，有相当部分的用户，正是受认证用户的影响，误信了不严谨甚至虚假的信息。因为这些已认证的用户中有可能利用身份认证制的漏洞，提供虚假的身份认证信息或不正确的认证信息，从而骗取其他用户的信任。造成这一问题的原因如表10-6所示，主要是网络知识社区对认证用户的监管不严格，如有些知识社区对学历进行认证只需要用户提供学校、专业等表层信息，对职业的认证也存在一定的缺陷。另外，用户的注册信息存储和保密机制不健全，很容易被恶意用户窃取，存在冒用认证用户的身份，以认证用户的名义发布误导信息的风险。此外，恶意用户的注册信息和知名用户的注册信息难以判别，从而引起用户的误认。

表 10-6 用户认证制度不健全引发的信任安全问题类型及其影响占比

认证制度不健全问题 发生情况及影响	发生过且 影响很大	发生过但 影响一般	发生过但 没太大影响	没有发生过
用户身份造假	2.9%	4.0%	4.5%	88.6%
认证用户账号被冒用	1.3%	3.2%	5.6%	89.9%
知名用户身份鉴别有误	4.5%	6.1%	26.7%	62.7%

(6) 网络社区服务链信任传递引发的信任安全风险

互联网技术的迅速发展使网络信息服务的分工越来越细，很多网络社区越来越关注于自己的领域扩展，而把整个服务流程中的一些非核心部分通过与合作伙伴联盟来完成。如网络社区的外包服务等，还有一些网络知识社区没有自己的知识资源，而是通过和专业的知识信息资源服务商合作来提供相应的服务。对于用户来说，服务安全保障往往基于合作信任关系来实现。这说明，对于合作伙伴的信任将直接影响对于该网络知识社区的信任，所以选择可信的合作伙伴对于知识社区信任安全具有关键性作用。如表 10-7 所示，部分用户因为信任网络知识社区的合作伙伴而选择了该知识社区，因此网络社区的服务和合作伙伴的服务安全品质的匹配具有重要性。造成这一问题的原因主要有，有某些知名的知识内容服务提供商为了扩大自己的业务范围和便捷地把知识传递给用户，往往会增加知识服务社区功能板块，但由于其非核心业务且投入有限，知识社区的服务合作必然面临信任风险规避问题。此外，知名合作方也会由于审核不严格，而和一些低品质网络知识社区进行合作。另外，网络知识社区也会由于对云计算服务商等合作伙伴了解不全面，而有可能选择不合格的合作伙伴。

表 10-7 服务链引发的信任安全问题类型及其影响占比

服务链不可信传递发生 情况及影响	发生过且 影响很大	发生过但 影响一般	发生过但 没太大影响	没有发生过
合作商可信，知识社区不可信	0.8%	1.9%	3.4%	93.9%
知识社区平台可信，知识社区不可信	1.3%	2.4%	2.9%	93.4%
知识社区可信，服务商不可信	2.1%	3.7%	6.9%	87.3%

从调查中发现，以上多方面安全风险的存在具有客观性，虽然大多数用户没有受到其全面影响，然而所存在的安全威胁必须面对。

10.2.3 网络交互中用户信任安全监管的完善

通过对网络知识社区用户信任传递中的安全问题的分析，发现引发信任传递的安全因素是多方面的。其中，不同实体的信任偏好差异、利益驱使下的非规行为、制度不完善和恶意传递等问题最为突出，因此需要从基本的安全问题出发，完善网络知识社区服务中的信任传递规则，为实现网络交互信任的安全利用提供保障。

(1) 统一网络信任安全评价标准

不同的网络社区用户需求、使用目的和网络平台性能要求各不相同。因而需要制定一个普适性的网络用户信息安全需求表达规范，以引导用户充分表达自己的要求，为网络用户信任传递和安全保障提供支持。网络社区信任安全评价规范应包括以下内容：用户所需要的网络社区类型，使用网络交互服务的安全目标，所需要的领域信息以及对所需领域的认知信任水平和用户安全防护能力。此外，对网络交互服务中的知识产权要求、隐私安全要求、社区平台的信任稳定性评价等也需要确认。网络信息交互中知识内容的准确性、完整性和安全质量方面的要求也应具有针对性。

信息交互中某一用户接受熟悉的其他用户推荐之前，也需要了解对方的评价标准。如不同用户对同一个网络社区的评价，因评价标准和评价指标不同，也会给出不同的结果。针对网络交互的规范的评价指标体系构建可以有效解决这一问题。其评价体系对应于网络交互的需求，评价内容包括网络社区的类型、信息交互的专业化程度、知识产权、用户隐私、知识信息安全质量、知识交互平台安全信任等。此外，向身边的人推荐网络的前提是推荐者对其有充分的了解，因此也需要对用户信任传递进行评价和管理。

(2) 建立恶意用户惩处机制

网络交互中存在的不实信息和评论往往由匿名用户引发，随意传递不可信评论的行为发生，是由于网络活动无法对匿名者进行追责，也不会对他们的现实声誉带来实时影响[1]。针对网络交互中的恶意用户或者发布不实评论的用户，可以采取实名指证的方式，从而使这些违规行为变得可以追责到现实中的

---

① 王鹏，朱方伟，宋昊阳，鲍晓娜. 人际信任与知识隐藏行为：个人声誉关注与不确定性感知的联合调节[J]. 管理评论，2019，31(1)：155-170.

具体用户，从而增加用户的信誉危机。例如，赋予实名认证的用户更多的权限或者对实名评论的用户给予奖励等；也可以给用户设置信誉值作为他们在知识交互中权限的评判依据。实名评论可以得到更高的信誉值，而故意提供不实评论则会被扣除一定的信誉值①。

针对网络交互中专家行为导致的信任传递失效问题，可以对每一个专家认证用户设置一个考核等级，而考核的标准应该包括该用户的实质性知识贡献度。一般而言，用户发布的信息越准确、向其他用户安全传递的知识越多，知识贡献度就越高，获得的认证等级也就越高。对于安全传递信息的等级评价，可以防止某些认证专家的不实挂名；同时，应对网络交互中专家信息进行过滤，对于涉及的宣传性知识内容进行可信审核。对于认证用户和宣传内容方的利益关系，应予以实时判别。另外，应为每个权威认证用户标明所擅长的知识领域，以供其他用户确认其共享知识的安全可信性。

(3)加强网络交互的监管力度

由第三方检测机构引发的网络交互中的信任传递不安全问题，拟从以下三个方面进行改进：第一，对已经授予检测资质的第三方机构，加强对实际检测中的监管以及工作结束后的事后监管，如设立第三方检验机构行政许可制度，规范对它们的管理，防止违规操作的发生。第二，在实施中，应完善第三方鉴定结果采信管理，开展安全责任追溯，同时动态调整信任安全检测指标，进行有效的监管介入。第三，针对第三方机构由于缺乏行业约束机制的情况，加强追责管理和制度建设。在制度上，只有符合有关法律、行政法规、规章制度要求和技术能力、人员资质条件的机构，经有关部门审核批准，才能获得许可，以规范网络知识交互安全鉴定服务。

由品牌效应引发的网络虚假广告和夸大失实宣传，必然使用户误解，从而使用户对信息交互的真实性产生怀疑，因而其安全信任监管必须强化。针对这一问题，拟作出以下改进：整治夸大夸张宣传和误导用户的品牌形象传播行为；依法追究虚假广告行为主体的行政责任和民事责任，严重者需要追究其相应的刑事责任。对于网络社区有意控制用户评论、屏蔽负面评论的行为，应该规范平台的删帖、屏蔽等控评行为。对于网络交互中的违法、不实信息，应实时监控。与此同时，对于用户发表的合法评论，网络交互平台应充分尊重和进

---

① 刘迎春，谢年春，李佳. 虚拟学习社区中基于用户行为的知识贡献者信誉评价研究[J]. 现代情报，2020，40(3)：117-125.

行安全维护。给予用户一定的体验权限，以通过良好的使用体验吸引用户获取更高的满意度。

(4)完善用户和服务的可信认证

针对网络知识交互中的认证安全问题，拟从以下三个方面着手改善：首先，严格审核容易误导用户的恶意注册信息，实名认证过程中需要用户提供身份凭证；其次，针对所有的认证凭据，在对应的信息库中核实真伪，以提高网络交互用户信息真实性和安全性；最后，维护用户的隐私权和名誉权，同时在信息交互中对用户信任等级进行标识，用以区分相似用户。在交互服务中，可按用户的信任传递关系进行用户发布信息的可信性评价，按可信认证标准进行规范管理。

针对网络信息交互服务链引发的信任传递失效问题，拟从以下 3 个方面改善：首先，建立完善的法制化保障体系，这是由于网络交互服务链上的主体一旦出现信任危机，将损害他方利益或导致安全事故的发生，因而应受到相应的惩罚。其次，对于网络知识交互间的信任关系维护，应建立在规范化的信任评定基础之上，这就要求专门机构承担资信评定工作；在评定中，要以独立、客观和公正为原则进行认证和监管。最后，在网络信任认证中制定统一的规则和标准，从而保障知识交互主体信息安全和用户信任传递安全，最终保障用户信息安全和知识安全。

通过对信息交互的信任传递及安全问题调研，发现信任偏好、恶意用户引诱、第三方鉴定监管缺乏、用户身份认证不健全、服务链不可信是引发网络交互服务中的信任传递安全的主要障碍。因而，应通过统一网络信任评价标准、构建恶意用户惩处机制、加强网络知识社区鉴定监管、完善网络用户和服务认证体系，进行全面安全治理，以实现网络交互信息安全保障目标。

10.3 用户信息资源云存储安全保障

随着云存储技术的发展，用户交互的信息资源存储、组织与利用处于新的变革中。云存储应用于用户交互数字资源存储不仅能提高资源的存储和利用效率，也能节约成本，便于对数字资源进行统一的管理。然而，云存储中的数字资源安全也面临众多的挑战和隐患。当前，安全已成为云存储服务进一步发展的关键。云存储环境下数字资源交互共享所涉及的权益保护，使其安全问题更加复杂和突出①。因此，有必要对数字资源云存储服务和利用的安全进行全面分析，对数字用户资源云存储安全保障进行系统保障。

10.3.1　用户信息云存储安全保障的层次结构

在用户数字资源云存储安全保障研究中，针对云存储系统存在的问题应进行方案的优化。针对隐私信息保护需要，可组织基于可信服务器的云存储技术架构，以实现数据和用户个人信息的隔离。立足于公有云平台的稳定性、可获得性和可靠性保障，提供开放的存储服务平台。2015 年 12 月 31 日，全国信息技术标准化技术委员会云计算标准工作组制定了《信息技术云计算参考框架》(GB/T32399-2015)、《信息技术云计算概论与词汇》(GB/T32400-2015)，将全国信息技术标准化技术委员会及其云计算工作组已经发布的 6 项标准纳入管理框架，从而确定了云存储安全保障的基本层次和基于全面安全保障的实施框架②。

在安全保障框架下，基于云存储平台和系统的基本框架决定云存储安全的层次结构。对用户交互信息资源来说，其面临的安全问题是如何确认和保证数字资源的存取安全。对此，可通过 SLA 等级协议进行组织，同时依托云服务提供等级协议来实现。对用户而言，其个人信息和隐私的安全也依赖于云服务安全保障体系。基于此，用户云存储的安全层次可以分为访问层、应用接口层、基础设备层、虚拟化层、数据中心层(见图 10-2)。数字资源云存储安全保障着重解决以下问题。

①在访问层对用户实行身份认证和访问授权控制。云存储环境下用户交互数字资源服务面对的应用系统繁多，用户数量庞大，包括对用户账号、身份认证、用户授权进行有效管理等，同时操作审计的难度也不断加大。因此，需要进行用户安全管理，其中涉及用户身份管理、认证与授权管理等多个方面。

②在应用接口层实现网络安全虚拟化。在虚拟化安全保障中需要从多租户网络拓扑结构出发，针对不同云服务模式进行网络安全部署。在 SDN 架构中，底层基础设施和网络服务的应用程序被抽象化，需构建具有弹性的可信网络，利用可信网络实现信息传输安全保障，防范信息资源数据传输安全风险。

---

① 胡昌平，黄书书. 公有云存储服务中的用户权益保障[J]. 情报理论与实践，2016，39(11)：17-21.

② 中国国家标准化管理委员会. 信息技术云计算参考架构：GB/T32399-2015[S]. 北京：中国标准出版社，2015.

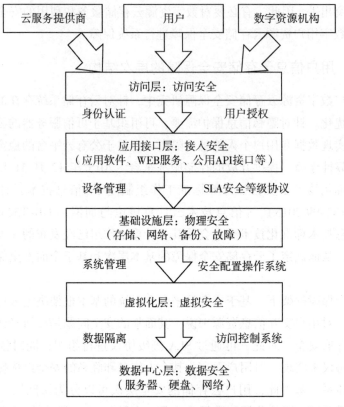

图 10-2 用户交互数据云存储安全层次结构

　　③基础设备层保障设施的物理安全。云存储安全中，通过设置物理安全边界保护基础设施安全，对安全域实行物理访问控制。物理安全管理模块涉及软硬件基础设施、安全域管理、物理环境安全等。

　　④在虚拟化层实现多租户环境下软件和数据的交互共享安全。其关键是，通过虚拟化云计算资源为用户提供安全部署模式，同时实现以虚拟机监视器为基础的安全隔离、虚拟化内部监控和虚拟化外部监管，从多方面保障虚拟安全。

　　⑤在数据中心层确保迁移安全。在安全保障中，将用户信息资源数据安全地存储在云端，在迁移前通过数据加密技术对数据加密，保障用户交互数据在传输和云存储过程中的安全。同时，提供用户存储信息资源窃取、篡改的风险应对措施。由于云存储数字资源建设涉及多元用户主体，在采用加密技术保障数据安全的同时，还需对密钥进行有效管理。

10.3.2 基于安全层次结构的保障实施

在用户交互信息的云存储中，数据存储在云端，主要依靠云服务提供方的内部人员进行管理。一旦内部人员进行不安全的操作、遭遇非授权访问或恶意攻击，对信息资源交互服务方、云服务提供方和用户都将带来难以估量的损失。计算机犯罪调查报告和其他损失评估报告均显示，内部人员的攻击约占恶意攻击的一半，且比外部攻击造成的损失更大。因此，对云存储安全来说，内部人员的管理至关重要。这也是对数字资源云存储安全实现全面保障的重要环节。云存储安全结构的保障措施主要包括存储资源安全保障和过程安全保障。

（1）用户存储信息的安全管理

云存储管理安全的目标是保障云存储平台和系统基础设施的正常工作，以及云存储平台中资源的安全。为实现该目标，可以在网络安全管理的基础上，部署相应设施（入侵检测系统、入侵防护系统、漏洞扫描和防病毒等）。同时，在系统运行过程中也要实施全面质量管控。

用户使用中的存储资源安全保障，通过用户访问控制和身份权限管理来实现。安全保障组织实现中，由数字资源服务机构和云服务提供方共同管理，协同负责数字资源交互服务安全，通过用户身份准入和访问权限管理，控制数字资源的服务对象和可操作范围。云服务提供方根据数字资源服务机构提供的用户信息，通过技术操作以实现用户访问控制和权限管理。同时，以云服务提供方内部人员的组织结构为基础，建立统一的用户身份信息管理视图，为用户的账号管理、访问控制、认证授权和安全审计提供可靠的数据支持。

过程安全保障主要指数字资源机构对云服务方的选择和对数字资源云存储过程的监管。对云服务提供方的选择，主要考虑云存储平台的服务模式能否满足数字资源机构的资源安全保障需求，包括云存储服务应具有的安全能力，数字资源机构对其运行监管的接受程度和提供监管接口的能力，以及对云存储服务的可持续性和服务安全等级协议等。对数字资源云存储过程的监管需明确安全分工和各主体职责，注重对数字资源云存储各个环节和过程的监控，适时对安全保障进行评估，及时处理安全事故等。

按照安全策略和网络连接规则进行统一管理，在于有效保障虚拟安全管理措施的全面落实，对此，用户云存储服务中应对云存储安全平台进行周期性安全测试，及时发现缺陷，并将缺陷带来的影响降到最低。其中，补丁管理是保障云存储平台安全运行的重要措施，可有效应对随时变化的环境影响，其前提是要注意及时性、严密性和有效性。

数字资源服务机构期望通过云存储平台实现数字资源的开放获取和共享。由于数字资源的传输、存储、处理等离不开网络，资源和用户交互的数据均存储在云端，这就需要针对云存储数据面临的诸多安全问题进行应对。其中，维护云平台上的信息资源安全显得尤为重要和迫切。

　　（2）云存储平台安全规范

　　云存储平台的数据来源于用户交互信息资源和用户群，如果云存储平台发生服务不可用等问题，造成的影响将远超过传统信息系统对其造成的影响。服务终端的威胁可能来自云存储平台和系统，系统内部的威胁主要是云平台和系统自身可靠性、安全性和可用性问题，系统外部的威胁主要是环境造成的威胁。

　　云存储平台的基本安全规范包括云存储平台构建和运行使用安全内容。云存储平台通过定级、备案、建设、等级测评和监督检查，在提高服务的同时，进行安全运行维护①。在这一前提下，云存储平台的组织和运行环节应根据基本的安全保障原则进行安全规范的落实。在运行管理中，拟进行云计算环境下的数字资源云存储平台安全定级评定，明确云计算中心的安全等级保护和基于等级的安全保障实施。

　　各种行业系统的云存储平台建设都应满足《信息系统安全等级保护基本要求》，数字资源云存储平台也应遵循该要求。在平台安全规范中，数字资源存储平台应加强云存储平台的物理安全、网络安全、虚拟安全规范的建设，在管理上加强对信息、用户和环境的维护管理。

　　用户数字资源云存储平台的基本安全规范还要符合信息系统安全防护的一般性要求。因此，可以将这两个要求结合起来，作为信息资源云平台安全体系的构建依据，同时针对云技术环境下的测评要求和指南对云存储平台进行等级测定。

　　用户信息资源云存储平台运行的安全规范，包括云存储平台及系统设备规范、接口规范、云平台架构及软件规范、云平台运行安全规范等。目前尚没有针对数字信息资源云存储安全标准和规范的专门规定，因此制定规范时，应借鉴相关平台、系统和设施的安全标准，在实践中达成共识。以此出发，按统一的基本原则规范，数字信息资源云存储平台应从源头上控制云存储资源、用户与服务的安全影响因素，实现云存储平台和安全操作的标准化、规范化。

　　用户数字资源存储在云平台中，云服务提供方通过云存储平台和系统为数

---

　　①　陈驰，于晶. 云计算安全体系[M]. 北京：科学出版社，2014：270.

字资源机构提供服务，用户通过云存储平台和系统实现数字资源的访问和利用，在一定程度上可以认为云存储平台是实现数字资源云存储的核心和关键，从总体看，安全规范直接关系到云存储平台能否正常运行，是保障云服务提供方、数字资源机构，以及用户实现云存储服务的前提，因此安全规范是云存储安全管理的基本准则。

(3)云存储安全管控中的平台运行安全

安全管控是保障云平台安全的重要条件，云存储安全管控主要依据规范对云平台运行的物理安全和虚拟安全进行保障。在此过程中，首先需要分析其面临的安全威胁；其次，有针对性地实施安全保障措施，维护云平台和系统的信息安全、用户安全和环境安全；最后，实现云平台运行与服务的安全保障目标。

在基于安全管控的数字信息资源云存储平台安全保障中，物理安全、虚拟安全和使用安全是保障云存储平台运行最重要的三个方面(见表10-8)。其中，物理安全为云平台的正常运行提供实体设备支撑，虚拟安全为云存储平台的正常运行提供技术和系统支撑，使用安全为云存储平台使用中的数据提供可靠保障，并且3个方面相辅相成。

表 10-8 面向用户的信息资源云存储平台运行安全及管控

平台安全问题	平台运行安全管控
物理安全包括网络自然环境和设施安全、平台构建硬件安全、分布式文件数据安全、物理攻击防范安全、管理误操作安全、电磁干扰防护安全等	物理安全管控包括自然灾害的影响防范、设施突发事故中的安全转换、数据硬件设施管理、物理攻击监控、外部干扰的全面检测与控制等
虚拟安全包括虚拟系统结构安全，分布虚拟机创建与调用安全，虚拟化攻击影响、拒绝服务安全，虚拟数据篡改、窃取安全等	在虚拟安全管控中设定虚拟安全边界，控制虚拟运行节点，清理虚拟运行隐患，适时应当虚拟攻击应对，进行数据窃取、篡改防范，实行虚拟机的安全隔离等
使用安全包括平台使用中的数据资源安全、用户信息安全、平台维护数据安全、运行日志管理安全、身份认证安全、权限安全、平台使用审计安全、平台使用对环境安全等	使用安全管控包括平台存储信息通信安全管控、平台使用协议管控、用户访问控制管控、平台信息资源下载安全控制、平台使用稳定性保障和基于安全规则的安全使用管理、使用风险识别与应对等

在云存储平台运行安全中，物理安全是最容易被忽视的部分，而大部分故障由此引发。Sage Research 的一项研究表明，有 80% 的安全问题都归结于物理安全。由此可见，物理安全是云存储安全的起点，也是云存储平台运行和保障的重要基础。

在面向用户的云存储中，各种设备、网络线路、媒体数据以及存储介质等都是物理安全保护的对象，其安全性直接决定云存储系统的保密性、完整性和可用性。对云存储介质来说，不仅要保障介质自身的安全性，还要保障介质数据的安全，防止数据信息被破坏。

虚拟化是实现数字信息资源云存储的大规模、高性能、可扩展、动态组合以及面向庞大用户群体服务的关键技术。面向用户的虚拟化计算和云存储，由于支撑存储环境的变化带来新的安全挑战，虚拟机窃取、篡改、拒绝服务攻击等问题给云存储造成直接影响。因此，在安全保障中应针对这些问题进行有效的安全监控和防范。在虚拟化环境中，虚拟机间的隔离程度是虚拟化平台的安全性指标之一，借助隔离机制，虚拟机独立运行、互不干扰。信息资源虚拟安全可以通过对虚拟机系统的有效监控，及时发现不安全因素，保障虚拟机系统的安全运行，从而保障云存储平台运行的虚拟安全。

云存储平台使用安全主要涉及两方面：一是维护云存储平台中的用户信息，以保护用户信息资源；二是对用户访问行为的监管，以保证用户对云存储平台资源安全使用的合法性。对这两方面的安全监控，可根据云存储平台上的信息类型来进行。云存储平台上的个人信息需专门集中地进行存储和管理，在强化其安全等级的基础上，对云存储平台上的用户信息进行管理。考虑到海量访问认证请求和复杂用户权限管理的问题，可采用基于多种安全凭证的身份认证方式和基于单点登录的联合身份认证授权管理。

10.3.3　云存储信息安全监测与服务安全监管

云存储平台的通信基于互联网，其中一部分是信息资源云存储平台内部的通信网络，另一部分是云存储平台和外部环境的通信网络。云存储平台的通信网络直接关系到用户对平台的访问及通过平台检索、下载等服务的安全性。云存储平台环境是否安全直接关系到云存储平台的安全使用。因此，有必要对云存储平台的网络环境进行监测，以确保云存储平台和系统的正常运行。

用户数字资源云存储服务的安全监管需通过数字资源云存储过程中的全程信息安全监测来实现，可通过对信息安全相关活动的数据收集，来寻求合理的安全监管方案。以此出发，在安全监测框架下实现事故预警与应急响应，以数字资源云存储服务中的信息资源安全事故防范为目的，在预测基础上进行事故的防范与控制。

云存储服务中的数字资源安全监测主要是对云信息系统和云服务过程中的安全事件数据进行收集、分析和报告，涉及信息资源平台用户、应用程序和系统等。在监测中，需要将收集的云信息安全相关数据进行汇集，为数字信息资源云存储安全事件的评估提供量化参考，以便将安全事件控制在合理范围内，从而保障交互服务中的云存储资源安全。

数字资源云存储服务中的安全监测，存在于数字资源云存储服务的整个过程。其中，云存储平台信息资源安全监测的重要内容是对云存储平台和系统可用性的监测，目的是监控云存储平台和系统是否处于正常工作运行状态，一般通过分析云存储平台和系统的工作过程和状态，对其可用性指标进行评测，以此来判断云存储平台和系统的可用性。此外，安全监测还包括云存储平台和系统的可维护性和可靠性测评。可维护性主要指云存储平台和系统具有的被修复和被修改的能力，可靠性指云存储平台正常运行的概率。

数字资源云存储安全监测的风险管控过程包括风险识别、量化处理和风险评估与控制。在进行风险测评与控制时，首先必须识别数字信息资源云服务所具有的不同风险；其次，有针对性地设计监控项目；最后，按量化的风险要素计算风险度。其中，风险度可作为信息服务机构的安全管控依据，以此来提高用户信息资源云存储的安全性。

用户交互中，数字信息资源云存储服务中的安全监管建立在风险管理和安全监测基础上。云存储服务中的监管可以通过引入第三方监管机制，以协同方式让可信第三方进行全面监管和响应。

数字信息资源云存储涉及数字资源内容、云存储平台系统、云存储服务的可用性以及云存储服务中用户等的安全问题。由于数字信息资源云存储安全保障涉及云服务提供方、数字资源机构和用户主体，因此数字资源机构和相关方应依靠协议对数字信息资源云存储过程的安全进行全面监督和管理。

数字信息资源机构将其拥有的数字资源交由云服务提供方进行管理，意味着数字信息资源机构对数字资源控制权的部分转移。由此可见，数字信息资源的安全保障在很大程度上也逐渐由云服务方决定。在这种背景下，需要考虑引入可信第三方机构，对数字资源云存储过程中的云服务提供方以及数字资源存储平台和系统进行全面监督，其中可信第三方机构和数字信息资源机构的合作至关重要。通过第三方数字信息资源机构发现云服务提供方在安全协议内容和安全保障中未履行的问题。同时，可信第三方也可将监管过程中所发现的安全问题反馈给数字信息资源机构和云服务提供方，然后在可信第三方机构督促下，及时采取针对性的安全保障措施应对云存储服务的安全风险。

需要特别关注的是，引入的第三方监管机构必须是"可信"的，这就需要建立完善的、合理的、可操作的可信第三方监管机构选择制度，构建合理的评估指标体系，对待定的第三方监管机构进行可信度评估。只有这样，才能保证云存储服务的有效监管。

用户信息资源云存储服务是面向用户的平台交互服务的基本任务之一，数字信息资源服务机构应从多方面拓展基于云存储的服务业务，因此构建数字信息资源云存储安全保障系统十分重要。

10.4　用户交互信息安全与知识产权保护

随着大数据网络和智能交互技术的发展，基于网络的用户交互以多种形式出现，其中包括网络用户交流、开放服务信息交互和用户信息的线上传播与交互利用等。网络化内容交互服务的开展，极大地促进了用户交互融合的发展，有助于信息的无障碍交流和流通，从而适应了数据交互的深层次需求。与此同时，信息交互的开放性和多元组织特征提出了用户信息安全保障问题，其关键内容包括用户交互安全、隐私信息安全和知识产权安全。

10.4.1　用户交互中的身份信息与访问安全

大数据与智能化背景下，用户交互以多种形式进行，尽管存在着不同的组织模式和利用上的差异，但基本的交互关系和安全机制却具有共性特征。因此，我们可以通过网络社区的知识交流、获取和交互利用分析出发，展示其中的基本关系和安全机制。

社会网络环境下，用户通过网络社区进行知识获取、交流和利用活动变得越来越频繁。专业化的知识社区发展，推进了知识创新型社会的发展进程，同时也提出了用户信息安全保障的问题。在网络交互中，用户既可以通过在社区中注册账号，上传并分享自身拥有的信息资源，也可以通过有偿或无偿的方式获取他人专业的资源并进行相互的信息交流。在整个过程中，用户将相关信息交由社区管理，其面临的安全隐患应予以应对。首先，用户通过注册获得访问社区资源的权限，并将其身份信息存储于社区用户数据库之中，如果缺少必要的安全管理策略，会威胁用户的身份及账户安全，影响用户访问及存储的数据安全；其次，含有用户隐私的信息会随着用户使用行为留存在知识社区之中，如果采用的安全措施不当，用户的隐私信息有可能受到侵犯，从而危及用户的隐私安全；最后，属于用户的知识成果，在网络社区环境下其知识产权保护难度大，因而需要确立行之有效的用户知识产权保护方案。从客观上看，这些问题阻碍了用户在知识社区中的交互行为，影响着知识社区的利用和网络环境下的知识交互。

为确保网络交互中的用户安全，实现用户交流中的全面安全保障目标，拟从用户身份安全、用户隐私安全和用户知识产权 3 个方面出发，构建网络用户安全全面保障体系，具体包括基于深度防御的用户身份安全保障、基于生命周期的用户隐私安全保障、用户知识安全传播和知识产权服务组织。

深度防御策略是美国国家安全局为实现有效的信息安全保障定义的一种信息安全保障战略，其核心是采用多层次的纵深的安全措施来保障信息安全。用户交互中的身份安全管理是为了完成用户在网络中的安全鉴别，并对用户信息进行安全维护。借鉴深度防御策略的多重安全模型，可以构建基于深度防御的网络用户身份安全保障构架，如图 10-3 所示。在用户身份安全管理过程中，采用层层深入的多层防护策略，包括用户身份认证、用户账户安全管理、用户账户异常检测和用户身份信息恢复过程。其中，多重用户身份认证及用户账户安全管理是针对用户认证及数据管理采取的被动防御保护措施；用户账户异常检测通过及时发现用户身份面临的安全威胁，提示用户并采取响应措施，从而避免用户身份遭到严重破坏；用户身份信息恢复则是针对用户账户，采用合理的恢复方案及时恢复用户身份信息，从而避免危害扩大。

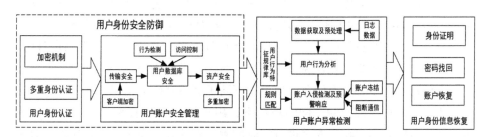

图 10-3 基于深度防御策略的用户身份安全保障

如图 10-3 所示，基于深度防御策略的用户身份安全保障包括以下环节：

①用户身份认证。访问控制是提供有效、安全的资源访问的重要用户身份管理手段，可以让不同需求的用户通过统一的方式获得访问授权，以防止非授

权信息访问，从而提供集中式的数字身份管理和认证。网络交互中，访问控制是用户身份安全保障的首要环节，在于帮助服务提供方确认用户身份的真实性、合法性，网络服务通常在用户注册账户时完成对不同用户的授权，通过用户提交登录信息验证其身份。

网络服务多采用"用户名+密码"的单点登录认证方式，采用这种认证方式应面对攻击者破解用户名和密码的风险。对于某些涉及敏感信息的交互服务，如网络医疗卫生服务，用户的账户信息泄露会对其隐私保护造成影响。为保证用户身份安全，在使用"用户名+密码"对用户身份进行认证时，应根据用户信息的保密要求设定不同严格程度的认证策略。对于保密要求高的服务，在密码设置强度、复杂度上作出一定要求，如规定最小密码长度等。同时，可采用多重身份认证机制，如生物认证技术、动态电子口令系统认证方式、基于智能卡的认证方式等，进一步完善用户身份信息的验证，从而保证用户在网络活动中的身份安全。

②用户账户安全管理。在网络服务中，需要通过必要的技术措施将用户账户加以处理后集中存储到数据库中进行统一管理。用户数据的安全管理，不仅包括用户登录密码、账户注册等身份信息，同时包括用户上传的资料和账户等。网络交互服务在进行用户数据库管理时，可能出现管理制度和策略上的不完善和操作失误等风险，有可能造成用户数据泄露、丢失、篡改等情况的发生。因此在进行用户数据库管理维护时，可采用多层安全保障机制，来保障用户数据安全。首先，对于涉及用户隐私等敏感数据，为防止其被外部恶意人员窃取，需要采用客户端加密措施，以保障用户数据的安全传输和存储；其次，用户在申请账户数据更改时，为保证其安全性，可通过监测用户行为进行安全风险识别，如登录的 IP 地址、硬件设备是否为常用等，如果出现异常，需要进一步更为详细的身份认证，如密保问题认证、动态口令等来识别用户身份；最后，由于部分网络交互存在资产安全问题，在进行用户安全管理时，可通过进一步加密处理用户资产信息，如设立不同于登录密码的密码等。

③用户账户异常检测。网络环境下，用户账户面临着来源广泛的安全威胁，因此需要对用户账户安全进行实时监测，以便及时发现异常并作出预警响应。账户异常检测的基本思路是，由于用户的正常活动一般具有一定的规律，如果用户在某一个时间段的行为不符合这些规律，那么表明用户的账户很可能遭到攻击。基于这一思路，用户账户异常检测可以分为用户数据获取及预处理、用户行为分析、入侵检测及预警响应三个阶段。

用户数据获取及预处理。此阶段是用户日常行为数据采集阶段，为接下来的用户行为分析提供数据准备。需要获取的数据包括用户的行为日志、用户登录时间、用户登录地址及日志等，主要通过网络日志实时捕捉等方法获取。这些数据具有不同的格式及属性特征，因此需要对其进行规范化处理，具体包括数据清洗、格式标准化、去除干扰数据等。

用户行为分析。在获取用户历史行为数据的基础上，需要对用户的行为特征进行提取。一般情况下，网络交互中用户行为特征通过多选取用户关注的内容板块、用户访问时段特点、登录位置等，根据用户的历史数据进行整合和融合处理，从而形成用户行为特征规律库。

入侵检测及预警响应。这一阶段通过将实时监测到的用户行为数据与用户行为特征规律库中的行为规律进行对比分析，如果出现异常情况，则进入用户账户安全预警程序，将结果反馈给用户，要求用户进行更进一步的身份认证，否则将采取阻断通信等应急保护措施。

用户身份信息恢复。用户身份信息可能由于用户自身原因或遭受外界攻击而遭到破坏，如用户账户密码遗失、身份认证失效、账户劫持等，在这一情况下，用户无法正常进行身份认证，此时就需要重新认证用户身份有效性和进行用户身份信息恢复。恢复用户身份信息的方式需符合其在注册时提供的身份唯一性认可条件，如注册时填写的密保问题、用户提供的终端验证和重置密码等。社区在收到用户身份信息恢复请求后，根据其提供的证明进行判断，恢复并更新用户的身份信息。因此，通过设立合理的用户身份信息恢复方案，可将用户账户被攻击后的负面影响降到最低。

10.4.2 用户交互中的隐私安全保护

信息交互中的隐私安全保护，一是按合规流程进行用户信息处理与隐私保护，二是采取相应的措施面向安全环节进行隐私保护的组织和监管。

(1)用户隐私信息安全保护流程

用户隐私信息既包括用户基本信息和交互中使用行为信息，还包括其发布的部分信息，如科研团队的沟通记录等。从生命周期角度看，用户隐私信息主要经历采集、存储、开发、利用、销毁阶段。在不同的生命周期阶段，其安全需求和安全保障的技术存在着不同的要求，如图 10-4 所示。

①用户信息采集。用户信息采集既包括用户注册时的个人信息采集，也包括用户在网络交互中的行为记录采集。用户在注册账户时，需要提供必要的身份信息，同时同意信息服务提供的《使用协议》，内容包含了隐私政策或隐私声明、允许社区收集用户浏览的网页，以及对用户数据的使用限制及免责声

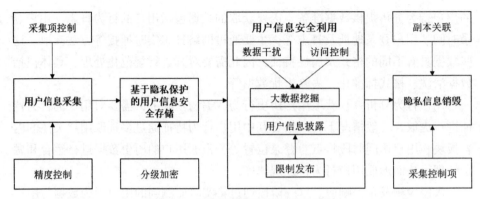

图 10-4　用户隐私保护安全保护流程

明。服务云为保护用户的隐私安全不被泄露，可以采用采集项控制和采集精度控制策略从源头上进行保障。所谓采集项控制是指在进行采集前对拟采集的用户隐私信息项进行分析，在严格遵守国家法律法规和强制性安全标准的前提下，只采集必要的隐私信息。采集精度控制是指在进行用户隐私信息采集时，在能满足应用要求的前提下，尽量降低对用户隐私信息的精确性要求，从而降低隐私泄露后造成伤害的风险。

②用户信息安全存储。用户信息安全存储阶段可以根据用户实际需求有选择地进行分级加密，从而保障隐私信息安全。对于保密性要求高的隐私信息，需要采用加密存储技术，以提高其安全保障能力。而对于保密性要求较低的敏感信息，可以在其应用较为频繁的前提下，采用明文存储的方式，以兼顾数据加工处理的效果。但一旦其进入低频应用阶段，则应考虑将其加密存储。

③用户信息的安全利用。大数据环境下，计算能力和分析技术取得了显著的进展，但同时也带来了用户信息违规披露风险。这是因为对所披露的信息，可以借助大数据分析方法进行挖掘，从看似无关的零散数据中挖掘出用户隐私信息，从而造成用户隐私泄露。为保证信息利用阶段的用户隐私安全，可以采用访问控制及数据干扰技术应对大数据隐私挖掘威胁，同时采用限制发布技术对社区披露出的用户信息进行控制，从而保障用户的隐私安全。在访问控制方面，可以采取基于角色的访问控制机制，限制非授权用户通过直接访问系统数据库的方式访问用户的隐私信息；同时在授权服务过程中，严格控制用户访问权限，避免用户获得全量数据的挖掘风险。数据干扰技术是指通过变换干扰技术对原始数据进行扰动处理，使原始数据在失真的同时保持某些数据或数据属性不变，从而在保障其可用的前提下避免用户隐私的泄漏，具体的实现方法包

括随机阻塞、凝聚等。限制发布是指有选择地发布用户隐私数据，不发布或者发布精度较低的敏感数据，以实现隐私保护。

④隐私信息销毁。当用户停止使用网络服务或对存储的信息进行删除时，可能存在包含隐私信息的个人数据不完全删除的情况，从而造成隐私泄露的风险。在大数据环境下，简单的数据删除操作并不能彻底销毁数据，部分用户共享的资源可能存在多副本，在资源销毁中虽然删除了原文件，但仍可能存在其他并未删除的副本资源，由此导致数据销毁不彻底，那么其他用户就可能在用户不可知的情况下获取其隐私信息。并且，用户的个人信息只要在网络中留下痕迹，就很难"被遗忘"，因此不利于用户个人隐私的保障。对此，需要采用可信删除技术确保数据无法恢复，即彻底删除包括备份数据和系统运行过程中产生的相关数据在内的所有数据，以实现用户隐私数据的保护。

值得指出的是，任何安全保障技术都存在一定的风险，一旦用户隐私信息被采集，一直都不是处于绝对安全的状态，直至其达到生命周期的最后阶段——销毁。因此，为保障用户的隐私信息安全，需要加强用户隐私信息的生命周期管理，合理界定隐私信息处于哪个生命周期阶段，在其到达销毁阶段时，及时对其进行清除。

(2)用户交互中隐私安全风险管控

为用户提供安全可靠的数据存储方式，必须应对用户数据存储方式所引发的安全问题。云环境下，用户交互信息的云终端若无有效的防护措施，用户无法安全便捷地访问终端数据，获取个人信息及相关资源，因而需要全面应对引发隐私安全的风险。

《云计算安全风险评估》面对云计算用户的接入安全、涉及可审查性、数据保存、数据隔离、数据恢复和安全支持存在的风险。从风险存在形式和引发机制中可知，信息资源云服务用户端隐私权存在3个方面的问题。

①登录与交互信息安全。可登录信息资源云服务平台的主体包括云计算提供者、网络维护人员和服务使用者等。对云计算提供方而言，保证用户数据不被破坏和非法窃取是基本要求；网络平台运行维护人员负责云服务平台数据的存储安全和备份，在维护过程中需要登录客户系统；云服务使用者在使用云平台时提供个人信息，同时与系统进行交互，其身份和需求应能被识别，并保证其安全。因此，云服务平台需要进行统一的认证、权限控制、访问审计和攻击防护。

②云存储中的用户个人信息安全。用户一旦将数据迁移到云中，那么承载数据的硬件的控制权就转移到了云服务平台和系统。如果采取的安全措施不

当，从云服务提供方处可方便地查询用户记录，获取用户隐私信息；若云服务提供方存储系统出现故障，将引发用户端数据无法访问，甚至存在丢失的风险。因此，在用户个人信息安全保障中，应确保解决这两方面问题。

③云服务提供商的用户审计信息安全。网络信息资源服务的数据存储和操作安全由云计算提供者负责，因此对其监管和审计显得尤为重要。云计算服务机制决定云内部用户审计信息的存储和调用，虽然对用户是透明的，但若发生安全问题用户则无法及时应对。为了充分保障用户审计数据安全，必须制定相应的针对性措施。

用户隐私权保护问题是对信息资源云服务的挑战，面对挑战需要建立一个完整地体系，以便从多方面进行用户隐私保护。其中，技术和监管是两个基本的方面。

第一，隐私增强技术的应用。隐私增强技术可界定为用来保护个人隐私的技术，主要包括安全在线访问控制、隐私管理工具，以及用户数据保护框架下的数据安全技术等。在 IT 服务中，已不断推出用于云计算安全的技术。如 IBM 公司为提高云计算环境的安全性并确保数据保密性，推出 Tivoli 和 Proventia。其中，Tivoli 软件为智能基础设施管理提供解决方案，旨在对隐私数据进行安全、有效的管理和保护；Proventia 面向虚拟网络提供 X-Force 支持的网络保护，实现对安全云服务维护。

云环境下用户网络隐私权保护的传统技术包括访问控制策略、安全认证机制和加密机制①。访问控制策略在于使云端网络资源在非法使用及访问过程中得到有效保护，其中的主要途径包括目录级安全控制、网络权限控制、入网访问控制等。就安全认证机制而言，应拥有一套可应用的完整技术解决方案，其中 X.500 信息发布标准可有效应用于网络交互信息资源云服务用户隐私安全保障。信息资源云服务还可结合传统技术和隐私增强技术，构建完整的保障技术体系。

第二，安全监管机构的设立。设立以政府部门主导的第三方监管机构，是实现云服务监管(包括交互信息资源)的有效手段，能在确保第三方监管机构权限的前提下，提高用户隐私安全保障的可靠性②。其中，第三方监管机构主

---

① Choi K, Cho I, Park H, et al. An Empirical Study on the Influence Factors of the Mobile Cloud Storage Service Satisfaction [J]. Journal of the Korean society for quality management, 2013, 41(3): 20-23.

② 王威，吴羽翔，金鑫等. 基于可信第三方的公有云平台的数据安全存储方案[J]. 信息网络安全，2014(2): 68-74.

要在于监督、管理云服务及其用户隐私安全的评估与审计等。在第三方监管机构的监管中，服务等级协议能够行之有效地明确各参与方的责任与权利。一方面，服务等级协议对保证服务中的用户安全和质量有效；另一方面，服务等级协议明确各参与方的责任关系。监管机构为保障服务提供方及用户的各种权益，需要对云服务进行多方面监督，尤其是对违反服务等级协议的行为进行监督。

信息资源交互中的云服务涉及信息资源服务机构与支持机构，其用户隐私安全监管需要跨机构进行。鉴于云计算环境下数据对服务器和网络的依赖性，云服务中各种隐私问题尤其是服务器端隐私问题更为突出。如用户数据的调用，其有效性和安全性常面临威胁。如果缺乏监督，将使用户对云服务应用的个人保密性及安全性产生质疑，从而影响云服务面向用户的应用。

因此，在引入第三方监管的同时，应着手监管标准建设。云服务用户隐私安全相关标准的完善将促使隐私权保护问题得到更好的解决。

10.4.3 信息交互中用户知识产权保护

在信息资源交互开发中，必然涉及用户知识产权保护的问题。实际上，传统知识产权保护框架已无法解决云计算环境下用户知识产权保护的问题，因此有必要将云环境下用户知识产权保护纳入用户权益保护和安全保障的范畴，进行基于云服务框架的组织架构建设。

数字信息资源云交互服务的开放性和共享性，使知识产权保护难度增大。在我国现有法律框架下，信息资源服务机构对侵权问题的处理办法有待进一步完善。由于我国公共信息资源服务机构具有公益性质，云服务提供商因而面临着如何协调公益服务与用户知识产权保护的问题。

针对目前存在的现实问题，信息资源服务机构如果不直接提供内容，就不涉及直接的侵权责任。如果信息资源服务机构对数据进行开发、修改、编辑、复制等操作后进行网络传播，按《信息网络传播权保护条例》则存在侵权问题。信息资源服务机构将获取授权的数据传播给其他未授权机构使用，也存在侵权问题。

在数字信息资源交互和云服务中，合作开展信息资源服务的机构，不可避免地面临着共同承担侵权的责任风险问题。云服务平台涉及的知识产权进行保护，所面临的基本问题是数字资源著作权、传播权和利用权等权利问题。同时，鉴于数字资源服务的公共性和开放服务的公益性，其知识产权保护涉及知识共享协议和云服务中的知识传播和利用问题。

按网络共享机制，数字信息资源云服务可在知识共享协议框架下进行知识产权保护，在允许信息资源发布前，由其拥有者根据相关条款自主选择不同类型资源的知识保护程度①。通过知识共享协议，知识产权拥有者可以选择不同的方式进行授权，以约束不同程度的信息传播与利用，以此规定用户的产权委托或转让，规避云计算环境下信息资源侵犯资源拥有者知识产权的风险。信息资源云知识共享协议可按授权人指定的方式进行标识，为协议的被授权人提供使用权限。其原则是限制商业性利用，授权公益性利用；同时，同意自由利用具有知识产权的资源，但不能改变其形式和加工其内容；另外，限制在利用中开发新的产品获利等。

此外，在信息资源云服务中，信息资源服务机构可以针对知识产权保护进行相应的协商，按知识产权保护条例分配使用权限和衍生成果。

通过对信息资源数据进行加密传输、密文存储、统一授权、访问控制等措施，可对用户的信息资源利用与传播进行限制，对有权限的用户进行识别和认可，以确保信息资源知识产权保护的有效性。同时，将不同保护程度的数据进行区分，防止用户过度使用或非授权其他用户的情况发生。从风险控制看，通过技术手段对信息资源用户的知识产权进行保护，有利于降低信息资源服务机构和信息资源用户知识产权侵权的风险。

云环境下数字信息资源建设的目的在于促进信息交流、支持协同创新，对知识产权保护旨在合理控制使用。对数字信息资源云服务中的交流，以及分享过程中产生的大量网络数据、交互文本和特定的知识成果，需要在云环境下进行保护。其保护拟采用知识产权法律框架下的知识共享协议组合方式进行。

鉴于信息资源云服务的组织结构和要素特征，在知识产权保护的技术实现上，可借鉴区块链模式。区块链是一种通过去中心化的方式集体维护可靠数据库的技术方案。区块链中的"区块"指的是信息块，内部含有特殊信息时间戳。含有时间戳的信息块彼此互联，形成信息块链条。从数据角度看，区块链是一种难以被更改的分布式数据库。"分布式"不仅体现为数据在互联网中的分布式存储，还体现在数据的分布式记录上。从技术角度看，区块链并非单一技术，而是加密技术、分布式传输等多种技术组合，是一种新的数据记录、存储和表达方式。

区块链中的信息由参与系统的诸多的计算设备共同维护，存储其中的用户

---

① 胡昌平，黄书书. 公有云存储服务中的用户权益保障[J]. 情报理论与实践，2016，39(11)：17-21.

知识产权和数字产权由于极难被伪造和篡改，从而避免了中心化审核的系统性风险。区块链技术的出现降低了实体和网络中的信任认证成本。

针对互联网数字信息产权保护的要求，信息资源基于区块链的知识产权保护拟从以下几个方面着手：

①进行去中心化的分布式记录。为了提高安全性。区块链计算使用分布式计算和存储，按信息云服务的组织结构，不存在中心化的硬件或管理机构。这意味着任意节点的权利和义务都是均等的，系统中的数据块由整个系统中具有维护功能的节点来共同维护。当系统部分节点出现问题，并不影响整个系统的数据安全，这种特性使得数字信息资源的知识产权保护可达到不中断的安全保障目的，从而适应构建低成本、高可靠性的互联网数字产权保护的需要。

②实现自我监管。自我监管在于提高知识产权保护的效能，区块链采用的基于协商的规范和协议（如一套公开透明的算法），使服务系统中的所有节点能够在信任环境下自由安全地交换数据。在运行中，人的信任变为机器的信任，任何人为的干预将不起作用。区块链中信息块的生成有一个工作证明机制，任何一个节点可以通过参与审批交易进行记录，以避免系统中的节点之间的欺诈。这一机制保障了整个云服务系统的产权保护安全性和完整性，即无需审查者干预就可以实现安全目标。因此，可以让系统中每个节点都对其他节点负责，能够通过广泛的节点监督实现去中心化的监管。

③在跟踪保护中提高可操作性。每个信息块一旦经过验证并添加至区块链，就会永久的存储下来，除非能够同时控制住系统中超过51%的节点，否则单个节点上对数据库的修改是无效的，因此区块链的数据稳定性和可靠性极高。另外，系统是开放的，除交易各方的私有信息被加密外，区块链的数据对所有用户公开，任何用户都可以通过公开的接口查询区块链数据和开发相关应用，因此整个系统信息高度透明。服务中的数字知识产权所有者将产权信息和产权交易转让信息写入区块链，那么所有人都能通过该信息块追踪到此次知识产权的变更情况。其中任何写入区块链的记录都是无法篡改的。

基于区块链的数字产权保护可以通过多种机制组合来控制。由此可见，基于区块链的数字信息知识产权保护比现有的集中登记保护更为灵活有效。

面对数字信息的用户知识产权问题，在数字信息云服务开放环境下，根据公益性服务和商业服务在云平台中的不同体现，可以按知识产权共享协议进行用户知识产权保护的组合条件选择。按选择标识，采用区块链形式进行保护的全面实施，实现数字信息云服务中的用户安全和基于安全的权益保障目标。

为保障网络交互中用户的知识产权安全，需要建立知识产权保护机制，目前的数字版权管理方法多是采取一系列的技术手段如加密、防拷贝技术等，阻止数字资源的非法复制和传播，其本质上是一种通过管理机构授权的版权管理方案。用户上传到网络中的资源往往并没有经过专门的认证及技术保护，有些甚至尚未发现其价值，部分用户缺乏相关的维权意识和手段，从而造成知识社区中用户知识产权保护困难。因此，在进行社区用户知识产权保障实施中，可以从用户知识安全传播和知识产权服务组织两方面进行，如图 10-5 所示。

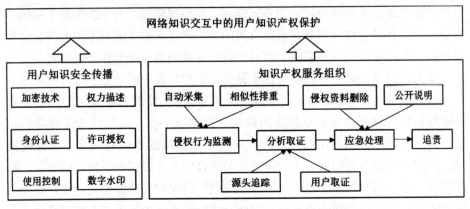

图 10-5　网络交互中的用户知识产权保障实施

　①用户知识安全传播。数字资源易于传播、复制，使得其侵权现象更为严重，一旦用户获取了全文并进行任意传播时，如被侵权人发现，举证则存在困难，因而不利于用户知识产权的维护。因此，为保障用户共享的知识资源不被他人盗取、冒用，需应用多种技术手段，保证知识资源的安全传播及利用。同时，服务提供商需要在对数字内容进行分类处理的基础上，采用加密技术、权利描述、许可授权、使用控制、数字水印技术进行用户知识产权保护。加密是指社区通过使用加密技术加密数字内容，以保证数字内容在传播、存储过程中的机密性。权利描述是指用户可使用数字资源的权利界定，包括用户可使用的时间、次数、设备等，一般通过特定的权利描述语言进行描述，如 XrML、Lucscript、ODRL，并经由许可证记录。权利保障中，许可授权通过为用户颁发许可证进行，许可证中不仅包括用户的权利描述，而且包括相关资源的解密密钥，常用的许可授权包括基于设备的授权、基于域密钥的授权等。使用控制在于保证授权用户在权利描述范围内使用资源，既需要保证未授权用户不能使用数字资源，也需要控制授权用户不能超出使用权利的范围。数字水印技术是

在资源的原始内容中，隐蔽的嵌入知识产权所有者的信息，从而实现所有权验证或侵权追踪。由于部分资源对信息的完整性要求很高，如医疗社区中的数字影像等，为避免在嵌入数字水印的过程中造成信息失真，需要采用无损数字水印技术。除此之外，还可以禁止资源的大批量下载行为，在源头上控制用户获取大规模资源。

②知识产权服务组织。尽管网络交互服务为维护用户知识产权提供了一系列技术支持，但在网络运行过程中，知识侵权行为仍然存在，数据、文字作品盗版现象也时有发生。为保障用户知识产权安全，需要针对用户知识产权安全需求组织服务，对知识侵权行为进行及时检测并提供相关追责支持服务，具体包括侵权行为检测、分析取证、应急处理及追责支持四个步骤。在侵权行为检测中主要是通过机器学习的方法自动发现社区中的侵权行为，包括用户知识资源自动采集和相似性排重，应用数据分析技术进行海量文字、音视频资源的匹配查重，筛选出可能存在知识侵权的资料，进行分析取证。取证可以通过追踪资源的来源，分析用户提供的知识产权证明等，确定资源的原始发布时间、方式及产权所有人。在此基础上，应对侵权行为进行应急处理，包括删除所有侵权资料、发布公开说明等。同时，由于部分用户维权意识薄弱，可为用户提供针对性的知识产权追责支持服务，如法律咨询等，以帮助用户维护自身的权益。

参 考 文 献

[1]胡昌平，邓胜利. 数字化信息服务[M]. 武汉：武汉大学出版社，2012.

[2]钟义信. 人工智能的突破与科学方法的创新[J]. 模式识别与人工智能，2012，25(3)：456-461.

[3]刘海涛. 依存语法的理论与实践[M]. 北京：科学出版社，2009.

[4]安璐，吴林. 融合主题与情感特征的突发事件微博舆情演化分析[J]. 图书情报工作，2017，61(15)：120-129.

[5]曹静仁，李红. 泛在知识环境下的图书馆嵌入式学科服务[J]. 图书馆论坛，2011，31(03)：117-119.

[6]曾子明，万品玉. 基于双层注意力和 Bi-LSTM 的公共安全事件微博情感分析[J]. 情报科学，2019，37(06)：23-29.

[7]陈为. 用户体验设计要素及其在产品设计中的应用[J]. 包装工程，2011，32(10)：26-29+39.

[8]成全，刘国威，李艺全. 考虑用户主题兴趣度的网络舆情演化建模与仿真研究[J]. 管理评论，2020，32(11)：128-139.

[9]邓胜利，张敏. 基于用户体验的交互式信息服务模型构建[J]. 中国图书馆学报，2009，35(01)：65-70.

[10]邓仲华，李立睿，陆颖隽. 基于科研用户情景感知的嵌入式知识服务研究（上）[J]. 情报理论与实践，2014，37(09)：16-19+34.

[11]董坤. 基于关联数据的高校知识资源语义化组织研究[J]. 情报理论与实践，2016，39(03)：91-95.

[12]董政娥，陈惠兰. 数字人文资源调查与发展对策探讨[J]. 情报资料工作，2015(05)：103-109.

[13]杜洪涛，孟庆国，王君泽. 基于社会网络分析的微博社区网络结构及传播特性研究[J]. 情报学报，2016，35(08)：838-847.

［14］杜鹏飞，李小勇，高雅丽. 多模态视觉语言表征学习研究综述［J］. 软件学报，2021，32(02)：327-348.

［15］范向民，范俊君，田丰，戴国忠. 人机交互与人工智能：从交替浮沉到协同共进［J］. 中国科学：信息科学，2019，49(03)：361-368.

［16］胡昌平，李阳晖. 面向用户的交互式信息服务组织分析［J］. 图书馆论坛，2006(06)：188-193.

［17］胡昌平，张晶，陈果. 面向用户的知识地图分类构建与应用［J］. 数字图书馆论坛，2017(04)：2-9.

［18］胡昌平. 创新型国家的信息服务与保障研究［M］. 北京：学习出版社，2012.

［19］胡中旭. 虚拟场景人机交互中手势识别技术研究［D］. 华中科技大学，2018.

［20］靖继鹏. 网络信息生态链的形成机理与演进规律研究［J］. 图书情报工作，2013，57(15)：39.

［21］李静，林鸿飞，李瑞敏. 基于情感向量空间模型的歌曲情感标签预测模型［J］. 中文信息学报，2012，26(6)：45-50.

［22］李萍，郑建明. 智慧图书馆中智能交互系统的研究和应用［J］. 图书馆学研究，2016(11)：34-38.

［23］李小青. 基于用户心理研究的用户体验设计［J］. 情报科学，2010，28(05)：763-767.

［24］李迎. AI 环境下高校图书馆用户知识地图及动态服务转化的优化设计［J］. 图书馆学刊，2020，42(02)：81-86.

［25］李月琳，肖雪，仝晓云. 数字图书馆中人机交互维度与用户交互绩效的关系研究［J］. 图书情报工作，2014，58(2)：10.

［26］李志义，黄子风，许晓绵. 基于表示学习的跨模态检索模型与特征抽取研究综述［J］. 情报学报，2018，37(04)：422-435.

［27］梁丹，张宇红. 心流体验视角下的移动购物应用设计研究［J］. 包装工程，2015，36(20)：84-87.

［28］廖海涵，王曰芬，关鹏. 微博舆情传播周期中不同传播者的主题挖掘与观点识别［J］. 图书情报工作，2018，62(19)：77-85.

［29］林鑫，梁宇. 用户社会化标注中非理性行为的表现及原因分析［J］. 数字图书馆论坛，2016(12)：48-53.

［30］刘嘉琪，王洪鹏，齐佳音，傅湘玲，蔡梦蕾. 社会危机背景下的联结行动

说服策略研究——基于社交媒体中的用户生成内容文本分析[J]. 管理工程学报, 2021, 35(02): 90-100.

[31] 刘萍, 叶方倩, 杨志伟. 认知建构视角下交互式信息检索模型研究[J]. 图书情报知识, 2020(02): 93-101, 122.

[32] 刘昕. 基于眼动的智能人机交互技术与应用研究[D]. 南京大学, 2019.

[33] 陶皖主编. 云计算与大数据[M]. 西安: 西安电子科技大学出版社, 2017.01: 189-191.

[34] 邹骁锋, 阳王东, 容学成, 李肯立, 李克勤. 面向大数据处理的数据流编程模型和工具综述[J]. 大数据, 2020, 6(03): 59-72.

[35] 宋宁远, 王晓光. 面向数字人文的图像语义标注工具调查研究[J]. 数字图书馆论坛, 2015(04): 7-14.

[36] 唐艺, 谢守美. 基于协同学理论的高校图书馆嵌入式服务研究[J]. 图书情报工作, 2013, 57(08): 78-81.

[37] 田璟, 郭智, 黄宇, 黄廷磊, 付琨. 一种基于多模态主题模型的图像自动标注方法[J]. 国外电子测量技术, 2015, 34(05): 22-26.

[38] 王静茹, 宋绍成, 徐慧. 基于深度学习框架下的多模态情报智能挖掘研究[J]. 情报科学, 2019, 37(12): 159-165.

[39] 王连喜. 基于"属性—情感词"汽车本体的文本情感分析[J]. 计算机技术与发展, 2020, 30(08): 193-198.

[40] 王鹏, 朱方伟, 宋昊阳, 鲍晓娜. 人际信任与知识隐藏行为: 个人声誉关注与不确定性感知的联合调节[J]. 管理评论, 2019, 31(1): 155-170.

[41] 韦婷婷, 陈伟生, 胡勇军, 骆威, 包先雨. 基于句法规则和 HowNet 的商品评论细粒度观点分析[J]. 中文信息学报, 2020, 34(03): 88-98.

[42] 吴丹, 孙国烨. 迈向可解释的交互式人工智能: 动因、途径及研究趋势[J]. 武汉大学学报(哲学社会科学版), 2021, 74(05): 16-28.

[43] 吴江, 赵颖慧, 高嘉慧. 医疗舆情事件的微博意见领袖识别与分析研究[J]. 数据分析与知识发现, 2019, 3(04): 53-62.

[44] 熊回香, 杨雪萍, 高连花. 基于用户兴趣主题模型的个性化推荐研究[J]. 情报学报, 2017, 36(9): 916-929.

[45] 鄢章华, 滕春贤, 刘蕾. 供应链信任传递机制及其均衡研究[J]. 管理科学, 2010, 23(6): 64-71.

[46] 阳长征. 突发公共事件中社交网络信息冲动分享行为阈下启动效应研究——以自我效能与认知失调为中介[J]. 情报杂志, 2021, 40(1): 144-

149.

［47］杨海波. 认知神经科学与人机交互的融合：人机交互研究的新趋势［J］.
包装工程，2019，40(22)：55-63.

［48］尹奇跃，黄岩，张俊格，吴书，王亮. 基于深度学习的跨模态检索综述
［J］. 中国图象图形学报，2021，26(06)：1368-1388.

［49］余传明，田鑫，郭亚静，安璐. 基于行为—内容融合模型的用户画像研究
［J］. 图书情报工作，2018，62(13)：54-63.

［50］余辉，梁镇涛，鄢宇晨. 多来源多模态数据融合与集成研究进展［J］. 情
报理论与实践，2020，43(11)：169-178.

［51］喻影，陈珂，寿黎但，陈刚，吴晓凡. 基于关键词和关键句抽取的用户评
论情感分析［J］. 计算机科学，2019，46(10)：19-26.

［52］张璞，李逍，刘畅. 基于规则的评价搭配抽取方法［J］. 计算机工程，
2019，45 (8)：217-223.

［53］张小龙，吕菲，程时伟. 智能时代的人机交互范式［J］. 中国科学 F 辑，
2018，048(004)：406-418.

［54］张俊，李鑫. TensorFlow 平台下的手写字符识别［J］. 电脑知识与技术，
2016，12(16)：199-201.

［55］张兴旺，卢桥，田清. 大数据环境下非遗视觉资源的获取、组织与描述
［J］. 图书与情报，2016(05)：48-55.

［56］吴新松，马珊珊，徐洋. 人工智能时代人机交互标准化研究［J］. 信息技
术与标准化，2021(Z1)：48-50.

［57］张殊伟. 基于多通道行为特征的一人双机操控技术研究［D］. 南京大学，
2020.

［58］张兴旺，赵乐，葛梦兰. 人工智能时代数字图书馆智能化人机交互技术分
析［J］. 图书与情报，2018(005)：56-64.

［59］张仰森，周炜翔，张禹尧，吴云芳. 一种基于情感计算与层次化多头注意
力机制的负面新闻识别方法［J］. 电子学报，2020，48(09)：1720-1728.

［60］张志远，赵越. 基于语义和句法依存特征的评论对象抽取研究［J］. 中文
信息学报，2018，32 (6)：80-87，97.

［61］中国国家标准化管理委员会. 信息技术云计算参考架构：GB/T32399——
2015［S］. 北京：中国标准出版社，2015.

［62］周清清，章成志. 在线用户评论细粒度属性抽取［J］. 情报学报，2017，
36(05)：484-493.

[63] 庄穆妮，李勇，谭旭，毛太田，蓝凯城，邢立宁. 基于 BERT-LDA 模型的新冠肺炎疫情网络舆情演化仿真[J]. 系统仿真学报，2021，33（1）：24-36.

[64] 庄倩，常颖聪，何琳，徐潇洁，乔粤，陈雅玲. 基于关联数据的科学数据组织研究[J]. 情报理论与实践，2016，39（05）：22-26.

[65] A Multi-Dimensional Framework for Academic Support：Final Report［EB/OL］.［2021-05-15］. http://conservancy.umn.edu/handle/11299//5540.

[66] Abdi A，Shamsuddin S M，Hasan S，et al. Deep learning-based sentiment classification of evaluative text based on Multi-feature fusion[J]. Information Processing & Management，2019，56(4)：1245-1259.

[67] Abdul-Rahman A，Hailes S. Supporting Trust in Virtual Communities［A］. Proceedings of the 33rd Annual Hawaii International Conference on System Sciences，2000：6007.

[68] Al-Obeidat F，Spencer B，Kafeza E. The opinion management framework：identifying and addressing customer concerns extracted from online product reviews［J］. Electronic Commerce Research and Applications，2018，27：52-64.

[69] Andriessen J. H. E. To Share or not Share，That is the Question Conditions for the Willingness to Share Knowledge[J]. Delft Innovation System Papers，2006：22-28.

[70] Aung S S. Analysis on opinion words extraction in electronic product reviews［J］. International Journal of Systems and Software Security and Protection（IJSSSP），2019，10（1）：47-61.

[71] B. C. Brookes. Foundation of Information Science（partI）：Philosophical Aspects[J]. Journal of Information Science，1980，(2)：125-133.

[72] Bandaragoda T，De Silva D，Alahakoon D，et al. Text Mining for Personalized Knowledge Extraction From Online Support Groups[J]. Journal of the Association for Information Science and Technology，2018，69（12）：1446-1459.

[73] Caicedo J C，Benabdallah J，Gonzalez F A，et al. Multimodal representation，indexing，automated annotation and retrieval of image collections via non-negative matrix factorization[J]. Neurocomputing，2012，76(1)：50-60.

[74] Catal C，Nangir M. A sentiment classification model based on multiple

classifiers[J]. Applied Soft Computing, 2017, 50: 135-141.

[75]Choi K, Cho I, Park H, et al. An Empirical Study on the Influence Factors of the Mobile Cloud Storage Service Satisfaction[J]. Journal of the Korean society for quality management, 2013, 41(3): 20-23.

[76]Cohn N. A multimodal parallel architecture: A cognitive framework for multimodal interactions[J]. Cognition, 2016, 146: 304-323.

[77]Csikszentmihalyi M. Play and intrinsic rewards[M]//Flow and the foundations of positive psychology. Springer, Dordrecht, 2014: 135-153.

[78]Cui C, Ma J, Lian T, et al. Improving image annotation via ranking-oriented neighbor search and learning-based keyword Propagation[J]. Journal of the Association for Information Science and Technology, 2015, 66(1): 82-98.

[79]Davies C, White J, McAllister A, et al. A toolkit for building collaborative immersive multi-surface applications [C]//Proceedings of the 2016 ACM International Conference on Interactive Surfaces and Spaces. 2016: 485-488.

[80]Dourlens S, Ramdane-Cherif A, Monacelli E. Multi levels semantic architecture for multimodal interaction[J]. Applied intelligence, 2013, 38 (4): 586-599.

[81]Eakins J P, Briggs P, Burford B. Image retrieval interfaces: a user perspective[J]. Lecture Notes in Computer Science, 2004, 3115: 628-637.

[82]El-Assady M, Sevastjanova R, Sperrle F, et al. Progressive learning of topic modeling parameters: A visual analytics framework[J]. IEEE transactions on visualization and computer graphics, 2017, 24(1): 382-391.

[83]Salakhutdinov R, Hinton G. Deep boltzmann machines [C]//Artificial intelligence and statistics. PMLR, 2009: 448-455.

[84]Eppler. M. J. A Process-Based Classification of Knowledge Maps and Application Examples [J]. Knowledge and Process Management, 2008, 15 (1): 59-71.

[85]Evans M M. Knowledge sharing: an empirical study of the role of trust and other social-cognitive factors in an organizational setting [D]. Toronto: University of Toronto, 2012.

[86]Harrison S, Sengers P, Tatar D. Making epistemological trouble: Third-paradigm HCI as successor science[J]. Interacting with computers, 2011, 23 (5): 385-392.

[87] Heckner M, Mühlbacher S, Wolff C. Tagging tagging: analysinguser keywords in scientific bibliography management systems[J]. Journal of Digital Information, 2008, 9(2): 1-19.

[88] Islam A K M N, Laato S, Talukder S, et al. Misinformation sharing and social media fatigueduring COVID-19: An affordance and cognitive load perspective[J]. TechnologicalForecasting and Social Change, 2020, 159: 120-201.

[89] Jelodar H, Wang Y, Yuan C, et al. Latent Dirichlet allocation (LDA) and topic modeling: models, applications, a survey[J]. Multimedia Tools and Applications, 2019, 78(11): 15169-15211.

[90] Keller J, Blomann F. Locus of control and the flow experience: An experimental analysis[J]. European Journal of Personality, 2008, 22(7): 589-607.

[91] Keskin C, Kıraç F, Kara Y E, et al. Hand pose estimation and hand shape classification using multi-layered randomized decision forests[C]//European Conference on Computer Vision. Springer, Berlin, Heidelberg, 2012: 852-863.

[92] Keskin C, Kıraç F, Kara Y E, et al. Real time hand pose estimation using depth sensors[M]//Consumer depth cameras for computer vision. Springer, London, 2013: 119-137.

[93] Kim S, Kim J. Effects of multimodal association on ambiguous perception in binocular rivalry[J]. Perception, 2019, 48(9): 796-819.

[94] Klavans J L, Laplante R, Golbeck J. Subject matter categorization of tags applied to digital images from art museums[J]. Journal of the Association for Information Science and Technology, 2014, 65(1): 3-12.

[95] Law E L C, Roto V, Hassenzahl M, et al. Understanding, scoping and defining user experience: a survey approach[C]//Proceedings of the SIGCHI conference on human factors in computing systems. 2009: 719-728.

[96] Lin Yuming, Jiang Xiangxiang, Li You, Zhang Jingwei, Cai Guoyong. Semi-supervised collective extraction of opinion target and opinion word from online reviews based on active labeling[J]. Journal of Intelligent and Fuzzy Systems, 2017, 33(6): 3949-3958.

[97] Lu H, Zhen H, Mi W, et al. A physically based approach with human-

machine cooperation concept to generate assembly sequences[J]. Computers & Industrial Engineering, 2015, 89(11): 213-225.

[98]Lu J, Kai L, Hao H, et al. Semantic Neighbor Graph Hashing for Multimodal Retrieval[J]. IEEE Transactions on Image Processing, 2017, PP(99): 1-1.

[99]Ma J, Luo S L, Yao J G, et al. Efficient opinion summarization on comments withonline-LDA [J]. International Journal of Computers Communications & Control, 2016, 11(3): 414-427.

[100]Maas A L, Hannun A Y, Ng A Y. Rectifier nonlinearities improve neural network acoustic models[C]//Proc. icml. 2013, 30(1): 3.

[101]Mirnig A G, Meschtscherjakov A, Wurhofer D, et al. A formal analysis of the ISO 9241-210 definition of user experience[C]//Proceedings of the 33rd annual ACM conference extended abstracts on human factors in computing systems. 2015: 437-450.

[102]Porter A L, Cohen A S, Roessner J D, et al. Measuring researcher interdisciplinarity[J]. Scientometrics, 2007, 72(1): 117-147.

[103]Rana T A, Cheah Y. Sequential patterns rule-based approach for opinion target extraction from customer reviews [J]. Journal of Information Science, 2019, 45 (5): 643-655.

[104]Ranzato M, Susskind J, Mnih V, et al. On deep generative models with applications to recognition [C]//Computer Vision and Pattern Recognition. IEEE, 2011: 2857-2864.

[105]Rehman M H U, Liew C S, Wah T Y, et al. Mining personal data using smartphones and wearable devices: a survey. Sensors, 2015, 15: 4430-4469

[106]Robert H. Emergency management[M]. Beijing: China Citric Press, 2004: 22.

[107]Ryu Y, Kim S. Testing the heuristic systematic information processing model (HSM) on the perception of risk after the Fukushima nuclear accidents [J]. Journal of Risk Research, 2015, 18(7): 1-20.

[108]Seifried T, Jetter H C, Haller M, et al. Lessons Learned from the Design and Implementation of Distributed Post-WIMP User Interfaces[M]. Springer London, 2011.

[109]Shukla N, Tiwari M K, Beydoun G. Next generation smart manufacturing and service systems using big data analytics [J]. Computers & Industrial

Engineering, 2019, 128(02): 905-910.

[110] Sinha A, Choi C, Ramani K. Deephand: Robust hand pose estimation by completing a matrix imputed with deep features[C]//Proceedings of the IEEE conference on computer vision and pattern recognition, 2016: 4150-4158.

[111] Supancic J S, Rogez G, Yang Y, et al. Depth-based hand pose estimation: data, methods, and challenges[C]//Proceedings of the IEEE international conference on computer vision. 2015: 1868-1876.

[112] Tian Y, Yang W, Liu Q, et al. Deep supervised multimodal semantic autoencoder for cross - modal retrieval[J]. Computer Animation and Virtual Worlds, 2020, 31(4-5): e1962.

[113] Turney P D, Littman M L. Measuring praise and criticism: Inference of semantic orientation from association[J]. ACM Transactions on Information Systems (TOIS), 2003, 21(4): 315-346.

[114] Valada A, Mohan R, Burgard W. Self-supervised model adaptation for multimodal semantic segmentation [J]. International Journal of Computer Vision, 2020, 128(5): 1239-1285.

[115] Venkatapathy A K R, Bayhan H, Zeidler F, et al. Human machine synergies in intra-logistics: Creating a hybrid network for research and technologies [C]//2017 Federated Conference on Computer Science and Information Systems (FedCSIS). IEEE, 2017: 1065-1068.

[116] Wang Y, Huang G, Yuming L, et al. MIVCN: Multimodal interaction video captioning network based on semantic association graph [J]. Applied Intelligence, 2021: 1-20.

[117] Xu G, Meng Y, Chen Z, et al. Research on Topic Detection and Tracking for Online News Texts[J]. IEEE Access, 2019, 7(99): 58407-58418.

[118] Xu N, Mao W. Multisentinet: A deep semantic network for multimodal sentiment analysis [C]//Proceedings of the 2017 ACM on Conference on Information and Knowledge Management. 2017: 2399-2402.

[119] Zhang K Z K, Zhao S J, Cheung C M K, et al. Examining the influence of online reviews on consumers' decision-making: A heuristic-systematic model [J]. Decision Support Systems, 2014, 67(C): 78-89.